誰でもなれる
言論のつくり手

思想的リーダーが世論を動かす

thought leader

The Ideas Industry

How Pessimists, Partisans, and Plutocrats are Transforming the Marketplace of Ideas

ダニエル・W・ドレズナー
Daniel W. Drezner
佐々木俊尚【監修】　井上大剛／藤島みさ子【訳】

THE IDEAS INDUSTRY
How Pessimists, Partisans, and Plutocrats
are Transforming the Marketplace of Ideas
by Daniel W. Drezner

この本を、私をそっとつついて、ある種の物書きのようにしてくれたエイボン・ハイスクールとウィリアムズ大学の先生方に捧げる。エヴェリン・ブリッツァー、ロバート・バークレイ、ロジャー・デニス、レナータ・カッデン、ケン・ルカーシェビチ、ジャネット・シュバルツ、アリシア・ウィレット、サム・クレイン、ロバート・ホワイトセル、そしてとくにジム・シェパードに。

思想をもって努力に置き換えることはできない。また逆に、努力も思想の代わりにはならないし、それを前進させもしない。熱意だけでは考えが進まないのと同じだ。努力と熱意の両方が揃ったときに、とりわけその二つが合体したときに思想はこちらになびくのである。――マックス・ウェーバー、『職業としての学問』

目次

謝辞 …… 7

第1部

序論 変身 …… 13
第1章 思想は本当に重要なのか？ …… 41
第2章 ペシミスト、党派主義者、富裕層は、いかにして言論市場を変えるのか …… 79

第2部

第3章 学界に対する「標準的告発」 …… 125
第4章 学問分野について——政治学の停滞に比べ、なぜ経済学は発展するのか …… 171
第5章 変わってしまったシンクタンク …… 205
第6章 公共思想に関連した民間市場の急成長 …… 241

第3部

第7章　知識人の光と影 …… 283
第8章　思想産業は機能しているのか …… 321
第9章　「つぶやかれる思想」——ソーシャルメディアの功罪 …… 355
結　論　思想産業のダークナイト理論 …… 389
解　説　佐々木俊尚 …… 419
参考文献 …… 445
注 …… 507

謝辞

本書の執筆は、時間的にはそれほどかからなかったが、難しい作業だった。原稿を書きはじめてすぐ、私は自分が、本書のテーマについて一〇年以上にわたって考えつづけてきたことに気づいた。そのため執筆は思ったより早く進んだ。本書に示した主張や論拠、エピソードは、現代の言論の自由市場（マーケットプレイス・オブ・アイデアズ［marketplace of ideas］）における、私の二〇年に及ぶ経験がもとになっている。

ただ、第一稿も半ばまで進んだころ、自分が書いているのがたんなる国際関係の本ではないことに気づき、私は神経が高ぶっていくのを感じた。本書は外交政策の思想をテーマに掲げてはいるが、実際はアメリカ政治全体の変化についての議論になっている。従来の知識人のように、私は自分の専門分野とは少し外れた範囲にまで主張を広げてしまったのだ。

新しい領域に踏み込んだせいだろうか、執筆中に手を貸してくれた多くの人に対して、いつも以上の感謝の気持ちでいっぱいである。まずは、本書の企画をぼんやりとしたアイデアにすぎない状態で持ち込んだときから、私を励まし、熱心にサポートしてくれたオックスフォード大学出版局のデビッド・マクブライドとニコ・プフントにお礼を言わなければならない。キャスリーン・ウェイバー、キャット・ボイド、ロブ・ウィルキンソン、メアリー・ハーパー、そしてコピーエディターのヘザー・ハンブルトンには、テキストファイルだった原稿を本の形にするのを助けてもらった。

執筆中には、さまざまな団体から組織的な支援を受けた。フレッチャー法律外交大学院（フレッチャースクール）では、学長のジェームス・スタブリディスと学部長のスティーブン・ブロックが、知的な問題について考えるのにふさわしい空間を提供してくれた。また、同校における私の同僚であるゼイナップ・ビュルットジル、ナンシー・ハイトルビン、ケリー・シムズ・ギャラガー、サルマン・カーン、マイケル・クライン、アイリーン・バビット、イアン・ジョンストーン、バスカー・チャクラボーティ、イェッテ・クヌーセンにはフィードバックと意見を提供してくれたことに感謝する。また、レイチェル・ブラウン、シェリー・カレンダー、ポーレット・フォーキンズ、メグ・ガリフォード、アーロン・マラス、エステフィニア・マーチャン、エミリー・モーガンスターン、メラニー・リード、モハンナド・アルスワイダンが、研究や事務仕事のうえで、計り知れないほどの貢献をしてくれた。ブルッキングス研究所の非常勤上級研究員、ブルース・ジョーンズ、トム・ライト、タマラ・コフマン・ウィットの意見も大いに参考にさせてもらった。シカゴ・グローバル評議会のディナ・スメルツは、私を数々の公開会議に招待してくれた。

思想産業（アイデアズ・インダストリー［ideas industry］）の原動力である財団の協力は、本書を書くうえでも同じく大きな原動力となった。マイケル・アンド・アンドレア・レヴィン財団は研究や執筆に不可欠な資金援助をしてくれたし、カーネギー財団は「リゴー・アンド・レリバンス・イニシアチブ」を通じてフレッチャースクールに補助金を出してくれたうえに、原稿改訂のアドバイスまでくれた。ロックフェラー財団は本書の仕上げのためにベラージオ・センターの一室を提供してくれた。

二〇一四年から二〇一六年のあいだに、私はフレッチャースクールで言論市場のさまざまな側面をテーマにした一連の会議を四回にわたって開催した。会議自体もさることながら、パネルディスカッションの合間に交わされた雑談が、現在の思想産業を動かすものの正体をつかむのに非常に役に立った。会議に参加してくださったり、進行を手伝ってくれたりした人々にお礼を申し上げたい。さらに私は本書の草稿を、二〇一六年春学期の政策論の講義を履修してくれた学生たちに押しつけて、フィードバックをもらった。切れ味鋭い意見をくれたデニス・バルツスコーニス、ジョン・チートウッド、ケイト・ジョーダン、イアン・カプーザ、マット・ケラー、カーニー・パーリック、セス・ターナー、マイク・ヴァッケンロイターにはとくに感謝する。

本書に示した思想や概念は、これまでさまざまなメディアに投稿してきたブログやエッセイをもとにしている。本文の一部はそこからの抜粋である。文章の編集にあたっては『フォーリン・ポリシー』のベンジャミン・ポーカー、「ポリティコ」のスーザン・グラッサーとブレーク・ハウンシェル、『クロニクル・オブ・ハイヤー・エデュケーション』のエバン・ゴールドスタイン、ワシントン・ポストのマイク・マッデンとアダム・B・クシュナーがアドバイスをくれた。私が実力以上の文章を書けたのは彼らのおかげだ。また、本書の第5章の原型というべき文章は、二〇一五年一二月発行の『インターナショナル・ジャーナル』に掲載されたものである。同誌の編集部に感謝したい。

さらに私は、本書のテーマについて理解を深めるため、公式、非公式を問わず、思想産業に関する多くの会合に参加し、さまざまな人と会話を交わした。とくにギデオン・ローズ、ファリード・ザカリア、ニーアル・ファーガソン、ジョセフ・ナイは多くの時間を割いて私の質問に答えてくれた。また、フランクリン・フォア、ニコラス・クリストフ、ジェフリー・サックス、ナシム・タレブと書面や口頭で交わしたやりとりも非常に役に立った。エリート層を対象に行った独自調査では二〇九人の回答が集まり、本書の進行がきわめてスムーズになった。忙しい時間をぬってアンケートに答えてくれたことに深くお礼を申し上げたい。

また、本書のテーマに興味を持ったのは私一人ではない。執筆中から多くの人が原稿に目を通し、言葉には表せないほど貴重なフィードバックをくれた。ベサニー・アルバートソン、デボラ・アヴァント、ナダ・バコス、ベア・ブラウムラー、ジョシュ・バズビー、クリスティン・ブッチャー、ステファニー・カーヴィン、チャーリー・カーペンター、ブラッド・デロング、スティーブ・デル・ロッソ、マイケル・デスチ、ロブ・ファーレイ、ヘンリー・ファレル、ジャスティン・フォックス、スーザン・フライ、デビッド・ゴードン、ヘザー・ハールバート、レズリー・ジョーンズ、サルマン・カーン、ロン・クレブス、マイケル・ホロウィッツ、マイケル・リーバイ、ジェイコブ・レビー、ジョナサン・カーシュナー、ケイト・マクナマラ、ジェフリー・アイザック、ジョナサン・モンテン、ダニエル・ネクソン、ミレーナ・ロドバン、マリー・サロッテ、エリザベス・サンダース、ローラ・シーイー、ランディ・シュウェラー、エリン・シンプソン、ディナ・スメルツ、マイク・ティアニー、ジル・アルタン、リン・バフレック、ダイアナ・ウェガー。彼らの意見のおかげで本書はよりよい本になった。もし欠陥が残っているとすれば、それはすべて私の責任だ。

最後になったが、家族にも感謝しなければならない。思想産業の当事者、観察者であるということは、さまざまな場所で開催される会議やシンポジウム、ワークショップに参加するためにしばしば家を離れるということでもあった。これらのイベントの参加と家族生活のバランスの取り方を学ぶ過程は、苦しい試行錯誤の連続だった。私が遠くに出かけるたび、原稿を書き直すために部屋にこもりきりになるたびに、辛抱強く、優しさを持って接してくれたエリカ、サム、ローレンには、感謝してもしきれない。人生には思想以外にも大切なものがたくさんあるという、普通の人にとっては当たり前だが、学者にはなかなかわからない真実を三人は私に教えてくれた。

ダニエル・W・ドレズナー

第1部

序論　変身

「私に言わせれば、アメリカにおける知性とモラルのつながりほど、注目に値するものはない」
――アレクシ・ド・トクヴィル

アメリカの外交をめぐる言論の自由市場（言論市場［マーケットプレイス・オブ・アイデアズ：marketplace of ideas］）は以前とは大きく変わった。外交分野の知識人は、アメリカの権力とその使い道について、国民の議論につねに新しい発想を持ち込もうと、さまざまな形で努力を続けている。だが結局、新しい思想を広めるのに一番効果的なのは、世界でもっとも権力のある者たちにも影響を与えられるような方法を生み出すことだった。

こうした変化を理解するため、ここではバラク・オバマとドナルド・トランプという二人の大統領の外交政策の違いについて考えてみよう。この二人の思想を論じるときの態度は大きく異なっていると言っていい。だがおもしろいことに、言論市場では両者は同列に扱われるのである。

オバマの当選が決まったとき、この黒人初のアメリカ合衆国大統領は、数少ない本物の知識人の政治家として歓迎された(1)。大統領として行政府を率いるようになる前、オバマは法律学の専門家であるとともに、著作家としても高く評価されていたからだ。最初の大統領選挙戦の際、オバマ陣営は、既存の外交政策に対する厳しい批判を目玉の一つとし、外交には「リーダーシップの新しい視点」が必要であり、「過去の教訓は生かすべきだが、時代遅れの考えに引きずられてはならない」と訴えた(2)。しかもオバマは、自分とは異なる意見を取りいれる柔軟さも持ち合わせていて、「ライバルのチーム」から政府に人材を引き入れた。ジョージ・W・ブッシュ政権最後の国防長官であったロバート・ゲーツを留任させ、民主党内の最大のライバルであったヒラリー・クリントンを国務長官に任命したのである。内閣の外でも、自分とは違う政治観の持ち主も含めて、コラムニストや外交政策の専門家たちと交流するための努力を惜しまなかった(3)。次期大統領として、オバマは外交の言論市場に積極的に関わろうとしていたのである。

しかし実際に任期が始まると、既存の支配的な外交政策を変えるための試みがうまくいかないことにオバマは徐々にいらだちはじめる。第一期のオバマの外交政策は「後ろから指揮をとる」という言葉に集約されるだろう。これはオバマのブレーンの一人が、二〇一一年のリビアへの軍事介入における、アメリカの役回りを指して言った言葉だ(4)。このアメリカのやり方は、外交関係者のあいだで大いに不評を買った。また、任期の二期目には、オバマ自身の「くだらないことには手を出すな(5)(Don't do stupid shit.)」という発言が急速に広まり、アメリカ外交の全体戦略における狭量さの象徴として、批判者から嘲笑された。(6) ヒラリー・クリントンでさえ、あるインタビューでオバマのこのスローガンを「偉大な国家には組織行動を律する原理原則が必要だ。だが、『くだらないことには手を出すな』は行動原理とは言えない(7)」と批判したほどだ。それでもオバマは、軍事介入には慎重な姿勢を取りつづけた。リビアの件があってからはさらにその傾向が強くなり、中東で起きた数々の紛争に対する実力行使要請の声もはねつけた。しかし、オバマが繰り返した、外交交渉ですべてがうまくいくだろうという主張は、イスラム国の出現や、ロシアの報復主義、中東の大混乱の前に説得力を失う。多くの批判者が世界は戦火に包まれていると主張し、オバマの静観姿勢を痛烈に非難した。(8)

こうした外交関係者からの批判の高まりは、オバマと安全保障担当の職員たちを苦しめた。大統領としての在任中、オバマは、内容の大半が自分の意に沿うものではないにもかかわらず、意見報道を熱心に読みつづけていて、(9) 外交政策に関する報道についてはとくに神経を尖らせていたという。当時の国家安全保障会議のメンバーの一人は、「ワシントンでなんらかのコンセンサスが形成されるたびに、オバマはまずそれを否定するところから入る傾向があった(10)」と述べている。オバマのスタッフたちも、ワシントンの外交政策エスタブリッシュメントのあいだで議論が活発化していることにいらだちはじめていた。安全保障問題担当副補佐官であり、オバマの外交政策スピーチライターでもあったベン・ローズは「ワシントンでは外交に関して、過激主義者による議論のための議論が行われている。（中略）シンクタンクのレポートが目を引くのはそのおかげだろう」と怒りをあらわにし、[11]さらに他のインタビューでも、ワシントンの外交政策コミュニティを「宇宙人の集まり」と揶揄した。[12]

そして第二期も終わりに近づくころ、外交論壇に対するオバマの怒りは頂点に達した。これは『アトランティック』誌のジェフリー・ゴールドバーグによる、アメリカの外交問題全般に関するルポルタージュ取材への回答にも表れている。この取材におけるオバマの発言のなかでとくに目立つのは、外交政策コミュニティと意見が食い違ったときのいらだちだった。二〇一三年八月、アメリカ政府がシリアへの武力行使の瀬戸際に立たされていたとき、オバマは、大統領は断固とした態度を示すべきであるとの外交関係者からの強い圧力を感じていたという。だが、オバマは結果的に軍事介入を避けた。この決断に、多くの外交関係者が落胆し、しかもそのなかにはオバマ自身の政権スタッフまでが含まれていた。「オバマは、(彼自身が内心軽蔑している)ワシントンの外交政策エスタブリッシュメントが、『信頼』——とくに、武力によって勝ち得る信頼に、取りつかれていると考えているようだった[13]」とゴールドバーグは結論している。さらにオバマは、外交政策コミュニティの思惑に大統領としての自分の行動がいかに縛られていたかについて、次のような率直な感想を述べている。

ワシントンには、大統領が従うべき規則を定めたルールブックが存在する。そしてそれをつくっているのが外交政策エスタブリッシュメントだ。ルールブックにはさまざまな事態への対応が定められているが、大抵の場合それは武力の動員を伴うものだ。アメリカが直接的に脅威にさらされている場合には、このルールブックは有効だろう。しかし、ルールブックが誤った決断につながることもある。とくに差し迫った国際問題が存在する状況では。（中略）もしルールブックに従わない場合、大統領は激しい非難にさらされる。たとえ従うべきではないという、十分な理由があったとしてもだ。[14]

このルポタージュの最後にオバマは、これまでの慣習を無視して、シリアへの武力行使を避けた自分の決断を誇りに思う、と語った。ただ、それ以上に興味深いのは、オバマが外交政策エスタブリッシュメントの意見に抵抗したために、政治的な対価を払うはめになったと認めたことだろう。事実、シリアについての決定のあと、外交における「信頼」の重要性をめぐる議論が再燃し、いまだにかたがついていない。[15]おそらくこれこそ、在任中にオバマがシリアのような決断を下したケースがむしろ例外だったことの理由だろう。大抵の場合、アメリカの武力行使について、オバマはルールブックに沿った行動をとっていた。[16]オバマは大統領として、外交政策を自由に話しあえる場である、いわゆる「外交の言論市場」を形づくろうと努力していた。だが、そこから生まれてくる思想によって、自身の政策が好ましくない方向に制限されているのにもまた、気づいていたのである。

ドナルド・トランプが、泡沫候補として消えていくだろうという世間の予想にみずから反論を開始したとき、オバマはそれを真っ先に否定した。オバマとは対照的に、トランプが掲げる外交政策はここ半世紀でもっとも風変わりだ。このニューヨークの不動産王は、外交政策の詳細を語る能力を持たない代わりに、国際社会は奪い合いのゲームであると一貫して主張しつづけてきた。[17] トランプは自身の外交理念を「アメリカ・ファースト（America First）」という言葉で表しているが、その内容は一九三〇年代の孤立主義と多くの点で共通している。彼は、これまでにアメリカがつくってきたNATOや世界貿易機関、国際連合をはじめとする多くの国際的な枠組みを、国益に反するものだと批判し、[18] 同盟国はアメリカが提供する安全保障にもっと対価を支払わねばならないと主張した。また、核の拡散を重大な脅威の一つに挙げておきながら、韓国やサウジアラビア、日本は自国防衛のために核武装すべきとも述べた。さらに、現在の自由な国際経済秩序を、アメリカが有利になるよう根本的に組み替える必要があるとも信じているようだった。[19]

こうしたトランプの主張は、さまざまな分野のエリートから批判を呼んだ。ワシントン・ポストとニューヨーク・タイムズの初取材を受けたトランプは、世界政治について若干の理解を示し、それに続くインタビューでもわずかではあるが学習の成果を見せたものの、[20] 選挙戦中には外交問題について質問されるたびに、つっかえてうまく答えを返せない姿をさらし、能力不足との批判がつねにつきまとうことになった。[21] 経済学、政治学、歴史学の学者たちはこぞってトランプをたたき、[22] 外交問題のアナリストたちもそれぞれの立場の違いを超えて一斉にトランプの主張を酷評。[23]外交問題の専門家のなかではもっともトランプに近い考えを持つはずのリアリスト〔国際関係は各国の権力のみによって決定されるとの考えを持つ人〕たちですら、その主張を無視した。[24]さらに、『エコノミスト』の調査部門であるエコノミスト・インテリジェンス・ユニットにいたっては、二〇一六年の地政学リスクのトップ10にトランプの名前を挙げるほどだった。[25]

外交政策エスタブリッシュメントのリベラリストたちは、当然、トランプの言動を一斉に非難したが、一方で保守派の知識人たちも舌鋒鋭くトランプを攻撃した。[26]保守系の代表的な雑誌である『ナショナル・レビュー』ではトランプを批判する特集が組まれ、デビッド・ブルックス、ロバート・ケーガン、チャールズ・クラウトハマー、マックス・ブート、ジョージ・ウィルをはじめとする共和党支持のコラムニストもトランプをけっして支持しないと表明し、もっとも保守寄りのシンクタンクですらトランプの掲げる政策とは距離を置いた。[27]二〇一六年の三月には、共和党員の外交専門家一二〇人が、大統領選におけるトランプ不支持を明言する公開書簡に署名し、[28]その後七カ月にわたって、共和党員により、同様の書簡が複数回提出された。党議会の指導者たちがしぶしぶながらトランプを受け入れたあとですら、共和党の外交コミュニティはトランプの選挙活動に執拗に反対を続けたのである。[29]コラムニストのロス・ドゥザットが指摘したとおり、「ジャーナリスト、シンクタンクの研究員、学者をはじめとする保守系知識人たちの（トランプに対する）嫌悪感は明らか」だった。[30]

ただ、アメリカの外交コミュニティの激しい攻撃に対して、トランプも黙ってはいなかった。予備選挙を前に、共和党支持の複数のシンクタンクが懸命の歩み寄りを見せ、国際政治についての知識提供を申し出たが、トランプ陣営はこれを断っている。彼一流の理論によってトランプは、既存の外交政策の専門知識は無価値であると断じた。二〇一六年四月の外交政策演説では「いまこそアメリカの外交政策から錆を落とし、新しい声と視点を取り入れるときだ」と述べ、「履歴書は完璧でも、長きにわたる政策の失敗や、戦争による継続的な損失に対する責任以外には自慢すべきものを何も持っていないような人たち(31)」を自分の政権の外交アドバイザーにするつもりはないとまで言い切った。さらに大統領選の最後には、外交政策をめぐる議論を、人民主義の愛国者と世界主義のエリートの対立と位置づけ、「一握りの国際関係の専門家が、システム全体を不正に操作している(32)」と警告した。

こうした一連の主張のなかでトランプは、これまでのアメリカ外交政策の常識に公然と異を唱えた。そしてそれはある程度、成功したのだった。保守系の評論家のなかには、共和党の既存の外交政策に対するトランプの問いかけを評価する者が現れ(33)、上院外交委員会の議長を務めるボブ・コーカー上院議員は、「長いあいだ居座りつづけてきた外交政策エスタブリッシュメントに対する挑戦だ」と称賛した。ニューヨーク・タイムズのマギー・ハバーマンとデビッド・サンガーは、「トランプ氏の言説を注目に値すべきものにしているのは、アメリカの安全保障政策に関する原則を、何はともあれ議論の俎上に載せたことだろう(34)」と一定の評価を示し、へンリー・キッシンジャーは、「トランプ現象のおもな原因は、自分たちの価値観を知識人や学者たちから攻撃された、中産階級の反動である」[35]と結論した。

一方、「ポリティコ」のマイケル・グランウォルドは、「主要政党の候補者がメキシコ人を『性犯罪者』と呼び、国際的な貿易戦争を『たいした問題ではない』と言い切り、『予防接種が子どもに悪影響を与えている』と主張している。トランプは言論市場全体を無視しつつある」[36]と批判している。だが、実際のトランプの主張はもっと複雑だ。社会運動が専門の研究者、ゼイナップ・トゥフェックチーによると、トランプの大衆に訴えかける選挙運動は、世論全体を大きく変化させたと述べている。トゥフェックチーいわく、「トランプ氏の発言ははったりばかりではなく、真実を突いている部分もあり、（中略）これまで、とくに共和党のエリートたちが無視しつづけてきた事実を白日の下にさらした」という。実際、トランプの選挙活動がうまくいったことで、共和党の外交政策におけるネオコン的な傾向は終わるだろうという考えも一部には出てきた[37]。そして保守派の多くは、共和党がこれまでに築きあげてきた知的建造物全体が崩壊するのではないかと心配している[38]。オバマが言論市場からの束縛を感じていたのに対して、トランプは外交政策のルールブックにある規範や慣習を破壊するのを楽しんでいるようだ。もちろん、任期を通してトランプがこうした行動を続けるかどうかは、未知数ではあるのだが。

いま取りあげたオバマとトランプの例は二つの真実を示している。一つは、言論市場は世界中でもっとも権力のある人物をも束縛するということ。もう一つは、外交政策に関しては、言論市場はうまく機能しない場合があるということだ。

外交にまつわる言論市場はいま、非常に興味深い局面を迎えている。ソートリーダー［thought leaders］（思想的リーダー）にとっては最高の、知識人にとっては最悪の時期であるが、国民からすればどちらをとればいいのか迷ってしまう瞬間かもしれない。

ただ、議論を先に進める前に、とりあえずここで、本書における用語の意味を整理しておこう。まず、「言論市場」とは、ここでは外交に関する知的生産物や意見の総称であるとともに、そうした思想を政策決定者や大衆がどの程度受け入れるかの度合いを指す言葉でもある。学者が、アメリカ外交の見直しの必要性を説く本を書いたとしたら、それは言論市場への貢献だと見なすことができる。シンクタンクが国政のある側面を評価するレポートを発行すれば、それも言論市場の一部だ。[39] 国際的なブランドの戦略担当者が、国の気候変動対策はヘッジファンドと同様の方法で運営するべきだという演説をＴＥＤで行ったとしたら、それも言論市場に含まれるだろう。

また、本書における「知識人」とは、公共政策関連のさまざまな論点について意見を述べられるだけの知識や経験を備えた専門家を指す。フリードリヒ・フォン・ハイエクは、知識人を「思想の卸売業者[40]」と説明している。知識人は、一般に常識だと信じられている概念が、じつは特定の集団のなかでしか通じない符丁であることを明らかにするという、公の議論にとって非常に重要な役割を果たしている。知識人は批判者であり、誤った政策を強行しようとする者を制止する、民主主義に不可欠な存在だ。知識人の言論市場へのもっとも大きな貢献は、王様が裸であるときに、それを指摘することである。もし知識人が信用を失えば、政治家やペテン師たちが世論を操作するのはいまよりもはるかに容易になる。そうなれば、思想の実際の価値とは関係なく、そうした輩が自分たちの考えを延々と国民に押しつけるという事態になってしまうだろう。

次は「思想的リーダー」だが、この言葉が出てきたのは「知識人」に比べて、かなり最近のことだ。それにもかかわらず、グーグルトレンドによれば二〇一二年の時点で、実際に使われている数ではすでに「知識人」をしのいでいるという。[41]では、両者の違いとは何だろうか。この分野に深い造詣を持つニューヨーク・タイムズのコラムニスト、デビッド・ブルックスは、ユーモアをまじえて思想的リーダーを「野心を持った、船から船へと品物を売り歩くやり手の行商人」[42]と説明している。ただ、ブルックスのシニカルな表現はたしかにおもしろいが、議論を進めるうえでの定義としては不十分だ。民間セクターでも「思想的リーダーシップ（ソートリーダーシップ）」について多くの議論が交わされているものの、やはり言葉の定義は曖昧なままになっている。

そこで本書では、思想的リーダーを知的伝道者（インテレクチュアル・エヴァンジェリスト[intellectual evangelist]）と定義する。思想的リーダーは世界を解釈するための独自の視点をつくりあげ、周囲の人々にその視点を共有するよう呼びかける。知識人も思想的リーダーも知的創造を行うが、その方法や目的は大きく異なる。知識人には、エセ知識人の欺瞞を暴けるほど幅広い知識がある。一方、思想的リーダーが持っているのは一つの大きな思想だけだが、その思想が世界を変えると信じている。

表1にこの二つのタイプの違いをまとめた。イギリスの政治哲学者アイザイア・バーリンの言葉を借りれば、知識人はキツネで、思想的リーダーはハリネズミ、つまり前者はうたぐり深いが、後者は自分の考えを心から信じている。また、前者が批判者であるのに対して、後者は創造者だ。知識人は、他人の世界観で間違っているところがあれば、それを残さず指摘する用意があり、そのための意志や能力も持ち合わせている。一方、思想的リーダーは自身の論理に照らして正しいと思うすべてのことを、必死になって他の人に伝えようとする。知識人というくくりで言えば、バラク・オバマの振るまいは知識人のそれであったし、ドナルド・トランプは現在のところ、もっとも騒々しい思想的リーダーだと言えよう。

ただ、知識人と思想的リーダーはまったく異なる存在というわけではない。思想界での知的なやりとりを通じて、意見を交換する点では共通している。両者を分けるのは、たんに自分の考えを表すときのスタイルの違いにすぎない。実際、時と場所によっては、同じ人物が知識人になったり、思想的リーダーになったりすることもある。[43] バーリン自身も、極端な二元論を推

【表1　知識人と思想的リーダー】

知識人	思想的リーダー
評論家	創作者
キツネ	ハリネズミ
懐疑論者	福音書記者
演繹的	帰納的
知識優先	経験優先
悲観主義者	楽観主義者

し進めるのは賢い選択とは言えないと、キツネとハリネズミについての有名な著作のなかで認めている。ただ、バーリンは同時に、適切な分類がなされる場合には、「正しい探求を始めるための前提[44]」を与えてくれるだろうとも述べている。つまりわれわれは、知識人と思想的リーダーという分類を通して、現代の言論市場をより明確に理解することができるはずだ。そして本書の主張は、いまの言論市場は知識階級全体に恩恵を与えているものの、なかでも思想的リーダーが享受する利益は、それ以外の知識人をはるかにしのぐというものである。

なぜそうなるのだろうか？　そして、それはどのような意味を持つのだろうか？

現在、言論市場は、思想産業（アイデアズ・インダストリー［ideas industry］）に変化しつつある。二十一世紀に入ると、社会における公的な領域（公共圏［パブリック・スフィア・public sphere］）は急速に拡大した。その影響力は歴史上類を見ない水準に達し、多大な利益が生み出されるようになった。ただ、この「公共圏の産業革命」は最近になって始まったわけではない。知識人たちはもはや、一九五〇年代の『パルチザン・レビュー』〔政治、文学に関する高踏な内容を扱ったアメリカの季刊誌。二〇〇三年廃刊〕の投稿者のような、経済や社会、国の現状とはかけ離れた浮世離れした態度を取りつづけることはできないと、デビッド・ブルックスは一五年も前から主張してきた[45]。アメリカの外交政策研究誌である『フォーリン・ポリシー』では、毎年、国際的に活躍する知識人一〇〇名のリストを掲載していて、発表のためのイベントを開催することもある。レベルの高い公開討論会や定期会議、懇談会などが数多く開催されるようになったことで、知識人たちは、政治、経済、文化などの垣根を越えて、自分の専門外のエリートと、半世紀前には考えられなかった形でコミュニケーションをとれるようになった。また、TED、サウス・バイ・サウスウエスト、アスペン・アイデア・フェスティバル、ミルケン・グローバル・カンファレンス（ちなみに『アトランティック』はこれらのイベントすべてに出資している）などのいわゆる「ビッグ・アイデア」イベントが爆発的な広がりを見せ、会場では「刺激的」な知識人たちが観客の好奇心を満たしている。

こうした流れは、スイスのダボスで開催される世界経済フォーラムや、ボアオ・アジア・フォーラム、ヴァルダイ国際討論クラブなど、大型国際会議の隆盛と平行して進んでいるようだ。これ以外にも、刺激的な思想を広めようと熱心に活動している討論会や会議、メディアの数は、飛躍的に増加した。

このおびただしい数の新たな舞台が、言論市場から「思想産業」への変化に一役買っているのは間違いない。こうした需要の高まりは、知識階級全体に恩恵をもたらしているが、興味深いのは、現在のところ知識人よりも思想的リーダーの方が思想産業からはるかに多くの利益を得ていることだろう。その理由としては、互いに連動しあいながら現代の言論市場を形づくっている三つのトレンド――すなわち、権威の信用低下、アメリカの政治的二極化、経済格差の拡大が挙げられる。

ここ半世紀で、かつて権威を誇っていた団体や専門家に対する信用は、少しずつ失われていった。その背景には、ベトナム戦争からイラクの自由作戦（イラク戦争）にいたる、過去から現在まで連綿と続く失敗の歴史がある。九・一一の直後を例外として、権威や権力者への信用は、二十一世紀を通じて徐々に、しかし確実に失墜していった。外交関係についてはその傾向がとくに顕著だ。こうした信用の低下によって、思想産業はより競争的な環境に置かれることになった。権力者が尊敬される社会では、知的ギルドの「門番」たちは、学位を持っているかどうか、あるいは著書があるかどうかなどの条件を課すことで、参加者を制限できた。しかし、こうした門番の力が衰えるにしたがって、従来の権力の源泉に頼らないという思想的リーダーの特徴が有利に働くようになったのだった。言論市場の民主化によって、従来型の知識人は権威の立場からものをいうのが難しくなった。これにより、新しい概念は生まれやすくなったが、同時に誤った概念の排除が困難になったのも事実だろう。

次に、アメリカ社会の政治的二極化も、言論市場に大きな影響を与えたトレンドの一つとして挙げられる。国民が同じ思想を持つ者同士のグループに分割され、自分の政治観に忠実なイデオロギーを掲げる思想家を支持しはじめたことが、新しいタイプの思想的リーダーの誕生につながった。いまや保守派の知識人たちは、ヒルズデール大学に通って、ヘリテージ財団にインターンに行き、ブライトバートで働いて、コーク財団から補助金をもらい、レグナリー・パブリッシングから本を出し、保守系の講演者斡旋団体と契約を結んだうえで、FOXニュースに出演することができる。つまり彼らは、自分たちとは異なる世界観とまったく接触することなく、単一の情報の生態系のなかで生きていけるのである。そして、いまの文章の固有名詞を置き換えれば（たとえばコークの部分をソロスに）、リベラル派の知識人もおおむね同じようなことができる。保守、リベラルを問わず、極端な政治目標に投入される資金が増えれば増えるほど、党派主義者が思想産業から利益を得る機会も拡大しつづける。

ただ、なんと言っても、三つのトレンドのなかでもっとも影響力が大きいのは、国民間での経済格差が拡大し、富裕層のスポンサーとしての重要性が相対的に上がったことだろう。巨万の富を手に入れた所得分布の最上層に位置する人々は、その豊富な資金を投入して、新しい思想を生成、発信するようになった。アメリカのエリートはときを追うごとに裕福になり、やりたいことは何でもできる状態になりつつある。たとえば現在では、勉強をやりなおしたいと考えている富裕層はかなりの数にのぼるが、彼らは学校に戻るだけではなく、自分たちが学ぶための学校をみずからつくってしまうのである。一世紀前には、アメリカの富豪たちは大学やシンクタンク、慈善団体などに寄付を行うのが一般的だった。しかし現在では、私設の教育機関や出版メディアを設立するようになり、しかも、そこから生まれる知的成果物に自分の名前を残すのも忘れない。彼らはさらに、注目度の高いビッグ・アイデアイベントにも頻繁に出席し、知識人たちは資金援助を目当てに、裕福なスポンサーの目にとまろうと必死の競争を繰り広げている。そしてここでも、富豪たちの心に響くようなアピールにかけては知識人よりも思想的リーダーの方が一枚上手だ。

これら三つの地殻変動を背景に、思想的リーダーはその「商品」を一部の大金持ちと幅広い一般層の両方に売り歩き、大きな利益を上げている。成功した知識人はブランド的価値を持つスーパースターであり、いまや、権力者や芸能人、アスリートなどの有名人と同列に扱われるようになった。これがけっして言いすぎではないことは、出版や放送の分野で受賞経験を持つ知識人の夫婦、ニーアル・ファーガソンとアヤーン・ヒルシ・アリが有名人を押しのけてタブロイド紙の表紙を飾ったり、ノーベル賞受賞の経済学者であるポール・クルーグマンが大作映画にカメオ出演したり、政治学者メリッサ・ハリス・ペリーとＭＳＮＢＣの契約解消が大きなニュースになったのを見ればわかるだろう(46)。

知識人を取り巻くこうした状況から、思想的リーダーが持ち上げられ、知識人の価値が下がっているという説はさらに信ぴょう性を増す。そしてさらに言えば、さまざまな意味において、こうした流れは起こるべくして起こったと言ってよいのである。思想的リーダーの隆盛は、人が思想を扱うときの本能と深く関連しているからだ。現代の思想産業で何かをアピールする際に、なによりも成功を大きく左右する要素は自信である。認知心理学の研究によれば、人は確率的な予想よりも、自信に基づく断定を好むことがわかっている。経験的には前者の方があたる可能性が高く、より柔軟な思想を生むのを知っているにも関わらずだ。心理学の専門家であるフィリップ・テットロックとダン・ガードナーは、著書『超予測力』（早川書房）のなかで「つねに内省を続けるのは人にとってしんどい作業だが、一方で何かを知っているという感覚は心地のよいものだ」と述べている。[47] 知識人はみずからの思想の絶対性を主張するのが苦手だが、思想的リーダーは自信を持ってそれを実行することで観衆を満足させる。思想的リーダーに批判的な人たちですら、その自信あふれるセールストークの魅力を認めている。

では、ここまでに触れてきたような変化は公共分野でどのような意味を持つのだろうか。上記のような地殻変動は収まる気配がなく、新しい思想産業へのインセンティブも高まりつづけている。だが、この傾向を全員が歓迎しているわけではなく、「企業化」する知識人を批判する声も多い。また、思想界を指す言葉としては、「言論市場」の方が「思想産業」よりもまだ聞こえがよかったとは言えるだろう。[48] 前者が熟練の職人を思わせるのに対して、後者から思い浮かぶのは無味乾燥な工場だからだ。産業化された思想よりも手作りの方がたしかに響きはいい。さらに、思想的リーダーは知識人よりも批判にさらされることが圧倒的に多い。[49] これらを考え合わせると、現在起こっている変化は好ましくないものだという声があるのも不思議ではない。

だが、このたとえに従うならば、実際の産業革命が大量の準富裕層（それとディケンズ風のホラーストーリー）を生み出した事実を忘れてはならないだろう。(50)思想界の現実は「昔はよかった」の一言で片がつくほど単純ではない。思想的リーダーが公共の議論を安っぽいものにしたという批判は的外れである。彼らは新しい理念に飢えていた国民たちの要求に応え、外交政策エスタブリッシュメントが信用できなくなった理由を正しく指摘したのだから。批評家たちは、過去数十年にわたってアメリカ文化の荒廃を嘆いてきた。それにもかかわらず、新しいものを求める下からの文化が出現した途端にそれを攻撃しはじめるというのは、あまりに不作法だと言えるだろう。思想界のことを思うのであれば、国民の関心の高まりに水を差すべきではないはずだ。

二十一世紀の思想産業は多くの価値を生み出す可能性を秘めていて、現在、新しい思想や刺激的な世界観に対する強い需要が社会に起こっていることは注目に値する。とはいえ、過去に起きた革命と同じく、そこには勝者と敗者が存在する。いまの状況は、これまで情報の伝達役を担ってきた大学やシンクタンクの研究者にとって逆風である。また、知識人が依存している財源は横ばいか、あるいは減少する傾向にある。適応力のある職員もなかにはいるとはいえ、こうした組織の一部は、思想界の新しい環境に適応できているとは言いがたい。その結果、過去の農業や産業に関する革命のときと同じように、現在、知識階級には大混乱が起きている。

当然、この創造的破壊の余波を受けている知識人からは現状への不満が噴出している。ただ、不満が根元にあるからといって、それをもって彼らの批判がすべて間違いだとも言えないのである。事実、現在の混乱をめぐっては、いくつかやっかいな議論がくすぶっている。なかでも一番明白なのは、産業化した思想界では一度普及した思想に対する反論が可能なのか、という疑問だ。たとえばTEDに上がっている動画は、そのすべてが自分の主張を一方的に売り込むものだ。そして半数以上のプレゼンテーションがスタンディングオベーションで迎えられている。要するに観客のリアクションはおしなべて肯定的であり、そこには建設的な反論が存在しない[51]。だが本来、批判をどのように乗り切るかは、思想にとってとても重要な要素であるはずだ。とくに外交政策の分野では、新しい思想をたたいたりこね回したりして、ストレステストを行うための場があった方がいいはずだ。

つまり相互に高めあう関係が、いま、求められている。たとえばTEDなら、これまでのように一方的に情報を発信するのではなく、討論の相手を用意すべきだろう。思想産業が抱える問題への処方箋は、より強力な門番を呼び戻すことではなく、意見をぶつけあい、議論を活性化させることだ。その意味でじつは、知識人の必要性はこれまでにないほど高まっている。彼らには、支持を集めている思想的リーダーを分析、批判するという、新たに果たすべき重要な役割があるからだ。まっとうな思想家と詐欺師を見分けるために、知識人は必要不可欠な存在なのである。

言論市場の影響は知識階級のみならず、より多くの人に及ぶ。社会全体に反知性主義が広がっていると嘆く声は多いが、それでも思想は、アメリカの政治や政策に多大な影響を与えている。ワシントン・ポストのコラムニストであるジョージ・ウィルはかつて「多くの知識人がアメリカの政治理論は洗練されていないと考えているようだ。だが、たんなる理論にとどまらず、実践に生かされているという点ではこの国の思想は他の国に勝る[52]」と言った。そして外交分野こそ、思想がもっとも重要になる分野であると言っていいだろう。冷戦時代の封じ込め政策から、長きにわたって繰り広げられてきたリベラリストとリアリストの主導権争い、新保守主義の隆盛と衰退、新古典派経済学の対外経済政策への影響にいたるまで、思想は実際の外交政策につねに大きな影響を与えてきた。最近行われたある学術機関による評価では、「二十世紀初頭から二十一世紀の初頭にかけて、アメリカの外交政策は世界でもっとも優れたものだった」と結論している[53]。

知識人たちはこれまでアメリカの外交政策立案に大きな役割を果たしてきたし、おそらくそれはこれからも変わらないだろう。なぜなら、高級官僚がいくら博識でも、日々の業務に忙殺されて、外交政策を深く考えるのは難しいからだ。ビル・クリントン政権最後の安全保障問題担当補佐官であるサンディー・バーガーは、「ワシントンではつねに差し迫った問題が持ち上がり、重要な議論が後回しにされる[54]」と述べている。また、バーガーの後任であるコンドリーザ・ライスはかつて私に、政治家の知的資本は政権を担当しはじめた瞬間から徐々に減っていくと言ったことがある。大統領候補だったときのバラク・オバマは、従来の外交政策に大いに疑問を投げかけた。しかし大統領になったあとは、それほど自由には振るまえなかった。いずれにせよ、国際政治の舞台で実施する政策に理論の裏づけを与えて根拠を明確化し、さらにそれに対する反論を募るため、政策立案者が言論市場を必要とするのは間違いない(55)。

ただ、大きな理念を語る知識人については、その知性と人物の両方を十分に見極める必要がある。なぜなら、そうした知識人は権力者に近づく場合が多いからだ。また、官僚が言論市場の力を悪用する可能性も十分にある。たとえばジョージ・W・ブッシュ政権が、民主的平和論を強要するという形で思想の力を使ったことは、同理論を代表する学者の一人も認めている。「民主的平和論の唱道者たちはいまや、一九四五年に原子爆弾を開発した科学者たちと同じような気持ちでいるのではないだろうか。(中略)つまり、自分たちの発明が誤った方向に使われつつある、と」(56)。同様に、リアリストたちもブッシュ政権がリアルポリティーク(現実政治)の概念を悪用したことに落胆している(57)。

また、権力者自身が行動の正当化に思想を利用しなかったとしても、一部の知識人が権力者のために思想の力を使おうと躍起になるだろう。そして、権力者と知識人の関係を擁護する声もある。要するに、政策上の難問に対して専門的な視点から助言をしたり、権力者に耳の痛い真実を告げたりと、知識人には幅広い貢献が可能である、というわけだ(58)。これはたしかに説得力のある意見ではあるが、歴史は容赦なくこれを否定する。リチャード・ホーフスタッターが著書『アメリカの反知性主義』(みすず書房)のなかで認めているように、「知識階級が慎み深く振るまい、みずから影響力の乱用を控えるだろう保証など、どこにもありはしない」[59]。知識人がありとあらゆる手を尽くして、お互いの政治スキャンダルをつつきあってきたことを示す資料は至るところに存在するし[60]、二十世紀に権力者に近づいた知識人は、考え得る限りもっとも邪悪な所業を正当化したと言える[61]。今世紀でも状況はほとんど変わっておらず、九・一一のテロ事件を契機に、多くの保守系知識人が、アメリカの帝国主義を復活させるような議論を呼び起こしている。つまり知識人は、外交の世界に利益をもたらすと同時に、害を及ぼしうる存在でもある。権力者との距離が近ければ近いほど、彼らはモラルに反した行為を行い、正当化する傾向がある。カナダのトロント大学で政治学教授を務めるジャニス・グロス・スタインは、自分のもとで国際関係を学ぶ学生に、次のように注意を促している。「いずれ私たちは権力に誘惑されるかもしれません。それにのってしまえば、権力とのつながりを維持するため、私たちは自分の意見を徐々に変化させていかざるをえないでしょう」[62]。思想産業は、富裕層と権力者の組み合わせでできている。だからこそ、その中身を細かく分析する必要があるのだ。

ただ、言論市場を解剖するのは簡単ではない。理由の一つは、そのための手段が限られていることだ。このビッグ・データの時代にあっても、公共圏のトレンド分析は、原始的な印象論の域を出ない場合が多い。そのため私は、自分が一番よく知っている分野である、アメリカの経済と外交政策に関する論点に集中することにした。本書における思想産業の発達とその影響の解説は、アメリカの公共圏に関する論評や、思想産業の発達要因をテーマとした査読済み論文、さらに世論調査の結果や著名な知識人と思想的リーダーによる解説に大きく依拠している。また、思想産業の従事者四〇〇人以上を対象に、さまざまな論点に関する独自調査を行い、近代の言論市場についても多くの人物にインタビューを敢行した。(63)

くわえて、ここでの実証的議論には、さらにもう一つの情報源がある。それは私自身の実体験だ。現在の思想産業がもたらした変化の数々、つまり、「社会に対するインパクト」に関する学術研究の発達や、「ビッグ・アイデア」イベントの急増、オンラインプラットフォームの発達、富裕層後援者の出現、外交分野における営利活動の拡大などの現象を、私は直接この目で見てきた。また、私はこれまでに二〇年間大学で講義をしてきただけでなく、オリジナルのオンライン講座も開設している。(64)査読付きの雑誌論文や書物の分担執筆の実績は五〇を超え、一〇年以上にわたってブログを書いてきた（ブログの半分以上は、『フォーリン・ポリシー』とワシントン・ポストのウェブサイトに掲載したものだ）。学会に出席した回数は数え切れないし、大学の出版局を通じて数多くの著書を発表してきた。TEDでのスピーチを行ったし、コミコン・インターナショナル〔コミックや映画、ゲームなどのポップカルチャーをテーマとした世界最大規模のイベント〕にパネリストとして参加したこともある。私の価値観は保守の本流からはやや離れていると思うが、それでも保守系団体からの助成金を受ける立場にいる。思想産業について何を語るべきかは、ある程度わかっているつもりだ。

もちろん、私自身の体験を、実際のエスノグラフィックリサーチ〔文化人類学的手法による調査〕の代わりにすることはできない。自分の経験に頼る危険性は、その経験が広く一般に当てはまるとは限らない点にある。実際、思想的リーダーはこの失敗をよく犯している。しかしだからといって、経験を軽視してよいということにはならない。そこにはマイケル・ポラニーが「暗黙知」と呼ぶ(65)、ある種の内的知識がたしかに存在するからだ。暗黙知は経験を積むことによって獲得できる知識だ。言論市場の変遷を語るにあたっては、公共圏への参加経験から得られた暗黙知が大いに役に立ってくれるはずだと、私は考えている。

最後にもう一つ。本書ではアメリカにおける外交政策の言論市場に絞って議論を進めるが、思想産業を形成する力は他の国、他の政策分野にも存在するはずだ。本書がアメリカの外交政策に集中するのは、それが私の専門分野であり、本質的に重要なテーマだからだ。もちろん、国内政策の分野にも知識人や思想的リーダーは存在する。そして、権威の信用低下、政治的二極化の進行、経済格差の拡大という現象が起きているのはアメリカだけではない。他の国の言論市場は、アメリカとは状況が異なる場合もあるものの、社会構造の変化の影響力は非常に強いため、私がこれからお話しすることは世界中のどこで起こってもおかしくない。

ではここで本書の内容を大まかにまとめておこう。第1部はいわゆるお膳立てだ。第1章では、なぜ言論市場について考える必要があるのか、その理由を説明しよう。思想的問題を机上の空論と切り捨てるやり方は、批評家や社会学者にとっては便利だろう。しかし、これは安易なごまかしであると同時に、みずからの存在価値の否定でもある。いうまでもなく思想は重要だ。さもなければ、批評家や社会学者が語るべきことなどそもそも何もないことになる。(66) 健全な言論市場は民主政治を機能させるための必要条件だと言えるだろう。第2章では思想産業を新しい形に変える3つの構造的変化、すなわち、「確立された権威の信用低下」、「政治的二極化の進行」、そして富裕層にとって有利な状況をつくり出す「経済格差の拡大」(これが三つのなかで一番重要な変化だ)について詳しく解説する。これら三つのトレンドの組み合わせはすべての知識人にとって追い風となるものだが、なかでも思想的リーダーが受ける恩恵はとくに大きい。

第2部では、近代における思想産業の出現が、主要な知識の供給源に与えた影響を解説する。第3章は、そのなかでも一番古い供給源である大学についてだ。現在、大学に対しては、その衒学性や日和見主義、あるいは政治的同質性に批判が集中している。だが、問題の本質はさらに複雑だ。これまで象牙の塔にいる多くの教授たちは、思想産業のなかで生き残り、繁栄してきた。しかしそれでも、現在の言論市場におけるトレンドによって、高等教育を取りまく環境はより厳しさを増している。第4章では、社会科学の二つの学問の運命を比較検証してみたい。経済学が近代の言論市場で大きく発展したのに対し、政治学はかろうじて生きながらえている状態だ。だがこれは、経済学で用いられるモデルや方法論が政治学のそれよりも優れているからではなく、たんに、経済学者の考え方や行動のスタイルが、現在の思想産業の方向性とマッチしているからにすぎない。第5章では、象牙の塔の孤立と、ワシントンのフォギーボトムに集中しているシンクタンクの躍進について解説する。思想産業の発達によってシンクタンクには、抽象的な理論と実際の政策をつなぐ架け橋としての役割が期待されるようになった。こうした思想産業の変化にシンクタンクは迅速に対応したものの、その過程において自分たちの正当性や独立性を支える土台をも傷つけてしまったのだった。第6章は、公共思想に関する民間市場についてだ。マッキンゼー・グローバル研究所のような企業シンクタンクか、ユーラシア・グループのような政治リスクコンサルタント、あるいはジグソーのようなハイブリッド型であるかを問わず、民間部門では思想的リーダーシップがビジネス戦略の一環として提供されている。思想産業の世界では、こうした戦略は強力な選択肢の一つとなった。

第3部では、思想産業がマーケットとしていかにうまく機能しているかを解説し、今後の市場の発展性について考える。第7章では思想界の「スーパースター」を取りあげてみよう。現在の言論市場では、セルフブランディングができる知識人が有利になる。思想産業の出現によって、これまでに多くの「アイデアの起業家」が巨人となってきた。しかし、思想や批評の世界で有名になることは、同時に批判にさらされやすくなることも意味する。ファリード・ザカリアやニーアル・ファーガソンのような思想界のスーパースターは、どのようにピンチを切り抜け、生き残ってきたのだろうか。じつはこれには、自分を思想的リーダーと知識人のどちらに位置づけるかが重要になってくる。第8章では、現在の言論市場ではまるで金融業界と同じように、バブルが起きやすいことを論証する。知識人の影響力低下によって、思想的リーダーの主張は際限なく広がりを見せる。すると、センセーショナルな思想を媒介とした思想ブームは、まるで資産バブルのように急速に膨張する。このままでは最後に待つのは破綻かもしれない。第9章は、思想産業とオンラインの世界の関係についてだ。二十一世紀の世界では、みずからの知見を広めるため、すべての知識人はソーシャルメディアと無関係ではいられない。ただ、デジタルの世界には偏った意見も多く、知識人たちはオンラインでの批判を安易にシャットアウトしがちだ。だがそのせいで、実のある批判までが無視されてしまうという落とし穴が生まれてくる。最終章では、もう少し個人的に、そこまでに解説してきた思想界における、私自身がたどった道のりと経験についてお話しよう。さらに、これから思想産業への旅を始めようとしている人たちへのアドバイスと、これからの言論市場の発展性についての考察を記した。

では、現代の思想産業を動かしている要素の検証を始める前に、まずは一つのシンプルな問いについて考えておこう。「そもそも思想とは本当に重要なものなのか」という問いだ。

第1章 思想は本当に重要なのか？

「冷戦中に専門分野として認められた国際関係だが、その内容は他の学問でも十分に代替可能である。この分野の専門家たちは職業上の必要から、夢と空想の世界に住んでいる」――パンカジ・ミシュラ

ジェフリー・サックスは、自分を「すばらしい経済学者だ」と公言してはばからない。「若き大学教員であった私の講義は喝采を持って迎えられ、論文は広く読まれることになった。さらに私は、一九八三年に二八歳の若さで早々とテニュア（大学教員としての終身在職権）を取得したのである」と語る彼の辞書に、謙遜の二文字はない[1]。

ただ、サックスの著書『貧困の終焉』には、こうした自慢すらかすんでしまうような、さらに大胆不敵な記述がある。発展途上国の研究を始めてからまだ日が浅いにもかかわらず、サックスは自らのたぐいまれなる分析能力によって、世界から絶対的貧困をなくす方法を発見したと宣言したのである。それは、世界の富裕国が対外援助予算を合計で一五〇〇億ドルに増額し、

今後二〇年間、毎年その額を拠出するというものだった。増額した開発援助を適切に割り振ることができれば、世界から絶対的貧困層（一日一ドル以下での生活を余儀なくされている人々）は二〇二五年までにいなくなるだろうと、サックスは主張した。

サックスの提案は大胆なものではあったが、異常とは言えない。学者やシンクタンクの研究員、政策企画者が世界に向けた大規模な計画を提案するのはけっして珍しくないからだ。ただ、いくつかの点でサックスは際立っていた。一つ目は、彼が開発援助によって状況を変えられる可能性があると考えていたことだ。じつはこれは、二〇〇〇年代中ごろの当時では、開発援助に関する常識と真っ向から対立する主張だった。それまで、汚職が横行している途上国では政府が開発の妨げとなるため、開発援助の増額は無意味だというのが定説だったのである。ただ、『フォーリン・ポリシー』でも、従来の見方は「あまりにも悲観的で、これでは途上国の問題に対する新たな思想も出てこなくなる」と指摘されていた。[2] どちらの見解が正しいかはさておくとしても、途上国の経済に希望が必要なのは事実だろう。

二つ目は、サックスには知識人としての名声と豊富な政治的資本があり、人々の注目を集めることができた点だ。貧困撲滅を宣言したとき、サックスは国際連合事務総長のアドバイザーとして、国際的な貧困対策を立案する立場にあった。また、その直前にはハーバード大学からコロンビア大学に引き抜かれ、地球研究所所長を含めた四つの肩書きを得て、一〇〇〇万ドル以上の予算を動かしていた。[3] さらに、この優秀な大学教授は、エチオピア、ケニア、ナイジェ

リア、ウガンダをはじめとするサブサハラアフリカの国々のアドバイザーまで務めていたのである。(4)

そして、サックスは自分の思想を耳にした人を納得させるのに必要な、自信と不屈の精神を持っていた。ニナ・ムンクは著書『アイデアリスト（The Idealist）』のなかで、サックスが政策実現のために行った活動を時系列でまとめている。

サックスは息つく間もなく、来る日も来る日も一日に三回のスピーチをこなしていった。同時に、国のトップにロビー活動をして、議会に出席し、記者会見を開いて、シンポジウムに出席し、官僚や議員にアドバイスをして、パネルディスカッションに加わり、インタビューを受けて、学会誌に論文を発表し、新聞や雑誌で政治コラムを書き、さらに自分の思想を広めてくれそうな人をだれかれ構わず探しつづけた。サックスが動きを止めるのは寝ているときだけで、それも一日に四、五時間程度でしかない。(5)

知名度の高さとたゆまぬ努力によって、サックスは大きな成果を上げた。たとえば、彼の著書『貧困の終焉』（ハヤカワ文庫）は『タイム』の表紙を飾ったが、これは開発経済学の本としては、いや、そもそも書籍全般を含めてもきわめて異例であった。

さらに言えば、サックスは協力者を集めるのにも長けていた。とくに有名人や慈善家の協力を取りつけるのがうまく、たとえばU2のフロントマンであるボノは、『貧困の終焉』に前書きを寄せ、サックスを「先生」と呼んだし、アンジェリーナ・ジョリーもMTVのドキュメンタリー番組でサックスを「世界でもっとも賢い人の一人」[6]と言っている。また、サックスは、ジョージ・ソロスやトミー・ヒルフィガーとも交友を深め、彼らからの出資を背景に、自分の開発理論をミレニアム・ビレッジ・プロジェクト（MVP）という形で実行に移している[7]。実際、ソロスのサックスへの信頼は相当なもので、この億万長者はサックスに対してきわめて懐疑的だった慈善顧問たちの意見をはねつけたという。さらにサックスは、さまざまな国際機関や私立財団から数億ドルもの出資を取りつけ、そしてついに、自身が所長を務める地球研究所を通じて、東アフリカの複数の村で計画を実行に移すことになった。

ただ、こうした活動の過程で、サックスはさまざまな方面からの反発を受けた。まず、開発担当の役人から反対の声が上がった。従来の手順を踏んだ事業に慣れている彼らからすれば、サックスの掲げた救世主然とした目標は、世間知らずなだけでなく、場合によっては害にもなり得るものだったからだ[8]。だがサックスは、こうした反対を持ち前の豪腕で押し切ることに成功した。しかし、開発経済学者からの批判はさらに厳しかった。たとえば、批判者の一人にウィリアム・イースタリーがいる。イースタリーは、開発援助の病理を「技術官僚的幻想」にあると主張する一連の著作によって名をなした経済学者だ。技術官僚的幻想とは、貧困は純粋に技術的な問題であり、肥料や抗生物質、栄養補給剤などを使用することで解決できるという考えを指す。(9) イースタリーは、適切なガバナンスの仕組みがなければ、サックスの援助計画は、役に立たないどころか、有害だと主張した。また、マサチューセッツ工科大学貧困研究所の所長で、『貧乏人の経済学』（みすず書房）の著者の一人であるエスター・デュフロは、サックスの主張は開発経済学における流行の一つにすぎないと言い、支援対象になった村と、何の支援も受けない村の比較がなければ、たとえ村が発展したとしても、それが計画の効果によるものなのかはわからないと指摘した。(10) 世界開発センターの所長であるナンシー・バーゾールもデュフロの批判に賛同し、村をグループ分けして比較することをサックスに要求した。

だが結果的にサックスは、こうした学者からの批判も開発官僚の抵抗と同じように苦もなくしりぞけた。そして村同士の比較という提案も拒否して、(11) サックスと地球研究所のメンバーは行動を開始した。滑り出しは上々だった。防虫剤を練り込んだ蚊帳を地元民に普及させたことで、マラリアの発生を抑えられるとサックスは言い、(12) 二〇一二年に他の学者と共同で『ランセット』に発表した論文で、プログラムの対象になった村では、サブサハラアフリカ全体の平均に比べて、乳幼児死亡率が三倍の速さで減少したと述べた。(13) さらに、CNNに出演したサックスは、「科学的な証拠」を列挙して、「最新の科学技術を使えば、毎年数百万人の子どもや母親が亡くなっているいまの状況を終わらせることができる」(14) と宣言した。

しかし二〇一三年になるころ、この輝かしいプロジェクトに陰りが見えはじめる。問題は、サックスと地球研究所が、プロジェクトをニューヨークからコントロールしようとしていた点にあった。プロジェクトのリーダーたちは、現場の状況を把握しないままに村へのアドバイスを出していたのである。当然、このやり方は現地の責任者の反感を買った[15]。現地で問題が起き、プロジェクトへの悪評が立ちはじめると、サックスはアドバイザーの制止を振り切って反論を開始した。だが、サックスの反論にはしばしば、以前の計画と矛盾する内容が含まれていた。さらに外部機関の評価で、MVPの対象になった村が他の村よりもよい環境にあると判断できる証拠はどこにもないという結論が出てしまった。支援対象の村とそうでない村の比較を拒否したつけがまわってきたのだ。しかも、プロジェクトの実施期間中、サブサハラアフリカの経済は堅調に伸びており、アフリカ全体の乳幼児死亡率は劇的に下がっていた[16]。そのため、MVPの対象になった村の環境が良くなったのは事実でも、それがサックスの支援によるものなのか、単に経済成長の結果なのかを見極める方法は存在しなかった。それどころか、MVP対象の村における乳幼児死亡率の低下割合は、プロジェクトが行われた国々の全国平均よりも低いという調査結果すら出てきた[17]。これらの事実に加え、ほかにも方法論上の誤りが見つかったことから、サックスの論文の共著者の一人（筆頭著者）は、乳幼児死亡率が「三倍の速さ」で減少したという自分たちの主張には「確たる裏づけがなく、誤解を招くもの[18]」であったと認める旨の手紙を『ランセット』に送った。

サックスは、過去にプロジェクトが村で大きな成果を上げてきたことを、外部の専門家の力を借りて証明しようとした。しかし、そうした努力もプロジェクトの信用を取り戻すにはいたらなかった。サックスのもとで働いていた研究員の一人は、『ネイチャー』の記事のなかで「おそらくあの論文の著者たちは、『ＭＶＰの効果は証明できない。だが、効果がなかったと証明することもできない』と最後には言うのではないか」と述べている。[19] 一〇年間にサックスが大いなる野望をぶち上げていたときと比べると、ずいぶんとトーンダウンしてしまったと言えるだろう。サックスが助っ人として連れてきた衛生問題の専門家も、ＭＶＰの過去にわたる効果を測定するのは不可能だと認めた。現在カリフォルニア大学バークレー校の経済学者をしている、サックスの元助手は『フォーリン・ポリシー』の取材に対して「開発経済学の世界では、ＭＶＰをまともな研究プロジェクトだと思っている人は誰もいない」と答え、[20] プロジェクトへの出資を拒んだビル・ゲイツは、「サックスはどうやら周りが見えていなかったようだ」と言った。[21] また、私がサックスに地球研究所がこれまで挙げてきた成果について尋ねたときも、彼はＭＶＰには一言も触れなかった。[22]

サックスがそのあとに書いた本は、『貧困の終焉』ほど売れることはなく、世界銀行の総裁になろうという試みもあっさりと頓挫した。サックス自身の態度も少し変化したようだ。ムンクからプロジェクトの顛末について尋ねられたとき、彼は以下のように答えている。「まあ、あれはあれでしかたがなかったかと思います。（中略）人は不確かな状況に対しても、ある種の確信に基づいて行動することができます。というより、実際にはそうするしかないのです。そしてあの時点での私の確信は、ああいうものだったということです」。[23] 二〇一四年以降、サックスは新聞各紙に発表するコラムで開発経済学をあまり扱わなくなり、代わりにマクロ経済や外交政策、ケネディ暗殺事件などのテーマが増えた。(24)これはおそらく、サックスがソートリーダー［thought leaders］（思想的リーダー）から元の知識人に戻ったということなのだろう。サックスは開発経済学の理論でもっとも成功した思想的リーダーになるかに思えた。しかし、理論の誕生から一〇年がたったいま、控えめに見ても、その現実の成果には疑問符が付いたといわざるをえない。

ジェフリー・サックスの成功と凋落は、知識階級に対して「そもそも思想には意味があるのか?」というやっかいな疑問を投げかける。そして、現在のアメリカにおいて、思想を論ずるのは無意味であるという主張は、以下の四つに分類できる。一つ目は、「世界のありようは、物質的な要素のみによって決まっている。したがって、思想など無意味だ」という唯物論だ。この説からすると、サックスは慣性にしたがって動いている状況を、必死に押し戻そうとした愚か者ということになる。二つ目は、「メディアのプラットフォームの種類が爆発的に増えたいま、いかなる知識人もその思想を広め、定着させることはそもそも不可能」という悲観論だ。これは、仮にMVPがある程度成功を収めていたとしても、そのニュースは知識を持たない者たちからの無責任な批判（予防接種や気候変動、遺伝子組み換え食品に関する懐疑論のような）に飲み込まれ、消えていってしまう、という主張である。三つ目は「大きくて抽象的な思想は失敗する運命にある」というポピュリストからの意見だ。知識人はものごとを悪くすることしかできず、サックスの失敗は単にその一例にすぎないというのがポピュリストの見方だ。そして最後が「過去に比べ、現在の著名な知識人はひどく堕落しているために、思想は本来の意味を失い、富裕層や保守反動の立場を正当化するための手段でしかなくなった」という懐古論だ。この説に従えば、そもそも現代には、偉大な知識人などもう存在しないことになる。サックスの名声の一部は、ミュージシャンや映画女優との交友に支えられていた。これが、二〇世紀の中ごろに称賛を受けていたニューヨーク知識人たち〔二十世紀中期のニューヨークに、作家や評論家を中心として形成された知識人集団〕が一番嫌うたぐいのやり方であるのはたしかだろう。

本章では上記四つの主張の概略を説明し、それぞれについて考察を加えようと思う。先に結論を言ってしまえば、思想は依然として重要だし、思想産業（アイデアズ・インダストリー）を動かしている要素を分析する重要性はかつてないほど高まっている。ただ、ここはフェアにいきたい。批判者たちの言い分を正面から聞いてみようではないか。

まず、唯物論による批判は社会科学の世界ではなじみが深い。学者の多くが、思想が果たす役割を語るときに同じような理論を持ち出すからだ。経済学者や政治学者は、権力と利害関係こそが世界を動かしているという前提で話を始める。経済学の理論はそのほとんどすべてが「資源に制約がある状況で、個人がいかに自身の効用を最大化するか」という、条件付き最適化に関連するものだと言っていい。この種の理論モデルが、思想の重要性を守るために役立つかと言えば、やはりそうではないだろう。また、政治学では少し事情が異なる。政治学の理論では、すべての政治家は権力という希少かつ絶対量の決まっているモノを手に入れ、保持したがるのが前提であり、それによって世界が動くことになっている。ただ、この仮定のもとでも、思想は重要視されていない。そもそも社会科学の言葉でいう思想の役割とは、行為者の選好を変えることだ。普通の言葉になおせば、思想には人々の考え方を変える効果がある、ということになる。だが実際には、社会科学の学者の大半は、個人や団体の選好は基本的に固定されていると考えている。実質的な誘因に変化が起きない限り、個人の大半は考え方を変えない。要するに、思想はそれだけでは人を説得できない、というのが学者たちの見解だ。

こうした唯物論的な主張は、アメリカ外交にとくに大きな影響を与えている。たとえば、二〇〇一年以降、ブッシュ大統領が単独主義や民主主義の発展をあれほどまでに強調したのはいったいなぜだろうか。一部の専門家は、アメリカが覇権国家的な傾向を強めたのは、国際社会において自分勝手な行動をとりたいという意思の表れだと指摘しているが[25]、一方で、現実主義の立場をとる学者は、有力で豊富な資金を持つ親イスラエルのロビイストこそ、アメリカの中東での外交政策が失敗した本当の理由だと主張した[26]。新保守主義がアメリカの中東外交に影響を与えたという説を、外交専門の学者たちはしばしば一顧だにせず却下する。だが、ブッシュ政権の主張を公平に解釈するならば、新保守主義が現実主義に勝《まさ》ったという事実を無視するのは難しいのではないか。(27) それでも外交政策の専門家たちは、イデオロギーは単なるきっかけにすぎず、みな、結局は現実的な利益を目指して行動していると主張する。

現実主義者たちはサックスのケースを、世界を変えようとした知識人の典型的な失敗例ととらえている。彼らいわく、プロジェクトの開始前に、すでにサックスは三つの失敗を犯していたという。まず一つは、サックスが、既存の開発事業にクモの巣のようにはりめぐらされた政治的なつながりを、簡単に一掃できると考えていたこと。こうした考えは反発を呼んでも不思議ではない。二つ目は、サックスが他者からの援助、つまり、調達するのが難しい資金に頼っていたことだ。対外開発援助は「不人気な」予算科目であるため、サックスは、自分の目的を政治的に後押ししてはもらえなかった。そしてこの、政治の後ろ盾がないという点が三つ目の失敗だ。そのせいで、支援対象の村にわずかな問題が起こっただけで、サックスのプロジェクトはすぐさま破綻してしまったと、彼らは考えたのである。

ペシミストの主張は、まず、思想が効果を発揮するにはそれに耳を傾ける大衆の存在が絶対条件であるという前提から始まる。しかし現代では、メディアの数が増えすぎてしまったために、大衆は細かく分断されてしまった。以前の言論市場（マーケットプレイス・オブ・アイデアズ）では、注意を引くような意見を発信するのは簡単だった。ニューヨーク・タイムズやフィナンシャル・タイムズの署名記事は、確実に保守派の論争を巻き起こしたし、『フォーリン・

アフェアーズ』のエッセイにはさらに強い効き目があった。メディアの数が限られていたということは、個々のメディアの力が強いことを意味していた。かつてはこうしたメディアで意見を発信できるかどうかで、言論市場での影響力が大きく違っていたのだった。

しかし、ケーブルニュースやラジオ、オンラインサイトなどの新しいメディアの増加によって、こうした状況は一変した。いまや、オンラインプラットフォームの「ミディアム」に投稿すれば、ニューヨーク・タイムズのコラムと同じくらい注目を集めることができる。ただ、コンテンツの提供者の増加は、アメリカ国民が数百の異なる文化集団に細分化したことも意味する。すると、知識人たちのなかには、極端な議論を展開して人々の注意を引こうとする者も出てくる。ブッシュ政権のスピーチライターを務めたデビッド・フラムは、ブログ上で展開される口汚い議論について「あの種のあまりに身勝手で不作法な、しかも文法的に間違った言葉による批判は、相手側からの軽蔑を呼ぶだけだ」と述べ、作家のジェイコブ・ハイルブランは「以前、知識人はその著作によって評価されたものだった。しかしいまは、どれだけやかましく口を開きつづけるかにかかっているようだ[28]」と嘆いた。こうした批判はソーシャルメディアが爆発的に広がる前、つまり、いまからおよそ一〇年ほど前から存在した。そして現在では「ブログはすでに雑音だらけだった言論市場に、さらなるノイズを加えた[29]」という評論家も出てきた。町のうわさ好きによって支配されてしまった公共圏（パブリック・スフィア）からは、まともな知識人など現れようがない、というのがペシミストの結論だ。

こうした悲観論が外交の言論市場に与えるおもな影響は、特定の議論が社会全体の興味にあわせて引き延ばされ、薄まってしまうことだ。二十世紀中盤の三大ネットワーク〔ABC、CBS、NBCを指す〕の影響力が大きかった時代、伝統的なメディアには、国際情勢にスポットをあて、こうした話題に無関心な大衆を啓蒙しようというこころざしがあった。だが、近年急増した新しいメディアのほとんどは、単に国民の関心を追いかける側にまわっている。しかも、そもそも国民の大半は国際情勢にはあまり興味がないのである。たとえば、シカゴ・グローバル評議会が行った外交世論調査では、アメリカ人の過半数が、政府は世界ではなく国内の政治に力を注いで欲しいと考えているのがわかった。(30) こうした流れを受けて、従来の国際政治の場でもその焦点が変化しつつある。『フォーリン・アフェアーズ』の編集者であるギデオン・ローズは私に対して、「外交政策専門誌などというものはもう存在しない。そんなものがあったのは二十世紀までだ(31)」と言い切った。『フォーリン・アフェアーズ』はローズの在職中に、従来の国際関係以外の話題も扱いはじめた。国民の多くが外交問題に興味を示さないため、他のメディアでもさらに国際政治の記事が減っていく可能性がある。

公の問題への無関心が広がるなか、国民の心に響くのは、極端な外交政策のみとなる。要するに、軍を出動させてテロリストたちを殺害したり、メキシコとの国境に壁を建設したりといった提案だ。一方で、国連平和維持軍の構成の変更や、多国間貿易協定の改善といった、微妙な調整を要する問題は無視される。たとえば、アメリカが二〇一五年の夏にイラン核協議に合意した際、アメリカ・イスラエル公共問題委員会をはじめとする利益団体や、民主主義防衛財団のようなシンクタンクは一致団結して、政府の決定に猛烈な非難を浴びせはじめた。どの報道を見ても、この時期の反対派による宣伝活動が賛成派をはるかに上回っていたことを示している。[32] そして、この電撃的なキャンペーンはたしかに効果を上げた。ピュー研究所が直後に行った調査では、核協議に反対する人が明らかに増えたという結果が出たのである。しかし、ピュー研究所の調査はもう一つの事実も明らかにした。イラン核協議をめぐる広告や報道が加熱し、しかも議論が始まってから二カ月がたっているにもかかわらず、協議の内容をよく理解していないと答えた回答者が増えていたのである。つまり、この議論は「広く国民の耳に届いたわけでなかった」[33]。こうした事実から、ペシミストは、メディアの増加は不協和音をつくり出すと結論づける。それぞれのメディアから発信される意見はお互いに打ち消しあい、外交政策について書かれたものは注目されずに消えていく。知識人が取りうる手段が誇張しかなくなったとき、言論市場では底辺への競争〔基準を低く設定したために、全体の水準が落ちること〕が始まる、と彼らはいう。

ペシミストに言わせれば、サックスが成功する可能性はそもそもなかったということになる。もし国民が外交政策などたいした問題ではないと考えているのだとしたら、他の国への援助や経済発展に興味などあろうはずがないからだ。実際、世論調査では、大多数のアメリカ人が対外援助の減額を望んでいるという結果が示されることが多い。だがそれと同時に、さらに多くの人が、政府が外国の支援に使う金額を過大に見積もっているのもわかっている。豊かな国はいくらぐらいのお金を支援にまわすべきか、という質問をしてみると、一般のアメリカ人は実際に政府が拠出している金額の一〇倍近い金額を答えるという。(34) このような国民の矛盾する態度はここ数十年にわたって続いているが、誰一人としてそれをうまく利用できた者はおらず、サックスもそれに失敗した一人である。ペシミストいわく、サックスが成功する唯一の方法は、知名度を利して自分の運動への共感を訴えることだったという。ただこの戦略にも、いわゆる「共感疲れ」を起こしてしまうという本質的な弱点があるのだが。(35)

ポピュリストたちの主張は、「誰が知識人に世界を託したというのか」というシンプルな問いかけから始まる。二十一世紀のアメリカでは、長引く戦争に複数の金融危機が重なったことで経済は横ばいとなり、エリートたちは遅ればせながら、自分たちに怒りの矛先が向けられているのに気づいた。(36) ポピュリストに言わせれば、現在の能力主義の社会では、非常に狭い範囲での学識能力しか評価されないためにこうした事態が起きたのだという。(37) エリートたちの考え方は現実離れしていて、とくに外交政策に関する大仰な思想は中身のない空論にすぎない場合が多い。エリートは、現実にどのような結果を生むかとは無関係に、大枠の外交方針を語る。当然、議論は高邁な、現実離れしたものとなる。思想は仰々しくなればなるほど、実際の役に立たないどころか、むしろ有害な代物となる。風刺作家のＰ・Ｊ・オロークはかつてこう言った。「私は大きな思想（big idea）が好きではない。これは私だけではないはずだ。私たちが使う言葉にだって、大げさな物言いへの嫌悪はちゃんと現れている。『What's the big idea?（いったい、どういうつもりだ？）』という言い回しがあるぐらいなのだから」[38]

ポピュリストによれば、冷戦後のアメリカ外交政策思想史は、大きな思想が持つ負の価値の証明であるという。大枠の思想を持たない政権が、ときに失敗をしながらもなんとか困難を切り抜けていくのに対し、大思想に取りつかれてしまった政権は、戦争や平和をめぐって間違った選択をしてしまう。たとえば、クリントン政権は外交政策に対する大枠の方針を持っていなかったと言えるだろう。事実、クリントンの安全保障問題担当補佐官であるサンディー・バーガーは、あえて大戦略を持たずに状況にあわせて場当たり的な外交を行うことのメリットを、マスコミに対して自慢げに語っていたほどだ。[39]だがバーガーの任期中、アメリカは長期間にわたる紛争にはなんとか巻き込まれずに済んでいた。

九・一一後のブッシュ政権はこれとは対称的に、明確な意志と壮大な国家安全保障戦略を掲げた。冷戦史の権威であるジョン・ルイス・ギャディスは、ブッシュ政権の戦略を「これまでよりも力強く、繊細で、学術的な思想とも調和する」と激賞し、さらに「過去半世紀におけるアメリカ大戦略でもっとも重要な変革」とまで言っている。[40]また、ブッシュの二期目の大統領就任演説も、民主主義の発展推進に主軸を据えた、こころざしにあふれたものだった。ブッシュは、二十一世紀における世界の再構築を目的とした、明確かつ首尾一貫した、野心あふれる大戦略を語った。だがいうまでもなく、その思想を実現する過程で、アメリカは高い代償を伴う二度の悲惨な戦争の泥沼にはまっていったのである。これを考えると、ブッシュ政権の高邁で尊大な思想に比べれば、クリントンの場当たり的なやり方や、オバマの「くだらないことには手を出すな」という合言葉の方が、まだましだったのではないかと思えてしまう。

知識人の意見の大半は公共政策に悪影響を与えるものでしかなく、世論から導き出される常識に照らして全面的に破棄されるべきである、というのがポピュリストの結論であり、さらに国民もこれに賛同するだろうとも彼らは述べている。たしかに二〇一四年にシカゴ・グローバル評議会が行った調査では、アメリカ国民は自分たちの意見がもっと外交に反映されるべきだと感じている一方で、大学やシンクタンクの果たす役割はいまよりも小さくてよいと考えていることがわかっている[41]。イントロダクションでも述べたが、二〇一六年大統領選における、ドナルド・トランプの一番のアピールポイントは、党内のコンセンサスに縛られない――いや、もっと言えば、既存のいかなる考え方にも縛られないという点であった。トランプは共和党の知的エリート層からの執拗な批判をものともせず、党全体を強引に地ならしした。同じことは民主党でも起こっていて、政策エリートの支持をほぼ独占していたヒラリー・クリントンが、バーニー・サンダース相手に苦戦を強いられた。トランプもサンダースも、外交の経験がなく、専門のアドバイザーすらいないにもかかわらず成功を収めた。というよりはむしろ、専門家のアドバイスを受けないことを強みとして、選挙戦を戦ったのである[42]。

こうしたポピュリストの復権は、知識階級に対する国民の不信感の強さを証明している。ポピュリズムは、一般市民の感覚とは異なる、コスモポリタン的な価値観を採用しがちなエリートたちの行動を矯正するものだからだ。アメリカン・エンタープライズ公共政策研究所のチャールズ・マレーは「新しい世代のエリートたちもアメリカを愛してはいる。ただ、彼らはますます国民から乖離しつつある」と述べ[43]、現在のエリートは、国民の理解が及ばないほど世間から切り離されていると主張している。逆に言えば、コスモポリタンの一員となる一番の方法は、知識人と呼ばれることなのである。

ポピュリストがジェフリー・サックスのプロジェクトに興味を示すとしたら、知識人による大げさな計画の失敗の象徴として取りあげるときだけだろう。最終的には、堅調に見えたサブサハラアフリカの経済も、最貧困層にとっては単なる一時しのぎにしかならないことが判明し、サックスは貧困の撲滅に向けてさらなる資金集めを始めようとした。だが、世論調査の結果が示すとおり、基本的にアメリカでは、政府の対外援助は多すぎるため減額すべきという考えが支配的だ[44]。サックスが失敗したのは、その発想がまずかったからではなく、そもそもすべての大きな思想は失敗する運命にある。これがポピュリストの主張である。

最後に、一般にもっともよく聞かれる懐古主義からの批判を取りあげよう。もちろん世の中には、昔の方が思想的に優れていたという考えに対する疑問の声も多くあるが、それでも懐古主義は、けっしていまに始まったことではない。知識人たちはエリート層の誕生以来、つねにその知的堕落を嘆いていて、[45]アメリカではそのような批判が約一世紀にわたって続いているのである。『セオリー・オブ・ザ・レジャー・クラス（Theory of the Leisure Class）』のソースティン・ヴェブレンから、『アメリカの反知性主義』のリチャード・ホーフスタッター、『アメリカン・マインドの終焉――文化と教育の危機』（みすず書房）のアラン・ブルーム、『インテレクチュアルズ・アンド・ソサエティ（Intellectuals and Society）』のトーマス・ソウェルまで、こうしたテーマに関する著書を発表する知識人は、実際になんらかの行動を起こすことこそ少ないものの、みなそろって知的エリート層の堕落と権威の失墜を嘆いている。そして、その下にいる支持層も、自分たちの活動を引っ張ってくれる知識人がいなくなったのを悲しんでいる。[46]アメリカ思想界に対する怒りを表明した、スーザン・ジェイコビーの『エイジ・オブ・アメリカン・アンリーズン（The Age of American Unreason）』や、ウィリアム・デレズウィッツの『優秀なる羊たち――米国エリート教育の失敗に学ぶ』（三省堂）でも、現在の知的世界は不毛の大地と化していると結論している。

懐古主義的な視点からは、現在の知識人の凋落と思想的リーダーの隆盛が、この国の議論が間違った方向に進んでいることの証拠に見え、しかも、もはやその流れを止めるすべはないようにすら思えてしまう。実際、懐古主義を掲げるペシミストたちの議論の焦点は、現在の状況ではなく、思想史の「地層」を見て、いつ知的堕落が始まったのかを測定することにある。インターネットが誕生してからという意見もあれば、冷戦が始まってからという意見もある。ひねた考え方をする書き手のなかには、さらに時代をさかのぼって、ジョン・スチュアート・ミルが世に出てからだと言ったり、ソクラテスが死んでからだと言う者までいる。

二十世紀の知識人の多くがいなくなったことで、懐古論はさらに広がっている。今世紀に入ってからすでに、ミルトン・フリードマン、デビッド・ハルバースタム、ジョン・ケネス・ガルブレイス、スーザン・ソンタグ、ウィリアム・フランク・バックリー・ジュニア、ゴア・ヴィダルがこの世を去り、残された知識人たちは、彼らの穴埋めは誰にもできないと言いはじめている。『ニューヨーク・タイムズ・ブックレビュー』の元編集者のサム・タネンハウスは次のように書いている。「バックリーとメイラー〔作家のノーマン・メイラー〕は他とは違った。彼らは知識人というよりもむしろ大衆知識人であり、時代の流れに積極的に飛び込んで、自らの思想を、国民が置かれている厳しい環境のなかで現実のものにしようとしていた」。また、ウェブニュースメディア、「ヴォックス」の創立者の一人であるエズラ・クレインは「かつての知識人たちは、政治を分析した重厚な内容の本を書き、数百万部を売っていた。政治通を名乗るのであれば、こうした本は必ず読んでおかなければならなかった。それがいまとなっては、かつての知識人たちがいた場所を埋めているのは、（アン・）コールターや（ビル・）オライリーといった連中なのだ」と嘆いた[47]。そしてニューヨーク・タイムズのコラムニストであるデビッド・ブルックスはミルトン・フリードマンの追悼記事のなかで次のような感想を漏らしている。「一九四〇年代から一九九〇年代の中ごろまで、アメリカの政治は『ウィットネス（Witness）』、『バイタル・センター（The Vital Center）』、『資本主義と自由』（日経ＢＰ社）、『アメリカ大都市の死と生』（鹿島出版会）、『アメリカン・マインドの終焉』などの偉大な書物によって形づくられてきた。しかしそれ以降、画期的な本は出ていない[48]」

同様の議論は外交政策の世界でも起きている。とくに約一〇年前にジョージ・ケナンが亡くなったときの衝撃は大きく、もう彼のような外交官は現れないだろうという声が多く聞かれた[49]。国務省政策企画本部の初代本部長を務めたケナンは、冷戦期のアメリカにおける優れた外交の枠組みである、封じ込め政策を発案した。本物の知識人だったケナンは、ほどなくして国務省を辞め、プリンストン高等研究所に籍を移したあとも、外交政策を中心とした多くの分野で洗練された論文を発表しつづけた。ケナンが偉大だったのは、歴史上の適切な瞬間に、影響力が強いだけでなく内容的にも正しい方針を打ち立てるという、思想界には希有な偉業を成し遂げたところだ。もちろん、封じ込め政策の名の下に政権が失策を犯したこともある。だが、ケナンが示した方針はアメリカ外交にそれを補ってあまりあるメリットをもたらした。

現在の外交筋にはジョージ・ケナンとその仲間たちのような、深い知性の持ち主がいなくなったという主張が、国際関係の場では繰り返されている[50]。たしかに当時の封じ込め政策の立案者たちは、戦略的な一貫性を保ったまま柔軟な戦術を用いるのに成功していた。冷戦期には封じ込め政策という強力な戦略のもと、外交政策に党派を超えたコンセンサスが形成されていたのである。[51]だが、それに続くポスト冷戦時代の外交は、両派の反目を生んだ。リベラル派も保守派も、ベルリンの壁の崩壊後、アメリカは国際社会において計り知れない大きさのアドバンテージを失ったと主張している。[52]そして批判の矛先はおそらく、政権担当者だけでなく外交政策の立案者にも向けられている。実際、グレン・グリーンウォルドのような急進的な批評家は、「冷戦期から五〇年以上受け継がれた骨董品のような思想」が二十一世紀の外交議論を支配していると、激しい口調で攻撃している。[53]

懐古主義者の主張を裏づける具体例として、国家安全保障に関するプリンストン・プロジェクトを取りあげてみよう。これは、複数年にわたる多角的なプロジェクトで、その目的は、冷戦期の封じ込め政策のような効果的な大戦略を、二十一世紀の外交の舞台に打ち立てることだった。そしてプロジェクトの一環である、ケナンがいなくなった穴を埋めるための「ケナン委員会」の結成には、数百人の外交政策の専門家が関わった（ちなみに私もその一人だ）。しかし、数十回の会議を重ねた末に出た結論は「封じ込め政策や拡大戦略、バランシング、民主化の促進など、外交全体の方向性を明確に定める方針を確立するのは、これからはおそらく不可能[54]」というものだった。つまり、ケナン委員会の成果は、ケナンが一人で書いた論文に遠く及ばなかったのである。

こうした懐古論は、サックスの例にも適用される。サックスは自説の独自性を主張しているものの、『貧困の終焉』における彼の主張は、かなりの部分において、冷戦期に提唱された「ビッグプッシュ理論」〔海外から大きな一押しがあれば、発展途上国の経済は低水準から離陸できるという理論〕の焼き直しだと言ってよい。実際、サックスの主張のほとんどは、一九六〇年にウォルト・ロストウが発表した『経済成長の諸段階』(ダイヤモンド社)の次の一文で説明できる。「従来型社会の中核をなす事実とは、達成可能な成果を制限するような障害が、各所に存在することであった。そしてこの障害は、近代の科学や技術がもたらす力がそもそも利用できないか、あるいは正しい形、適切な規模で使われていないという理由で生じている」[55]。自分の主張が過去の理論の焼き直しであることをサックスが認めなかったのは不幸だった。もしそれができていれば、ロストウと同じ失敗は避けられたかもしれないからだ。ロストウの理論は、最終的には開発援助金の浪費や関連組織の腐敗を生み、貧しい人々を犠牲にして、国連関係機関と被援助国の政府を肥え太らせる結果に終わっていたのだから。

では、いったん話を整理しよう。ここまで、現代社会では思想など無価値だと主張する四つの説を紹介してきた。一つ目は、そもそも思想など意味がないという説。二つ目は、メディアが増えすぎてしまったために、新しい思想が国民に届かなくなってしまったという説。三つ目は、大衆のエリートに対する嫌悪感によって、大きな思想への信頼が失われたという説。そして最後に、現在の思想は単に過去の焼き直しにすぎないという説である。

現在、こうした嘆きの声はいたるところで上がっている。ただ、じつはその根拠は非常に曖昧だ。

まず、唯物論者の主張はあまりに極端であり、反証は一番簡単だ。思想が現実の政治にさまざまな形で影響を与えることは、多くの歴史学者や社会科学者の丁寧な研究によって裏づけられている。[56] 強力な思想は、既存の政策に疑問を投げかけ、新しい政策に正当性を与える。先行きが不透明な時期には、思想は大戦略への方向を示したり、国際社会における異なる主体の意思を統一したりする役割を果たす。[57] 外交でなんらかの非常事態が起きたときには、指導者はその原因と取りうる解決策を新しい概念を使って説明することが多い。[58] また、専門家たちのあいだである理論が広く認められている場合、政策決定者がそれから外れた行動をとるのは容易ではなくなる。[59]

ちなみに、私は単に思想が重要であると言っているのであって、権力の重要性を否定しているのではないことに注意して欲しい。むしろ、思想が重要であるという事実は、唯物論者が思うほど権力と思想がきれいに分割できないことを示している。なぜなら、ある事柄をひとかたまりの概念として定義し、みなに真実と認めさせる力こそ、権力のもっとも本質的な側面の一つだからだ。[60] 意思決定者たちが自らの関心や目標、戦略を定義するとき、彼らはこれまでに積み重ねられてきた思想という土台のうえにいるのである。

また、知識人が新しい概念を国民に広めることで、実際に大きな変化が起こる場合もある。たとえば、自由貿易はあらゆる国に利益をもたらすという考えも、本来は自明の理とは言えない。経済学者たちが何世代もの時間をかけて理論を進化させ、ようやく常識として認められるにいたったのである。経済史の研究家たちは、自由経済をはじめとする真に革命的な思想は、技術革新に匹敵する重要性を持ちうることを証明している[61]。たとえば、同性婚の合法化という概念を語るうえでは、一九八九年にアンドリュー・サリバンが『ニュー・リパブリック』に掲載したエッセイは外せない[62]。また、イラク部隊の増派についてまともな説明をしようとすれば、ブッシュ政権が増派の必要性に気づいてすらいなかった段階で、すでに防衛政策の専門家たちが中心となって青写真を描いていた事実を認めざるをえないはずだ[63]。

要するに、唯物論による思想界への批判はあまりに視野が狭い。そのため、長年政治を観察して思想の力がわかっている人々はこの説を支持しない。そしてこうした人々には、知的水準の高い人物が多い。エイブラハム・リンカーンは「国民の感情を操れる者は、法律を制定したり、判決を下したりする者よりも強い影響力を持つだろう[64]」と予言した。さらにそのおよそ八〇年後、ジョン・メイナード・ケインズもほとんど同じ意見を述べている。

経済学者や政治哲学者の理論は、内容が正しいかどうかに関わらず、一般に考えられているよりもはるかに強い影響力がある。むしろほとんどそれだけで世界が動いていると言っても過言ではない。誰の影響も受けていないと自負する実務家が、過去の経済学者の思想的奴隷というのはよくあることだ。また、天の声を聞くという権力者は、少し昔に無名の学者が書き散らした論文から妄想のたねを拝借しているだけである[65]。

数字にばかり集中している実業家や、実利がすべてだと考えている皮肉屋はこのケインズの意見をばかにするかもしれない。ただ、最近の学者や政治家の振るまいからすると、ケインズが主張する思想の影響力は、今世紀に入ってさらに大きくなっているようだ。ノーベル経済学賞を受賞したポール・クルーグマンは、自分を次期財務長官に推す声がネット上で盛り上がったのを受けて、二〇一二年の初めにニューヨーク・タイムズに掲載中のブログで固辞を表明し、さらに次のように付け加えた。「自分のいまの（コラムニストとしての）立場をうまく使えば、世論に絶大な影響を与えられる。その影響力は大半の連邦議会議員よりもうえだ。私の書いたことをホワイトハウスが気にしていないと思う人はどこにもいないはずだ[66]」

元議員のなかにもクルーグマンの意見に賛同する者がいる。政界で安定した地位を確立していたサウスカロライナ州選出の下院議員、ジム・デミントは、保守系のシンクタンクであるヘリテージ財団の代表に就任するため、二〇一二年の終わりに議員を辞職した。ヘリテージ財団から得られる報酬は高いが、デミントの決断のおもな理由はそこにはないようだった[67]。おそらく一番大きかったのは、シンクタンクを率いる方が連邦議会にいるよりも大きな政治力を持ちうると考えていたことだろう。事実、代表に就任してから一年もたたないうちに、デミントはナショナル・パブリック・ラジオで「いち上院議員だったときよりも、いまの方が自分の世論への影響力が強いのは疑いようがない[68]」と発言している。じつはデミントのヘリテージ財団における仕事は玉石混淆なのだが、その話は第4章にゆずろう。とにかく、クルーグマンとデミントが思想の力を認めているという事実は、唯物論に対する一番の反証だ。政治の力と思想の力という二つの選択肢が示されたとき、彼らはともに後者を選んだのだから。

少なくとも一部のエリートが、思想はいまだ重要であるとの認識のもとに行動しているのは間違いない。サックスは思想の力で数億ドルもの資金を確保し、プロジェクトを進めていく過程で、既得権益をも破壊した。最終的な結果は望んだものではなかったにせよ、唯物論に対する反論には十分成功したと言えるだろう。

また、ペシミストの主張も反証は容易だ。なぜなら、前提が間違っているからである。数が増えたことで個々のメディアの力が弱まり、知識人も思想的リーダーも国民に声を届けられなくなったと、ペシミストは信じている。しかし、実際に調べてみると、事実は逆であるのがわかる。メディアの増加は、知識人に意見を発信する場を提供した。また、本書の続きを読んでもらえばわかるが、現在では、大学やシンクタンク、非営利団体や営利団体などを含む思想産業界全体が、情報発信の媒体の利用に全力を挙げはじめている。

意見を発信する手段の増加は、思想界にとってマイナスではなくプラスである。金融ジャーナリストのフェリックス・サーモンはいう。「知識を頭に詰め込んだ人は、ニューヨークの四七丁目にある宝石店みたいなものだ。つまり、激しい競争を勝ち残ったから価値があるのではなく、競争の激しさ自体が価値を生んでいる（中略）ソーシャルネットワークの時代にあって、そのような者たちの知識に対する需要は、かつての数倍に膨れあがった。しかも、その需要を支えているのは、裕福なうえに高い教育を受けた、まさにスポンサーが求めている人々なのだ」[69]。ツイッターやフェイスブック、レディットといったソーシャルメディアは、お互いの役割を食い合うことなく、井戸端会議のレベルを超えた、本物の意見を発信できる場になっている。カーネギー国際平和基金の元理事長であるジェシカ・タックマン・マシューズは「予想に反して、内容の大半が編集されていないメディアの爆発的な普及が、逆に質の高い意見を目立たせる結果になっている。そして、そのような意見をコンスタントに発信している個人や団体の名前も徐々に広まりつつある」[70]と述べている。もちろん、ソーシャルメディアにも欠点はあり、本書でも第9章でその問題を取りあげる。ただ、ペシミストの予想とは違って、ネット上の議論が必ずしも極端な思想に行き着くとは限らないようだ。ソーシャルメディアは混乱を生むのではなく、人々の関心を呼び、議論を活発化させている。そこにはむしろ好循環があると言ってよい。

このような意見の増幅効果が重要なのは、言論市場では新しい思想がつねに厳密に精査されるとは限らないからだ。研究者から政策立案者を経て、また学者に戻ったというキャリアの持ち主であるエリオット・コーエンは、外からの意見の影響力は、新しい発想の提供ではなく、既存の概念に異なる視点を持ち込む点にあると指摘し、外交政策の立案における外部意見の有用性について以下のように述べている。

優れた外部意見が有用なのは、新しい案が見つかるからではなく（見落としがないとは言えないが、大抵の選択肢はすでに内部で検討されている）、関係者がぼんやりとしか認識していなかった問題や、不完全だった解決策を明確にしてくれるからだ。簡潔に書かれた、丁寧な裏づけのあるレポートは、政策担当者たちが検討する時間のなかった問題や、言語化しきれなかった問題を的確にとらえて指摘してくれる。こうした文章は十分に読む価値がある。(71)

よい思想は「発見的問題解決」をもたらす。言い換えれば、論旨が明確で理解しやすく、読者を説得する力を秘めている。ある問題に長期間取り組んできた権力者でさえ、こうした思想からは新しい着想を得ることができる。また、これまで政治に注意を払っていなかった層の注意を現実の問題に向けさせたり、政治にまったく興味がなかった一般人に、自分の立場を考え直すよう問いかける力もある。

現代の思想産業では供給はおのずと需要をつくり出す。そしてこの法則は、国際関係関連のメディアにも適用される。ここ一〇年で、外交政策を正面から取りあげる媒体の数は飛躍的に増えている。『フォーリン・ポリシー』が二〇〇九年にウェブに本格的に進出し、大量のアクセス数を稼ぎ出したことで、多くのメディアが追従を開始した。『フォーリン・アフェアーズ』

や『ナショナル・インタレスト』などの雑誌が、オンラインのコンテンツを充実させはじめ、ディプロマット、オープン・デモクラシー、ウォー・オン・ザ・ロックス、ワールド・ポリティクス・レビューをはじめとした、外交問題専門のオンラインサイトも出現した。[72] また、ポリティコやハフポスト、パシフィック・スタンダードなどの政治メディアも外交関連の部門を拡張し、外交問題を取り扱うオンラインサイトの数はさらに増えた。

サックスはこうしたメディアを複数利用して、開発経済のアジェンダを明確に設定するのに成功した。近代の思想界が抱える問題は多いものの、意見を発信できる場は十分に用意されている。メディアが増えすぎたために知識人の立場が弱くなったという主張は、テレビのチャンネルの増加は俳優にとってマイナスだと言っているのと同じである。

ポピュリストからの批判は、知識人に対する攻撃がいきすぎてしまうというポピュリズムにありがちな隘路にはまっている。たとえば、ポピュリストは自由貿易や移民政策に対する国民の不満が高まっていると主張するが、実際にはそれを裏づけるデータはない。ギャラップとピュー研究所、どちらの調査も、二〇〇八年の金融危機以降、国民の自由貿易への理解は以前より高まっているという結果を示している。[73] また、シカゴ・グローバル評議会の調査では、不法移民に対する懸念は二〇一六年の選挙戦中よりも、一九九〇年代の方がはるかに大きかったとされている。[74] つまり、二〇一六年の選挙戦で両党の候補者が保護貿易政策を掲げていたにもかかわらず、世論の保護貿易支持を示すデータはどこにもないのである。国民の怒りを代弁しているると主張するのは簡単だが、特定の問題について本当に国民が怒っていることを証明するのははけっして簡単ではない。

とはいえ、これまでアメリカでたびたび発作的に反知性主義が盛り上がってきたのは事実だ。ただ、国民のエリートに対する嫌悪は、潮のように満ち引きを繰り返してきたというのが正確なところだろう。リチャード・ホーフスタッターをはじめとする複数の歴史研究者が、アメリカでは知識人を持ち上げては突き放すという歴史が繰り返されてきたのを指摘している。[75] 要するに言論市場にも他の経済市場と同じように、景気循環が存在するのである。

詳細については第2章で論じるが、現在のアメリカで反知性主義のムーブメントが起きているという点については、ポピュリストの指摘は正しい。ただ、逆に考えれば、ポピュリストによる攻撃の激しさが知識人の重要性を証明しているとも言える。大きな思想に対する拒否反応の裏には、こうした思想が現実に影響力を持つという前提がある。また、思想界の住民たちが、外国人や官僚などと同じく、ポピュリズムのスケープゴートになりやすいのもたしかだろう。どちらにせよ、認識が現実をつくり出す言論市場という領域においては、ポピュリストの知識人に対する怒りは、逆に知識人の影響力を強くする。

また、ポピュリストの批判は、思想がなく知識人もいない世界が存在しうるとの前提で始まっているものの、そもそもそれが誤りである。人（とくに政策担当者たち）はみな、思想のやりとりをしている。これは単に、思想が自分の行動に影響を与えていることについて、どの程度自覚的であるかの違いにすぎない。問題に直面したときに、現実にあわせた臨機応変なアプローチがとれるのを誇らしく思うタイプの人は、抽象的な思想を口にするのを嫌う。だが一方で、例えや類推、比喩といった手法は盛んに使っているのである。彼らはこうしたやり方と、抽象的な思想はまったく違うものだと信じているようだ。実際、ポピュリストたちのあいだには、外交政策はこうあるべきだという確固たる考えがある。ただ、それを思想という名で呼ばないだけだ。ホーフスタッターがいうように「反知性主義を推進しているのは、たいてい思想に深く関わった男性であり、しかも、時代遅れの誰も見向きもしなくなったイデオロギーに取りつかれていることがよくある」[76]。ポピュリストは、自分たちはイデオロギーではなく常識に立脚していると主張するが、それは単なる誤解にすぎない。むしろ、彼らが政策立案の手段として類推や経験則を無意識に用いることは、言論市場の重要性の証明だとも言えるのである。はっきり言えば、ポピュリストの意見は理論的な前提に問題があり、間違った政策決定を誘発しかねない危険なものだ。外交政策の知識人であれば、その思想的な欠陥を見抜くことができる。

健全な公共圏では、新しい価値のある思想を評価するだけでなく、悪い思想を排除しなければならない。国際問題について、研究者のハイム・カウフマンは「言論市場では、根拠のない、間違った、ご都合主義の外交政策は自然と淘汰される。なぜなら、そうした主張やそれを支えいる証拠は、さまざまな議論を通じて、必ず国民の目にさらされることになるからだ[77]」と述べている。だが、逆にそうした議論がなければ、政策決定者も国民も、迷信や誤解の罠に捕らわれてしまい、致命的なミスを犯してしまうかもしれない[78]。くだらない意見を積極的に排除するのは、外交政策の知識人たちの知られざる重要な役割の一つだ[79]。言論市場の健全化は、重要かつ必須の課題である。

最後に、世論だけでは政策決定がおぼつかない大きな理由を挙げよう。それは国民は世界の情勢にあまり関心がない、という単純な事実だ。大半のアメリカ人は国際情勢を「合理的に無視」する。多忙な人々にとって、世界の政治を学ぶのに多くの時間を割くのは、割にあわない行為なのだ。そのため、専門的な知識を必要とする分野で、世論を指針にするのは危険である。たとえば、多くの国民は政府が開発援助に予算をかけすぎだと信じているが、使われている金額を過大に見積もってしまっている。最近の調査では、国民は政府支出の二八パーセントが開発援助にまわっていると考えているという結果が出た。しかし現実に使われているのは一パーセント以下だ[80]。実際、本当の金額を知らされたあとには、多くの人が開発援助を増額してもいいと答えを変えている[81]。国民は、ジェフリー・サックスの経済開発に関する思想はうまくいかないと判断したかもしれない。だが、実際の予算額を知らされれば、おそらく大半の人が支援をやめるべきではないと判断したのではないか。

懐古主義者による批判は、ノスタルジアが生み出す、ありがちな誤解に基づいている。ときがたつにつれ、知識の光が世の中から消えていき、あとには聖人の名を記したリストだけが残る。ソンタグやフリードマンのような知識人がいまでも非常に高く評価されているのは、歴史の厳しい試練を生き残ったからだ。法学者のリチャード・ポズナーも認めるように「文化的ペシミズムの大きな特徴は、過去の最良と、現在の平均を比較しがちなことだ。時間がたつと過去の悪いものは消えていくために、こうした傾向が生まれてくる」[82]。過ぎ去った時代の著述家がみな偉大に思えてしまうのは、人の性《さが》だ。歴史の風雪に耐えたウォルター・リップマン〔二度ピューリッツァー賞を受賞したジャーナリスト、政治評論家〕のような知識人一人に対して、その裏には一〇人のウォルター・ウィンチェル〔リップマンとほぼ同時期に活動した、ゴシップ中心のコメンテーター〕がいるのである。

また、現在では、知の巨人たちの業績を語る際にすばらしい時期にのみスポットライトをあて、彼らが犯した大きな間違いについては触れない傾向が前よりも強くなっている。ウィリアム・フランク・バックリー・ジュニアが死亡したとき、彼が初期の『ナショナル・レビュー』で人種差別を肯定する発言をしていたことはほとんど報道されなかった。ジョン・ケネス・ガルブレイスがのこした文化的な遺産は称賛されるが、社会経済学での予想がまったく的外れだったのには誰も触れない。ポピュリストが国民のエリートに対する反感を誇張しているのだとしたら、懐古主義者は過去の知識人の美徳を誇張している。一部の知識人がいかに現状を嘆こうとも、国民全体が徐々に無教養で愚かになっていくなどということはまず起こるものではない。外交政策にも、この傾向は当てはまる。ジョージ・ケナンの伝説的な外交センスは、彼が犯したミスを目立たなくしている。[83] 明確な主張を展開しながらも、じつはケナンは予想をいくつも外している。たとえば、歴史上もっとも成功した同盟と言っていいNATOの結成にケナンは反対だった。また、一九九〇年代初期に発表した著書、『20世紀を生きて』（春秋社）のなかでは、アメリカには「見識のある行政がまったく存在しない」ために、衰退するだろうと予想し、民主主義に制限を設ける具体策を披露していた。[84] そして、ホワイト・アングロサクソン・プロテスタント以外の人々に対するケナンの見解は……、あえてここで取り上げるのはやめておこう。ケナンはソビエト連邦に対してはすばらしい分析能力を発揮したが、自分の国については無知をさらけ出している。

懐古主義者を追い詰めると最後に出てくるのは「では、現代にも偉大な知識人が存在するというのか?」というセリフだ。しかしじつは、現代の外交政策立案者のなかから、ケナンに比肩しうる人物の名前を挙げるのはさほど難しくない。むしろ問題は、その数が多すぎることなのだ。アン・アップルバウム、ローザ・ブルックス、エリオット・コーエン、ロス・ドゥザット、ジェームス・ファローズ、ニーアル・ファーガソン、フランシス・フクヤマ、ジョン・ルイス・ギャディス、ジェームズ・ゴールドガイアー、リチャード・ハース、ジュリア・ヨッフェ、ジョン・アイケンベリー、ロバート・ケーガン、ロバート・D・カプラン、ポール・クルーグマン、メルヴィン・レフラー、ウォルター・ラッセル・ミード、ジョン・ミアシャイマー、ペギー・ヌーナン、ジョセフ・ナイ、サマンサ・パワー、バリー・ポセン、ロバート・パットナム、デビッド・レムニック、ダニ・ロドリック、ヌリエル・ルビーニ、アン・マリー・スローター、ローレンス・サマーズ、キャス・サンスティーン、ファリード・ザカリア。私は、いま挙げた人たちのアメリカの外交政策に関する意見に、全面的に賛同するわけではない。しかしこの人たちはみな、ケナンを相手にしても一歩も引かずに議論できるだろうし、その思想が後世まで残る可能性は十分ある。詳しくは第7章で述べるが、ケナンの時代と現在の違いは、思想界を引っ張るリーダーの不在ではなく、むしろそうした人物が多すぎる点にある。

知識人についてだけでなく、さらに一般化すれば、現在の外交政策コミュニティはベスト・アンド・ブライテスト〔ケネディ、ジョンソン政権の閣僚。非常に優秀な人材がそろっていたと評価されている〕の劣化コピーにすぎないという意見も、同様の偏見で説明がつく。そうした意見の根本に懐古主義があるのを忘れてはならない。二十一世紀に起きたどの戦乱よりもアメリカ国内で賛否両論を巻き起こしたベトナム戦争を始めた責任は、東部エスタブリッシュメントのリーダーたちにあった。だが、デビッド・ハルバースタムが『ベスト&ブライテスト（The Best and the Brightest）』のなかで、ベトナム戦争を始めたエリートを批判してから一五年もたたないうちに、エバン・トーマスとウォルター・アイザックソンが『ワイズ・メン（The Wise Men）』で冷戦期の政治家たちに好意的な見方を示している。だがそれも懐古主義の効果だと思えば、あながち不思議でもない。別の言い方をすれば、フランシス・フクヤマの『歴史の終わり』（三笠書房）はあとから見れば間違っていたが、しかし、ダニエル・ベルの『イデオロギーの終焉』（東京創元社）ほどひどい間違いではなかった、ということになるだろう。同様に、サックスの世界から貧困をなくそうという試みは失敗に終わったが、冷戦期に起きた経済支援をめぐる数々の混乱に比べれば、まだましだったと言える。[85]

良きにつけ悪しきにつけ、公共圏において思想はいまだに大きな影響力を持っている。ジェフリー・サックスが、賛否両論の経済開発理論を現実の公共政策議論に持ち込めたこと自体が、思想の力を証明している。また、その理論が、サックスや彼の後援者たちが予想したような成果を上げなかったのは、すべての思想がうまくいくわけではないことの証左だ。だがそれだけをもって、思想産業全体を批判するのは誤りである。

ここまでに取りあげた四つの主張は、大抵の場合、言論市場がいかに無益でどうしようもないかを語る際に持ち出されるが、どの説も根本的に説得力に欠けている。唯物論者は、権力や利害が国政に与える影響を指摘した点では正しい。ただ、まともに勉強をした学者で、思想の重要性を疑う者はほとんどいない。いかに権力や利害関係が重要だろうと、思想がそれとは独立に世界に影響を及ぼしているのは間違いないのである。ペシミストのいうとおり、意見を発信するためのメディアの急増が、議論の混乱を生みかねないのは事実だろう。だが、それは新時代の思想産業の本質的な特徴の一つであり、けっして欠陥ではない。新たな知見への需要は、言論市場を成長させる大きな要素となっているからだ。また、現在、知的エリートが軽視されているというポピュリストの指摘は正しい。しかしだからといって、思想自体の重要性が否定されるわけではない。それは単にポピュリスト自身が、現在の思想界を引っ張る知識人を嫌っているにすぎない。そして懐古主義者たちは、ニューヨーク知識人や超越主義者〔十九世紀前半にニューイングランド地方で、思想家ラルフ・ワルド・エマーソンを中心に始まったロマン主義運動〕がエリートだった時代の方が、いまよりもよかったと言っているだけだ。こうした主張は、過去に対するゆがんだ憧憬と、現在に対するいきすぎた過小評価の組み合わせという、懐古主義独特の欠点を克服できていない。

公共圏での議論の軽視は、思想的リーダーに対する需要と供給の盛り上がりとときを同じくして急速に拡大した。思想産業の進化の過程は分析する価値が十分にある。現在の思想産業を動かす要因とは何か？　なぜ思想的リーダーは知識人に取って代わるのか？　そうした現象は言論市場にとって、そしてアメリカにとって、どのような意味を持つのだろうか？

第2章 ペシミスト、党派主義者、富裕層は、いかにして言論市場を変えるのか

「知識人は自分たちのキャリアを資本主義の用語でとらえるようになってきている。彼らはニッチな市場を探し、顧客の注目を引きつけるために競争する。かつて、彼らは思想を武器に例えてきたが、いまでは思想は資産だという考えに変わりつつあるようだ」——デビッド・ブルックス

デビッド・ロスコフは外交政策の専門家の一角を担うのにふさわしい、ほぼ完璧な経歴の持ち主だった。クリントン政権で商務省の国際貿易担当副次官を務めたロスコフは、その後すべての一流コンサルティング企業とともに働き、すべての一流シンクタンクを味方につけた。外交政策をテーマにした堅い学術書から、『超・階級』（光文社）や『パワーズ・インク（Power, Inc.）』といった軽めの読み物まで幅広い書籍を発表し、現在ではコンサルティング会社ガーテン・ロスコフの社長兼最高経営責任者であるとともに、国際情勢分野でもっとも権威ある雑誌の一つ、『フォーリン・ポリシー』の発行元であるFPグループの代表も務めている。さらに、「ア

メリカの権力の分岐点」という仰々しいタイトルのコラムも毎週連載中だ。外交政策と、それを動かす思想の重要性も十分にわかっていて、思想界の潮流やベルトウェイ内部における外交政策コミュニティの動向の微妙な変化に対応できる人物を一人挙げるとしたら、それは間違いなくロスコフだろう。

二〇一四年の秋、ロスコフはワシントンの古い体質を批判した。いわく、この国の首都では「オリジナリティはひんしゅくを買うだけでなく、組織的につぶされる[1]」という。ロスコフはこの問題に対してさまざまな論証を試みているが、とくに、最近起きているある現象に焦点をあてている。

> こうした傾向の原因の一つは、「主知主義のポップ化」とでも呼ぶべきものだ。スケールの大きい注目の理論が登場しても、すぐに薄い本に要約され、飲み会の席での話のたねになるだけで終わってしまう。本来は理解するのに多少の手間がかかるとしても、理論から概念を引き出すのが重要なのだが。『ティッピング・ポイント』（飛鳥新社）や『ブラック・スワン――不確実性とリスクの本質』（ダイヤモンド社）といった本を見ればこの状況は一目瞭然だ（中略）。
>
> ＴＥＤの流行はさらにたちが悪い。あのやり方は、「アイスクリームやピザを我慢しなくても、二週間で一〇ポンド体重を落とせます」というのと変わらない。たった一八分で

天才たちの思想を理解して、啓発されようというのだから。TEDは宣伝のうまい思想界のファストフードチェーンで、そこに並んでいるスピーチはチキンナゲットのようなものだ(2)。

こうした批判はロスコフが最初に始めたわけではなく、このコラムが書かれるだいぶ前から、知識人はそろってTEDの流行を攻撃していた。ある種のブランドとして世間に浸透したTEDは、こうした批判にさらされやすい状態がすでに数年来つづいていたのである(3)。ただ、他の者と事情が違ったのは、このコラムを書いたあとにロスコフがTED2015に招かれたことだ。そしてロスコフはその招待を受け入れ、ワシントンにおける外交政策の貧弱さをテーマにスピーチを行った(4)。

その直後、ロスコフはコラムで、TEDについてこれまでとは一八〇度違う考えを披露した。「改宗者」の例に漏れず、ロスコフは自分の新しい信仰を非常に熱心に語っている。

TEDには優れた人たちが集まっていて、考え抜かれたプログラムが非常に高いレベルで運営される、私がこれまでに招待されたなかでもっともすばらしいイベントだった。だが、衝撃を受けたのはそれだけではない。科学者や技術者たちが、自分の仕事について語っているのを何度も聞くうちに、私はほとんど泣きそうになっていた。本当に、強烈なボディーブローをくらったような衝撃だった。私がくずのような思想しか生み出さないワシントンで、人生を無駄にしているあいだに、ここにいる人たちは確実に世界を変えていたのだと思うと（中略）。

また、ＴＥＤでは観客も登壇者と同じくらいすばらしかった。みな、積極的に意見を交換し、会場や食事の席では登壇者のスピーチと同じくらい価値ある議論が交わされていた。これはおそらく、観客たちがＴＥＤに新しい思想を探すつもりで参加しているからだろう。毎日同じ場所、同じ職場で働くことで、凝り固まってしまいがちな思考を解きほぐすための薬を、彼らはここに探しにきているのだ。[5]

ロスコフはこの心変わりを、ＴＥＤからの招待とは無関係だと言っている。公平に言って、その可能性を否定することはできない。ロスコフはこれまで、ワシントンが国際政治における技術革新の重要性を適切に評価できていないと主張しつづけてきたし、もしＴＥＤになんらかのテーマがあるとすれば、それは、「進化した技術には現状を打破し、すべての政策問題を解決しうる可能性がある」というものだからだ。この一致を考えれば、「世界をつくりかえる本物の人とは（中略）今週バンクーバーにいるような人たちであり、国旗を掲げた建物のなかで働いている者たちでもなければ、ワシントンで記者団に囲まれているような者でもない[6]」とロスコフが結論するのも不思議ではない。さらにロスコフは、テレビ司会者、オプラ・ウィンフリーの「TEDは優れた人が、優れた人の考えを聞き、発想を共有するための場である」[7]という発言を繰り返し引用している。

ロスコフの技術革新に関する主張の妥当性については第8章で詳しく論じるが、それと同じぐらい興味深いのは、TEDでの経験が彼の知識人としての振るまいに及ぼした影響だ。たった半年でこのワシントンの皮肉屋は、新しい思想産業の熱心な伝道者に変わってしまった。二〇一六年にはTEDと同じように、世界経済フォーラムを擁護するコラムも書いている。[8]ロスコフの行動は、伝統的な知識人がソートリーダー［thought leaders］（思想的リーダー）に転向する過程の典型例だと言えるだろう。ただ、TEDはあくまでも思想を公の場に流すためのパイプにすぎない。では、TEDをはじめとする一連のイベントを裏で動かしているものは何なのだろうか？　なぜ思想的リーダーは急に洗練の度を増したのだろう？

本章では、思想産業を変化させる三つの力、すなわち「確立された権威の信用低下」「政治的二極化」「経済格差の拡大」の輪郭を描き出してみたい。ここで、最初にはっきりさせておきたいのは、こうした傾向は歴史的に見てけっして珍しいものではないということだ。アメリカの歴史だけをとってみても、過去には慣習的なペシミズムや政治的な党派心の高まり、金権政治の横行があったのがわかる。また、政治的二極化と経済格差の相関を示唆する事実も見つかっている。[9]ただ、いまの状況が独特なのは、三つのトレンドが同時に出現しているところだ。[10]

その相乗効果によって、現在、言論市場には二つの大きな流れが生まれている。まず、知識人の需要が逆説的に高まった。三つのトレンドはそれぞれ、これまでとは違った発想を聞きたがる観衆の数を増加させる。そのため、野心あふれる外交知識人たちは数多くのチャネルを使って、言論市場にニッチな需要を絶えずつくり出せるようになった。次に、これらの傾向は自然と、従来型の知識人よりも思想的リーダーに有利な状況を出現させる。知識人は、広く受け入れられた概念の一部から、論点を抽出するのを得意とする。だが、彼らは本質的に、大衆に受けるような新しい思想を提示するのを嫌う。一方、思想的リーダーは、自分たちの発想が現状を破壊し、変化をもたらすと断言するのをためらわない。そしてあとで解説するが、現在の時流のなかでは、わかりやすく強烈な印象を残す発言の方がより好まれるのである。

権威や専門家の信用低下は、現在の言論市場でもっとも顕著な傾向だ。世論調査の結果を見ると、主要な政府機関や専門家に対する不信感の高まりは、もはや疑いようがない。ここ半世紀にわたって、主要な政府機関のほぼすべてが、国民の信用を失いつづけてきた。図2・1を見ればわかるとおり、連邦政府に対する信用は急落している。ピュー研究所の調査結果によると、第二次世界大戦後の政府支持率のピークは、一九六四年の七七パーセントである。その後、ベトナム戦争の戦線拡大やウォーターゲート事件の影響により、一〇年で支持率は半減する。さらにそのあと、二〇～三〇年にわたって浮き沈みを繰り返し、今世紀に入ってからは九・一一の直後に五四パーセントでピークをつける。しかしその後は確実に下がっていき、二〇一三年

【図2・1　アメリカにおける政府支持率の変化：1958年〜2015年】

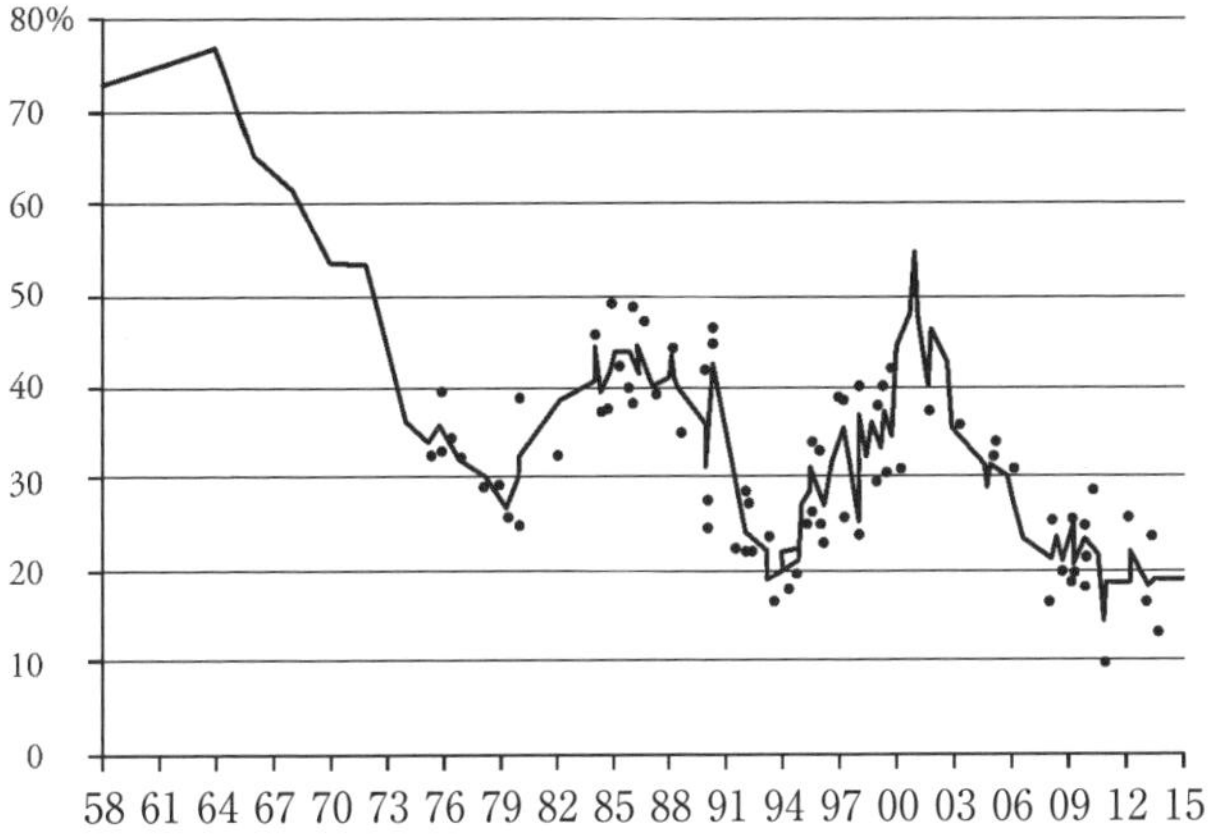

出所＝Pew Research Center.

の一一月には政府閉鎖の余波を受けて、一九パーセントまで下落した。[11] さらにギャラップの調査で、政府が腐敗していると考えている国民の割合が七九パーセントと過去最高になっているのも明らかになった。[12] ピュー研究所が「政府への信用は歴史上最低水準にとどまっている[13]」と結論づけたのもうなずける。

　信用崩壊は、連邦政府にだけ起こっているのではない。ギャラップでは、特定の政府機関に対する国民の支持率を繰り返し調査しているが、図2・2を見ればわかるとおり、結果はけっしてかんばしくない。一九九一年から二〇一四年のあいだ、ほとんどすべての政府機関の支持率が低下傾向を示している。ギャラップによれば、議会の信用低下がもっともペースが速いうえに程度も深刻であり、一九七三年に四二パーセントだったもの

【図2・2　政府の3部門に対する国民の支持率：1997年〜2015年】

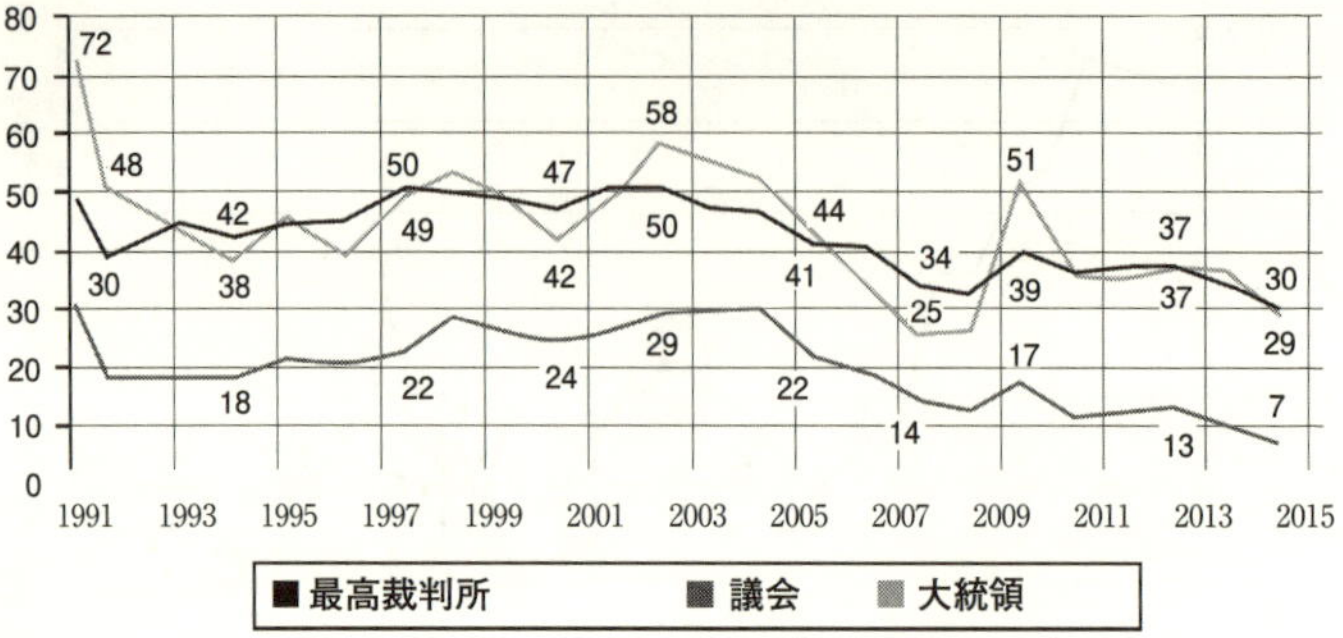

注＝数字は「とても信用している」、あるいは「かなりの程度まで信用している」と回答した人の割合
出所＝Gallup

が、二〇一四年の半ばには七パーセントにまで下がっている。[14] また、行政と司法でも信用は落ちている。最高裁の支持率は一九八八年に五六パーセントでピークに達したが、二〇一五年には三二パーセントと、ギャラップが調査を始めてから最低の数字となった。一九九一年に七二パーセントだった大統領支持率は、二〇一四年には二九パーセントまで落ちている。[15] また、国際問題に対する政府の対応への支持率は、二〇〇一年九月の八三パーセントから、二〇一四年九月には四三パーセントまで下落した。[16] 少し質問を変え、行政、司法、立法の三部門に対する全体的な印象をきいてみても結果は同じで、ペースは遅いながらも今世紀を通して支持率が下落しつづけていることがわかった。[17] 総合的社会調査をはじめとするほかの世論調査でも、この傾向は裏づけられている。[18] ここ数十年で支持率が上昇した政府機関は軍だけだが、それでもミレニアル世代のあいだには不支持が広がっている。事実、政治形態

【図2・3 組織に対する国民の信用度：2000年〜2016年】

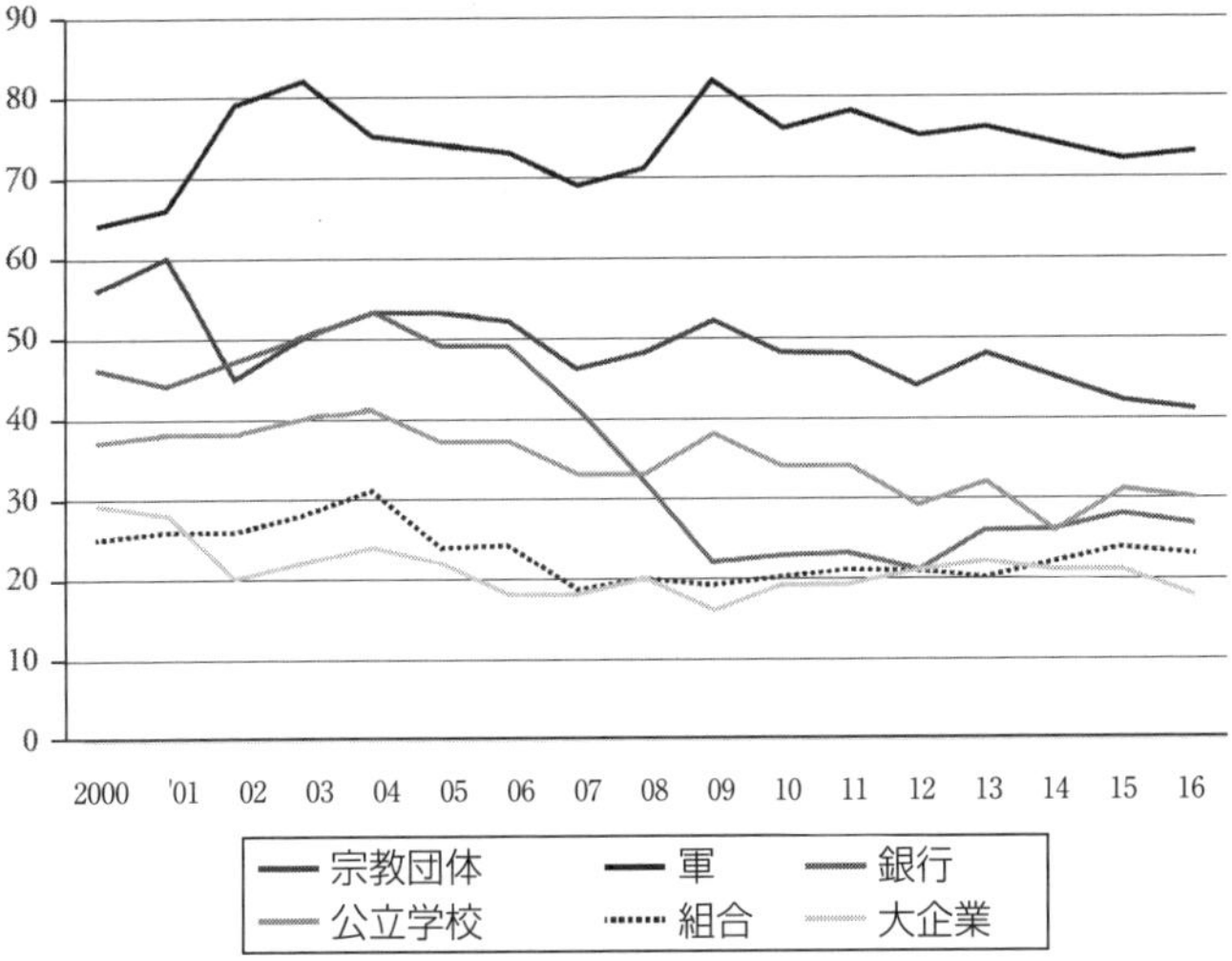

出所＝Gallup, "Confidence in institutions," http://www.gallup.com/poll/1597/confidence-institutions.aspx.

としての民主主義を含め、すべての政府機関に対して一番否定的なのは、一八歳から二四歳の世代である。[19]

また、国民の不信は政府機関を超えて、他の団体にも広がっている。ギャラップは、地元の警察や組合、公立学校、宗教団体、企業、医療機関などの組織に対する意識調査も行った。結果は図2・3のとおりで、軍を除くすべての組織で信用低下の傾向が確認された。実際、ギャラップによると、ここ一〇年間でこれらの組織が過去の平均を上回る信用度を示したことは一度もないという。また、テレビや新聞をはじめとする主要メディアへの信用も、過去に例がないほど下がっている。[20] この一〇年で、ジャーナリズムへの信用は失われつづけ、いまやカイロプラクターよりも信頼されていない。[21] 総合的社会調査の結果も、国民の信用低下が分野を問わず進行していることを示している。[22] 要するに今世紀に入ってから、軍を例外として、アメリカのすべての組織に疑いの目が向けられているのである。

社会科学について言えば、国民の信頼度を直接示すデータは存在しない。だが、その他の調査結果から社会科学の専門家への不信が高まっているであろうことは容易に想像がつく。科学、医学、教育、宗教分野の教育・研究に関わる団体への国民の信頼度は総合的社会調査によって判明しているが、データによると、信頼度の平均は一九七四年の約五〇パーセントがピークで、二〇一二年には三一パーセントまで下がっている。[23] 割合から言えば、政府への信頼ほど急には低下していないものの、[24] 科学全般に不信感を示す国民が増えていて、[25] 専門家がすでに根拠を否定した理論にも心を開きつつあるという。たとえば、二〇一二年には、占星術に科学的な根拠があると信じているアメリカ人の割合が過去三〇年間で最大になった。[26] 気候変動や子どもの予防接種などを含む多くの問題でも、国民の科学への懐疑が広がっている。[27] また、国民の政治についての考え方は、政治学者のそれとは大きく異なっている。[28]

オピニオンリーダーを対象とした私の独自調査でも、ここ一〇年で社会科学への信頼は失われたことを示す結果が出た。これは二〇一六年の一月に、学者やシンクタンクの研究員、新聞記者、政治コラムニスト、企業幹部など、あわせて四四〇人以上の外交関係者を対象に、言論市場についての意識を調査したものだ。[29] 一〇年前と比べて、社会科学の研究結果を信頼するよ

【図2・4　社会科学の研究に対するエリートの信頼度】

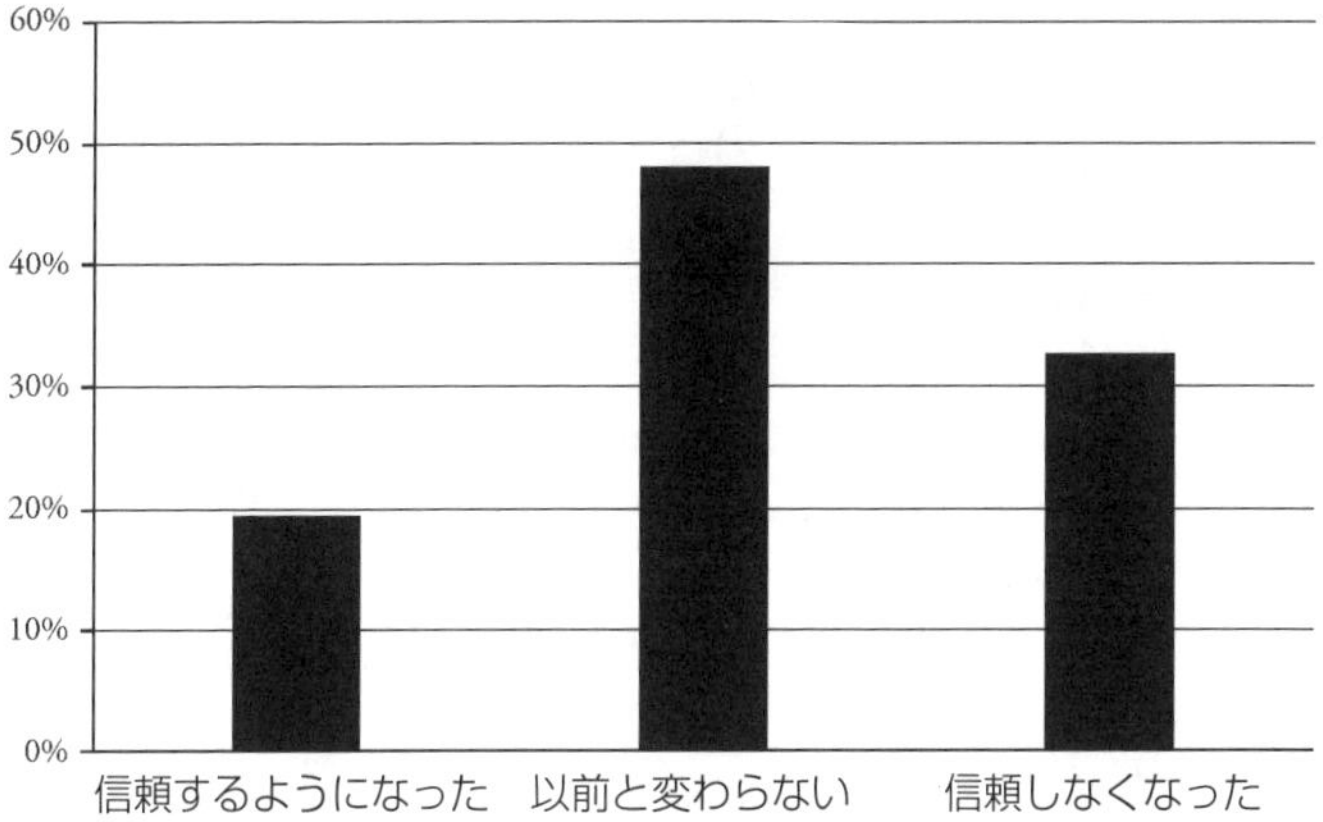

注＝エリートに対する本書の独自調査。以下の質問への回答を集計した。「10年前と比べて、社会科学の研究結果を信頼するようになりましたか？」（回答者数196名）
出所＝著者の調査による

うになったかどうかを尋ねたところ、回答者の四八パーセントが「以前と変わらない」と答えた（図２・４参照）。だが、「信頼しなくなった」は三三パーセントで、「信頼するようになった」の一九パーセントよりも明らかに多かったのである。

じつは、こうした権威に対する不信感の高まりは、けっしてアメリカに特有の現象ではない。二〇〇七年から二〇一二年のあいだ、各先進国の政府支持率は、それぞれ一〇パーセント程度低下している。[30] 通常、政府の支持率が下がるのは景気後退期とされているが、今回の不信の波はこの法則を超越している。また、政治形態としての民主主義への信頼も先進国全体で揺らいでいるようだ。[31] 世界最大のＰＲ企業であるエデルマンでは、政府や企業、メディア、非政府組織に対する意識調査を毎年多くの国で実施し、国民の信頼度を示す指標を発表しているが、二〇一五年の調査では、「その国の政府機関は信頼できると知識層が評価する国の数」が過去最低になっている(32)。

おそらく、権威の失墜がアメリカだけの現象ではないことを示す一番の例は、二〇一六年六月のイギリスのEU離脱（ブレグジット）をめぐる国民投票とそれに先立つ議論だろう。国民投票の前に、名だたる経済団体が、イギリスがEUを離脱したら何が起こるかを分析したレポートを発表した。IMF、OECD（経済協力開発機構）、イングランド銀行、FRB、プライスウォーターハウスクーパース、バークレイズ、ムーディーズ、エコノミスト・インテリジェンス・ユニットはこぞって、ブレグジットの経済的なコストは非常に高くなるだろうと警告した。だが、離脱推進派のリーダーであったマイケル・ゴーブはこうした予測について尋ねられたとき、自信たっぷりに「ああいった組織が、われわれの側につかなかったことをうれしく思う」と答え、さらに「我が国の国民は専門家にはもううんざりしているはずだ」と続けた(33)。これに対して、保守党のある議員はフィナンシャル・タイムズで「政治家だけでなく、BBCやイングランド銀行、シティ・オブ・ロンドンなども、根本的に有権者の信用を失ってしまったようだ」と発言している(34)。過半数のイギリス国民がEU離脱を支持した背景には、専門家への根強い不信感があったのだった。

政治的な立場を問わず多くの知識人が、国民の権威に対する信用崩壊に気づいている。アメリカの政治学者である、スティーブン・テレス、ヘザー・ハールバート、マーク・シュミットは次のように書いている。「学術団体やマスコミをはじめとする大組織の権威は、一九六〇年代に左派からの強烈な一撃をくらい、さらに一九七〇年代には右派からも同じように攻撃された。こうした組織が以前持っていた世論の調整者としての能力、とくに、基本的な事実を証明する能力が、この国からは失われた」[35]。また、MSNBCのコメンテーターであるクリス・ヘイズは著書『トワイライト・オブ・ジ・エリーツ(The Twilight of the Elites)』のなかで、こうした不信は体制側が犯してきた罪に対する起訴状だと述べている。たしかに、カトリック教会、ハーバード大学、シークレットサービスをはじめとする権威ある組織の相次ぐスキャンダルを見れば、国民の不信感が高まるのも無理はない。ただ、ヘイズが指摘するように、この不信は非常に高くつく。「私たちは現在、権威は無能で、信用にも足りない存在だと思っている。しかし、こうした単純ではあるが破滅的な認識の行き着く先には、不信感の世界が待っている」とヘイズはいい、さらに「もし専門家全員が信用を失えば、いんちき療法が氾濫することになる」と警告している[36]。

ヘイズはやや左寄りの人物だが、権威の信用崩壊を心配しているのは左翼だけではない。保守系知識人のユヴァル・レヴィンはウォール・ストリート・ジャーナルで、ここ数十年で組織への信用が失われたことに懸念を表明しているし[37]、ネイバル・ウォー大学の教授であるトム・ニコルズも保守系メディアの『フェデラリスト』で、以下のようにほとんど同じ意見を述べている。

いま世界で「専門知識の死」が進行しつつあるのを、私は心配している。グーグルやウィキペディア、ブログの氾濫が、専門家と素人、教師と生徒、知っている人と知らない人――つまり、ある領域で実績のある人と、まったく実績のない人の区別を崩壊させている。いま私が話しているのは、特定の分野で一般人と明確に区別されるような専門家が持つ、具体的な知識のことではない。医師、弁護士、エンジニアをはじめとするプロフェッショナルはこれからも存在しつづけるだろう。心配しているのは、私たちの考え方や生き方を変えるような知識の価値が認められなくなり、死につつあることである。(38)

専門家の知識に対する懐疑と嫌悪は、外交の言論市場にも大きな影響を与える。一般人のエリートへの不信は、自らの無力感と相まって危険な状況をつくり出している。アメリカの外交政策に対する、一般層と知識層の問題意識の違いは、過去三〇年にわたって広がりつづけてきた。(39) 法律家のローレンス・ジェイコブスと政治学者のベンジャミン・ペイジは、核となるエリート集団の考えの方が、人数の多い一般層よりも、政策決定者にはるかに大きな影響を与えていると主張している。(40) このエリートの思惑と政策の相関は非常に強く、アメリカではいまだに「外交政策エスタブリッシュメント」が存在していると判断せざるをえないと、ジェイコブスとペイジは述べる[41]。

一方で、一般人の政治への影響力低下は無視されがちだ。それゆえ、一般人はさらに外交政策のエリートへの不信感を募らせていく。ただ、アメリカの外交エリートたちによる国民の信頼を失うような行動は、なにも今世紀に始まったことではない。ベトナム戦争のときの「ベスト・アンド・ブライテスト」も、イラク戦争の「バルカン」〔ブッシュ政権下の安全保障担当の閣僚〕も、二〇〇八年以降の外交を担当した「ライバルチーム」も、名高いエリートが集まって権力を握り、状況をめちゃくちゃにしたという点では、いまと何も変わらない。冷戦後の大統領で、理にかなった権力の使い方をした者は一人もいなかった。違いは単に、犯したミスの大きさにすぎない。ネオコンはイラク戦争後の大失敗によって評判を落としたが[42]、他の外交政策関係者もそれほどの違いがあるわけではない。『ナショナル・インタレスト』の発行人兼社長の顧問団は「アメリカの外交政策議論のレベルは、ここ30年で明らかに落ちた」と言っている[43]。

ただ、公権力に対する悲観論によって、思想産業が逆に盛り上がりを見せているのもたしかだ。つまり、ある面において、信用の崩壊はアメリカの言論市場を活性化しているのである。権威が信用を失ったとき、議論は原則論に立ち返る。たとえばジョン・スチュアート・ミルのような思想家に言わせれば、専門家の常識が国民に拒絶されるときは、「死んだドグマ」に疑問を投げかけ、議論を活性化するチャンスなのだ[44]。アメリカで言えば、二〇一六年の大統領選の混乱によって、すでに決着済みと思われていた市民権の出生地主義、貿易自由化、国際社会における同盟の有用性などに対する議論が再燃した。現状に不満を持つ者にとって、コンセンサスを疑うのはきわめて自然な行為なのである。

それでも信用の崩壊は、知識人よりも思想的リーダーに有利に働く。これにはいくつか理由がある。まず、言論市場における従来型知識人の優位とは、寄付基金教授職や、マッカーサー奨学金、ノーベル賞などに裏づけられた、権威としての立場からものが言えることだった。クリストファー・ヒッチェンズの言葉を借りれば、過去においてこうしたステータスは、知識人に「浮世離れした立場からさまざまな問題に口出しする」権利を与えた[45]。とくに自分の専門分野以外の領域に入っていくとき、知識人は権威の恩恵を受ける。ファリード・ザカリアがワインのコラムを、グレッグ・イースターブルックがサッカーのブログを、キャス・サンスティーンが「スター・ウォーズ」の本を書けるのも、すべては権威のおかげだ。

だが、権威の立場からものが言えるのは、他の人がその権威を認めてくれるときだけだ。肩書きや受賞歴などの資格がかつてほど効果を発揮しなくなった世界では、知識人は自分の意見が雑音にかき消されないようにするために、多大な努力をしなければならない。信用の崩壊によって、思想界の参加者の条件は対等になり、思想的リーダーにものを言うチャンスがめぐってきた。従来のような資格がなくても、自らの経験から意見を発信できるようになったのだ。思想の信ぴょう性が容易には確保できない時代では、演繹的な分析から理論を述べる知識人よりも、自分の経験から主張を導き出す思想的リーダーの方が有利になる。

【図2・5　社会科学に対する保守派の信頼度】

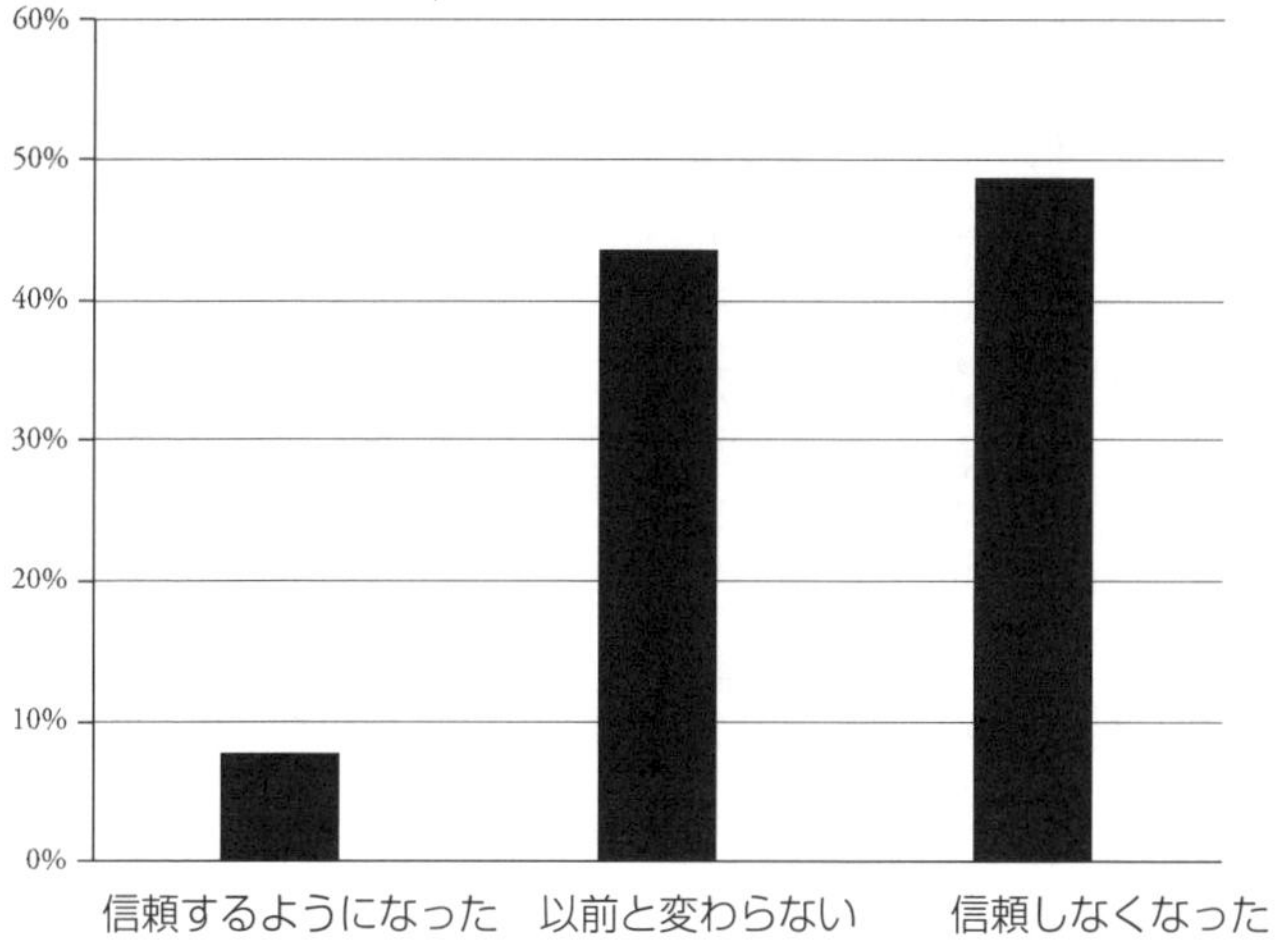

注＝図2・4の回答者のうち、「保守派」あるいは「リバタリアン」と自己申告した者を抽出した（回答者数39名）
出所＝著者の調査による

学術的な専門知識への不信感は国民全体に広まりつつあるが、保守派にとくにその傾向が強いことを多くのアナリストが指摘している[46]。事実、私がオピニオンリーダーを対象に行った調査でも、保守主義者とリバタリアンは、社会科学に対する信頼度が、その他の人々と大きく異なっていた。図2・5に示したように、回答者の大多数が、一〇年前と比べて社会科学の研究を信用していない。この結果は、新しい思想産業を活性化させる第二の波、つまり、国民の政治的二極化を反映している。

アメリカで党派主義が高まりを見せたのはこれが初めてではなく、過去数十年にわたって波のように満ち引きを繰り返してきた。昨今の政治的二極化については多くの定性的研究が行われていて、中道派も二極化の進行を大いに嘆いている。[47] 私たちが二極化のピークにいることは多くの証拠によって裏づけられていて、そのなかでももっとも決定的なのは、議会における投票行動だ。一九七〇年代の中ごろから、議会で点呼投票の割合が増えているのは、党派主義の高まりによるものだろう。また、政治学では議員のイデオロギー上の立ち位置を一定の尺度で計測しているが、そのデータによると、ここ四〇年で、全体として民主党議員はより左寄りに、共和党議員はより右寄りになっているという。図2・6を見ればわかるように、いま議会では過去一二五年間でもっとも二極化が進行している。

こうした党派主義の高まりは議会だけにとどまらず、他の指標でも二極化の進行が明らかになっている。[48] ピュー研究所の二〇一四年の調査によれば、リベラルまたは保守の政治観を一貫して持ちつづける国民の数は、過去の世代に比べて倍になった。[49] また、民主党、共和党の両党とも、一般の党員よりもエリートの方がイデオロギー的に極端な傾向を示している。[50] 第二次世界大戦後の歴史のなかでいまが一番、政治のエリートたちが先鋭的な思想に走る傾向にあるようで、「分断がもっとも大きいのは、政治に熱心で活動的な層だ」と、ピュー研究所の調査は結論している。[51] しかしそれと同時に、各党の内部ではここ数十年、思想的な均一化が進んでいる。民主党の支持者は、どの分野においても民主党の掲げる政策を受け入れる傾向にあるし、共和

【図2・6 議会下院の二極化】

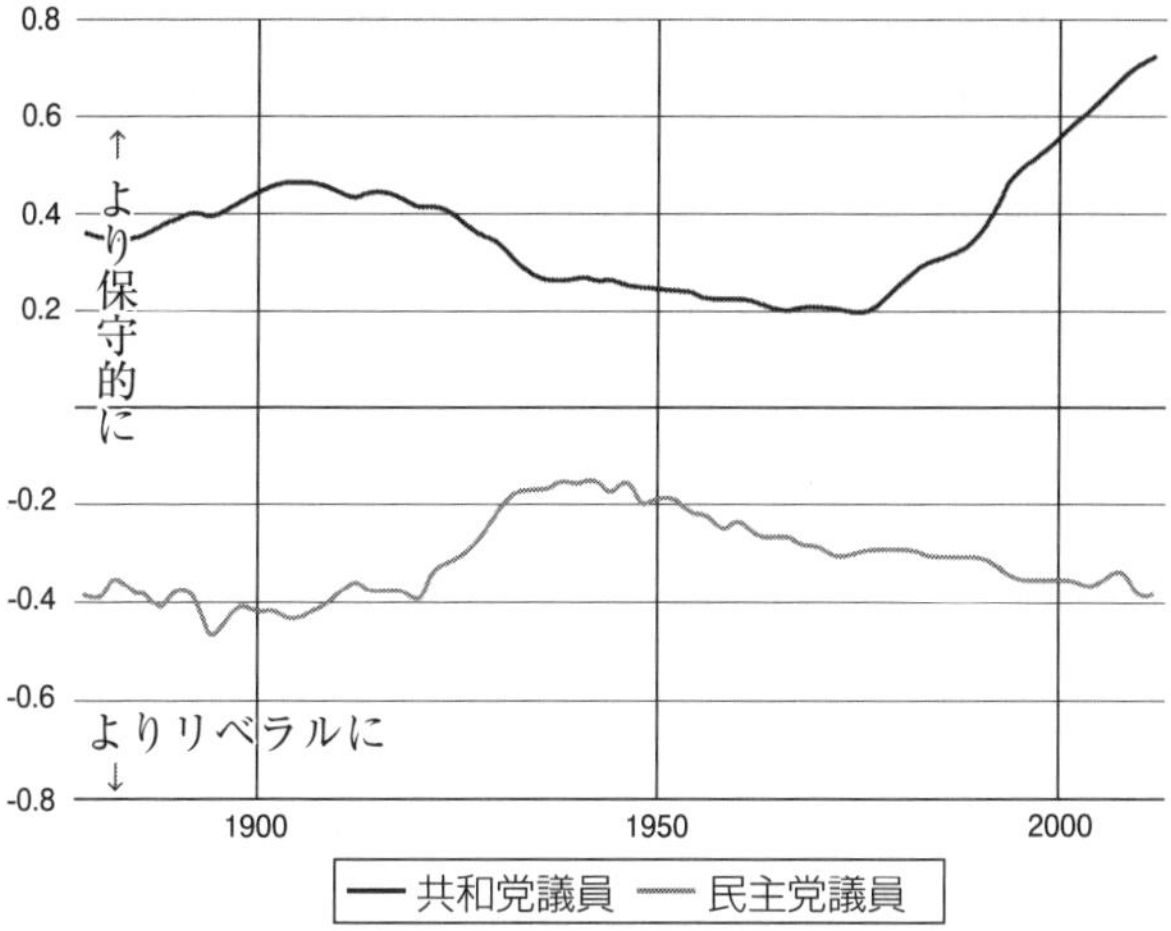

注＝線グラフは各政党の国会議員と地方議員のDW-NOMINATEスコア（イデオロギー的な位置を表す指標）の平均値を表している。
出所＝VoteView.com.

党支持者も共和党の方針について同じような態度をとっている。政治学者たちはこの現象を「パルチザン・ソーティング（党派心による整列作用）」と名付けた。

一部にはパルチザン・ソーティングの進行と国民の政治的二極化は無関係であると主張する政治学者もいる。だが、このような否定派の学者が集めたデータでさえ、今世紀に入ってから国民全体に政治的な二極化が広がっているのは隠しようがなくなっている。[52] さらに言えば、パルチザン・ソーティングそれ自体が、言論市場を混乱させる心理的効果を生み出している。[53] 自分のアイデンティティをイデオロギーで定義することは、異なる政治観を持つ人々を攻撃する傾向を強める効果があるからだ。最近行われた世論調査結果の分析では「党派心の高まりが、二元論や、『奴らと俺たち』的な政治観と結びつきやすくなっている」[54]と結論している。要するに、人は自分があるグループの一員だと認識すると、他のグループの人をまるで悪魔のように扱ってしまいがちなのである。

党派心が違う党派への嫌悪や不信を増加させることを裏づける証拠はいくらでもある。しかも政治活動に熱心な党員が、もう一方の政党の支持者に示す嫌悪感は一世代前よりも強くなっているという。[55]一九九四年から二〇一四年のあいだに、相手方の政党を「国益に対する脅威」と考える共和党員、あるいは民主党員の割合は、倍以上に増えた。[56]さらに三〇年前と比べて、相手方の党員が賢くなくなったとも感じているという。最近の研究では、アメリカ人は、人種やジェンダーよりも党派主義によって人を差別する場合が多いという結果も出ている。[57]デビッド・ブルックスの言葉を借りれば、「共和党員と民主党員の違いは、民族のくくりと同じ」ということになる。[58]

二極化の進行は、情報源の偏りも生む。メディアの数が急速に増える一方で、一つ一つの視聴者層は、二十世紀中ごろの三大ネットワーク時代とは比べものにならないぐらい小さくなった。ケーブルニュースやラジオのトーク番組、講演会、オンラインコンテンツの爆発的な増加によって、国民は自分の好みにあったメディアを選べるようになったからだ。その結果、人々は乱立するメディアのなかから、自分の関心やポリシーにあうようなニュースや情報だけを仕入れ、「ひきこもる」ようになる。[59] 保守派はFOXニュースを見て、ラッシュ・リンボーやヒュー・ヒューイットのラジオを聞き、ブライトバートか『ナショナル・レビュー』を読んで、レグネリーやフリープレスから出ている本だけを買う。リベラル派なら、MSNBCを見て、ビル・プレスやエド・シュルツのラジオを聞き、『サロン』や『ネーション』を読み、ゼッドやヴァーソが出版する本だけを買えばいい。ピュー研究所によれば、保守派は既存の主要メディアほとんどすべてに不信感を強めていて、リベラルはFOXニュースに対して同じような態度をとっているという。

党派主義の高まりとメディアへのひきこもりにはある種の循環が発生するといわれている。前者が後者を促進し、後者が前者を強化する。これが極限まで進んだ状態を、ケイトー研究所のジュリアン・サンチェスは「知的閉鎖（epistemic closure）」と名付け、次のように述べた。

現代の保守派の大きな特徴の一つは、あまりに知的閉鎖がはなはだしいことだろう。彼らの見ている現実は、保守系のブログ、ラジオ、雑誌、FOXニュースなどをはじめとするメディアの相乗効果によって形成されている。そしてこの「現実」と整合しない事実、つまり、リベラル系メディアによって報道されるニュースは彼らの頭のなかでただちに破棄される。リベラル派の報道であるという一点のみをもって、保守派にとってそのニュースは信じるに値しないものとなるのである。[60]

もちろん、この物言いは立場を逆にしても当てはまる。先鋭的なリベラル主義者は、保守系メディアの主張を、事実に基づいているかどうかとは無関係にあっさりと却下する。二〇一一年、ポール・クルーグマンはニューヨーク・タイムズ上で連載しているブログで、自身の情報収集について次のように語っている。

定期的にチェックしている保守系メディアは一つもないのですかと、人から聞かれることがある。じつはそのとおりだ。私は、おもしろくて発見があるという評判のものは、それがなんであれ目を通すことにしている。だが、経済、政治関連の保守系メディアで、まともに聞くに値する情報や分析を定期的に発信しているところを、残念ながら私は一つも知らない。相手方の言い分にも一理あるという態度をとるべきなのはわかっている。しかし実際のところ、ほとんどのケースにおいて彼らの主張はナンセンスだ。(61)

こうした政治的両極化はもはやアメリカだけの現象ではない。たしかに客観的には、冷戦後のほとんどの時期において、ヨーロッパ各国の政党は脱両極化しているように見える。(62)しかし、イギリス独立党の出現やブレグジットの国民投票の結果は、ヨーロッパの両極化進行の証拠にほかならない。二〇〇八年の金融危機以降、先進各国の現行政権は以前よりも不安定な状況に直面した[63]。ヨーロッパの大国すべてで、移民排斥を掲げる政党（フランスの国民戦線、英国のイギリス独立党、ポーランドの法と正義、ドイツのドイツのための選択肢）が勢いを得た。そして、ユーロ危機の影響で経済が停滞した国の多くで、極左政党（スペインのポデモス、ギリシャの急進左派連合、イタリアの五つ星運動）が急成長を遂げた。同じように、数多くの地球規模の論点についても、反動的かつ急進的な運動は広がっている。二〇〇八年の金融危機のあとにアメリカで起きた占拠運動は、国境を越え、グローバリゼーションやグローバルエリートと全体への抗議に発展した。また、保守派はさまざまな文化的、あるいは規制上の問題に対して、ポピュリズムのネットワーク、いわゆる「バプテスト・ブルカ」をつくることで対抗した[64]。ロシアとイランに広がる反アメリカ運動も、先進国で国際的な論点への議論が両極化している結果の一つだと言える[65]。

党派主義の高まりは言論市場に二つの大きな影響を与える。まず一つは、相対的に知識人への需要が増えることだ。理由は単純で、それぞれのグループがお抱えの知識人を持ちたがるからである。保守派は保守政策の思想に興味があるし、リベラル派はリベラルの施策について知りたい。両派とも、異端の見解を持つ知識人よりも、自分たちと同質で、似たような主義主張の知識人を信じる傾向が強い[66]。そしてどのような政策分野にも、左寄りと右寄り両方の知識人がいるし、それぞれの方向に急進派だけでなく穏健派もいる。そのため、中道派が多かった昔と比べて、いまは思想界には幅広い選択肢が存在する。

だがその一方で、両極化は、イデオロギーの面で同質性の高い思想的リーダーたちに極端に有利な状況を生み出す。それぞれ違うイデオロギーを掲げるグループによる思想への強い需要は、非常に具体的で範囲の狭いものであり、お抱えの知識人はそこからはみ出すことを許されないからだ。また、相手方と連携している知識人からの批判を拒絶するのは、党派心の強い者にとっては容易だ。論理ではなく、信条によって否定するからである。こうした状況において、異端の思想を持つ知識人が、すでに信じられている概念を否定するのは非常に難しい。そこにはすでに、強固な心理的防衛メカニズムが構築されていて、批判しても逆に思い込みを強める結果に終わる場合が多い[67]。一方で、グループが元から持っていた信念を強化する思想的リーダーは、独創的な思想家としてもてはやされる。しかもそうした称賛は、その意見が言論市場全体でどのように評価されているかとは一切関係がない。

ディネシュ・ドゥスーザは現代における党派主義知識人の典型的な成功例だ。ダートマス大学で保守系の論客としてのキャリアをスタートさせ、その後、『ポリシー・レビュー』の編集者、レーガン政権の国内政策アドバイザーを経て、アメリカン・エンタープライズ公共政策研究所の研究員となった。初めて世間の注目を集めた著書『イリベラル・エデュケーション（Illiberal Education）』は、一般には保守系メディアではないとされている『アトランティック』誌にその一部が掲載された[68]。そしてこの本は、『ニュー・リパブリック』や『ニューヨーク・レビュー・オブ・ブックス』など、ドゥスーザの保守的な政治観とは相いれないメディアからも激賞されたが、彼自身はこの本の成功を「議論の質を高く保ちながら、批判者に向けて語りかけるように、知的で頭の柔らかい敵対者を説得するように書け」と勧めてくれた編集者のおかげだと思っていた。[69] 一九九〇年代の初期、ドゥスーザは極端な保守主義者でありながら、あらゆる政治的スペクトルから注目される存在となった。

だが、それから二〇数年がたったいま、思想界でのドゥスーザの評価は以前とは違っているようだ。一九九五年から二〇一六年のあいだにドゥスーザが出版した本は、控えめに言って「物議を醸す」内容であり、実際には「ヒステリック」とさえ言える代物だった。著作のなかでドゥスーザは、アメリカにはすでにレイシズムは存在しない、伝統的な価値観の崩壊が九・一一のテロを招いた、オバマ政権の政治哲学は「ケニアの反植民地主義」に基づいている、ハリウッドや学界、主要メディアにはスパイがいて、アメリカは包囲されている、などの主張を展開した。[70]

こうしたドゥスーザの主張は、知識層に受け入れられたとはとうてい言えなかった。『ニュー・リパブリック』では編集者のアンドリュー・サリバンが、内容が水準に達していないと判断して『エンド・オブ・レイシズム（The End of Racism）』の抄録の掲載を取りやめた。[71] オバマ政権の政治哲学がテーマの本については、『ウィークリー・スタンダード』が「事実の誤認や論理の飛躍がある無意味に力んだ主張」と酷評している。[72] ニュート・ギングリッチなど、ドゥスーザの後期の著作を評価する政治家も一部には存在するものの、保守系知識人の大半は、現在ではドゥスーザの主張を相手にしていない。最近のインタビューでは、ドゥスーザ本人ですら、自分の表現が少し大げさになりすぎたのを認めている。[73]

ただ、おもしろいのは、こうした批判がドゥスーザのキャリアの成功の妨げにはほとんどならなかったことだ。あるインタビューでドゥスーザは、「『イリベラル・エデュケーション』を出したあと、出版業界は変わった。私は批評家に向けて本を書かなくてもお金を儲けられるとわかったんだ。書評に何を書かれようと、それはたいした問題ではない」と述べている。[74] そして、他のインタビューでは、このことについてさらに詳細に語っている。

> 本を売るためには、書評よりもよい方法が二つあるのがわかった。それは話すこととメディアに出ることだ。『イリベラル・エデュケーション』を出版したあと、講演会の依頼が立てつづけに舞い込んだ。しばらくのあいだ、私はまるで選挙の立候補にでもなったような気分で毎日しゃべりつづけた。（中略）
>
> そのうちに、ラジオやテレビに出演するという手もあるのに気づいた。それなら司会が直接、本の内容を聞いてくれる。私の本の感想を観客にべらべら喋るような邪魔者もいない。（中略）
>
> 一九九〇年代の終わりに私が気づいたのは、何かを学びたいと思っているがまだ学べていない保守派の一般人がかなりの数、存在するということだった。ティーパーティー運動

の参加者には、知識層ではない人が多い。だが彼らは、アメリカ建国の精神に深く共感している。建国時の理念に立ち返ることがいまのアメリカを救うと信じ、その理念を大まかな概念だけでなく、実際の政策レベルで詳細に学びたいと考えている。私は、自分ならこうした人々の手助けができると思った。そして、自己矛盾を起こしているリベラル派の世界を小さいと感じるようになり、それよりも価値のある、保守派の一般人に向けた活動を開始したのだ。(75)

要するに、特定の理念を語る講演者の需要が増加したことで、わざわざ言論市場全体で幅広い活動をするよりも、保守運動だけを取り扱う方が、楽なうえに儲かるようになったということなのだろう。(76)

近年、ドゥスーザは複数のスキャンダルを起こしている。不倫疑惑でロンドン大学キングス・カレッジの学長を辞任し、選挙での不正献金も発覚した。(77)また、いきすぎた党派主義のせいで、ドゥスーザが社会的な名声を失ったのも否定しようがない。いまでは、レポーターのデビッド・ウェイジェルによる、「凡庸な右翼学者の一人に成り下がった」というドゥスーザ評に多くの人が賛同している。(78)保守派の知識人からも、著作の質の低下を指摘する声が次々と上がっている。(79)だがそれでも、いまでもドゥスーザが出す本はニューヨーク・タイムズベストセラーにランクインし、本をもとにしてつくられた二本のドキュメンタリーは大きな収益を上げている。収監されているときにすら、ドゥスーザはインタビューに喜々として応じて保守層の要求に応え、急進的な保守主義者からは政治への殉教者と崇められている。[80]

こうした政治的両極化は、外交政策市場にも同じような影響を与える。これまでの数十年間、アメリカ外交ではリベラル国際主義がおおむねコンセンサスを得てきたと言える。この理念は、保守派が提唱する軍事力の展開と、リベラル派が掲げる多国間の同盟・協力に基づいた影響力の行使という発想を組み合わせたものだった。しかしいまや、リベラル派の国際主義者たちのあいだではこの理念に対するコンセンサスは崩れてしまった。[81]これについて、チャールズ・カプチャンとピーター・トゥルボウィッツは次のように述べている。「アメリカの政治的二極化によって、これまで両政党が維持してきた武力と協調に関する協定は崩壊した。選出された議員も有権者も、リベラル国際主義という中道から手を引き、軍事力の行使か国際協調かのどちらかを選択しつつある。両方を選ぶ者はいまやほとんどいなくなった」[82]。この指摘から一〇年後、ドナルド・トランプが大統領となった。そして、この選択を裏づけるかのように、有権者たちは極端な外交政策を支持しはじめている。気候変動、テロ対策、移民問題、中東情勢、ロシアへの対応、軍事力の行使など、外交上のさまざまな論点について、アメリカの世論では両極化が進行している。[83]

こうした状況で、知識人が世論に影響を与えるのは難しい。政治学者のアレクサンドラ・ガイジンガーとエリザベス・サンダースは、外交政策の各論点に関するエリートの意見に、国民がどのように反応するか調査を行った。[84]　すると、まだ両極化が進んでいない論点については、専門家の意見によって国民の考えが大きく左右されることがわかった。一方、気候変動のように、すでに国民の意見が二分されているような論点では、専門家による指摘はむしろ逆効果だった。自分が属する党派以外の専門家からの批判は、もともと持っていた考えをさらに強化する結果に終わった。つまり、両極化が進めば進むほど、知識人は世論に影響を与えづらくなる。だが、思想的リーダーにとってこの状況は、新しい外交政策の理念を提示して国民の支持を得るチャンスとなる。

ただ、思想産業を変化させる一番の要因は経済格差の急拡大だろう。賃金、所得、財産、どの数値を見ても、ここ三〇～四〇年、アメリカの超富裕層が世界中の誰よりもうまくやったのは明らかだ。実際、現在のアメリカの経済格差は、第二次世界大戦前から考えても最大となっている。

図２・７を見れば、ここ数十年で所得格差が大きく拡大しているのがわかる。一九七五年には、アメリカ人の上位一〇パーセントの所得の合計は国全体の三〇パーセント以下だったが、二〇一〇年には四五パーセント以上にまで上昇している。[85]　とく伸びが大きかったのが上位一パーセントの富裕層だ。この四〇年間で、彼らの所得が国全体に占める割合は、一〇パーセント以下

【図2・7　アメリカにおける富の配分　1913年〜2012年】

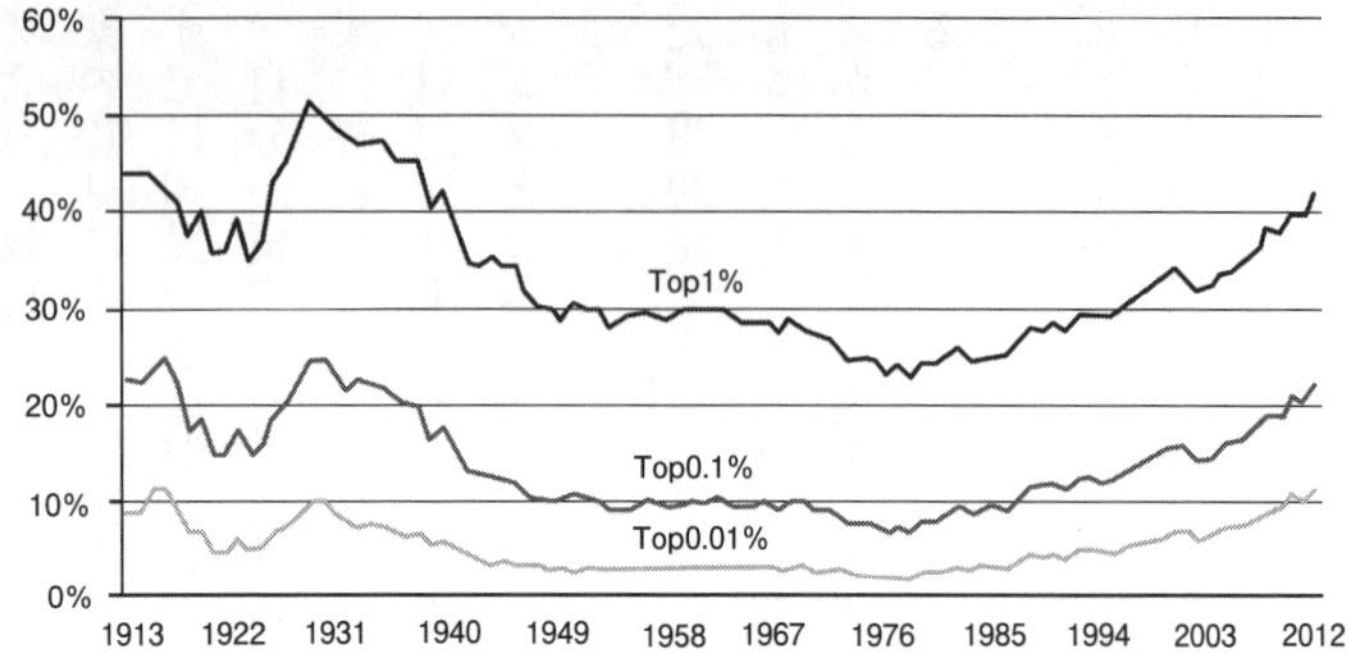

出所＝Emmanuel Saez and Gabriel Zucman, "Wealth Inquality in the United States since 1913: Evidence from Capitalized Income Tax Data," August 2015.

から二〇パーセント以上に伸び、倍以上に増加した[86]。上位一パーセントの富裕層は、一九九三年から二〇〇八年のあいだには、国全体のインカムゲインのうちの五二パーセントを得ていたが、二〇〇九年から二〇一二年では、この数字がなんと九五パーセントまで上昇している[87]。そして、上位一パーセントは上位一〇パーセントよりもうまくやったが、上位〇・一パーセントはそれ以上に稼ぎを伸ばした。過去四〇年間で、富裕層のなかの富裕層である彼らの所得が国全体に占める割合は、約二パーセントから一一パーセントと五倍以上に増加した[88]。さらにその上位〇・〇一パーセントを見ると、一九七四年から二〇一四年のあいだに、所得の割合は六倍となり、全体の五パーセントを占めるようになった。現在のアメリカにおける富の配分は、金メッキ時代〔十九世紀後半から二十世紀初頭までにかけて、高度経済成長の訪れとともに拝金主義がはびこった時代〕の一九一〇年と同水準に戻っている[89]。

こうした現象もまた、アメリカに限ったことではない。一九八〇年から二〇〇五年のあいだに、先進国ではジニ係数（所得配分の不平等の度合いを測るもっとも一般的な指標）が八〇パーセントも増加している。クレディ・スイスの発表によれば、二〇〇八年から二〇一四年のあいだに、世界の億万長者の数は倍以上になったという[90]。所得格差の拡大がアメリカでとくに顕著なのは事実だが、それは世界的な変化の反映でもある[91]。ただ、その原因が、グローバリゼーションなのか、金融の拡大なのか、スーパースター現象なのか、それとも資本主義の必然なのかを追求するのは、われわれの仕事ではない。それよりも問題にしなければならないのは、現在、富と所得の配分が不平等になっていて、状況から考えて、富裕層への富の集中が今後さらに進むことだ[92]。

アメリカでは富の偏在が広がるにつれて、政治への関与も偏ってきている。ある調査によると、富裕層は他の人たちに比べて政治に詳しく、より積極的に活動しているという。政治学者のフェイ・ローマックス・クック、ベンジャミン・ペイジ、レイチェル・モスカウイッツは「富裕層こそ、アメリカの政治における本物の市民と言えるだろう。彼らの政治へのコミットメントの高さは、学者が知る限り、他のどの層よりもはるかに上だ」と結論づけている[93]。ペイジ、ラリー・バーテルズ、ジェイソン・シーライトが行った平行研究では、アメリカの超富裕層の八四パーセントがつねに政治の動向に注目していて、九九パーセントが先の大統領選の投票をし、四〇パーセントが上院議員と個人的に連絡をとっていることが明らかになっている。[94] どれも国民全体の平均よりはるかに高い。この違いは、政治運動への寄付額にも現れている。ニューヨーク・タイムズによると、二〇一六年選挙戦の最初の段階では、一六〇戸に満たない家庭からの寄付で全体の約半分を占めていたという。「このような寄付の集中は近代では前例がない」と同紙は報じている。[95] またワシントン・ポストも、同じく選挙の初期段階には、スーパーPACへの献金の四〇パーセント以上をたった五〇の家庭が支えていたことを明らかにした。[96]

このような経済的、政治的不平等が思想産業に与える影響は非常に大きい。まず、所得格差の増大や所得流動性の低下は、このアメリカンドリームの国に対する国民の不満を生む。二十一世紀に入ってから多くの世論調査が、アメリカ人は自分の国が間違った方向に進んでいると考えているという結果を示してきた。ギャラップが毎月行っているアメリカの方向性に関する意識調査では、二〇〇四年の一月以降、国民の過半数が現在の国の状況に不満を持っていることがわかっている。[97] こうした不満が、ウォール街の占拠からオルタナ右翼にいたる、さまざまな活動の原因になっている。さらにそこからは、国が抱える問題を分析し、解決策を提示してくれる理論への渇望も生まれてくる。そして現在、知識人のあいだで議論されているような、世界貿易機関からの撤退などの極端な意見につながってゆく。

だがじつは、経済格差が思想産業に与える一番の影響は、思想の受け手ではなく、供給側に発生する。膨大な富を蓄えた最富裕層が出資者となり、新しい思想を生み出し、普及させはじめるからだ。[98] はっきり言って、億万長者のなかでは思想に興味を持たない者を探す方が難しい。たとえばビル・ゲイツは、ティーチング・カンパニーが提供する、グレート・コースシリーズという視聴教材を受講したのを誇りに思っているようだ。その内容に感銘を受けたゲイツは、高校の歴史教育改革を目指した「ビッグ・ヒストリー・プロジェクト」という計画を自らの資金で開始した。さらに、各州共通カリキュラムのための資金調達や普及活動でも大きな役割を果たしている。[99] また、マーク・ザッカーバーグはニュージャージー州ニューアークの公立学校に一億ドルを寄付して、慈善活動の分野で初めて注目を集めた。その後さらに、フェイスブック上にブッククラブのページをつくり、毎月一冊選ばれる本をザッカーバーグ本人が読むというイベントを始めている。[100] チャールズ・コックは、毎週日曜日の午後、自分の子どもたちにアリストテレスやミルトン・フリードマン、フリードリヒ・フォン・ハイエクの思想を教えているのをフィナンシャル・タイムズの記事のなかで自慢している。[101] 経済力を持ったパトロンが数多く現れたことで、ワシントン・ポストやボストン・グローブのような伝統ある新聞は勢いを取り戻し、同時に「インターセプト」のような新しいジャーナリズムのベンチャーも出現した。

こうした二十一世紀の慈善家たちは二十世紀とは明らかに異なる特徴を持っている。二十世紀の大物慈善事業家は、自分が死んだあとも活動が存続するよう、財団を設立することが多く、理念を持って財団を設立するものの、実際の運営は自分が任命した理事に任せるのが普通だった。[102] たとえば、ジョン・D・マッカーサーなどは、自分の財団の理事会に何の指示も出さず、「私は自分のできること、つまり金儲けに全力を尽くす。私が死んだら金の使い道はきみたちが考えなさい」と言った。[103] J・ハワード・ピューやヘンリー・フォードが設立した財団も、出資者である彼らの政治観とはまったく違う思想のもとで活動を続けた。[104]

だが、今世紀にはいると、慈善家は思想に、より具体的な立場で関わるようになった。フェイスブックの元CEOで資産家のショーン・パーカーは、「現在の資産家の大半は、時代遅れの組織が支配する、旧来の奇妙な慈善活動の世界には足を踏み入れない」と言っている。[105] 過去の出資者の失敗は、自分の死後、あまりに大きな裁量を財団の理事たちに与えてしまったことだと、二十一世紀の富豪たちは考えた。現在では、「ベンチャーフィランソロピー」「フィランソロキャピタリズム」など、新たな形態の慈善事業が出現したことで、公共政策の分野における考え方は大きく変わった。[106] 従来型の財団とは違い、こうした新形態の慈善事業は、出資者の理念を正確に反映した運営がなされるように設計されている。たとえば、ゲイツ財団やオミダイア・ネットワークのような組織は、公共政策の重要な分野で大きな足跡を残している。

ただ、このような新しい慈善団体の大半は「三つのM」、すなわち、マネー、マーケット、メジャーメント（指標）に取りつかれていると言っていい。[107] ゲームのルールを変えうる力を持つ思想は、富豪たちの大好物である。シリコンバレー・コミュニティ財団の代表を務める、この国でもっとも裕福な慈善家の一人はニューヨーク・タイムズの記事で「西海岸の慈善事業は革新的で、これまでのパラダイムを破壊するような性質のものだ」と語っている。[108] また、ある裕福な出資者は私に対して、「正しい思想のもとにお金は集まる」と言った。そのため、それぞれの組織やイベントは、大胆な思想家を使って参加者の好奇心を満たしている。デビッド・ロスコフがTEDに感動した理由は、スピーチの内容だけではなく、イベントの参加者のレベルの高さにもあったことを思い出して欲しい。

また、出資者を喜ばせたいという熱意は思想の内容だけでなく、思想家本人にも影響する。ハーバードビジネススクールの教授であるゴータム・ムクンダは、少数の資産家があまりに大きな力を持ちすぎることが公共圏に与える影響について、次のように語っている。

有力者が持つ、自分の考えに賛同する者には褒美を与え、反対する者を罰する力が言論市場をゆがめている。だが、これを腐敗と呼ぶことはできない。人が自分が得になるように考えを変えるのは当たり前だからだ。アプトン・シンクレアがいうように「何かを理解しないことによって給与を得ている人に、その何かを理解させるのは難しい」のである。その結果、社会全体がもっとも強い権力を持つグループを満足させるようにゆがめられていき、そのためにさらに権力が強くなるという悪循環が起きている。(109)

思想界では、裕福な後援者のアンテナに引っかかるため、思想的リーダーたちが熾烈な競争を繰り広げている。大学やシンクタンク、あるいはその他の特定の思想を元に結成された団体の代表は「主要な後援者のニーズや好み、性質にあわせるため」、自分たちの組織を自ら変形させる傾向があると、ある学者は分析している。[110] さらに、新しい慈善家の多くは伝統的な社会科学に不信感を抱いていて、思想の源として他の手段を選択する場合が多い。フォード財団のある職員は次のように言っている。「新しい『巨大慈善事業』では社会科学者がほとんど雇用されていないことに、私は驚いている。代わりにこうした事業で引っ張りだこになっているのは、経営コンサルタント、実業家、産業界の元リーダーやロビイスト、あるいは科学者などだ」。[111]

新しい慈善家たちがそろってこのような考えを推し進めることで、もう一つの新たな問題が持ち上がってくる。作家のダレル・ウェストが言うように「大富豪たちは全体として、一般市民とは大きくかけ離れた政治観を持っている」からだ。[112] 富裕層の後援を勝ち取るのが知識人のあいだでブームになっているが、すると思想の方向性がリバタリアニズムに近づいていくという傾向が出てくる。これは、アメリカの富裕層に対する実際の調査データでも裏づけられるし、その政治観から受ける印象にも合致する。ペイジ、バーテルズ、シーライトによれば、アメリカの富裕層は社会保障、メディケイド、国防の予算を減らすべきだと考えているという。公立学校の教育水準を維持するための予算拡大については、富裕層では賛成派がたったの三五パーセントしかおらず、八七パーセントが賛成している一般層と著しい対照をなしている。一方で、富裕層は一般層に比べて、インフラ整備や科学研究に政府予算を使うべきだと考える傾向が強いようだ。一応断っておくが、富裕層を単なるランディアン〔作家アイン・ランドが提唱した、自由放任資本主義こそ至上の社会システムであるとの考えに同調する人たちを指す」と揶揄するのは、あまりに軽率だろう。とはいえ平均的に見て、アメリカの富裕層が一般層よりも、失業保険、職業訓練、経済的規制、政府による所得の再配分にはるかに否定的なのは事実である。[113]

また、国際的な経験を通じて、富裕層は公共政策への意見をさらに変化させていく。現在の慈善家たちは、魅力のあるイベントに参加するだけでなく、自ら知的サロンや財団を設立したり、有名イベントのスポンサーを務めたりする。彼らは同種のイベントに参加して互いのつながりをより強固にする一方で、他の経済階層の者を締め出している。[114] その結果、ポップ・テックやアスペン・アイデア・フェスティバル、TED、世界経済フォーラムなどの「ビッグ・アイデア」イベントの数は爆発的に増加した。カナダの外務大臣であるクリスティア・フリーランドは「二十一世紀の富裕層のつながりは、一連の国際会議の場で生まれている」と言っている。[115]

そして、こうした国際会議に幾度となく出席することで、富裕層のなかにはある種の考えが定着していく。フリーランドは言う。「スーパーエリートたちには、実力で成功を勝ち取ったという自負がある。さらにそこにエリートの世界に独特の孤独感が加われば、彼らが他人の痛みに鈍感で、無関心な人間になるのも不思議ではない」。[116] 富裕層の周りには基本的に自分と同じく裕福な人しかいないために、他人の経済状態を過大評価し、社会保険のメリットを過小評価する傾向があることが、心理学の研究で裏づけられている。[117] この傾向は経済格差が拡大するにつれてより顕著になり、[118] そこから生まれる社会的な断絶が、彼らの感覚を鈍らせていく。起業家のイーロン・マスクがディナーの席で、南アフリカの貧困などたいした問題ではないと発言したのは、その一例だ。[119] また、ある大富豪がウォール・ストリート・ジャーナルに投稿した手紙のなかで、進歩主義者の経済格差に対する懸念と、クリスタル・ナハト〔一九三〇年代後半にドイツで発生した反ユダヤ主義の暴動〕の始まりを同列に論じたのも、同じようなケースだと言えるだろう。[120]

フィランソロキャピタリズムの出現は、外交の言論市場に新たな機会をもたらすと同時に、課題も提示した。富裕層の大半は一般層よりもはるかに国際問題に対する関心が高いため、彼らの注意を引くことができれば、外交関連の知識人は取り組んでいる複雑な問題の研究や計画への出資を得られる可能性がある。

だが一方で、富裕層の大半は国際政治をむしばむやっかいな問題には手を出したがらない。ライターのグレッグ・フェレンスタインは、シリコンバレーの創業者一〇〇人以上を対象に調査を行って、彼らと一般人のあいだにある政治観のずれを観察した。[121] その結果、シリコンバレーのエリートたちは、既存の政治的対立を根深い問題とはとらえず、必ず除去しなければならないエラーコードの方がよほど危険だと考えていることが明らかになった。さらに、「労働者と企業、市民と政府、アメリカとほかの国々など、社会における主要な集団のあいだに、本質的な対立は存在しない」と考えている人が、創業者のなかには一般人の三倍以上の割合で存在するのもわかった。富裕層の多くは、既存の政策を改善するより、始めから政府の干渉をまったく受けない解決策を好む。ただ、非政府関係者の政策実行能力は玉石混淆であるうえに、[122]富裕層の掲げる対立なしの政治という理念自体にも欠陥がある。『ニューヨーカー』のジャーナリスト、ジョージ・パッカーは次のように指摘する。「対立のない世界では、テクノロジーが進歩の原動力であり、同時に富の源泉でもあるとされる。しかしこの仮定では、現実の政治では利害の対立が不可避であることや、勝者と敗者が存在することが忘れ去られている」[123]。また、仮に富裕層と知識人が共通の目的を持っていたとしても、それを達成する手段という点で意見が一致するとは限らない。

また、富裕層の要求を満たそうと考えている知識人は、富裕層の掲げるメリトクラシーの論理に反論できなくなる。もっとあからさまな表現を使えば、金を前にした知識人は本当のことが言えなくなる、ということだ。デビッド・フラムは共和党の献金者たちについて次のように述べている。「大金を持つことの危険性の一つは、正面から自分の間違いを指摘してくれる者の意見を聞く必要がなくなることだ」[124]。こうした状況のなかで成功を収めるのは、従来の制度に異議を唱え、自己実現に長け、起業家としての能力に優れた人物、つまり、フィランソロキャピタリスト（慈善投資家）としての要件を兼ね備えた知識人なのは間違いない。

加えて、経済格差の拡大が知識人よりも思想的リーダーの有利に働くのは、ある意味予想どおりだとも言える。新しい発想を感動的なストーリーに載せて語るのが、思想的リーダーの特徴だからだ。第8章で詳しく論じるが、思想的リーダーは既存の環境を破壊するような発想や政策を普及させる。そのような発想は国際経済のトップに居つづける人にとって魅力的だ。一方、知識人は、富裕層が地位を維持しうる社会構造自体に批判的な場合が多い。さらに、富裕層が能力のみを頼りに現在の立場を築いたということにも疑問を持つ傾向にある。変化の推進者と、現状の批判者。新時代の富裕層の興味が興味を持つのは圧倒的に前者だ。

ここまで、現代の思想産業を動かす三つの潮流について見てきた。まず、伝統的な権威が失墜したために、国民は権威の側から発言する知識人を信用しなくなった。しかしこれによって、さまざまな立場の人が情報を発信し、支持者を獲得するようになった。次に、政治の両極化による党派心の高まりにより、お互いに相手方のグループに属する者を説得するのが難しくなった。同時に、個々の組織は専属の知識人を必要とするようになり、イデオロギーに関して信頼の置ける思想家の需要が高まった。最後に、経済格差の拡大が、斬新な思想を追い求める富裕層を生み出した。裕福になり、欲しいものは何でも手に入れられるようになった彼らは、結果的におもしろい発想を追い求めるようになった。そして知識人は、彼らのこうした欲求に答えることでより多くの収入を得るようになっている。

もう一度強調しておくが、別個に見れば、これらはけっして新しいトレンドではない。リチャード・ホーフスタッターをはじめとする歴史研究家がまとめているように、以前アメリカで信仰復興運動が盛り上がりを見せたときも、その発端は伝統ある組織に対する不信感だった。(125)

起きている現象はいまのアメリカと同じだ。また、アメリカ政治学の一分野では、過去にも政治的両極化が進行していたことを示す研究が多数残されている。さらに、知の巨人たちが裕福なパトロンの援助を受けるという構造は、アメリカという国ができるはるか前から続いている。[126]あくまで現代に特有なのは、メディアが爆発的に増えた世界で三つのトレンドが同時に起こっているという点である。

本章で解説したとおり、三つのトレンドはすべて、思想家の需要を増加させる方向に働く。従来の専門家への不信によって、これまでにないタイプの思想家が雪崩を打って公共圏に進出し、政治的両極化の高進から、急進的なイデオロギーを掲げる知識人は支持者を獲得する機会を得る。そして、新たな慈善家の出現により、リバタリアンだけでなく、ダボスやアスペンに飛んで富裕層の興味を引こうとする思想家たちにも大きなチャンスが生まれる。そして言論市場は数十年前に比べて、はるかに混沌とした状態になる。とくに外交政策に関してはその傾向が強い。

そしてこれらの要素によって、思想的リーダーは知識人よりはるかに有利になる。過去の時代に急進的とされていた知識人たちが勝ち取った勝利は、さまざまな意味で割にあわないものだった。彼らが繰り返してきた権威に対する批判は、いまや世の主流となった。しかし、それは彼らの意図した方向性とは違うものになってしまった。従来の専門知識に対する信用は失われ、保守派もリベラル派ももはや相手方を信用していない。裕福なパトロンは国際問題を解決するための具体的な理論にしか興味を示さない。このような状況下では、楽観主義で自信家で、難題への対処法をアピールできる人物が有利になる。従来型の知識人はよくいって、この三つのうちの一つしか条件を満たしていない。一方、思想的リーダーは、標榜しているイデオロギーに関係なく、そのスタイルとキャラクターだけで、いまの状況から恩恵を受けられる。

思想産業の出現が公共圏に与えた影響をもう一つ挙げるとすれば、それは原理原則を何度も議論する必要があることだろう。たとえば、二十世紀に活躍した政治家で社会学者でもあるダニエル・パトリック・モイニハンには、「誰でも自分の意見を持つ権利はあるが、事実を自分のものにする権利はない」という有名な発言がある。要するに、モイニハンにとって公共圏での議論とは、ある事実の存在をみなが認めているという前提のもと、それについてどのような対策をとるべきかを話しあうものだった。当時はこの定義は正しかったかもしれない。しかし、二十一世紀にはこれは当てはまらない。権威の信用崩壊と政治的両極化の進行によって、たとえ専門家のあいだで意見が一致した事実であっても、全員がそれを常識として受け入れるとは限らないからだ。自分の理論を広めるためなら、そもそも確証のない事実に対しても議論を起こそうと考える思想的リーダーが出てきても不思議はない。すると、外交のさまざまな分野において、議論の出発点となる「定型化された事実」への合意が成立しなくなる。(127) これは逆に言えば、知識人たちによって議論の前提部分の瑕疵が指摘されやすくなるということでもあり、結果的に議論は紛糾する。だが、これは必ずしも生産的な議論ではないだろう。

思想界のこうした地殻変動は、外交政策分野の思想的リーダーに二つの新たな局面をもたらす。

まず一方で、彼らはある分野において、極端な悲観主義を煽るようになる。公的機関の信用崩壊、思想の異なるグループへの悪感情、中流階級の経済停滞を見れば、世界がいま火の海に包まれていると主張するのは容易だ。国際関係の専門家の世界では、いまは悲観主義がうけるのである。[128] 本章で解説した三つの要因のすごいところは、それを使えば、国際関係がうまくいかない理由を、個々の事例にあわせてどのようにでもこじつけて説明できてしまうことだ。意欲に燃える思想的リーダーは、悪化の原因を制度の腐敗と信用の低下に求めるかもしれないし、富裕層の出現のせいにするかもしれない。状況はあまり悪くないという地味な分析より、明らかな悪が存在を指摘した方が二十一世紀の観客には受けがいいのである。

他方、ＴＥＤの隆盛も、こうした地殻変動の影響で起きた現象として説明がつく。ＴＥＤは思想的リーダーが富裕層にアピールしやすいように設計されている。たった二〇分たらずという制限時間は、パトロンへのアピールにもってこいだ。ビジネスに忙しい富裕層は過密スケジュールのなかで動いているため、長い時間をかけて何かに注目することはできない。そのため、詳細な深い内容の演説よりも、ＴＥＤの決めた長さに収まるスピーチの方がはるかに彼らの心に響きやすい。また、スピーチという形式自体、ユートピア的な発想を生みやすい。なぜなら、そこには議論の相手がおらず、批判的な反応も返ってこないからだ。批評家のネイサン・ヘラーは『ニューヨーカー』の記事のなかで、もしＴＥＤになんらかの政治観があるとすれば、それは「教育、環境の持続可能性、権利の平等など、範囲の広い、明らかな善によって構成されたものだろう」、と述べている。(129) これはシリコンバレーの創業者たちが思い描く、「技術がすべての問題を解決する政治的対立の存在しない世界」と完璧に整合する。感情に訴えかけ、個人的な信条と共鳴するTEDは、知識人よりも思想的リーダーに有利なメディアなのだ。

これよりあとの章では、いま解説した地殻変動が、現在の言論市場のうち、従来の性質を受け継いでいる領域と新しく出現した領域の双方にそれぞれどのような影響を及ぼすかを解説する。取りあげるのは、アメリカの外交分野に関する内容がほとんどだ。ただ、繰り返しになるが、本章で解説した三つのトレンドはアメリカだけに見られるものではないのは忘れないで欲しい。アメリカ以外の人々は、現代の思想産業をアメリカに特有の概念だと考えがちであり、しかもその考えが絶対に間違っているとは誰にも言えない。だが、アメリカが未来の国際言論市場における例外ではなく、他の国の未来の姿であるという可能性もまた、否定できないのである。

第2部

第3章 学界に対する「標準的告発」

「いつの時代もそうであったように、学問の深遠な要素は依然としてとても魅力的であり、同時に、知識を持たない人々に自分の意見をアピールする、あるいは押しつけるための効果的な手段でありつづけている」――ソースティン・ヴェブレン

ニューヨーク・タイムズの論説コラムニストは、アメリカの言論市場を観察、解説するのにもっとも適した立場にいると言えるかもしれない。メディアが細分化された現在でも、ニューヨーク・タイムズのコラムニストが議論に参戦すれば、知識人たちはみな耳を傾ける。そのため、二〇一四年の二月にニコラス・クリストフが「本来、大学の教授は、国内外の問題の議論ではもっとも賢明な意見を提示する人々の一角を占めるはずだ。しかし学者の大半は、現在の議論ではあまり存在感がない」とコラムで発言したときも、思想界の注目を集めた。(1)

学者たちは数々の制約を抱えていると、クリストフはいう。学界の慣行によって、学者はソーシャルメディアのような新技術を受け入れることができない。また、定量的調査と「誇張さ

れた表現」の流行によって、社会科学者たちは一般人とコミュニケーションがとれなくなっている。学界では「難解であることをよしとする一方で、大衆への影響力を軽視するような文化が存在して」いて、査読のある学会誌の「研究成果を発表せよ、さもなくば滅びよ」という厳しさによって、学者は広く大衆に訴えかける本を書く意欲を失ってしまった。そう訴えるこのコラムは八〇〇ワードに満たないものだったが、そこで展開されたクリストフの告発は詳細かつ徹底的なものだった。

だがじつは、学界に対して異議を申し立てたのはクリストフが初めてではない。実際のところ、このような主張は「標準的告発」とひとくくりにしてもよいくらい、頻繁になされている。クリストフのコラムの一八カ月前、マッカーサー基金の代表も次のような標準的告発を行っている。「社会科学と人文科学全体で理論的な転換が起きたために、学界における言説と一般人や実務家の言葉や思考のあいだに断絶が生じた」。また、コラムの五年前にはジョセフ・ナイがワシントン・ポストで、「学者は自分たちの研究が実際の政治とどのようにつながるかに注意を払わなくなっている。むしろ多くの学問分野では政治と関わるとキャリアに傷が付くとすら考えられている。数理モデルや新しい理論を開発して、政治家には理解できないような専門用語でそれを説明できる者の方が、出世は早いというわけだ」と述べている。(2) さらにこれよりも前に、「学界にいる政治学者や経済学者の大半はバチカンのスイス衛兵のようなもので、深い思索ができる立場にあるという特権をすでに放棄している」と言った評論家もいた。ちなみにこれは一九三〇年出版の本からの引用だ。標準的告発がかなり前から行われてきたのがわかるだろう。[3]

クリストフのコラムが発表されると、外交分野の多くの有名人がその内容に賛同した。情報サイト「トーキング・ポインツ・メモ」の設立者であるジョシュ・マーシャルは、「学界ではすべての誘因が、外との交流を妨げる方向に働いているとしか言いようがない」[4]と言い、外交問題評議会の会長、リチャード・ハースは、社会科学の世界では何が重要かよりも何が定量化できるかに集中しているとツイートした。『フォーリン・ポリシー』誌のCEOであるデビッド・ロスコフはさらに過激だった。彼はクリストフの意見に全面的に賛成したうえで、「フォーリン・ポリシーが、学界の協力の申し出をなるべく断っている理由、つまりそのほとんどが不明瞭で抽象的で変化に乏しいつまらないものだということを、クリストフはよく理解している」と言ったのである。[5]

だが、クリストフのコラムはもう一つの流れも生み出した。社会科学者たちがさまざまなメディアを使って一斉に反論を開始したのである。しかも、そうした反論は難解な学術雑誌ではなく、ワシントン・ポスト、『フォーリン・ポリシー』『ポリティコ』などをはじめとする一般の新聞や雑誌上で行われたのだった。コーリー・ロビンからサミュエル・ゴールドマンまで主義主張の大きく異なる学者たちが、過去の社会科学者による公共圏での貢献の具体例を並べあげて、標準的告発に反論した。たとえば、ジョージタウン大学教授のエリック・ヴォエテンはワシントン・ポストの記事で次のように述べている。「(クリストフの)文章はステレオタイプの主張を大げさに書きたてたにすぎない。こうした論説コラムニストたちはタクシーの運転手から聞いた世間話を鵜呑みにするだけで、事実の裏取りにはほとんど、いや、まったく興味がないように見える。有意義な研究をしている政治学者は山ほどいる。そして彼らは、自分たちの知見をブログやソーシャルメディア、コラム、オンラインでの講義などを通じて、世の中に広く発信しようと努力している」[6]。

ヴォエテンの主張はクリストフとその支持者に対する反論のごく一部にすぎない[7]。全体としてクリストフのコラムのなかでもっとも明確に批判されたのは、彼が「社会と関係がある」と見なすものの範囲がきわめて狭いという点だった。学者たちには、政策立案のトップとのコミュニケーションよりも重要な仕事がたくさんある。そもそも、政府の外にいる人がそのような機会を持つ機会は、実際には非常にまれだと言っていい。それに学者たちは、それ以外のさまざまな方法を使って言論市場に影響を及ぼすことができる[8]。非暴力抵抗運動研究の第一人者であるエリカ・チェノウェスは、次のように問いかけた。「クリストフの記事で一番驚いたのは、『重要な人』に直接影響を及ぼすのでなければ、私たちの研究は『社会と関係がある』とは見なされないという前提があることだった。だが、ある研究が、従来の権力の回廊の外側にいる人たちに語りかけるものだったらどうなるのだろうか。それも社会と無関係だと言えるのか?」[9]。

こうした反論が続くなか、クリストフは学界を激怒させたことは認めたものの、それでも基本的な立場は変えなかった。一連の議論を観察した『ニューヨーカー』の編集者、ジョシュア・

ロスマンは、「学者陣営からの反論は素早く、強烈かつ正確で、深い考えに基づいたものだった。（中略）KO勝ちとまではいかなくとも、この議論は学者側の判定勝ちと言えるだろう」と結論した。コラムが発表されてから一年後、私は、この議論に対する考えが変わったかどうかをクリストフにメールで直接尋ねた。彼の答えは「ノー」だったものの、同時に「学界の一部、とくに政治学の分野に改善の兆しが現れている」ことは認めていた(10)。

今回、学者たちはクリストフ陣営に対して、少なく見積もっても引き分けには持ち込んだ。ただこの騒動によって、なぜこれまで標準的告発が繰り返し提起されつづけてきたのかという根本的な疑問は、かえって強まった。単に標準的告発の「もっともらしさ」には真実に勝る説得力があるということなのだろうか。あるいはクリストフたちの「一世代前に比べてアメリカの大学のキャンパスには本物の知識人が少なくなってしまった」という主張はやはり正しいのだろうか。

私自身も学者の一人なので、この件について短い答えを返そうとすれば、他の学者と同じく、「複雑だ」という曖昧なものにならざるをえない。そこで、本章の残りのページを使って、長い方の答えを披露しようと思う。最初に言っておくと、現代の言論市場がもたらすチャンスを活用している学者はけっして少なくない。しかし、象牙の塔にひきこもりがちな学者は依然として多く、彼らにとって、現在の思想産業がつくり出した状況は知識人になるにあたっての大きな、そしてこれまでにない障害になっている。要するに、個人で見れば標準的告発が当てはまらない学者は多いが、学界全体について言えばその一部はたしかにあたっている。さらに言えば、前章で述べた地殻変動への対応という面でも、学界は思想産業のその他の分野に後れをとっている。

皮肉なことにひと昔前までは、社会評論家たちは言論市場の需要を満たせる知識人が学者しかいないのを嘆いていたのだった。一九八七年、ラッセル・ジェイコビーは著書『ラスト・インテレクチュアルズ（The Last Intellectuals）』のなかで、大学が在野の思想家たちを駆逐したと主張した。ジェイコビーによれば、社会経済の変化によって、ボヘミアン的な一匹狼の知識人というライフスタイルは経済的に成り立たなくなったという。一九六〇年代から始まった都市の再開発に伴う郊外への人口流出によって、都市部に存在した自律的な知識人のサブカルチャーは消滅の危機に瀕した。[11]おりしも一九六〇年代はベビーブーマー世代が学生となり、大学が巨大化していく最中でもあったため、かつては独立した存在だった知識人たちは自然と大学に移っていった。こうした状況のもと、一九五〇年代のいわゆるニューヨーク知識人たちは存在を許されなくなったが、一方で学界は大いに栄えた。象牙の塔は野心に燃える知識人たちの最後の砦となったのである。これを指してジェイコビーは「知識人になるには大学の住所が必要だ」と嘆いた。[12]

外交分野では学界の重要性はより明白だった。二十世紀前半にアメリカが勢力を拡大したことで、世界におけるアメリカの役割を解説できる知識人が必要になった[13]。また、冷戦の始まりによって、政府はソビエト連邦、大戦略、核抑止、国際経済について適切なアドバイスができる専門家を求めるようになった。ソ連のスプートニク打ち上げ成功を受けて一九五八年に制定された国家防衛教育法で、大学への政府の補助金は一気に増え、その後も一九六五年の高等教育法やその他の施策の影響でさらに増額されたため[14]、大学は数百万ドルもの研究費を社会科学の各分野の大学院教育につぎ込んだ。著書『パワー・エリート』(東京大学出版会)のなかで、チャールズ・ライト・ミルズは次のように述べている。「一部の大学は、実質的に軍の財務部門の一部だと言ってよい。他からの収入をすべてあわせた金額の三倍から四倍にもあたる資金を、軍から受け取っているのだから」[15]。ミルズの主張にはやや誇張があったものの、冷戦期における大学と政府の蜜月関係は、最近の研究でも裏づけられている[16]。当時、安全保障や外交政策の議論で大学教授が果たす役割はきわめて大きかった。

象牙の塔と政府の金銭的、人的なつながりによって、学界の言論市場への貢献はそれまでとは大きく変わった。複数の有名学者が当時を「黄金時代」と呼び、「学界がアメリカの方向性を決めていた。とくに核戦略や軍縮の分野ではその傾向が強かった」と語る[17]。ジョージタウン大学政治学部の学部長は、最近発表した文章のなかで、若干のノスタルジーをにじませながら冷戦時代を次のように振り返っている。「アメリカが真に覇権国家だったと言えるのは、他の国の隠れた内情、つまり、言葉や文化、歴史や政治制度、地方の経済や人文地理について、国家としては不釣り合いなほどの知識を持っていたからだった」[18]。また、一九五〇〜六〇年代は、集めたデータを分析することで実社会に通じる一般的な法則を導き出せるという、いわゆる行動論革命が起こった時期でもあった。そして、意思決定の分野に科学的セオリーを打ち立てようという学界の努力によって、合理的選択理論が誕生した。また、核抑止をめぐる国際関係のロジックを政府が読み解いた裏には、ゲーム理論を提唱した一派とその他の社会科学者たちの助力があった[19]。ジョン・F・ケネディのベスト・アンド・ブライテストにはハーバードの教授陣が大いに協力していたし、一九六〇年代から一九七〇年代に権力を振るった安全保障問題担当補佐官であるウォルト・ロストウ、ヘンリー・キッシンジャー、ズビグネフ・ブレジンスキーは、みな大学教授からキャリアをスタートさせている。ジャーナリストのセオドア・ホワイトは『ライフ』に掲載した「行動する知識人たち」という記事のなかで、「こうした学者たちのコネクションこそ、アメリカ政府を刺激し、政治を動かす、もっとも強力な権力となった」[20]と主張している。

ただ、こうした傾向をみながよく思っていたわけではない。ニューヨーク知識人の多くは、ボヘミアンであった自分たちの同志が大学に移ってしまったことに憤りを見せていた。アーヴィング・ハウは『エイジ・オブ・コンフォーミティー（The Age of Conformity）』で次のように嘆いている。

社会的に認められた組織に取り込まれた者たちは、反骨心をなくしただけでなく、多かれ少なかれ知識人としての役割も果たせなくなりつつある。もともと組織が彼らを必要としたのは、彼らが知識人だったからだ。しかし組織のなかでは、彼らは知識人であることを望んではいない。（中略）

学界の最下層にいる人たちと話してみれば、若い学徒にとってほかに道がないという理由だけで数十年前よりも重要性が増した、博士号という称号をとるために、彼らがいかに個性を殺し、おとなしい繰り返しの毎日を送っているかを知ることができる。[21]

ただ、ハウの主張はややいきすぎの感がある。実際には、長引くベトナム戦争への反対運動を主導したのは在野の知識人ではなく、大学の教授たちだったのだから。[22] それでも、一部の学者や学生たちはハウの批判を正面から受けとめ、冷戦期のような学界と政府のなれ合いに反旗を翻した。ノーム・チョムスキーの名が初めて世間に知られたのは、『ニューヨーク・レビュー・オブ・ブックス』誌で、「レスポンシビリティ・オブ・インテレクチュアルズ（The Responsibility of Intellectuals）」を発表したときのことだが、そこで展開されるベトナム戦争への学者や学界の関与に対する激しい批判は、一〇年前のハウの主張をなぞるものだった。チョムスキーは、学者たちは「権力に縛られない過去の知識人たちの地位を奪った」うえに、「現代における諸問題に対して、なんら価値基準を持たないまま技術的な解決策を提示するだけ」の存在になったと激しく非難している[23]。

大学では意見の対立が起こる一方で、個々の学問はさらに細分化されていき、政治的な争いに巻き込まれるのを嫌った学者たちは、ますます一般社会から離れていく[24]。

ベトナム戦争後、『アメリカ政治学雑誌』の記事に具体的な政策提言が載る回数は激減し[25]、政治学者で経済学者のトーマス・シェリングは、この東南アジアでの紛争が終わったあと、「私は人とのつながりを失い、話に耳を傾けてくれる観客も失った。そして、（政策決定者に働きかけようという）意欲もなくしてしまった[26]」と述べた。要するに学界は内向きになったのだ。一世代あとのジェイコビーは次のように言っている。「学界では拡大と収縮が同時に起きている。一方では、資格を満たしたメンバーにプライベートなクラブを提供して、さまざまな世界に確実に触手を伸ばしている。だが反面、現在ではまともな教育を受けた成人でも政治学者、社会学者、哲学者の名前を一人も挙げられない。そしてこれは国民の不勉強のせいとは言い切れない。学者の側が公の舞台に立つのをやめたからだ[27]」。

このような批判は、学界が外交政策の言論市場にどのように貢献すべきかという疑問を浮き彫りにする。一つの選択肢は、国に対してアドバイスをするというやり方だろう。実際、多くの歴史家が指摘しているように、知識人と政府は密接な関係を築くことが可能である[28]。だがもう一つの選択肢は、逆に政府の行動を批判するというものだ。ベトナム戦争時代には、学界による政府の外交政策に対する批判の増加が、新政治学コーカスという新たな視点からの政治学の創出につながった。冷戦のさなかには、たとえそれが急進的な批判であったとしても、政府は学界の意見に耳を傾けていたものだった。[29] 一九五七年、イギリスの哲学者バートランド・ラッセルは、二大超大国のリーダー両方に公開状を出し、「共存の条件」について首脳会談で話しあうよう呼びかけた。するとソ連からはニキータ・フルシチョフ首相本人が、アメリカからは国務長官のジョン・フォスター・ダレスがこの公開状に返事を出した。結果的に言えば、このやりとりによって実際の政治が動くことはなかった。しかし、両政府がともにラッセルの手紙を無視できなかったという事実は、この時代の知識人が並外れた影響力を持っていたことを証明している。

そして冷戦が終わると、学界には複雑な変化が訪れた。まず、ベトナム戦争の後遺症とレーガンが行った改革によって、政府とのあいだに距離ができた。ジェイコビーが指摘するように、学者たちは政治に対して以前よりも慎重な姿勢を見せるようになった。そしてそこに生じた穴を埋めたのが、在野の研究者たちだった。詳しくは第5章にゆずるが、大学という情報源を失った政府の、専門知識や分析力の新たな調達地としてシンクタンクが発達したのである。[30]

だが同時に、じつはこの時期こそが、学界の外交政策に対する影響力が頂点に達した瞬間でもあった。ソ連の崩壊によって、封じ込め政策が過去の遺物となり、政府は新たな思想を求めるようになった。[31] そのため知識人たちは、冷戦後の世界を論じ、アメリカの外交政策を立案するために懸命の努力を始め、学界では数多くのソートリーダー［thought leaders］（思想的リーダー）が国際政治に関する新説を発表した。フランシス・フクヤマは、今後、世界には恒常的な安定が訪れ、大きな変化は起こらなくなるだろうと予想し、それを「歴史の終わり」と表現した。ジョン・ミアシャイマーは冷戦の終結によって、ヨーロッパ情勢は再び不安定になると予想した。ジョセフ・ナイは、のちに自身が繰り返し議論に用いることになる、「ソフト・パワー（自分たちの望むものを他人に欲しがらせる力）」という概念をこのころ初めて提唱した。そして、サミュエル・ハンティントンは「文明の衝突」への警鐘を鳴らした。さらに、民主主義国家同士では侵略が起きないと仮定し、そこから、多くの国々が民主化されていけば徐々に世界に平和が訪れる、という結論を導く、いわゆる民主的平和論が出現する一方で、アメリカによる一極支配状態の強度や安定感を不安視する議論も激しさを増していった。(32) 方向性はさまざまだったとはいえ、こうした議論が政治家や役人がポスト冷戦の世界を考えるうえでの枠組みとなったことは、学界のアメリカ外交に対する影響力に懐疑的な者たちですら認めている。(33)

この時期の思想には注目すべき特徴がいくつかある。一つ目は、議論が学術雑誌を超えて広がった点だ。上記の理論はもちろん学術雑誌にも掲載されたが、そのすべてが『アトランティック』や『フォーリン・アフェアーズ』のような、より手に取りやすいメディアにも取りあげられた。そのため議論は大いに盛り上がり、個々の理論に対して、さまざまな立場からの報道や解説がなされた。それぞれの理論が持つインパクトは大きく、議論は政治や学界の枠を超えて大きく広がり、「歴史の終わり」「文明の衝突」「ソフト・パワー」といったキャッチフレーズは公共圏に徐々に浸透していった。実際、この時代の議論の影響があまりに強かったためか、それぞれの提唱者たちはその後数十年にわたって、同じ理論を繰り返し主張しつづけることになった。[34] 外交政策分野におけるほかの思想的リーダーたちと同じく、学者たちは自分の主張を市場に売り出したのである。

二つ目の特徴は、あとになって上記の主張の大半が、部分的な誤りを含んでいるか、あるいは完全に間違いだったと判明した点だ。ミアシャイマーのようなリアリストは、冷戦後の世界情勢が、NATOや核の拡散、武力衝突、アメリカの国益といった要素に与える影響をあまりに悲観的にとらえすぎていた。[35] 実際には、ソ連崩壊後の二〇年間で、国家間の戦争だけでなく、あらゆる種類の政治的暴力が激減する結果となった。[36] ハンティントンの予想にはさらに問題があった。彼の議論は多くの見出しを飾ったが、現実には「文明の衝突」よりも「文明内の衝突」の方がはるかに多かったのである。バルカン半島での紛争の数々や、スンニ派とシーア派、あるいはツチとフツの血で血をあらう戦いなどがその例だ。ある歴史研究家は、ハンティントンの予想を指して「政治家が、政治学者のいうとおりにしてはならないことの証明」とまで言っている。[37] 同様に、フクヤマが『歴史の終わり』で見せた楽観主義も的外れだったと言えるだろう。フクヤマ自身、最近では「政治の衰退」という概念を主張していて、たとえ繁栄を遂げ、安定した民主主義国家であっても、必ずしもその状態を永久に保てるとは限らないことを認めている。[38] 「ソフト・パワー」や「民主的平和論」のように広く受け入れられた概念も、実際の外交政策に応用するのは難しいのがわかった。

また、学界では冷戦後の大戦略について盛んに議論が行われていたが、ソ連の崩壊は国際関係の学問への政府支援の打ち切りを意味した。冷戦終了時、連邦政府の財政赤字は過去最高に達していた。緊縮財政への機運が高まるなか、メスを入れるのがもっとも簡単だったのは、対外援助や情報提供、外交をはじめとする国際関係にかかわる分野だった[39]。そのため、国家安全保障教育プログラムや外国語教育支援プログラムをはじめとする制度の予算は大きく削減された[40]。さらにこうした方針転換の影響から、アメリカの国民は外の世界への関心を失っていった。一九八六年の時点ではアメリカにとって国際問題が重要だと考える国民が二六パーセントだったのに対し、一九九八年ではたったの七パーセントにまで落ちている[41]。世間の関心が国内に向かうにつれ、国際問題への寄付も急速に減っていった。一九九〇年代、ほぼすべての分野で慈善的支援が倍増するなか、安全保障学は援助が七パーセント減少した。大学では変化はさらに顕著で、安全保障学関連のコースはその数が三割も減った[42]。しかしながら、こうした冷戦の終結の影響とは対称的に、九・一一のテロは学界の視線を大戦略へと向かわせることはなかった。

そして、それはおそらく単なる偶然ではない。

テロリストによる攻撃とそれに向けたアメリカ政府の対応は、公共圏での学界の役割に相反する影響を与えた。まず、学界は力をあわせてベトナム戦争時代の知的能動主義を取り戻そうとしたが、その努力はいかにもぎこちないものだった。ジョージ・W・ブッシュ政権での外交政策の混乱はその象徴である。イラク戦争開戦にいたる流れのなかで、政治学者たちはほとんど言論市場に影響を与えられなかった。だが、それは努力が足りなかったからではない。二〇〇二年の秋、ある有名な国際関係学者グループが、ニューヨーク・タイムズの論説欄にイラク侵攻の危険性を訴える広告を出した。さらに、このグループに属する学者の多くが戦争自体に反対するコラムやエッセイを発表した。イラク戦争反対は、当時の国際関係学者の大多数のコンセンサスだと言ってよかった。それにもかかわらず、こうした意見がマスコミに取りあげられる機会は少なく、権力の回廊ではほとんど注目されなかった。ハイム・カウフマンは「まっとうな批判をした者（大学の専門家）は少なかったし、メディアに注目された者はほとんどいなかった」と結論している。[43]

ただその一方で、政府の側が学者からのアドバイスの必要性を改めて実感していたのも事実だった。軍関係者が新しい対反乱ドクトリンをつくることができたのも、少なからず社会科学の知識のおかげだと言ってよかった。[44] 二〇〇九年に国防総省が開始したミネルバ・プログラムでは、「アメリカ安全保障政策の戦略的重要性」を政治学者に理解させるために数百万ドルの資金を援助している。[45] 国防長官のロバート・ゲーツがこの施策を通して、冷戦時代のような知識人と思想を擁する政府の復活を図ろうとしているのは明らかだった。[46] さらに二〇一一年、政府高官が外からの情報を取りいれられるよう、国務省は、学者と元外交官からなる外交政策委員会を設置した。これにより、学者たちは公式、非公式のさまざまな経路を使って、自分の意見を政策立案者や問題に関心を持つ国民に届けられるようになった。

過去において、外交政策の言論市場で、学界は重要な役割を果たしていた。そして、現在でも重要でありつづけることを示す証拠が、少なくとも一部には存在している。ただ、同時に、政府の相談役という立場をめぐって、学界には長年にわたりある種の緊張状態があったのも事実だ。社会科学者は相談役に就きたがる者と、強い嫌悪感を抱く者の二つに分かれていた。政治学者はおおむね肯定的だったものの、アメリカ人類学会は、学者が軍に同行してテロがまん延する地域の民族に関する情報を収集する、いわゆるヒューマン・テレイン・システムに強く反対した。その結果、同プログラムは二〇一五年に廃止されている(47)。

また、学界は外交言論市場に影響など与えていないという意見も一部には根強い。ただ実際には、過去数十年の大半において、両者のつながりが非常に強かったのは明らかだ(48)。ではこの関係は今後も続くのだろうか。言論市場での役割をめぐって現在学界が直面しているジレンマを理解するには、標準的告発に含まれる要素を一つ一つ取りあげて、その妥当性を検討する必要がある。

まず、職業としての学者のインセンティブと、言論市場への幅広い貢献がうまく整合していないという点については、標準的告発はまったく正しい。学者にとってもっとも重要な読者は、やはり他の学者だからだ。学界では査読付きの論文が他の形態の文章よりもはるかに重視されていることは、クリストフ以外にも多くの批評家が指摘していて、学者たちは、自分の専門分野の科学誌に論文を掲載するための研究や執筆に多くの労力を傾けている。すべての学者、とくに若い学者にとって最初にやるべき仕事は、権威ある査読付き雑誌に論文を載せることなのである。学界を超えて幅広い層にアピールできる能力を持っている学者たちですら、そうした活動によって研究に使う時間が減るのを危惧している。[49] もちろん、学者が自分の意見を広く一般に向けて発信するのは意義のあることだ。だが、学者の価値観では、それはあくまで仕事ではなく遊びという位置づけになる。[50]

今世紀に入ってから、学術論文の大半は、一般人にとって文字どおり手の届かないものになった。コンテンツの有料化が進み、論文の大半は大学のメールアドレスがなければ見ることができなくなった。[51] たしかに研究報告書については読めるものもある。また、注目度の高い論文の抄録や概要は主要な新聞や雑誌に載ることがあるし、一部の出版社では記事の内容を適宜一般に公開している。ただ、インターネット時代における印刷業界の経済事情を考えると、こうしたケースはむしろまれだと言える。もしすべての論文を一般公開しなければならないとしたら、大学の出版局はあっという間に倒産してしまうだろう。

また、仮に内容が無料で公開されたとしても、査読付き雑誌が実質的に一般人にとって手の届かない存在なのはおそらく変わらないだろう。学者たちの大半は一般人に向けて文章を書いていない（あるいは書くことができない）からである。[52] 理由は諸説ある。まずは多くの批評家がいう、学者の文章は「仰々しく、退屈かつ平板で、うぬぼれていて、不器用かつ不明確で、読みづらく、理解不能」であるというのがその一つだ。[53] たしかに、単にポストモダンの難解な用語を組み合わせてでっち上げた中身のない論文が査読を通ったという話が、学界では数年ごとに聞かれる。[54]

ただ、繰り返しになるが、学者は基本的に論文をもっとも大切な読者、つまり自分の専門分野のほかの学者たちに向けて書いている。なぜならテニュアや昇進、賞、名誉、補助金などを手に入れるためには、論文が他の学者から認められることが必要不可欠だからだ。また、学者向けの文章を書くときには、専門用語を使った方が楽でもある。すべての学問、専門分野、職業では、コミュニケーションの省力化のために、それぞれ独自の符丁《ふちょう》が発達している。[55] UCLAの政治学者であるリン・バフレックは「特定の学問分野の専門用語は、知識や情報を他の専門家とのあいだで、効率的かつ迅速にやりとりするために存在する」と述べている。[56] 言い換えれば、素人にとっては無駄に見える専門用語も、専門家からすれば便利な記号なのである。

たとえば私が、アメリカが新しくベトナムと同盟を結べば、中国とのあいだに「安全保障のジレンマ」が起きる、と書いたとしよう。すると国際関係の専門家であれば、この文章の意味をただちに理解できる。だが、広い読者層を対象にしたエッセイでこの用語を使うなら、以下のように数行にわたる説明を加えなければならない。つまり、「安全保障のジレンマ」とは、

1. ある国が安全保障上の危機を察知して、防衛力を強化したところ、
2. その行動を脅威と感じた他の国が緊張状態となり、
3. 軍事力や軍事同盟の強化という対応をとったために、
4. 自国の安全性を高めるためにとった行動が逆に危険を誘発してしまった状況を指す、というように。

一方、同僚たちに説明するときには「安全保障のジレンマ」とひとこと言えば、私の言いたいことはそれだけで正確に伝わる。世間一般に通じる言葉ではなく専門用語を使うことで、社会科学をはじめとするすべての学問領域の学者たちは、普通の言葉を使ったときよりも、より効率的に文書を通じたコミュニケーションがとれるのである。

また、一般の人が嫌う、学者の文章に見られるまわりくどい言い回しには、本能的に保険をかけたがる学者の傾向が反映されている。たとえば、私のおもな研究テーマの一つに経済制裁がある。いつ経済的強制が行われるのか、それによって経済的譲歩が引き出されるのはどのような状況においてなのか、制裁のマイナス面は何か、あるいはどのようにして制裁手段が発達してきたか、などについて私は研究を行い、査読付き論文を書いてきた。だが、こうした論点について一般向けの本を書くことになったとき、編集者からは「経済制裁には効果があるのか？」という単純な疑問に答える形にして欲しいと必ず頼まれる。そのため、主張をなるべくシンプ

ルにまとめたい編集者と、細かい研究結果を盛り込みたい私のあいだには、いつも交渉が必要になるのである。

いかなる質問に対しても、学者は「それは場合による」という答えを返しがちだ。学会誌であれば、社会科学者は自分の説が成立する条件や、例外、修正点といった要素をすべて明示できる。だが、このようにあらかじめ保険をかけたがる傾向が、学者の文章を普通の人にとって読みづらいものにしている。編集者や読者は、もっと論旨の明確な力強い文章を期待しているのである。ある政治学者は、主要メディアを通じたコミュニケーションのコツとして「明確かつ簡潔な言葉で、おもしろいたとえを用いること」と「感情を込めて語ること」を挙げている。(57)しかし、学者は自分の発したメッセージが意図した範囲を超えて拡大解釈されるのを恐れるため、そのような言葉の使い方には極端に慎重だ。これは情報を発信するときの学者の本能といえよう。そのため、幅広い層に向かって気軽に語りかけようとする同業者に対して怒りを感じることもあるし、逆に読者の側からすれば、複雑で遠回しな文章を読まされるはめになったりするわけだ。

では、こうした専門用語や免責事項だらけの文章への批判に対して、学者たちはどのように反論すればいいのだろうか。ここではまず、学者の言葉づかいを批判する人は、専門家や役人、政治家に多いことを指摘しておこう。だがむしろ、私はいままで、政治家の方が学者よりもよほど多くの専門用語を使っているのを耳にしてきた。政治家のレトリックは、学者のそれよりもはるかに前から批判されてきたし、それはかなりの部分であたっている。学界の専門用語は少なくとも学者同士が効率的にコミュニケーションするためにつくられているが、政治家の使うレトリックは単に本当はわかりやすいはずの言葉の意味をぼかして、理解しづらくしているにすぎない。ジョージ・オーウェルは、一九四六年に次のような言葉を残している。「政治家の言葉は――これは保守主義者から無政府主義者まですべての党派に当てはまることだが、うそを真実のように、人殺しを英雄のように、そして一時の風をあたかも永遠に吹きつづけるように語るものである」[58]。現在の政治家が使う言葉は、人を鼓舞するのではなく、混乱に陥れる。彼らが使う「実存的脅威」「動的な活動」「十分に警戒する」「政治的に間違っている」などの表現を見れば、英語という言語をもっとも破壊している犯人は学者ではないのは明らかだろう[59]。

お互いさまというばかりではつまらないので、他の要素を挙げてみると、政治家と違って学者には同じテーマを語り方を変えることで、異なる観客に向けて発信できるという特徴がある。ワシントン・ポストや「５３８（Five Thirty Eight）」〔統計専門家、ネイト・シルバーのブログ〕、「ヴォックス」などのさまざまなメディアが、社会科学の研究結果を一般人向けにわかりやすく伝える努力をしている。学者は公の場に活動範囲を広げるために、真剣に主要メディアとのつながりをつくってきた。最近ではワシントン・ポストが、モンキー・ケイジ（Monkey Cage）とヴォロック・コンスピラシー（Volokh Conspiracy）という社会科学の学者が運営する二つのブログをその傘下に収めた[60]。また、クリストフがコラムを発表したのと同じ週にニューヨーク・タイムズは、「アップショット」というニュースの分析を目的としたサイトを立ち上げるため、政治学者二人と経済学者一人を雇った。こうした新しいメディアの登場は、学界による外交政策市場への貢献を活性化している。

また、標準的告発の、大学教授は主要メディアやソーシャルメディアをばかにしているという主張はまったくの的外れだ。むしろ彼らは、新しいオンラインの媒体を、従来の査読付き雑誌を超えて自分たちの商品を世間一般に売り歩ける場として、諸手を挙げて歓迎している。ディプロマット、ディフェンス・ワン、ウォー・オン・ザ・ロックスをはじめとするおびただしい数のサイトの登場によって、国際関係の学者の活動範囲は大きく広がった。登場からすでに十分な時間がたっているブログという媒体は、学者の情報発信手段としてすでに市民権を得ている。政治学者はモンキー・ケイジやミスチフス・オブ・ファクション、ポリティカルバイオレンス・アット・ア・グランスに自ら進んで記事を投稿しているし、社会学や経済学といった学問領域でも同じような状況になっている[61]。さらに学者たちは政策立案者や国民とコミュニケーションをとるために、ツイッターやTEDをはじめとするさまざまなソーシャルメディアも活用している。学界が新しいメディアを無視しているというクリストフのコラムは、その発表直後に学者からツイッター上で猛反論を受けている。その点だけとってみてもこの主張が間違いなのは明らかだ。

だが、仮に国民の興味を引くことができるとしても、はたして学界におけるキャリアという点から見て学者たちはそれに興味を持つのだろうか。これが、標準的告発が投げかけるもう一つの疑問だ。国際政治学者のスティーブン・ウォルトは次のように述べている。「（国際政治学の）学界は厳しい社内ルールのある企業のようなものだ。そこでの成功はほとんど同僚の評価のみにかかっていると言ってよい。そのため、分野に特有の規範を守ろうというインセンティブが強くなるし、論文は基本的に他の学者に向けて書かれることになる」[62]。そしてこのウォルトの指摘は、国際関係学だけでなく、学界全体に当てはまる。

標準的告発に示された、こうした象牙の塔に対する懸念を理解するため、過去一〇年のあいだに経験した個人的なエピソードを二つお話しよう。二〇〇四年、タイミングと幸運に恵まれて、私の書いたオフショアアウトソーシングに関するエッセイが、『フォーリン・アフェアーズ』に掲載されることになった。ちょうどそのころ、オフショアアウトソーシングがほかの主要メディアで話題になっていたこともあり、私の初めてのエッセイは八月号のトップ記事になった。これは当時テニュアを持っていなかった私を舞い上がらせるのに十分な出来事だった。その日、職場のシカゴ大学で同じ学部の先輩教員と顔をあわせた私は、当然、『フォーリン・アフェアーズ』の話をした。すると、その先輩は軽く首をかしげて、「なぜそんなことを？」と言ったのである[63]。私は何も答えられなかった。もっとも広く読まれている国際関係の有名誌に文章が載るのは良いことに決まっていると私は思い込んでいた。しかし当時は気づかなかったが、そのとき私は、シカゴ大学における自分の未来を危険にさらしていたのである。結局、同校ではテニュアをもらえず、私は一般に向かって広く文章を発表したいと考えている若い学者に対して、一つの失敗例を提供するはめになった(64)。

数年後、他の大学で教授となった私は、ある小さな会議に出席していた。それは学者と政策立案者をメンバーに、「名前のない対抗勢力」に対するアメリカの方針というテーマについて語り合うもので、学者と役人が協力することで、お互いに見落としがちな問題を指摘できるだろうとの考えから企画されたものだった。実際、途中まで話しあいはうまく進んでいた。しかしそれも、役人の一人が、ある学者の文章が長すぎると文句をいうまでのことだった。指摘を受けた国際関係学の有名女性学者は（ちなみに学界では非常に有名だが、一般には知られているとは言いがたい人物だった）、ただちに怒りの反論を開始した。なぜワシントンの人間は特定の問題に対する専門家の意見をしっかりと読まないのかと詰め寄ったのである。政治学者は単に世の中の隅に追いやられているだけでなく、たしかな知見を持っているにもかかわらず完全に無視されていると、彼女は怒りをぶちまけた。

すると、それをきっかけに激しい議論が巻き起こり、しばらくしてその場にいた多くの学者が、この有名女性政治学者の周りに集まって彼女の発言を褒めたたえた。次に、政治学者がもっと積極的に公共圏に打って出るためにはどうすればよいかに話題が移り、それには若い学者が学界からの拒絶を恐れずに公の議論に参加できるようになるべきだという意見が出た。だが、それを聞いた彼女は急に眉をひそめると、「いや、それは違う。公の議論に参加するのはテニュアをとって、十分な論文実績をつくってからだ。それまではまだ早い」と言ったのだった。
このような話はけっして珍しくない。過去一〇年間、『クロニクル・オブ・ハイヤー・エデュケーション（Chronicle of Higher Education）』〔大学関係者向けの情報誌〕には、学者に対して、広く一般層と関わることの危険性を説くエッセイが多数掲載されてきた[65]。政治学者のチェリル・ボードローは、若い学者と一般読者の関係についての記事のなかで「若手の研究者は、自分の主張は文章として読まれるべきものであり、声として聞かれるべきものではないと信じている場合が少なくない」と述べている[66]。また、多くの学会誌で文章を書き、ニューヨーク・タイムズの常連寄稿者でもあるリン・バフレックでさえ、若い研究者に対して以下のように警告している。

確実に言えるのは、ニューヨーク・タイムズの記事を書いているときには、学会誌の査読付き論文を書けない、つまりその時間はコストになるということだ。結局、どちらかを選ぶしかない。そのため私は、助手の立場にある者にこうした仕事を勧めない。研究にあてる時間をとられてしまうし、若い学者にはしっかり学問をやらせる必要があるからだ[67]。

だが、バフレックのアドバイスにはいくつか間違いが含まれている。まず、社会科学の分野では、実際には若い学者たちが最先端の研究を行っている場合が多い。政治学を例にとれば、共著を含めると、一流学会誌に掲載される記事の三分の二が若手研究者によって書かれている。(68)これは彼らが、その内容を一般にも広めるべき、新しくて革新的な研究を行っているからにほかならない。また、中堅以上の研究者はよく、コラムやブログを書くのに学術論文と同じくらい手間と時間がかかると思い込んでいるが、私に言わせれば、両者はまったくの別物だ。一万ワードの学術論文には、研究や執筆、校正を含めると、年単位とまではいかなくとも、少なくとも数カ月の時間がかかる。だが、『フォーリン・アフェアーズ』に載せる四〇〇〇ワードのエッセイなら二週間もかからずに書けるし、ワシントン・ポストのコラムならせいぜい三〇分から九〇分だ。つまり、すべての文章に同じだけの手間がかかるわけではない。上記のような誤解から、一般層に語りかけるのにかかるコストは過大に見積もられ、結果的に学者としてのキャリアに対する機会損失も誇張されている。

さらに問題なのは、学者のなかに、公共圏への貢献が学界での活動の代替物にすぎないという思い込みがあることだろう。だが、現在ではメディアが増えたことで、学者はさまざまな形で活動できるようになった。学界がソーシャルメディアや電子書籍に素早く対応した理由の一つは、こうした媒体が従来の学術研究の活性化につながるからだ。(69)ブログやツイッターへの投稿は、学会誌での書簡のやりとりという従来のコミュニケーションの代わりになる。また、とくに政治学者にとって、一般人や政策立案者とのつながりは、学界の定説と、一般の視点や政治的なコンセンサスのあいだにずれがある分野を見極めるのに役立つ。さらにそこから、さらなる貢献への機会が生まれる。

公共圏への貢献が学者のキャリアのマイナスになるという固定観念は徐々に変化しつつある。だが、ここまでに取りあげた具体例から、問題の根深さがわかるはずだ。実際、バフレックの間違ったアドバイスは現実に影響を及ぼしている。社会科学の分野で博士号をとりたいと思う人の大半は、世の中の議論に影響を与えたいという気持ちを持って大学院に入ってくる。だが、学者とは習慣の生き物である。キャリアの形成期を通して、彼らは査読付き論文の学会誌への掲載に集中し、同僚の学者だけを対象に文章を書くように矯正されていく。年長の学者が何度か注意すれば、それだけで若い学者をおとなしくさせるには十分だ。それに、実力があって幸運に恵まれたとしても、社会科学の分野で博士号をとって終身雇用につながるポストに就き、最終的にテニュアをとるまでには一〇年から一五年ほどかかる。つまり、その時点で彼らのコミュニケーション能力には一〇年以上のブランクが生じている。そこでいきなり外部に情報を発信しろと言っても、どだい無理な話だ。これは世界レベルのバスケットボールの選手に対して、あなたは子どものころ野球が好きだったのだから、いまだってうまくバットが振れるはず、と言っているようなものだ。

また、これと関連して、思想産業における名声の大きさと、学界のなかで厳密に定められたヒエラルキーが完全には一致しないという問題がある。公の場で生き残り、繁栄するためのスキルと、学界で伝統的に要求される技術は違う。後者は、独自性のある研究や緻密な事実検証、厳格な査読、信頼性の高い関連文献の引用などによって構成される。一方、公共圏で成功するライターが優れているのは、スピーディーかつ明快で、ウィットに富み、自分の見解を自信を持って即座に提示できるところだ。ただ、こうした能力と学界での地位はあまり関係がない。そのため非常勤の講師や大学院生、あるいは学位を持たない人たちは、従来の学界では隅に追いやられている。しかし言論市場という広い世界では彼らはより強い影響力を持ちうる。

現在の思想産業は、幅広い層に語りかける意志を持つ知識人に恩恵を与える。一方、学界は知識を評価するが、外の人にそれを伝えることはあまり重視しない。なかには両方の能力を兼ね備えた学者もいるだろうが、現実的には、外への発信が得意な者と不得意な者の差は大きいはずだ。そして、外の世界に向かう力は、伝統的な学界の門番による制御を超えて国民の注目を集める、新しい経路をつくる。ただ、これによって学界の権威が脅かされる事態になれば、既得権益を持つ学者からは不満の声が上がるだろう。従来のヒエラルキーとはまったく異なる規範や価値体系にさらされたときに、疑問や不満が出るのはある意味当然だからだ。自分の研究成果を宣伝するためにソーシャルメディアにアクセスした年配の学者は、いままで苦労して学会での地位を築いてきたにもかかわらず、ツイッターのフォロワー数では若い大学院生に遠く及ばないという現実に直面せざるをえないのだから。

さらに、学者のなかには公の場に出ていくことに罪の意識を感じる者もいるようだ。私はときどき同僚から、きみはいいライターだね、と言われることがある。普通ならこれは褒め言葉だろう。だが学界で生きる私は、いつもこのセリフを当てこすりだと解釈する。いいライターという言葉には、何かを発想するよりもそれを伝えるのに長けているという含みがある。そして学者の本質と言えるのは前者の方なのである。学者の多くは頭脳明晰ではあるが遠慮を知らない。かなり昔の話だが、ジョン・ケネス・ガルブレイスが経済学者たちに向けて次のように警告したことがある。「金のために何かを書こうという専門家は、話をわかりやすくしようとするあまり、自制を失っている。過度な単純化と批判されても文句は言えないだろう」[70]。また、ボードローもこの問題について次のような意見を述べている。「若い学者のなかには、普通の言葉で書いてしまうと、自分たちの研究が『本物の』政治学と見なされなくなるのではないかと心配している者もいるようだ」[71]。私はかつて、きみは文章が上手だから、そこそこの記事でも一流の学会誌に掲載されるのだと一部の人は思っているようだ、と職場の同僚から告げられたことがある。

私の文章の響きがあまりに甘美であるために、査読者が魅了され、批判を放棄したと考えるのは楽しいが、実際にはそれはばかげた妄想だ。「社会科学の分野には、不明瞭あるいは不完全な思考に基づいた、はっきりしない文章がたくさんある。論証が十分でない事柄について、安全のためにあえて言い切らないということは十分にありうる。ただ、自分が理解していないことを明確に説明するのは不可能だ。明確にすると思考のあらが見えてしまう」とガルブレイスは指摘する。[72] そのため、論文が設定したモデルや、データ解析、批判的な分析方法に問題があると査読者が気づかない限り、不明瞭な文章を書く悪いライターの方が、間違った思想を査読に通してしまいがちなのである。[73] だがそれにもかかわらず、人からいいライターだと言われると、学者としての私は本能的に不安を感じてしまうのだ。

しかし、公共への貢献が学者としてのキャリアにマイナスになるのだとしたら、なぜ多くの学者が、クリストフが繰り返し主張した標準的告発に反論したのだろうか。最初の理由は、学界の考え方がここ一〇年だけでも、大きく変わったことである。大学の管理者や部局長たちは、一般に向けて文章を書ける学者を以前よりも評価するようになった。若手学者の研究の一般公開を支援するさまざまな試みも、とくに社会科学の分野を中心に行われている。具体例を挙げてみよう。政策協議に関する学術研究を支援し、政策立案者と学者のアイデア交換のためにミーティングを開催する「トービン・プロジェクト」。若手研究者の支援と、外交、安全保障、インテリジェンス・コミュニティ（CIAをはじめとする政府が設置する情報機関）の政策立案者たちとの仲立ちを目的とした、カーネギー財団出資の、三つの大学によるコンソーシアムである「ブリッジング・ザ・ギャップ・イニシアチブ（Bridging the Gap Initiative）」。さらに、国、州、地方政府レベルの問題に焦点をあてた、社会学・政治学者として著名なシーダ・スコチポルが主導する「スカラーズ・ストラテジー・ネットワーク（Scholars Strategy Network）」[74]などがある。また、「オプ・エド・プロジェクト（Op-Ed Project）」では、女性研究者を対象に、幅広い読者に向けた文章の書き方を指導している。

この一〇年で状況は大きく変わった。学者は純粋に学問を探究すべきであるとの考えは、今世紀に入ってから変わりつつあり、一部の批判者たちもこれは認めている。(75)国際関係の学者を対象に行われた複数回の調査でも、公共圏への貢献が広く受け入れられていることが明らかになっている。彼らの過半数が、政治家と会合を持ったり、専門家としての自分の意見を広めるために政策提言を行ったり、研究テーマを現実の問題に対応する形にアレンジしたりすると答えたのである。(76)二〇一二年の調査では、国際関係の学者の五一パーセント以上が、ブログが学界の状況を良くしていると述べ、さらに九〇パーセントが外交政策形成にも役立っていると答えている。(77)こうした新しいメディアの利用を阻止しようという懐古主義的な動きも一部にはあるが、それを打ち破るのはたやすい。いまでは多くの学者が、自分のブログの知名度を上げることでキャリア形成に役立てている。もちろん、ソーシャルメディアの使い方がうまいからといってそれだけでテニュアを得られるわけではないが、公の場で目立つことが学界でマイナスに評価されるという状況は終わった。

前にも述べたとおり、メディア全体の風景も変化している。政治学者のジェームス・ファーロンは、政治学者のメディアでの知名度は実際にはむしろ上がっていると、クリストフのコラムに直接反論した。(78)二〇一〇年にワシントン・ポストで政治学の影響力低下を嘆いたエズラ・

クレインは、その四年後に『ヴォックス』で「私が政治ジャーナリズムにたずさわってきたなかで起きた一番よい変化は、政治学の復活だろう」と意見を変えている。(79) 皮肉なことに、学者は量的手法に頼りすぎだという主張が最高潮に達するのとちょうど同じタイミングで、そのやり方が世間に受け入れられはじめたのだった。

つまり、過去においては標準的告発の内容の一部はあたっていたが、いまやその影響は弱まっている。象牙の塔は正しい方向に進みはじめていると言えるだろう。だが、疑問は残る。ひどい文章と過度の専門化が問題の根本でないとすれば、いまの学界を苦しめているものはいったい何なのだろう。じつは、現在の思想産業を生み出した地殻変動は、学界の言論市場に対する影響力にも変化を起こしていたのだった。しかもそのほとんどは悪い意味において。

現在までに起きている、確立された権威への信用低下は、象牙の塔にとっても大きな問題だ。公共議論に参加しようとした学者たちは、それを阻もうとする勢力との戦い、いわゆる「大学に対する戦い」に直面することになる。大学の授業料はインフレ率や賃金よりも速いペースで増加を続け、経済紙の記者は学生の借金が増えつづける現状を非難し、高等教育のバブルが起きていると宣言した。このほかにも、さまざまな方面から大学の欠点を指摘する声が上がっている。大学に対する戦いはここしばらくのあいだ、右派の政治家にとって主要なトピックの一つだったと言ってよい。ウィリアム・フランク・バックリーの『ゴッド・アンド・マン・

アット・イェール（God and Man at Yale）』以来、保守主義者たちは、大学に対して無神論者、左翼、狭量などのレッテル貼りを繰り返してきた。こうした保守派の大学批判は、バックリーからアラン・ブルームの『アメリカン・マインドの終焉』、ロス・ドゥザットの『プリビレッジ（Privilege）』、ナオミ・シェーファー・ライリーの『ファカルティ・ラウンジ（The Faculty Lounges）』へと代々受け継がれてきた伝統行事だと言える。

そして、最近の保守派の批判の矛先は、大学による言論統制に向かっている。グレッグ・ルーキアーノフとジョナサン・ハイトは、ポリティカル・コレクトネスの名の下に大学は学生を過保護に扱いすぎていると批判し、「不和や対立を生みかねない言葉や思想、議題があらかじめ取り除かれ、大学は殺菌、消毒されている」と述べている。[80] ルーキアーノフが代表を務める「FIRE（Foundation for Individual Rights in Education）」では、ポリティカル・コレクトネスがいきすぎた事例を観察、記録する作業を精力的に行っている。こうした問題を指摘しているのはルーキアーノフとハイトだけではなく、[81] 驚くような話はいくらでも出てくる。たとえば、ノースウェスタン大学では、ある教授が同校のセクシャルハラスメント・ガイドラインを批判したために連邦教育法第九編に基づく査問を受けることになり、ウェズリアン大学では物議を醸すようなコラムを載せる学内紙から予算を引き上げるよう、学生たちが要求するという事態が起きた。[82] どちらのケースも、知的探究心が大学から失われつつあるという意見の盛り上がりに油を注ぐ事例と言えるだろう。

ただ、保守派の大学批判はいまに始まったものではない。いまの状況が珍しいのは、左派からも批判の声が上がっていることだ。フェミニストたちは、大学ではセクシャルハラスメントが野放しになっていると言い、マイノリティのグループは、白人やアジア人の生徒が大半を占めるキャンパスでは多数派を利するような構造が存在すると非難する。また、教授たちからも、テニュアのポジションが減る一方で事務職員が急増している現状に対して、大学の優先順位の付け方がおかしいとの不満が噴出した[83]。そして左派の論客たちは、大学がエリート主義や新自由主義、コーポラティズムの砦となっていて、高等教育の達成という高邁な目標が、単なるスポンサー企業のご機嫌取りになっていると嘆いている。

たとえばウィリアム・デレズウィッツは、『優秀なる羊たち――米国エリート教育の失敗に学ぶ』で、大学が新自由主義の論理に屈したと主張し[84]、大学における教育は単に生徒たちを市場経済に適応させるためのものになってしまったと非難している。さらに同書刊行後に発表した『ハーパーズ・マガジン』のエッセイでは、さらに舌鋒鋭く、大学は知識や倫理の探求を市場原理の犠牲にしたと批判し、次のように述べた。「これは新自由主義時代の教育（中略）つまりすべての価値を金に換算しようというイデオロギーにあわせた教育だ。価値があるものは値段の高いもの、価値がある人はお金をたくさん持っている人……。新自由主義のなかでは、人の評価は市場での行動、つまりワーズワースの言葉を借りれば「いくら稼いでいくら使うか」によってのみ評価される」[85]。デレズウィッツ以外にもこのような批判をしている者は数多く、彼ら

は「アメリカの大学にはびこる不気味なコーポラティズム」を嘆いている。(86)

ただ、これらの批判のあいだには本質的に矛盾する要素がある。「ポリティカル・コレクトネスは学生のものの見方を大きく変えるが、それは研究生活に入る準備としては役に立たない。なぜなら学問の研究には、ときには自分の価値観とあわない人と付き合い、正しくないと感じる発想を追求していくことも求められるからだ」と、ルーキアーノフとハイトは語っている。(87) もしこれが正しいとすれば、大学が新自由主義の培養器と化しているというデレズウィッツの批判は間違っていることになる。逆にデレズウィッツが正しければ、ルーキアーノフとハイトの仮説は言いすぎだ。とはいえ、この二つの批判が同時に勢いを得ているという事実は、大学に対する戦いを党派を超えた幅広い層が支持していて、さらに象牙の塔の住人である学者への不満が高まっていることの証明だろう。こうした状況では、政策立案者や国民が、学者たちによる公の議論への介入を拒むのは簡単だし、標準的告発を好意的に受けとめる人が多いのも、けっして驚くにはあたらない。

一部には、高等教育全般が抱える問題と学術研究は無関係だという意見もあるかもしれない。だが、もしその説を認めるにしても、学者の信用崩壊だけは否定しようがない。多くの一流学者が剽窃《ひょうせつ》疑惑によって信用を失ってきた。今世紀に入ってから、スティーブン・アンブローズ、ドリス・カーンズ・グッドウィン、チャールズ・オグルトゥリー、ローレンス・トライブ、マシュー・ウィタカーをはじめとする、高い評価を受けてきた学者が、無名研究者の論文を盗用したと告発された。また、複数の金融経済学者が、研究活動とコンサルティング業務のあいだに著しい利益相反があったとして告訴されている。(88)ほかにも近年、学者による不正行為が次々と明るみに出ている。二〇一一年、著名な社会心理学者であるディーデリク・スターペルが不正なデータ改ざんを認めた。二〇一五年には、『サイエンス』が過去に掲載した政治学の論文を撤回し、これに対してニューヨーク・タイムズは、「この事件は単に政治学者のコミュニティに衝撃を与えただけでなく、科学会の権威が新発見の信ぴょう性を確かめる方法に対する国民の信頼をも揺るがせた」と報じた。(89)学界における不正行為情報を専門に扱う「撤回監視（Retraction Watch）」というサイトの運営者によれば、そうしたケースはとくに有名学会誌で起こりやすい傾向があるという。(90)

また、不正を抜きにしても、社会科学の研究の信ぴょう性に疑問符がつくケースが増えている。たとえば、ＦＲＢのエコノミスト二人が有名科学誌に掲載された発見の再現性を検証したところ、たったの三分の一しか再現できなかったという。「著者本人に協力を得たにもかかわらず、われわれが再現できたのは掲載された論文の半分以下だった。そのため、経済学の研究結果はしばしば再現不可能であると結論せざるをえない」。(91)また最近、心理学の学会誌に、心理学の発見のなかで確実な再現性を持つのは全体の三分の一しかないという研究結果が載ったことが大きく報道された。そしてその後、ある意味必然というべきか、その研究自体の方法論の妥当性にも疑問が呈される事態となった。(92)どちらが正しいにしても、このような堂々巡りを見た一般の読者が科学の権威への信用をさらに失っていくのは当然だろう。現在、社会科学のさまざまな領域で発見の再現性を高める試みが行われているが、こうした取り組み自体に誤った基準が適用されるという問題が頻繁に発生している。[93]このようなスキャンダル、告発、問題点のせいで、学界の価値は外部から非常に批判されやすい状況となっている。

言論市場に起こったほかの地殻変動、つまり、政治的二極化と経済格差の拡大も、現在の思想産業における学者の発展を妨げる方向に働いている。クリストフは、学界が政治的に均一化しているという点についてはいまだにコラムで主張を続けているが、[94]実際、この部分には反論が不可能だ。世の中が政治的に二極化していくなかで問題になるのは、学者の大半が政治的スペクトルの片側に存在するということである。世論調査の結果を見ても、選挙献金の流れを見ても、アメリカの学者は全体として、ほかの国民よりもはるかにリベラル寄りなのがはっきりしている。[95]過去の調査結果から、学者たちのリベラル支持は以前から一貫していることが裏づけられているが、じつはこの傾向はここ二五年でさらに加速している。三年ごとに学者を対象にした調査を実施しているＵＣＬＡの高等教育研究所によると、一九九〇年時点では象牙の塔におけるリベラル（あるいは左派）と、中道派を自認する者の数はおおむね同じだった。だが、図３に示したとおり、二〇一〇年になるとリベラル派は中道派の倍となり、保守派と比べると六倍近い数になっている。社会科学と人文科学の学部だけで見れば、この比率はさらにリベラルや左派に偏る。[96]

【図3　学界における政治的価値観　1989年〜2014年】

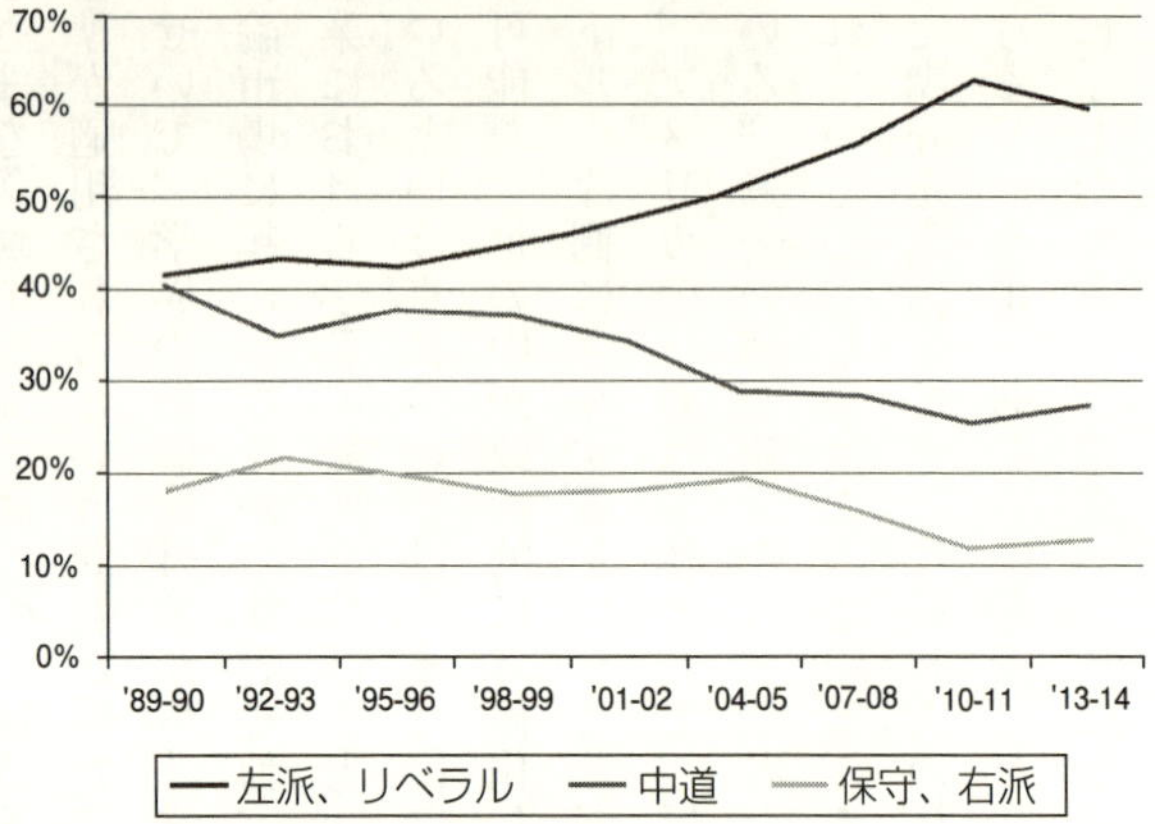

出所＝http://heterodoxacademy.org/problems.

ただ、一応断っておくが、学界が左寄りだからといって、必ずしも学問自体にそうしたバイアスがかかるとは限らない。それは軍の幹部に右翼的な思想の持ち主が多くても、政府と軍の関係には問題が生じないのと同じだ。軍人も学者もともにプロである。プロは個人の考えや政治観とは関係なく、その世界の倫理や基準に沿った技術に基づいて仕事を遂行する。これこそマックス・ウェーバーの時代から学者たちが胸に抱きつづけてきた信念だ[97]。軍人の世界では、兵士たちは指揮命令系統を重視し、倫理規定を守ろうとする。この信念は学界では、自分の政治観と、研究や教室で教えるべき内容を区別するという形で現れる。たとえばコーリー・ロビンは左寄りの政治観の持ち主であり、教室の外では政治活動に従事している。しかし彼は、そうした活動と、職業としての義務である教育や研究のあいだに非常に厳格な線引きをしている。[98]

プロフェッショナリズムによって、学者はたとえ左翼的な傾向があっても、まっとうな研究ができる。これはたしかに事実だ。しかし、政治的多様性の喪失という問題の根はさらに深い。社会心理学の調査によると、リベラル寄りのバイアスは、既存の研究結果を否定する効果はないものの、未来の研究の方向性には影響を与えるという。この実験では、「研究者たちは世の中のリベラル化が進んでいるという説を支持する証拠は取りあげがちだが、逆にそれを否定する証拠を無視する傾向にある」というさらに重要な結果も出ている。[99] 社会学でも状況は同じで、ある記事では公共社会学の左翼的傾向が「学問として認められる領域を狭めており、社会学的な知見を制限している」と結論している。[100] この傾向は他の学問にも見られ、国際関係学や法律学でも学者たちの政治観の偏りと、研究の方向性の相関が調査によって裏づけられている。[101] 学界全体がリベラル寄りという事実は、保守主義者たちに、学者による公共圏への介入など論外だと主張する論拠を与えていると言える。

また、大学の左傾化は卒業生からの寄付に悪影響を与えるだけでなく、[102] 大学が思想産業から資金援助を求める際にも大きな障害になる。学界とフィランソロキャピタリストの関係は、ほかの団体との関係に比べても目立って悪化している。以前、アメリカの大富豪たちは象牙の塔の最大の後援者だった。金メッキ時代の終わりには、ジョン・ロックフェラー、J・P・モルガン、ヘンリー・フォード、アンドリュー・カーネギーといった巨人たちがアメリカトップレベルの大学を設立、支援した。たしかに、大学はいまでもきわめて裕福な卒業生たちから多額の寄付を受けている。しかし、現代の富豪たちは寄付にたいしても「インパクト投資〔慈善目的だけでなく利益の獲得も目指す手法〕」を求める。(103) つまり自分の寄付が、現実の世界と言論市場の両方に直接的な影響を与えることを後援者は望んでいるのである。しかし、ブルッキングス研究所のダレル・ウェストは、大学は思想の唱導には適さないチャネルであると指摘し、以下のように述べている。

政策論争に巻き込まれていくにつれて、大学では慈善活動と思想活動の区別をつけるのが難しくなってくる。後援者の多くは強い政治的信念を持っていて、大学に対してイベントの開催やレポートの発行、さらに自分が関心を持っているトピックを教える講義の開催を求めている。こうした要求によって、本来、思想的に中立であるべき大学は難しい立場に立たされる。(104)

また、億万長者のなかからは、大学のメリットは過大評価されすぎているという声も上がっている。大学を卒業していない、ビル・ゲイツ、スティーブ・ジョブズ、マーク・ザッカーバーグがシリコンバレーで成功を収めたという事実が、こうした意見を支えている。ブログ「インスタパンディット」を運営するグレン・レイノルズなどの一部のコメンテーターは、大学は

実際のデータとは裏腹に、極度に過大評価された「企業」であり、三人の成功はその反証であると言っている。(105)

さらに、象牙の塔に対する神格化の終わりは言論市場にとってはプラスになると主張する富裕層もいる。この考えに従えば、大学は単なる証明書の発行機関ということになる。これをさらに推し進めたのが、ペイパルの創業者であるピーター・ティールだ。彼が設立したティール奨学金は、選考された対象者が「大学にいかない、あるいは大学をやめる」ことを条件に一〇万ドルを二年間にわたって支給するプログラムだ。(106)「大学は過去に起きた事柄を学ぶのにはよい場だ。しかし、新しいことを始めようとしている若者はやる気をそがれる可能性がある。卒業したときに借金を背負わされているとすればなおさらだろう」とティールは言い、多くのインタビューやコラムでこの主張を何度も繰り返している。『ウィークリー・スタンダード』の編集者、ウィリアム・クリストルにインタビューを受けたときには、ティールは以下のように語っている。

二〇一四年の大学の体制は、一五一四年時点のカトリック教会のようなものだ。（中略）聖職者たる教授たちはまともに働かず、人々は卒業証書という免罪符を買うために多額の借金をしている。そして私が考える十六世紀との一番の共通点は、改革は外からもたらされるであろうことだ。(107)

ほかのインタビューやコラムでは、ティールはエリート校の実情を、勝ち抜きのトーナメント戦や、流行りのナイトクラブに例えたりもしている。(108)

なぜスタンフォード大学を中心に発展した産業と学界のあいだに、こうした敵がい心が存在するのだろうか。公平に見て、その理由の一部はハイテク業界では他の産業に比べて大学の学位がそれほど重要視されないことにあるだろう。しかし私の考えでは、富裕層の学者に対する敵がい心は、おもにそれ以外の二つの要因からきている。一つは、大抵の場合、社会科学の研究では「偉人理論」が否定されるところにある。詳細については次の章で述べるが、大まかに言えば、学者は、富裕層が成功したのは「巨人の肩のうえに立った」からだと考える傾向がある。もちろん能力がないとはいわない。しかし、能力だけではその成功には説明がつかないという考えだ。こうした意見は自力で立身出世を果たしたという富裕層の思いとは矛盾するものであり、彼らの思想、あるいは存在自体を揺るがしかねない。

もう一つの理由は、学者と富裕層の文化の違いだ。思想に強い関心を持っているという点では共通しているが、それ以外の面で両者の知的態度はこれ以上ないほど違っている。二十一世紀の慈善家たちの興味の対象が現実の事業であるのに対し、教授たちの関心はその分析に向いている。両者の区別が最初に明確に示されたのは、マックス・ウェーバーが行った講演において だった。『職業としての学問』のもととなるこの講演でウェーバーは、学者たちに対して、学術活動とそれ以外の生活、とくに政治活動を切り離すよう訴えた。これは、学者は公共圏への貢献をすべきではないという意味ではない。ただ、大学教授の一番の目的は「たとえ『不都合な』事実であっても、それを学生に認めさせること」だとウェーバーは言ったのだった。さらに「優れた学者や教育者になる資質と、実社会、それもとくに政治の世界で人々をある方向に導く才能はまったく別物だ」とも述べ、政治がそもそも学業とは別種の活動であることを強調した。(109) 知識人として活動する学者はこの両方の役割を同時に果たそうとして、どちらもだめにしてしまう危険を冒しているわけだ。(110)

基本的には大学教授の大半は、ウェーバーの理念に従って政治との距離を置いている。彼らは実社会を研究、調査、分析の対象として見ていて、ときには意見を投げかけることもあるが、自分たちの活動の場だとは思っていない。現在、何かが変わったとすれば、それは学界のやり方に対する外部からの見方の方だ。いまでは一部の学者には、尊敬というよりも軽蔑のまなざしが注がれている。たとえば、ジャーナリストのトム・ウルフは学界の知識人たちについての挑発的なエッセイを次のように締めくくっている。「すべての知識人は心の奥底で、一世紀前の栄光の時代に自分たちに与えられていたまるで奇跡のような地位の復活を願っている。彼らが一番欲しがっているのは、かつてルヴェルが言ったような、大衆や俗物、(中略)そして「中産階級」とは区別された、浮世離れした地位だ」。(111) 批判者たちにとって、学者の超然とした態度はエリート至上主義の現れであり、潜在的な後援者からは怠惰の証と解釈されている。

ここまで見てきたとおり、象牙の塔への標準的告発は、正しいところもあれば間違っているところもある。専門用語だらけの文章や独特の人事評価など、学界には多くの癖や欠点があるのはたしかである。しかしこうした特異性が、学界が言論市場に影響を与えるのを妨げているというクリストフの主張は誤りだ。多くの学者たちが現在の思想産業を最大限に活用しているし、爆発的に増えた新しいメディアをうまく使ってより多くの人に声を届けている者もいる。また、派閥争いを生き抜いて政府にコネクションをつくり、幅広い政治観を持つ人々から支持を取りつけようとする社会科学者もいれば、自分の研究に興味を持っている裕福な後援者の機嫌をなんとかとろうとしている学者もいる。

ただ、一つ注意しなければならないのは、いまの思想産業にうまく適応している学者たちは、思想的リーダーのレトリックにあまりに頼りすぎているように見えることだ。どれだけの自信を持って学説を主張するかによって、他の人の受けとめ方は変わってくる。書物に載っている知識をみなが信じるのと同じように、自信に満ちた学者が世論を動かすのは間違いない。同僚のなかには、真偽が疑わしいにもかかわらず非常に大胆な予想を打ち出す者もいて、正直に言って私は彼らの揺るぎない自信にたじろいでしまう。

個々の学者たちは思想産業のなかで生き残り、繁栄するすべを身につけつつあるが、学界全体についてはそうとは言えない。その理由は、標準的告発が言い当てていたとおり、学界独特の規範にもあるだろうし、党派主義者による攻撃にさらされやすいという点にもあるだろう。

しかし最大の要因は、研究者たちがたどり着く結論が多くの場合、政策立案者やマスコミ関係者、潜在的なスポンサーたちの価値観とあわない点にある。学者たちは従来型の知識人として、なぜ新しい政策案がうまくいかないのかを説明するために言論市場に頻繁に顔を出す。だが、スポンサーは思想的リーダーの方にお金を出したがる。思想的リーダーは、積極的に変化を起こすための思想と、それを聞いた人の反応を変えるだけの自信という、後援者にとって好ましい二つの特徴を兼ね備えているからだ。

もちろん、「学界」という言葉の下にはさまざまな分野が隠れている。これまで、思想の産業化という点において、経済学などの一部の学問は、政治学をはじめとするその他の学問よりも多くの成果を上げてきた。それはいったいなぜだろうか？

第4章　学問分野について――政治学の停滞に比べ、なぜ経済学は発展するのか

「もし社会学者や政治学者の方が労働市場での需要が多かったとしたら、おそらく経済学者たちは、まったくやる気をなくしてしまうだろう」――リチャード・フリーマン

私が大学院で経済学と政治学を学んでいたころ、「経済学者が一人、政治学に転向したら、どちらの学部の知的レベルも上がる」というジョークを繰り返し耳にした。エスプリの効いたジョークだが、もちろんこれがつねに正しいとは限らない。ただ問題なのは、本来賢いはずの人の多くがこれを真実だと信じていることだ。

ニコラス・クリストフは象牙の塔を激しく攻撃したが、その矛先はとくに政治学に向けられていた。「私のかつての恋人である政治学は犯罪者であり、世の中に与える影響力を自ら放棄しようとしているように見える」と、クリストフは嘆く(1)。こうした主張をしているのは彼だけ

ではない。事実、クリストフのコラムの六カ月後に、ジャーナリストのトム・リックスが、「政治学はきわめて的外れである」という、ほとんど同内容の批判を『フォーリン・ポリシー』に掲載した(2)。

また、政治学者の側でも、申し立てられた罪に対してたびたび懺悔を口にしている。ロバート・パットナムは、二〇〇二年のアメリカ政治学会会長としての演説のなかで「一般の人(ならびに公の利益)への貢献は、私たち政治学者の権利であり、また義務でもあると考え直さなければならない」と述べた(3)。その数年後にはアラン・ウルフが『クロニクル・オブ・ハイヤー・エデュケーション』誌に、「自分のお気に入りの理論を追求するよりも、現実を理解する方が大切だというかつての感覚を(中略)政治学者たちが取り戻してくれるのを祈るしかない」という記事を書いた。最近では、安全保障の専門家として有名なスティーブン・ヴァン・エヴェラが、「現在のアメリカの社会科学は毒入りの琥珀《こはく》に閉じ込められていると言っていい。(中略)学問ごとのサイロ化が進んだため、それぞれの分野には、視野を狭め、想像力を奪う、画一化された文化が生まれている」とブログで述べ、マイケル・デスチは「端的に言って問題なのは、学者たちが(数式やモデルなど)特定の技術に厳しさを求める一方で、広い意味での現実への妥当性を無視するようになりつつあることだ(4)」と結論した。こうした主張はクリストフにとっては、さらなる批判をつくり出すための格好の材料と言えるだろう。

しかし、じつはこの批判にはおかしな点が二つある。まず一つは、政治学が的外れであるという批判は、クリストフがコラムを発表する数十年前からすでに始まっていることだ。一九二七年には、当時のアメリカ政治学会会長であるチャールズ・ビアードが、いかに「取るに足りない、つまらない研究」が「情報だけを積みあげていく一方で、視野狭窄の危険を生み出したか」を嘆いている。一九三九年にはロバート・S・リンドが、政治学の問題は政策担当者たちのスピードについていけないことにあると指摘し、「政治学者は、政治家のいる混沌とした空間とはかけ離れた、お上品な世界に住んでいる」と結論した。さらに一九五一年には、デビッド・イーストンが『ジャーナル・オブ・ポリティクス』に「社会科学者の仕事は急速に、しかも不自然な方法で政治家の実務と離れていった(5)」と書いている。つまり政治学者たちは、フォーマルモデリングやベイズ統計といった手法が流行るはるか前から、この学問の現実妥当性に疑問を呈してきたのである。そう考えると、政治学が過小評価される原因を近年の方法論への傾倒にのみ求めるのは、少し都合が良すぎると言えるだろう。

そしてもう一つのさらに大きな矛盾は、政治学に対して挙げられている問題点は経済学にも共通して存在し、しかもその程度は後者の方がはなはだしいという点だ。経済学では、高度な計量経済学やゲーム理論、無作為対照化試験をはじめとした難解な手法が使われていて、社会科学のなかでも飛び抜けて方法論に頼る傾向が強い。そこには、社会科学がその欠点として指摘されている、難解な手法、複雑な数式、仰々しい専門用語といったすべての要素が多分に含まれており、世間一般に向けてわかりやすい文章を書こうとしている経済学者には、幸運を祈る、というほかない状態だ。たとえば、ポール・クルーグマンは巧みに言葉を操る書き手ではあるが、それでもかつて次のような心境を吐露したことがある。「読者が私の文章をなんとか読むに耐えるものだと思ってくれればいいのだが……。とくにテーマが経済学となると、書いている言葉は外国語と同じになってしまう。最初に数式やグラフを思い浮かべて、それを言葉に翻訳するのだから」(6)。実際にはクルーグマンほど言葉の使い方に自覚的な者はまれで、大半の経済学者は自分の書く文章にあまり注意を払わない。だとすれば、もしクリストフの批判が問題の本質を突いているのなら、経済学は社会科学全般のなかでもっとも影響力の弱い学問であってもいいはずだ。だが、現実は逆である。経済学の影響力や評価はきわめて高く、そのため政治学者たちはビアードの時代から、つねに経済学と緊密な関係を結ぶことを望んできた。しかし経済学の側では、ジョン・ケネス・ガルブレイスからゴードン・タロックまで、大きく立ち位置の異なる学者たちが、そろって政治学をばかにしているのである(7)。

つまり、クリストフがあげつらった政治学の欠陥は間違いではないが、問題の本質ではない。学界全体が外の世界への扉を開こうと努力しているとはいえ、いまだに経済学はクリストフが揶揄した社会科学の典型であり、しかし同時に言論市場においてもっとも影響力の強い学問でもあるからだ。では、政治学がかろうじて生き残る一方で、経済学がこれほど発展しているのはなぜなのだろうか。この問いに対する答えは、思想産業がそれぞれの社会科学にどのように恩恵を(あるいは罰を)与えるかを指し示すことになるだろう。

経済学と政治学の比較調査ではつねに、経済学者が学界のなかだけではなく外の世界にも非常に大きな影響力を持っているという結果が出る。社会学者のマリオン・フォルカードいわく、経済学者は社会科学の序列の頂点に君臨しているという。(8)平均年収は社会科学の学者のなかでもっとも高く、学界での縄張りを広げるのにも長けていて、自分たちの専門分野に安住することはない。経済学者は、いまやビジネススクールや公共政策大学院の大半にポストを確保していて、さらにロースクールにもその手を伸ばしつつある。他の学問分野では経済学者の言葉を頻繁に引用するが、その逆は少ない。著名な経済学者のダニ・ロドリックによれば、その理由は、「経済学者たちには共通の用語や手法があり、さらに経済学的な視点を持たない人たちを見下す傾向があるから」だという。(9)さらに、フォルカードとその同僚たちは次のように結論している。

経済学者の大半は自分の付加価値を疑わない。その自信は、見事に統一された学問としての枠組みや、彼らが自分たちの本質的な価値を反映していると信じている高い収入、さらに新聞や議会の委員会、外交政策コミュニティをはじめとするすべての組織が、とくに非常時に彼らの意見をありがたがるという事実に支えられている。(10)

経済学の影響力は学界の範囲をはるかに超えている。前章で述べたように政治学者たちの知名度も上がってきてはいるが、それもこの「憂鬱な科学」〔イギリスの歴史家トーマス・カーライルが経済学を指していった言葉〕には遠く及ばない。政策担当者もメディアも、さらに一般の国民も、経済学者の言葉を他の社会科学の学者のそれよりも重く受けとめる。財務省やFRBの役人は議会で発言をするときに、自分の主張を裏づけるために頻繁に経済学の論文を引用する。しかし、国務省や国防総省の役人が国際関係学の論文を引用することはまずない。政治学者のジェイコブ・ハッカーは「政策担当者の部屋を訪れたとき、そこに社会科学の学者がいたとしたら、それは九割方、経済学者である」と言っている。(11)

また、差し迫った政策課題に対して、大多数の経済学者がコンセンサスを形成してアドバイスを提示したとき（たとえば、二〇〇八年秋のケインズ理論に基づく景気刺激策など）、政治への影響力はかなり大きい。(12) 一方、政治学者たちがコンセンサスを形成しても、政治にはほとんど影響がない。たとえば二〇〇四年秋、国際関係の学者たちは「セキュリティ・スカラーズ・フォー・センシブル・フォーリンポリシー」という大規模なチームを結成し、同年の大統領選挙をにらんで政府に外交政策方針転換を迫る嘆願書を出すとともに、広告会社を雇ってメディアにも働きかけた。一連の活動を同グループでは「ウェーバー型行動主義（Weberian activism）」と名付けた。しかし、それは失敗した活動の名前として人々の記憶に残ることになった。嘆願書はほとんどメディアに注目されることはなく、同チームの発案者は「国民を啓発しようという大きな目標は無残にも失敗した。（中略）また、嘆願書が言論市場に与えた影響も、目に見えないほど小さかった」と振り返っている[13]。

　現職や元外交政策担当者への調査でも、彼らが政治学よりも経済学の研究結果に大きな信頼を寄せていることがわかっている（この結果は経済学の手法に疑いを持つ研究者たちにとってはおもしろくないものかもしれない[14]）。政治学者のマイケル・デスチとポール・Ｃ・アヴェイの調査によると、幹部クラスの政策担当者の多くが、政治学の理論や手法を「あまり役に立たない」もしくは「まったく役に立たない」と考えていることがわかった[15]。しかし、彼らは経済学についてはその価値を認めている。図４・１に示したように、私が独自に行った公共政策のオピニオンリーダーに対する調査でも、それは裏づけられている。社会科学の各学問が国政や外交にどれほど影響を与えていると思うかと質問したところ、経済学が、政治学や歴史学、社会学など他の学問を大きく上回る一方で、政治学は経済学と歴史学に次ぐ第三位に甘んじた。

　ブルース・ジェントルソンとイーライ・ラトナーは、政治学者と政策担当者たちの架け橋となるのを目標とする「ブリッジング・ザ・ギャップ・イニシアチブ」という団体を運営している。しかし彼らですら、「いまだに一部の政策担当者たちには、ベルトウェイ（ワシントンＤＣの中心部を取りまく環状道路。転じて、政治の中枢部を指す）を出て、学者とコネクションをつくり、その研究結果を役立てようという意識が希薄なようだ」と認めている[16]。

　メディアも経済学者と政治学者について同じような感想を抱いている。ウェイクフォレスト

【図4・1　エリートから見た、社会科学が持つ外交政策への影響力】

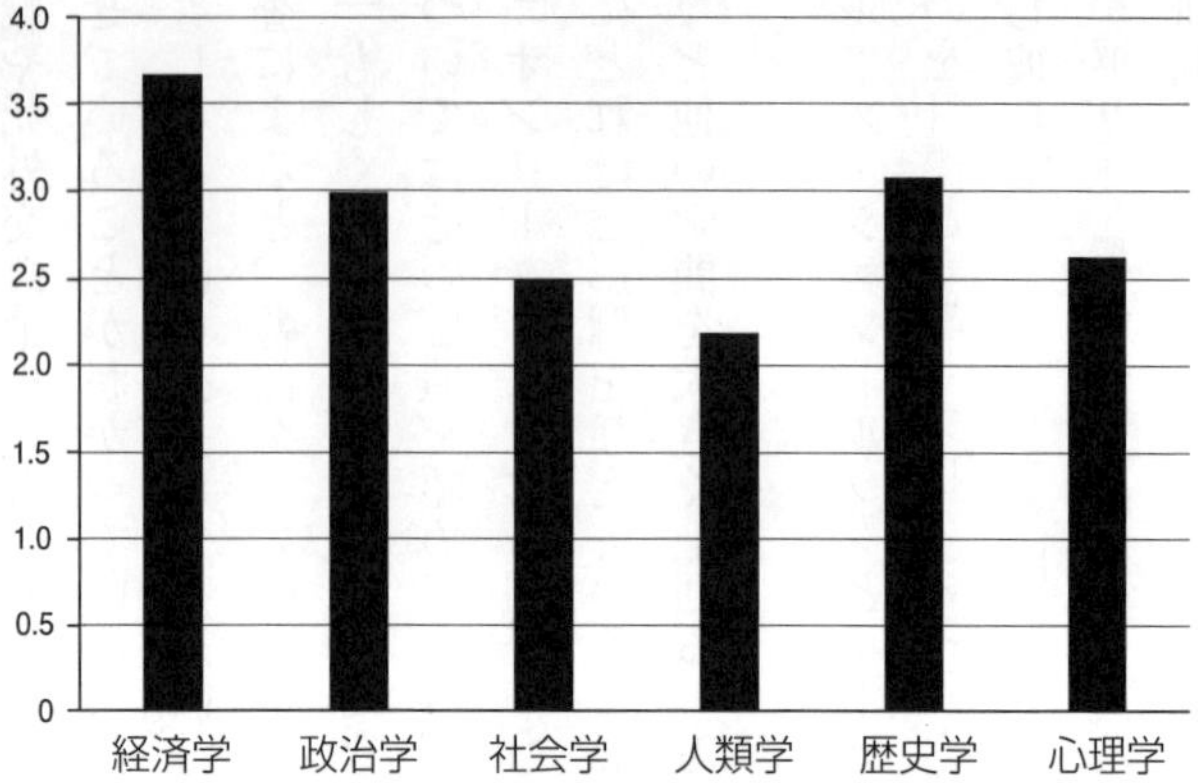

注＝エリートを対象にした本書の独自調査。以下の質問への回答を集計した。「これらの社会科学の学問は、国政や外交に対してどの程度の影響力があるとあなたは考えていますか？」（回答者数196名。影響力の度合いを1〜4のスケールで回答）
出所＝著者の調査による

大学の政治学の教授で、以前はＭＳＮＢＣのコメンテーターを務めていたメリッサ・ハリス・ペリーは、次のように述べた。「メディアは専門家を学問ごとに分けてとらえている。経済学者ならそれだけで重要人物だ。なぜなら、彼らは自分が語るべきことをちゃんとわかっていると考えられているからだ」[17]。二〇〇六年以降の一〇年間で、ニューヨーク・タイムズが経済学者に言及した回数は、政治学者の七・五倍にもあたるが、それもけっして驚くにはあたらないだろう。両者の隔たりは二〇〇八年以降に大きく広がった[18]。

少なくとも今世紀に入ってからは、有名な知識人と言えば、人文科学ではなく経済学のバックグラウンドを持つ者である場合が多い。リチャード・ポズナーによる、今世紀の知識人トップ100リストには、他のどの分野の学者よりも経済学者の名前が多く挙がっている。[19] また、これよりも新しい、ソートリーダー［thought leaders］（思想的リーダー）のウェブ上での影響力に関する研究でも、経済学者は他の分野を圧倒しているという結果が出た。[20] いまから一〇年ほど前には、スティーブン・レヴィットの『ヤバい経済学』（東洋経済新報社）がセンセーションを巻き起こした。そして現在、トマ・ピケティの富の不均衡をテーマにした八〇〇ページ以上の大著、『21世紀の資本』（みすず書房）がフランス語から翻訳され、アマゾンの売り上げランキングで第一位を獲得している。[21] どうやら経済学は文芸批評に変わって、有名知識人の「普遍的な方法論」としての地位を確立したようだ。憂鬱な科学はいま、言論市場を支配している。

このような偏った認識は政策担当者や主要メディアだけにはとどまらず、いまでは一般人にも政治学に対する軽蔑が広がっている。二〇一四年、アメリカ政治学会はプロジェクトチームを結成し、政治学に対する一般人の意識調査を行った。その結果、チームが出した結論は以下のような苦々しいものだった。「政治学は、政治を理解したり、公の問題を解決したりするのに有用だとは考えられていないようだ。（中略）世間は政治学を、幅広い問題に応用できる学問というよりも大学の一科目にすぎないと考えている」[22]

そして政治学者の側でも、自分たちの学問が公の議論とは無関係であるということを十分に承知してしまっている。政治学者のエッセイには、自身の無力についてのあきらめにも似た嘆きが見られる。たとえばスティーブン・ウォルトは、国際関係理論の専門家としてはトップレベルの知名度を持ち、多くの反響を巻き起こした『イスラエル・ロビー（The Israel Lobby）』の共著者でもあり、さらに『フォーリン・ポリシー』に定期的に記事を投稿するほどの人物だ。だが、彼ですら二〇一二年には以下のような文章を書いている。「学説というものは、私自身の説も含めて、直接的にせよ間接的にせよ、実際の国の行動にはたいした影響を与えない。学者は、『自分たちは権力者に向かって真実を述べている』のだと自分に言いきかせているのかもしれない。しかし、ほとんどの場合、権力者はその声を聞いていない」[23]。同じく、国際関係理論の著名な学者で、コンドリーザ・ライスのもとで国務省の政策企画本部長を務めたスティーブン・D・クラズナーも、現状について似たような評価を下している[24]。さらに複数の研究や調査によって、国際関係を専門とする学者たちが、この学問が現実の政策を離れて、より原理的な研究へと逸脱しつつあると感じていることが明らかになっている。しかも学者の大半が自分自身の研究については現実の政策と深く関連していると考えているにもかかわらずである[25]。「政治学のことをもっと知りたいと考えている多くの人々と学者のあいだに、不必要な距離が空いてしまっているというのが、（中略）われわれの共通認識だ」とアメリカ政治学会は発表している[26]。「モンキー・ケイジ」のようなブログサイトによって、政治学者が言論市場に影響を与えるための選択肢は増えてはいるものの、それでも経済学者のタイラー・コーエンがいうように「政治学はいまだに経済学に大きく後れをとっている」[27]。

ここまでに見てきたすべての証拠が、経済学が社会科学の頂点に君臨し、言論市場にもっとも強い影響力を持つ学問であることを示している。一方、政治学の重要性は国際関係の分野ですら、経済学に劣っている。

しかし実のところ、近年、経済学が言論市場で一番注目を集めたのは、ここ一〇年間で経済学者たちが見せたぶざまな不手際によってだった。二〇〇八年以前、多くの経済学者が、マクロ経済学の理論は非常に高い水準に達していて、幅広いコンセンサスが形成されていると主張していた。その内容は、ノーベル経済学賞を受賞したロバート・ルーカスの次の言葉に集約されるだろう。「マクロ経済学は本質的な成功を見た。つまり、不況の回避という大目標を達成する実用的な方法を発見したのである。現にここ数十年のあいだ、われわれは不況を発生させていない」[28]。また、ＩＭＦのチーフエコノミストであるオリヴィエ・ブランチャードは、非常にタイミングの悪いことに二〇〇八年の八月に「マクロ経済の状態は良好だ」との論文を発表している[29]。要するに、二〇〇八年の金融危機の前に住宅バブルの危険性を指摘した金融経済学者はほとんどいなかった[30]。事実、二〇〇五年に経済学者のラグラム・ラジャンがフィナンシャルエンジニアリングの過剰な発達に懸念を表明したとき、元財務長官のローレンス・サマーズはラジャンを「ラッダイト」と呼んで非難した。しかし元はと言えば、効率的市場仮説のような理論が規制緩和を促進し、バブルを発生させる状況を生んだのである[31]。

同様に二〇〇八年の金融危機以降の状況もまた、経済学者たちにとって厳しいものとなった。未来の予測はことごとく外れ、行動経済学者のリチャード・セイラーは「経済モデルはたくさんの誤った予言を生み出した」と結論づけた[32]。これはけっして誇張ではなく、FRBのエコノミストたちはリーマン・ブラザーズの破綻以降、経済の回復を過大評価しつづけているし、IMFでは短期における世界経済の成長予測をつねに下方修正せざるをえない状態となっている。予測の失敗率があまりに高いため、IMFではなぜこれほどの回数の修正が必要になるのかを究明する調査を行ったほどだ[33]。問題は、経済学の専門家たち自身が、予測の正確性に重きを置いていないところにある。経済学者のノア・スミスはブルームバーグのサイトで「もっとも注目を集める理論とは、必ずしも経験的に効果が実証されているものではなく、たとえば新しい数式が使われているとか、何か新たな要素が入っているものである場合が多い」と述べている[34]。とくにマクロ経済学では、理論の最初の仮定にははなはだしい誤りがある場合が多く、「国民に対する口先だけの詐欺」と呼んだ経済学者もいるほどだった[35]。リーマン・ブラザーズの破綻後、ケインズ学派を中心にごく短いあいだコンセンサスが生まれたが、その後、保守寄りの経済学者グループがこれに異議を唱える。二つの主要経済紙が緊縮財政路線を支持し、二〇〇九年一〇月には、アルベルト・アレシナとシルビア・アルダグナが全米経済研究所（NBER）から緊縮財政の推進を主張する複数の論文を発表した[36]。さらに二〇一〇年一月、カーメン・ラインハートとケネス・ロゴフが同じくNBERの論文で、GDPに対する債務残高の比率が九〇パーセントを超える国は経済成長率が著しく鈍化すると主張し、緊縮財政案の正当性を補強。ポール・クルーグマンは、ラインハートとロゴフの論文について「経済学の歴史上、公共圏の議論に対してもっとも直接的な影響を与えた論文と言えるかもしれない」と述べた。[37] つまり、いま名前を挙げた経済学者たちは、思想的リーダーとして行動することで、自分たちの研究に従来の政策提言以上の力を持たせたのである。だが、こうした緊縮財政策は、経済を縮小させるだけでなく、場合によっては壊滅的な被害を生み出す結果となった。[38] 両論文の結論に疑問を投げかける後発の研究も登場したが、そのときにはすでに、緊縮財政によってヨーロッパ中の経済や政治が大打撃を受けたあとだった。[39] 世界銀行のチーフエコノミストであるポール・ローマーが「ここ三〇年以上にわたって、マクロ経済学は後退を続けてきた」と結論するのも無理もないと言えるだろう。[40]

その後、金融経済学の分野では、シカゴ大学教授のルイジ・ジンガレスが自身の専門であるこの経済学の下位部門を「われわれは金融の効果に対して過剰な期待をかけすぎていた」と激しく批判し、[41] スタンフォード大学教授のポール・フライデラーは、金融専門の学者たちは経済モデルをカメレオンのように変化させて「都合のよい理論構成」をすることで、現実にはそぐわない主張を推し進めたと非難した。[42] また、投資顧問のバリー・リソルツは、経済学者たちが二〇〇八年金融危機の前もあとも、同じ理屈を変わらずに繰り返していることを「ゾンビ思想」とこきおろしている。[43] ほかにも多くの経済学者たちが、経済指標にあまりに集中しすぎてしまったために金融危機の引き金となった政治的要因を見逃し、さらにその余波の大きさを見誤ったのを認めている。[44] こうした失敗の数々は、世間が経済学者の意見にもっとも耳を傾けるのは、経済学者同士の意見がもっともかみ合わないときであるという、アラン・ブラインダーの古い格言の正しさを証明している。[45]

しかしじつは、たとえば貿易の自由化のように、経済学者の意見が一致している場所でも失敗は起こりうる。これまでさまざまな立場の経済学者が自由貿易を支持してきたことは、複数の調査による裏づけがある。自由貿易は生産性を高めて消費者の選択肢を増やし、長期的にはこうした利益が雇用に与えるマイナスを大きく上回る。これは大多数の経済学者のコンセンサスと言っていい。[46] ただ彼らは、政策協議において、自由貿易のこうした利益をあまりに大げさに語ることが多かった。[47] 中国の世界貿易機関加盟によるアメリカ経済への深刻な影響はその最たる例だろう。中国の貿易自由化による衝撃によって、アメリカでは一〇年間にわたり数多くのセクターで賃金が停滞し失業率は高止まりを続けた。さらに、中国からの輸入のせいで仕事を失った労働者たちは、職を転々とするはめになり、生涯賃金が大きく下がってしまった。[48] 経済学者が自分たちでは自由貿易がもたらす正確な効果を把握しながらも、世間にはその内容をあまりに単純化して語ったことについて、複数の人物から批判の声が上がっている。[49] ニューヨーク・タイムズの経済記者であるビンヤミン・アッペルバウムは、自由貿易に関して「経済学者は意見を誇張しすぎた」と結論している。[50]

　このような明らかな失敗はほかにも数多くあり、専門家はその存在に徐々に気づきはじめている[51]。カリフォルニア大学バークレー校の教授、バリー・アイケングリーンは「（二〇〇八年の金融危機によって）私たちが考えてきた経済学には大きな疑問符がついた。（中略）いままで真実だと思ってきたことが、じつはそうでなかったのに気づかされてしまったのだ」と告白した。ポール・クルーグマンも「私の見たところ、経済学の専門家は方向性を見失っていたようだ。なぜなら、経済学者は全体として、見栄えのよい数式ばかりを追い求め、真実を探求するという美徳を忘れていたからだ」と述べている[52]。さらにローマーが、経済学上の論争では、自分の意見を正当化するために数学を悪用する「マシネス」がまかり通っているとの懸念を表明し[53]、同情的な専門家たちからも、経済学の本質的な欠陥を指摘する声が上がった[54]。だがそれにもかかわらず、経済学という学問はほとんど変化することがなかった。二〇〇八年の金融危機について、もっとも的外れな意見を言っていた学者たちの論文が引用される回数はむしろ増えているのである。どうやら経済学の世界は「閉鎖的で非効率な参入障壁のきわめて高い市場」のようだ[55]。

　ただ、だからといって政治学の方がつねに正しかったかといえば、それは違う。戦火を交えない冷戦の終結や、二〇一一年のアラブの春、二〇一六年の共和党の予備選挙などの大事件を前に、政治学者たちは驚きを隠せなかった[56]。こうした事態を多少は予期していたとはいえ、状況を読み違えていた部分が大きかったからだ[57]。だが、いくつかの重要な点において、彼らはものごとをきわめて正しく理解していた。かつて、民間人の犠牲者が出るような紛争の原因は「古代から続く憎しみ」の一言でかたづけられていたが、政治学者たちはそれに異議を唱えた[58]。また、大多数の国際関係学者は、二〇〇三年のイラク侵攻に反対し、戦争に向けて国民が一挙に政府を支持しはじめたことに疑問を呈した[59]。二〇一六年の選挙においては、政治学者による国内の経済状況や両党に対する国民の意識を元にした予測は、世論調査のみに頼るほかの予測よりもはるかに精度が高かった[60]。そして、じつは政策決定者と政治学者のあいだで認識が大きく異なる論点はいくつもある。たとえば、政策決定者たちは国際社会におけるアメリカの評価の重要性をことさらに強調する一方で、米国債の海外保有がアメリカの外交政策に与える影響を過小評価しているが、政治学者の認識はそれとは真逆だ。だが現実には、こうした違いがあるにもかかわらず、政策決定者は政治学者の意見をことごとく無視してきた。

ただ、現在の外交政策のエリートたちは、経済学に欠陥があるかもしれないことにうすうす気づきはじめたようだ。図4・1で見たように、私の独自調査の結果では、エリートがもっとも影響力のある学問だと考えているのは経済学だった。だが、個人的にどの学問が一番役に立つと考えているかを聞いてみると、図4・2のとおり、経済学は歴史学よりも下になった。とはいえ、依然として経済学が社会科学のボスであるという状況は変わらず、政治に役立つ学問はほかにもあるにもかかわらず、それらを締め出している[61]。セイラーがいうように「公共政策への影響力という点では、経済学者は他の社会科学者を圧倒している。政治のアドバイザーと

【図4・2　エリートが考える社会科学の各学問の信頼性】

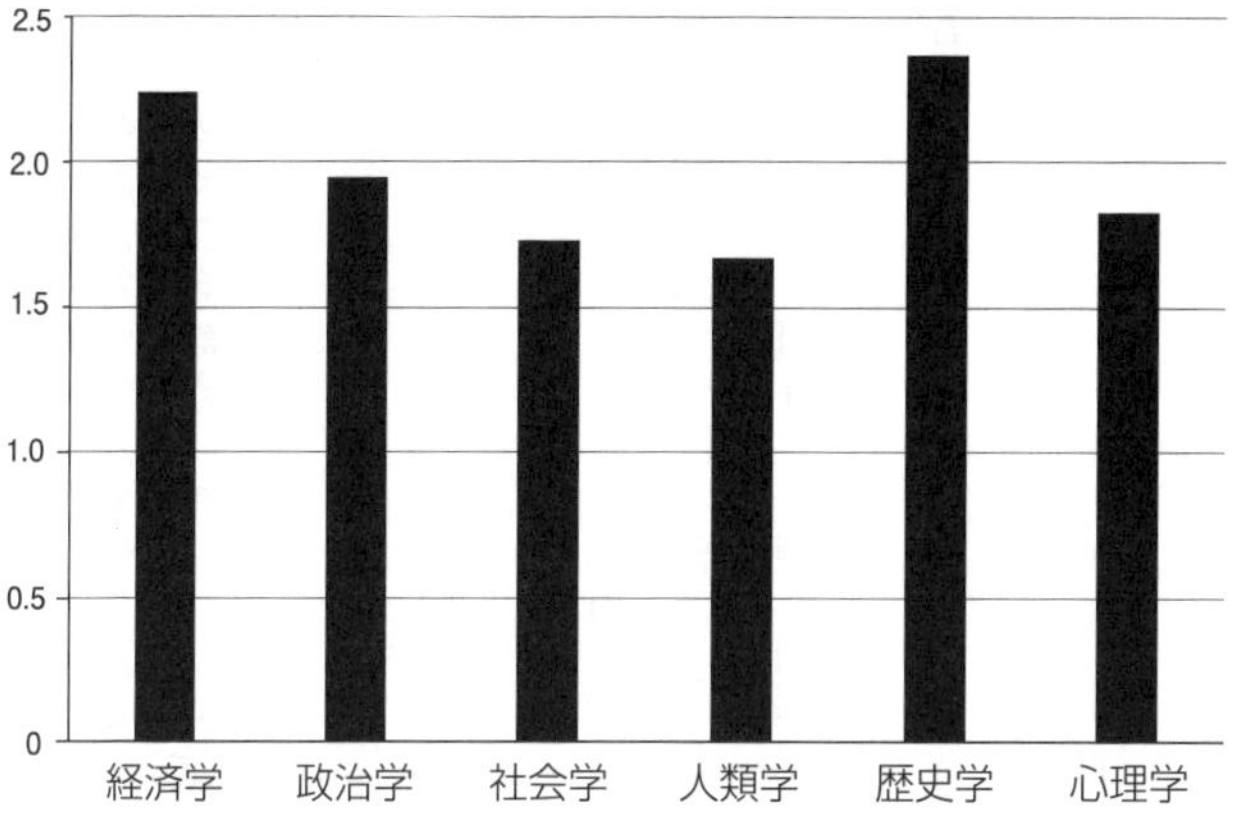

注＝エリートを対象にした本書の独自調査。以下の質問への回答を集計した。「これらの社会科学の学問の研究結果を、現時点であなたはどの程度信頼していますか？」（回答者数198名）
出所＝著者の調査による

いう役割は事実上彼らが独占しているといってよい。ごく最近になるまで、ほかの社会科学の学者たちは会議の席に招かれることさえまれだった」のだから。[62] また、「経済学者が入手できないようなユニークな情報を政治学者が持っているとは、主要メディアは考えていない」というハリス・ペリーの説明もあたっていると言えるだろう。[63]

好対照をなしているのは、学問としての危機が訪れた一九七〇年代と、ここ一〇年における世の中の動きに対する経済学の反応の違いだ。一九七〇年代に起きた経済理論の失敗は、この学問に根本的な変化をもたらした。戦後、経済学の世界を支配していたケインズ学派の理論は、スタグフレーションの発生によってその地位を追われ、[64]

その後、個人の選択や合理的期待、市場の調整力を根拠としたアプローチが一気に注目を集めた。だが、これらの理論が二〇〇八年の金融危機とその後の状況に対処できなかったにもかかわらず、今度は経済学が変化することはなかったのである。実際、近年の経済学は社会科学のなかでもとくに理論が「堅く」、変化が少ないという分析もある。[65]

経済学者たちは、クリストフが学界に対して並べあげた罪をすべて犯している。また、学問としての根幹を揺るがすような現実の大事件を前にしても、ほとんど変化するそぶりを見せない。それにもかかわらず、彼らは思想産業のなかで繁栄を続けている。これはいったいなぜだろうか。

まず、フォルカードをはじめとする学者たちが指摘したように、経済学者の言論市場に対する影響力の源泉の一つは、経済学の基本原理への絶対的な自信である。[66] 彼らは、経済学には他の社会科学よりも優れた分析ツールがあると信じている。そしてこれが、ある種のごう慢さを生み、経済学者は他の社会科学の学者に対して軽蔑にも似た視線を向けている。[67] たとえば、多くの著作のなかで他の社会科学の価値を認めてきたダニ・ロドリックですら、『エコノミック・ルールズ（Economics Rules）』では、「経済学は、大学院の教育を受けていなければ、ほとんど理解することがかなわない唯一の社会科学だと言っていいだろう」と述べ、経済学が他の社会科学に比べていかに厳しいかを示す逸話を並べている。[68] また、経済学以外の要素の重要性を語っているときでさえ、彼らの口調には見下したような響きがある。カーメン・ラインハートとケネス・ロゴフは著書『国家は破綻する——金融危機の八〇〇年』（日経BP社）で、「相対的な国の豊かさを測る際には、資本労働比率などより、政府、制度、汚職といった要因の方がはるかに重要だ。しかし経済学者たちはこれらを「ソフト」要因〔定量的なデータからはとらえきれない要因〕と呼ぶ」と言っている。[69] そして実のところ、社会科学者たちは自分の研究に「ソフト」という言葉を使うのを一番嫌うのである。

経済に対するリテラシーが低く、数学嫌いが多い社会では、経済学者が身にまとっている自信自体が知力として作用する。自信は尊敬を呼び、いつしか彼らは尊敬されるのを当然と感じるようになり、さらに自信を高めていく。

また、経済学者は、数学の知識では数段上のはずの数学者を、収入の面では上回っている。[70] これは要するに、経済学者の地位が高いのは、優れた分析ツールを使いこなしているからではないということである。それにもかかわらず、他の社会科学、とくに政治学では経済学の手法やテクニック、スタイルを必死にまねようとした。『アメリカン・ポリティカル・サイエンス・レビュー』に掲載された論文で定量分析を扱ったものは、一九六八年時点では四〇パーセント以下だったが、一九九八年には六〇パーセント以上にまで増えている。[71] 一九七〇年代に経済学者がゲーム理論を導入すると、政治学者もすぐにそれにならった。一九九〇年代になって経済学者が実験的手法や無作為化比較対照試験にシフトすると、やはり政治学者も二〇〇〇年代にはそうした手法を取りいれた。

このような変化を経たことで、政治学は少なくとも以前よりは他の科学分野から大切に扱ってもらえるようになった。議会が国立科学財団への補助を減らしたときには、社会科学に対する攻撃であるとして米国科学アカデミーがキャピトル・ヒル〔連邦議事堂がある丘のこと〕で抗議イベントを開催し[72]、科学会の権威である『サイエンス』と『ネイチャー』の両誌も社説で議会の決定を非難した[73]。さらに、アメリカ物理学会から憂慮する科学者同盟にいたるさまざまな科学団体からも批判の声が上がった[74]。

加えて政治学者は、経済学者の方法論だけでなく、その自信までまねようとした。彼らは、国民や政治家に、あるいは学者同士のあいだでも、自分たちの科学の専門家としての役割を前面に押し出すようになっていった。一部の人はこれを「復活した新実証主義」と呼んだ[75]。こうした流れから政治学者同士の議論に興味深い変化が現れた。国際関係学の世界で一部の学者たちが協力して、パラダイム論争はすでに過去のものであるという認識を広めようとしたのである。この論理に従えば、リアリズムやフェミニズム、コンストラクティビズム〔社会構成主義〕といった「イズム」は、科学的な問題ほど重要ではないということになる[76]。一部の有名な国際関係学の入門書が、イデオロギーにはあまり触れず、代わりに国同士の利害関係や各国の制度などを重点的に解説しているのは、この考えを反映しているからだろう[77]。政治学の世界のこうした状況について、ローレンス・ミードは以下のように述べている。

以前はセミナーや会議で論文を発表すると、論旨に対する質問が挙がり、そこから幅広い問題への議論に発展することが多かった。しかし現在では、質問は方法論に関するものが多く、それ以外の点にはあまり関心がないようだ。昔の政治学者に比べて、いまの人たちは技術的には優れている。だが、政治や行政の知識に乏しく、知的とは言えない。(78)

こうした特徴は、まさに経済学者同士のやりとりにそっくりだ。政治学者がこのような考えになったことで、一般人の関わり方に変化が生じたり、あるいはそもそも関わりを拒否するという流れさえ出てきた。たとえばバフレックは、「自分たちの研究成果を一般人にわかりやすい形で提示するのは、科学者の仕事ではない」とまで言い切っている。(79) つまり現時点では、二つの学問の根本的な違いは、経済政策の立案者やビジネスリーダーが、経済学についてはその方法論と思想の生成装置としての機能に戦略上の指針としての価値を見いだしているが、政治学についてはそうではないという点に集約される。彼らは、経済学者はエキスパートだと見なしているが、政治学者はほら吹きだと思っているのである。政治学の方法論や手法では国際政治の現実は説明できないと多くの外交関係者が明言していて、しかも政府に仕えている政治学者ですらこの言い分を認めている。(80) 経済政策立案の現場では、経済学の方法論や専門用語を当然のように使うが、外交に関しては国際関係学の知見は使わないのが当たり前だ。実際、外交政策の立案者たちは国際関係の力学に独自の見解を持っていて、その内容は学者が唱える説とは異なることが珍しくない[81]。さらに、政治学者は他の分野の知識人にも見下されている。スーザン・ジェイコビーは『エイジ・オブ・アメリカン・アンリーズン（The Age of American Unreason）』のなかで、政府の役人は自然科学の代わりに「役に立たない理屈」を採用していると非難したうえで、さらに「政治学者は人の過去の習慣から未来の行動を予測しようとするが、その結論を導く過程がひどく非科学的である場合が多い」とこきおろしている[82]。

要するに政治学者は、学界と公共圏の両方で最悪の状態にあると言っていい。その排他性ゆえに学界で成功を収めた経済学者たちをまねてはみたものの、プロフェッショナルとして同列に扱われることはなかった。また、学界の外でも、経済学者に向けられるような信頼は獲得できなかった。おそらく政治学者たちは、経済学者が言論市場で成功している理由を見誤っていたのではないだろうか。

じつは、経済学者が社会科学のピラミッドの頂点にいる理由は、公共圏に従事する際に、知識人ではなく、思想的リーダーとして振るまったことにある。まず、自由市場や自由貿易、資本の流動性、起業家精神を重要視する点で経済学者の意見は強く一致している。アダム・スミス以降の経済学では、個人がそれぞれ自らの利益を追求するとまるで見えざる手に導かれたかのように最終的には社会全体の利益につながるという、「ウィン・ウィン」の概念を提唱することができるようになった。そして一九七〇年代にケインズ主義が後退しはじめたことで、市場の調整力の重要性はさらに強調されるようになった。また、ジョセフ・スティグリッツやポール・クルーグマンのような自由市場に批判的な学者でも、不況を脱するためには政府が市場の力を利用すべきだと述べているし、リベラル寄りの視点から書かれた経済学の教科書にも規制の非効率性は載っている。[83] これについてダニ・ロドリックは『エコノミクス・ルール――〈陰鬱な科学〉の功罪』（白水社）のなかで、「公の議論で市場の重要性を語るのは、いまでは経済学者の義務になっていると言っていい。（中略）外に向けて意見を発信するとき、学者たちは全会一致で自由市場や自由貿易を支持する傾向にある」と指摘している。[84]

さらに経済学者は、人々が元来持っている思想を、現在の思想産業と整合するように改変することができる。国による経済への介入に懐疑的な保守派がレッセフェール（自由放任主義）の原則を心から信じるのは当然としても、自由市場の力を疑うリベラル派も、結局は経済学者による規制の調整や景気刺激策に関するアドバイスを受け入れている。経済の持つダイナミズムと技術革新の力を信じている富裕層も、新古典派経済学の発想を受け入れることが多い。

思想産業の発達は経済の専門家には大きな追い風となった。トマ・ピケティは経済的不平等に関するかの有名な著書のなかで次のように述べている。「こうした高所得層のなかには、アメリカの経済学者たちがいる。彼らの大半は、アメリカ経済はおおむねうまく機能しており、とくに人々の才能や長所に対しては、正確かつ的確な報酬を与えていると信じている」。[85] クリスティア・フリーランドは「富裕層が高く評価する分野の学者は、コンサルタントやエリート向けの講演をすれば、本業の何倍も稼ぐことができる。(中略)しかも、直接お金を払うのがエリートだけだったとしても、彼らの行動は国民の経済に対する考え方に大きな影響を与える」と指摘した。[86] さらに、スタンフォード大学の金融経済学の教授は記者の取材に対して「私が経済や金融の分野で、銀行の職員にとって都合のよい話と不都合な話のどちらかを書こうとしているとする。もし前者を選べば、私は権力者とマンハッタンでディナーをともにできる可能性もあるのだ」と告白している。[87]

これとは対称的に政治学は、「現実の世界を無視」しているために真の科学ではない、と批判されている。[88] たしかに、政治学の実証主義への傾倒は二つの意味で問題がある。まず、政治学者たちのあいだでは、経済に対するコンセンサスが確立されていない。経済学者であれば、理論であるか現実の手法であるかに関わらず、全員のなかに「パレート改善を目指す」という核となる考えがある。パレート改善とは、他の人の満足度を低下させずにある人の満足度を上げることを意味する経済学用語だ。この基準に沿ってさえいれば、たとえそれがどんな経済政策であっても、世界中の経済学者から称賛される。つまり、この資産配分効率に関する原則は、経済学者たち(ほぼ)全員の思考の根底をなしているのである。こうした土台の存在によって、議論すべきポイントが絞られ、議論は円滑になる。

一方、政治学には核となる概念がない。だが、それもある意味ではやむをえないのである。なぜなら、何が「効率的な制度」かは一つに決められても、それを超える政治的価値は一つでは収まらないからだ。民主主義、主権、平等、秩序、安全保障、正義、自由などはすべて価値ある概念であるが、つねに並び立つとは限らない。政治学ではこれらの概念の優先順位は決まっておらず、そのために政治学者たちはその出発点からしてばらばらだ。素人から見て政治学が信用に欠けるのは、このせいである。

あくまで科学者としての地位にこだわる政治学者たちの頑固な態度に加え、こうした信用の低下もあり、政治学はさらに一般層への影響力を弱めていった。たとえば、議会が国立科学財団による政治学への補助金の削減を決定したとき、『ネイチャー』は社説で次のように批判した。「何が研究に値するかを政治家が決めるのは危険である。価値的に中立な専門家団体を設立し、研究については一任するというのがまともな民主主義のやり方であるはずだ」[89]。だが、この理屈は、一部の進歩主義者にとっては腑に落ちても、大半の国民にはいかにもエリート気取りの、慇懃《いんぎん》で非民主的なものに感じられたようだ。事実、『ナショナル・レビュー』は「『ネイチャー』のあからさまな技術偏重主義は、合衆国憲法の条文ならびにそこに示された原則と明らかに矛盾する」と、この社説を非難している[90]。政治学者は、自分たちはあくまで専門家という立場から知識を提供しているにすぎない、と言いたいのかもしれない。だが、政治の分野で専門性を主張するのは、逆に言えば、一般人は政治的判断をしてはならない、する資格がない、と言っているのと同じで、民主主義国家では受け入れられない言い分なのである。

また政治学は、経済学よりも党派主義者からの偏見にさらされやすい。まず前提として、経済学者たちは一般市民よりも保守的ではない。ポール・クルーグマンやジョセフ・スティグリッツを筆頭に、著名な経済学者の多くはリベラルである。しかし政治学者に比べれば、経済学者の政治観はまだ保守寄りであることが多くの調査で裏づけられている[91]。所属政党、投票行動、政策選好のどれもが、経済学者はその他の社会科学の専門家より保守的で、はるかに多様な政治観を持っていることを示している。ダニエル・クレインとシャルロッタ・スターンは、「所属する政党には関係なく、経済学者はほかの分野の学者よりも市場への介入に消極的である場合がほとんどだ」と述べているが[92]、これは事実だろう。ちなみに興味深いことに、保守寄りの考えの持ち主ほど、マクロ経済と金融という経済学のなかでももっとも政治への影響力が強い分野を志向する傾向が強いと言われている[93]。

一方、経済学者とは対照的に、政治学者はよりリベラル志向であり、かつ、その政治観はより均一に近い。そのため、政治学者の政策提言は党派主義者による風刺の対象になりやすい。政治学者のロジャース・スミスは「もし政治学者が貧困層や少数派の問題に口を出せば、(中略)リベラルの偏見以外の何物でもないとの批判を受けることになるだろう」と述べており[94]、盟友である政治学者のロナルド・ロゴスキーも「現在の政治学の問題は、政策との関連性が強すぎるところにあるのであって、けっしてその逆ではない。政治家たちは学術研究に裏づけられた政策よりも、(中略)自分の意見と一致する(そして、しばしば大げさに喧伝されている)政策を好む」[95]と言っている。また、国際関係の分野でトップクラスの学者であるロバート・ジャービスも「私たちの大半がリベラルであることは、研究にも影響を与えている」と認めている。[96]

一般層との接触を持たないという政治学の欠点は、保守主義者たちにとって格好の標的だ。[97]前に触れた議会による国立科学財団の補助金削減を発案したのが保守派の共和党員なのも、ある意味当然だと言えるだろう。[98]現在では、保守派にとって政治学者による言論市場への介入を批判する一番簡単な方法は、彼らが学者——すなわち左翼であると指摘することなのである。アメリカ政治学会のプロジェクトチームは現在の状況についてこう結論している。「政治学は公共圏で不利な立場に追いやられている。先のワシントンの件で思い知ったのは、たとえわれわれ政治学者が価値のある専門知識を公平な方法で提供しようとしても、党派心の強い政治家や政府は、政治学を尊敬してはくれないということだ」。[99]

党派主義者による攻撃は、政治学全体としての見解が、大多数の国民の意見と対立している場合にとくに起きやすい。たとえば国際関係の一部の論点については、学者たちと、政治家や国民の態度は大きく異なっている。まず、軍事力の行使について、政治学者は一般人よりもはるかに慎重だ。二〇一五年に行われた政治学者と一般国民の比較調査では、国民の方が、ウクライナ、スーダン、ミャンマー、それに中東問題の解決への武力行使により積極的であるのがわかった。もっとも両者の差が大きかったのはイランについてで、国民の六三パーセントが核保有疑惑のあるイランに武力行使すべきと考えているのに対し、国際関係の学者ではたったの二二パーセントにとどまった。[100]本来はこのような温度差が存在する分野こそ、学者の側としては知識を広めて世論を変えたいと思っているところなのだ。だが、政治の両極化が進んだために、政治学は客観的な知識の体系としては受け入れられづらい状況になってしまった。(101)ただ、政治学と思想産業のあいだでこれほど大きな文化的衝突が起きた理由は、じつは新しい富裕層の出現にある。ここで問題になるのは、政治学がこれまでに積みあげてきた多くの学説の根本的な性質についてだ。エズラ・クレインは現在の状況を次のように観察している。

アメリカの政治を構造的に説明するのが、政治学者たちのやり方だ。個々の議員が何を考えているかや、大統領がやろうとしている施策にどのような意味があるのかについては何も教えてくれない。彼らに言えるのは、上院が政党によって両極化していることや、無党派層の投票者がじつは党派主義者の偽装にすぎないこと、選挙の結果がおおむね予想どおりであったことなどだ。(102)

実際、クレインの指摘はあたっていて、政治学者と国民の政策に対する認識の違いをうまく説明していると言える。国民が個々の議員が政治に与える影響を気にしているのに対し、政治学者は全体の構造に集中しがちだ。(103)アメリカ政治学会元会長のジェニファー・ホッホズチャイルドによれば、政治学者が構造分析に偏りすぎているせいで、「政治現象を考察する際に、人間の作為という一九六〇年から二〇〇〇年にかけてもっとも大きな役割を果たした要素が抜け落ちている」という。(104)結果的に政治学は、人の行動がいかに政治に変化をもたらすかを説明する能力を失いつつある。

国際関係学でも学者たちは構造分析に偏っている。リーダーシップなど個人の資質をテーマとした研究は非常に少なく、ましてや個々のリーダーに焦点をあてることなどめったにない。(105)ここ数十年のあいだに生まれた主要な国際関係理論は本質的にある種のシステムに関するものであり、その多くは国際的な枠組みが国の振るまいを規定するとしている。学界のリアリストたちのバイブルである『国際政治の理論』（勁草書房）で、著者のケネス・ウォルツは、「国際政治の構造は非常に安定していて、同じパターンや出来事がエンドレスで繰り返されている。国際関係の特徴や性質が急に変わることはめったになく、全体として驚くほど単調である」と断言し、さらに、「ここ数世紀で国は大きく変化した。だが、国際政治の特徴は相変わらず同じだ」と述べている。(106)リアリストにとって、国際関係はトゥキディデス〔古代アテネの歴史家〕の時代からほとんど変わっていない。そして国際政治経済学におけるおもなアプローチも「開放経済の政治学」のままだ。この理論のもとでは、外部からのショックがない状態では、たとえ力のある政策決定者でも、国内の利害関係や制度上の制約のせいで現状の政策を変えるのは難しいとされる。これはリアリズムのように系統だった概念ではないものの、構造や制度が個々の行動主体の決定に大きな影響を及ぼしていると考える点では同じだ。開放経済の政治学に従えば、政策決定者の自由意志には制限があるということになる。(107)

こうした政治に対する構造的な説明は、政治家にも富裕層にも評判がよくない。なぜならこの理論はつまるところ個人のもつ力は非常に小さいと言っているからで、何か成し遂げたいと考えている政治家とはまったく相いれない。政治家はつねになんらかの行動を起こしたいと考えているのであって、何もしないことを正当化する理屈には興味がない。スティーブン・ウォルトは、「概して政治家は、現状の分析よりもそれをいかにして乗り越えるかに興味を示す」と述べている(108)。国際関係学者は過去のデータの蓄積に注目するが、実業家や政治家は自分たちが実務を通じて得た情報を過大評価する傾向があることが知られている(109)。ただ、現実に起きている問題はもっとあからさまだ。国際関係学者の大半はそもそも政治原則自体を、たとえそれがどんなものであれ、それほど重要だとは見なしていないのである。そしてこうした意見を歓迎する政治家は一人もいない。二十世紀の中ごろに国務長官を務めたディーン・アチソンは、ある研究のなかで自分が国際関係における「従属変数」として扱われたことに強く抵抗した。彼は自分を「独立変数」だと考えていたからだ(110)。また、メディアもこうした決定論的な世界観には興味を示さない。世間をにぎわすニュースに対して政治学者は大抵の場合、「それはたいして重要ではない」と反応するだけで、専門家としておもしろみに欠けるからである。

さらに、パトロンになる可能性のある富裕層も、政治家や主要メディアと同じかあるいはそれ以上に、政治学者の構造論を嫌っている。富裕層は政治の現場からすると、少しずれた政治観の持ち主だ。彼らは政治的論点の多くを、ただちに解決可能な単なる技術上の問題か、あるいはシリコンバレーのような破壊的な文化を政界に持ち込むためのチャンスだととらえている。つまり、フィランソロキャピタリストである富裕層の大半は、利害の対立という概念を理解できないのである。もし富裕層がその政治観を変化させるとすれば、それは政治学者の話に耳を傾けるようになったときだろうが、いまのところそのような気配はほとんどない。

成功した実業家は、自らの努力と創造力、そしてリスクを恐れない行動によって、いまの地位を築いたと考えている。[112]要するに、富裕層は己の力を強く信じていて、自分たちよりも貧しい学者が提供する意見に対してそれほど寛容ではない。多くの富裕層は持ち前の資金を使って言論市場に影響を与えたいと思っている。もし彼らが素直であれば、政治学者たちは、あなたが出資しているスーパーPAC（政治資金管理団体）や財団にはあなたが思っているほどの影響力はありませんよ、とアドバイスするだろう。だがそれは、あなたがたは自分が思っているほどの存在ではありませんよ、と言われるのと同じなのである。富豪たちが政治学者の話を聞きたがらない理由の一つがここにある。

一方、一部の経済学者は自分たちが思想産業の有能なブローカーであるのに気づいていないながらも、それをあまりよいことだとは感じていないようだ。ロドリックは「当面の課題について、（経済学者の）意見は一致することもあるようだが、それを裏づける明確な証拠は見つからない」と述べ、[113]さらに、公共圏で働く経済学者は、彼の言葉にいう「ハリネズミ」であり、それ以外の「キツネ」の性質を持つ経済学者とは別物だ、と言っている。

ハリネズミは経済問題はつねに予測可能であるとし、内容やそれを取りまく状況に関わらず、市場の自由化を進めることで問題は解決できると考えている。一方、キツネの答えは「状況次第」であり、解決策を市場に求めることもあれば、政府による介入に求めることもある。

全体的に言って、いまの経済学者にはハリネズミが多すぎる。公の議論にも、もっとキツネが参加するべきだろう。(114)

キツネが増えれば、経済についていまよりも細かいアドバイスができるというロドリックの指摘は正しいのかもしれない。しかし彼は、自分の学問がこれほどの影響力を持っている理由を誤解しているのではないだろうか。経済学者たちは、経済学の学問としての絶対的な正しさがその影響力の根源だと信じているが、現実はそれほどきれいに割り切れるものではない。経済学者たちが成功した本当の理由は、単に彼らが思想的リーダーとして、自信を持って振るまったからだ。そしてその他の社会科学には、新しい思想産業のパトロンたちの胸に響くようなメッセージが欠けていた。これにより、政治学のような学問は公共圏での活動で大きく後れをとった。個人としては多くの政治学者が思想産業に適応しはじめているものの、学問全体としては経済学の成功から誤った教訓を学んでしまったのである。

加えて、政治学者たちがそのレトリックを科学的なものに変化させたのも、政治学が抱える問題を悪化させる方向に働いた。これによって、公共圏に貢献できる政治学者の数が減ってしまうからだ。一般人に向かって科学的な用語だけを使って政治の説明をしようとすれば、問題が起こるのは当たり前だ。そうした用語は政治学者同士のやりとりには便利だが、一般人には理解できない。また、ジェノサイドや警察による残虐行為について、ニュートラルな響きを持つ専門用語を使って議論をすることは、政治学者が悲惨な事件を無感動に処理しているような印象を国民に与える。(115) さらに、政策を進めるうえでの方法論の議論に、国民がまったくついていけなくなってしまう。

経済学者は新しい言論市場でもうまくやっている。だが、残りの社会科学の学者についてはそうとは言えない。狭量で近づきがたいという点では経済学者と同じだが、国民はそれを専門家としての信頼の証だとは思っていない。経済学を除く社会科学の専門家たちは多くの問題を抱えていると言ってよいだろう。

だが、彼らがシンクタンクで働きはじめたとき、状況はさらに悪化する。なぜシンクタンクは政治学者たちよりも、さらに悪いのか？　次の章ではその理由を説明しよう。

第5章　変わってしまったシンクタンク

「ノースウェストのマサチューセッツ・アベニューを通ると、ここが、かつてこの国の首都にのみ存在した、とある新興産業の中心地であるのがわかる」――ピーター・シンガー

二〇一三年初頭、ジム・デミントは創立者のエドウィン・フュルナーに変わってヘリテージ財団所長に就任し、この第一線の保守系シンクタンクの指揮権を握った。一九七三年の設立以降、精力的な活動を展開し、議会の注目をつねに集めてきたヘリテージ財団は、必要な分析結果だけを盛り込んだ短い政策概要を政治家に提示する手法を開発したことでも知られている。二〇一二年秋、ケイトー研究所のエド・クレーンはヘリテージ財団を「アメリカトップの保守系団体」と評した。また、プログレッシブ政策研究所のウィル・マーシャルのようなリベラル派の人物でさえ、フュルナーが所長を務めた時代のヘリテージ財団を「政治思想を市場に出し、世に広める方法を示したパイオニア」だと認めている。(1) 財団をめぐるマスコミの報道を見れば、「保守系議員の事実上の政策部門」「保守派の代表格で未来を見通す組織」「共和党議員の政策

案の青写真は財団が書いている」のような文言を必ず目にすることになる。[2]

しかもこうした主張は、反論のしようがないほど多くの証拠に裏づけられている。財団が発表する経済自由度指数は、世界各国の政策が自由経済にどの程度合致しているかを測る重要な指標であるだけでなく、ミレニアム・チャレンジ・コーポレーション〔アメリカ政府が二〇〇四年に設立した、海外への資金援助を目的とする団体〕が対外援助の額を決める際の判断材料の一つにもなっている。財団のデータ分析センターは、提案された法案のモデル化に関して、行政管理予算局や議会予算局に匹敵する能力を備えており、財団のレポートは、医療制度からミサイル防衛まで幅広い論点について、党派を超えて政権の決定に大きな影響を与えてきた。政治家は好むと好まざるとに関わらず、ヘリテージ財団の意見を無視することはできなかったのである。

だが、デミントがヘリテージ財団の所長に就任することが決まったとき、保守系知識人たちのあいだに動揺が走った。[3] 政策通として知られるフュルナーとは違い、デミントは多方面で活動していたが、知識という面では劣ると考えられていたからだ。デミント就任のニュースに、『コメンタリー』の編集者であるジョン・ポッドホーレッツは、「もし思想が中心的な役割を果たさなくなれば、ヘリテージは自らの存在価値を否定することになる。それは非常に恥ずべきことだ」と述べ、『ウィークリー・スタンダード』のウィリアム・クリストルも「(もちろん行動すること自体には反対しないが) 財団が行動主義一色になってしまい、考えるのをやめてしまうのではないかと心配だ」と同様の懸念を示した。[4] リベラル派の反応はさらにあからさまで、エズラ・クレインは「学識を深めたいと願うのであれば、シンクタンクの代表にジム・デミントを指名するのは間違っている」とコメントした。[5]

だが、財団とデミント自身は、この組み合わせは完璧だと自負しているようだった。現にヘリテージのある上席研究員は、デミントの所長就任は財団の受け継いできた強みをそのまま伸ばすことにつながるとし、次のように述べている。「今回の人事によって、私たち研究者が培ってきた正確な知識と革新的な思想、力強い団結力のうえに、キャピトル・ヒルでもっとも有能な、信念を持った政治的リーダーが加わったのだ」。[6] デミント自身も同じような気持ちだった。就任にあたって、「保守運動は思想の戦いに臨むにあたって、より強力なリーダーシップを必要としている」との声明を発表し、ウォール・ストリート・ジャーナルでは、「私は財団の研究の質を保つことに注力し、政策論争に加わるつもりはない。ヘリテージは凡百の草の根活動団体とは違うのだから」と宣言した。[7] さらにワシントン・ポストでは、「私にとって重要なのは、ヘリテージ財団をどのような形でも政治には関わらせないことだ。特定の政治的目標を達成するための政策提言をヘリテージ財団が行うことは絶対にありえない」と述べた。[8] そしてそれから一年がたっても、デミントは同様のメッセージを発しつづけ、ニューヨーク・タイムズでは、「財団を政治に関与させるつもりはまったくない。保守運動がヘリテージを頼りにしている理由は、あくまで私たちの高い学識にある」と語っている。[9]

しかし実際には、デミントが所長になってからヘリテージの組織文化は明らかに変わった。[10] デミントはマーケティングに多額の資金を投じ、さまざまなメディアを使って財団の研究結果を発信しはじめた。若い保守層をターゲットにヘリテージの見解を発信するニュースサイト「デイリー・シグナル」を開設し、[11] 伝統の政策概要はソーシャルメディアにあうように改良された。デミントはこうした手法について、「保守思想はいま、ようやく勢いが出てきた。以前のやり方はあまりに堅苦しすぎたのだ」と説明した。[12] さらに財団の資産がデミント本人のブランディングにも使われはじめる。二〇一三年にデミントはテッド・クルーズ上院議員と一緒に国中をまわってオバマケア反対活動をすると、翌年には自著のプロモーションツアーまで行った。[13]

変化はマーケティングだけにはとどまらなかった。以前のヘリテージでは、教育、医療、安全保障をはじめとするテーマごとに組織を分け、それぞれが独立して研究を行っていた。だが現行体制のもとでは、一時的なプロジェクトチームをつくり、デミントがいま一番力を入れているテーマに集中することになった。財団が発表するレポートは、スタッフが財団のオフィシャルポリシーに整合しているかを厳密にチェックする。デミントはさらに内国歳入法第五〇一条(c)項四号に基づく、財団の政治部門を担う姉妹団体、ヘリテージ・アクション・フォー・アメリカ(ヘリテージ・アクション)の知名度を急上昇させた。[14] ヘリテージ・アクションの発案者は、ヘリテージ財団の理事長で、プライベートエクイティで巨万の富を築いた大富豪、ジョージ・サンダース三世だった。ウォール・ストリート・ジャーナルの署名記事によれば、ヘリテージ・アクションは、ヘリテージ財団という「野獣」の「新しい牙」となるべく創設されたという(15)。デミント体制のもと、ヘリテージ・アクションは各連邦議会議員の思想的忠誠心を記録する点数表を作成しはじめる。そして代表には、政治活動の経験はあったが、政策に関しては何も知らない人物が就任した。ヘリテージ財団のあるベテラン職員は、その団体運営を以下のように評した。「彼ら（ヘリテージ・アクションの職員）の学問へ尊敬を一切感じさせない態度にはいつも驚かされた。この分野で三〇年の経験を積み、博士号を取得した人間と自分たちが対等だと思っているのだから」(16)。

ヘリテージ財団でのデミントの活動は、せいぜいよく言っても、功罪相半ばする結果に終わったというところだろう。事実、デミント就任後の一年で、データ分析センターや政策改革センターの幹部、安全保障分野の上級研究員を含め、複数の名高い研究者が財団を離れている。それにもまして問題だったのは、研究の面で誤りを犯してしまったことだ。ヘリテージは移民制度の根本的な改革には六兆ドル以上の予算がかかると発表したが(17)、その後すぐ、これがきわめてずさんな設定に基づいた計算であることが明らかになった。議会予算局の試算では、この法案はむしろ一〇年間で二〇〇〇億ドルの歳出削減になるとの結果が出たのである。ビジネスリーダーたちは、ヘリテージのレポートを「まったくのでたらめ」と評した(18)。保守派の経済学者の批判はさらに激しく、フーヴァー研究所の研究員であるキース・ヘネシーは、ヘリテージの研究を「政策決定にはまったく役立たない」と言い切った(19)。また、ヘリテージの元職員たちも同じような態度を示した。データ分析センターの元代表は、このレポートをあまりに一面的だと切り捨てたし、元職員で移民制度関連の著作があるティム・ケインはブログで「レポートの質の低さには失望した」と言い、「ヘリテージが提示した突飛な数字の数々は、信用問題に発展するだろう」と述べた。[20]そして最終的には、このレポートの著者の一人である職員の学位論文が、ヒスパニック系移民は遺伝的に劣っていると主張する内容だったことが発覚し、同職員がヘリテージを退職する事態に発展した。[21]

また、ヘリテージがつまずいたのは移民問題だけではなかった。財団は、ジョージ・W・ブッシュ政権で司法省法律顧問室長を務めたスティーブン・ブラッドベリに、賛否両論だった国家機密保全庁による監視計画に関する二編の論文を出すことを許可した。そのなかでブラッドベリは、監視計画は合法であると主張していた。だが、複数のメディアが報じたところによれば、その主張が気に入らなかったデミントは論文をヘリテージ財団の出版リストから削除したという。[22]結局、ブラッドベリの論文のうちの一編はブルッキングス研究所から出版されることになり、ヘリテージの思想的偏向が浮き彫りになった。

財団の支持者たちはデミントを擁護したが、それに伴って各方面からの政治的、思想的反発も強くなっていった。二〇一三年には、ヘリテージ・アクションが農業法への採点投票をめぐって、保守系議員と衝突し、結果的に財団もデミント個人も、トム・コバーン、マルコ・ルビオ、オリン・ハッチなどをはじめとする保守系議員から批判を受けた。[23]しかもデミントの就任から一年もたたないうちに、ヘリテージのスタッフはそれまで毎週出席していた共和党研究会のランチに出るのを禁止された。このランチはスタッフと保守派閥の交流の軸であったにも関わらずである。議会の職員たちも、以前よりヘリテージ財団の分析結果を当てにすることが少なくなったようだった。二〇一六年には、財団がポール・ライアン下院議員のチーフスタッフをもてなす会合を開催する一方で、ヘリテージ・アクションはライアン本人が提出した予算案を否決するためのロビー活動を行うという奇妙な状況も出現している。[24]

リベラル派の知識人がヘリテージの知的水準を批判するのは、いまに始まったことではないが[25]、デミント体制になって保守派にも同じような行動が見えはじめる。『ニュー・リパブリック』『アトランティック』、ニューヨーク・タイムズなどを通じて、保守系知識人はヘリテージの研究の質の低下を嘆いた。[26]共和党のある広報担当者は「以前のヘリテージでは思想に関する議論がつねに行われていた。しかし、いま話し合われているのは政治戦略と金儲けの方法だ」と述べ、さらに「賭けてもいいが、デミントの決定次第では、ヘリテージのスタッフは自由貿易にすら反対するだろう」と警告したが[27]、はたしてそれは現実となった。二〇一五年六月、デミントは『ナショナル・インタレスト』のエッセイで、オバマ大統領に貿易促進権限を委譲する法案を「一部の者たちの利益を代表した無意味な法案」と批判したのである。[28]さらにヘリテージのドナルド・トランプに対するえこひいきは右寄りのシンクタンクのなかでも際立っていた。[29]

この新しいスタイルによって、ヘリテージの影響力には大きな偏りが生じる。まず外交、公共政策分野の知識人のあいだでは、財団の評価は急落した。二〇一六年に私がオピニオンリーダーを対象に行った調査では、回答者の七九パーセントがヘリテージのレポートをあまり信頼していないと答えた。これは調査で名前を挙げたほかのどのシンクタンクと比べても、倍以上の数字である。しかも、この結果はリベラル派からの偏見によるものではない。明らかに保守であるはずの回答者だけをとっても、七四パーセントが同様の答えだったからだ。こうしたエリートによる低評判は、財団の影響力の偏りと直接つながっている。フュルナーが所長を務めた最後の年、ペンシルベニア大学が発表している世界有力シンクタンク・ランキングにおいて、ヘリテージ財団は安全保障、外交、国際経済の部門でトップ一五位以内にランクインしていた。しかし、デミントの就任から三年のあいだに、財団はこの三つのカテゴリーすべてで、二〇位圏外に転落した。[30] 外交に関して言えば、民主主義防衛財団のような小さな保守系シンクタンクにすらヘリテージの力は劣っていて、[31] 中道派やリベラル派への影響力は完全に消え去ったと言ってよかった。

それにもかかわらず、デミント体制のヘリテージは共和党議員からの批判を「いつの時代も先進的な発想は受け入れられにくいものだ」と言って相手にせず、[32] 新しい戦略に固執した。ヘリテージ・アクションの代表も、同団体の最新のコミュニケーションテクノロジーを使った草の根運動によって、財団の政治的影響力は飛躍的に向上するだろうと述べた。また、ヘリテージの最高執行責任者は、政策レポートが意味を持つのは、政治家がそれを読まなければならないというプレッシャーを感じているときだけだとしたうえで、そうした状況をつくり出すにはヘリテージ・アクションの点数表のようなやり方が必要だと言い、「われわれの目標は政治家を喜ばせることでも怒らせることでもない。国のためにベストな政策を通すことだ」と豪語した。[33] さらに財団の副所長であるジェームズ・ジェイ・カラファノは「将来的には競争力のある有力なシンクタンクは、（中略）ロビー運動や草の根活動の機能を担う姉妹団体を持つようになるはずだ」と述べ、ヘリテージは他のシンクタンクのモデルケースになると言った。[34]

しかしたしかに、デミントとカラファノがこう言えるだけの根拠を持っているのも事実だった。思想界におけるヘリテージの評価はかつてより落ちていたとはいえ、その影響力はいまだ健在だったし、前述の世界有力シンクタンク・ランキングでも、「政策キャンペーンの効果」と「公共政策へのインパクト」という二つの分野では、ヘリテージはデミント体制になってからの最初の三年で大幅に順位を上げた。[35] 民主党の上院議員のナンバー2であるディック・ダービンはデミント率いるヘリテージについて、「彼が生み出す資金は実際に政治の力になっている」と述べた。さらに、理由については本章の後半で説明するが、ヘリテージはブルッキングス研究所や戦略国際問題研究所といったさらに大きなシンクタンクが悩まされていた利益相反行為の疑いをうまく回避できていた。もともとヘリテージは、研究の質の低下が指摘され出したころに、同時に共和党への影響力を増していった。その後、ヘリテージ・アクションの件で若干の揺り戻しはあったものの、それでも財団が二〇一五年九月に開催した「アメリカを取り戻せ」

というスローガンを掲げた候補者フォーラムに、二〇一六年の大統領予備選に出馬する共和党候補の大半を出席させるほどの影響力があった。ヘリテージはワシントンのシンクタンクのなかで、トランプ政権ともっとも深い関係にあると言えるだろう[36]。

近年、デミントがヘリテージに起こした混乱は他のシンクタンクには類を見ないものだった。だが、これはヘリテージが例外的な存在だからなのだろうか？　あるいはヘリテージはシンクタンクの未来の姿を指し示しているのだろうか？

これまでアメリカの知識人たちは、シンクタンクの存在に対して、愛憎相半ばする感情を抱いてきた。原則的に言えば、シンクタンクは公共圏に属する組織とされている。実際、大学とは違って、シンクタンクは実社会の公共政策に影響を与えることをおもな目的としている。戦略国際問題研究所の副所長もワシントン・ポストで「われわれの一番の目標は政策に変化を起こすことだ」と言っている[37]。だが一方で、かなりの数の知識人がシンクタンクという業種を見下しているのも事実だ。社会学者のトーマス・メドベッツは、二〇一二年に発表した『シンクタンクス・イン・アメリカ（Think Tanks in America）』のなかで次のように述べている。「シンクタンクの活動には非常に繊細なバランスが要求される。なぜなら、幅広い一般層に自分たちの思想的な独立性をアピールする一方で、同時に知的生産物をクライアントの要求に沿うように仕上げ、選ばれた一部の客への忠誠も示していかなければならないからだ[38]」。要するにメドベッツは暗に、シンクタンクの強みは富も権力もあるパトロンにこびを売れる点にあると言っているのである。こうすることでシンクタンクは、メドベッツが「境界領域」と呼ぶ、学界と公共政策の隙間にある空白を独占した。ワシントンDCだけに自然発生したこの産業にとって、独占という表現はけっして誇張ではない。

私自身もシンクタンクについてはある程度知っているつもりだ。現在もブルッキングス研究所とシカゴ・グローバル評議会で非常勤の上級研究員を務めているし、過去にはランド研究所と外交問題評議会という二つのシンクタンクを経験した。また、シンクタンクから論文を発表したこともあれば、講演を行ったこともあり、会議にも数多く参加してきた。こうした経験を踏まえたうえで言いたいのは、現実はメドベッツがいうほど単純ではないということだ。私が務めてきたシンクタンクは大学と法律事務所をあわせたような場所であり、そこで交わされる議論は、シカゴ大学やフレッチャースクールで経験したのと同じぐらい厳密かつ客観性の高いものだった。ただ、不安を感じる瞬間があったのは認めなければならない。私はシンクタンクの上司が、通常とは逆の順番で論文を書かせようとしていると感じたことが少なくとも一度以上ある。つまり、上司の頭のなかには論文から導き出したい結論が最初から存在していて、私の分析がその結論に合致するかだけを気にしていたのである。一方でプレゼンやマーケティングの手法については、大学がまったく無関心だった時期に、シンクタンクはかなり進んでいた。私が初めてパワーポイントを使ったのはランド研究所にいたときだが、一九九〇年代の半ばにはすでに、効果的な使い方についての細かいガイドラインが決まっていた。だが、あれからかなり時がたっているにもかかわらず、大半の大学はまだそこに追いついていない。

好意的に解釈すれば、シンクタンクの一〇〇年の歴史は、二つの世界のあいだをつねに行き来することでつくられたと言える。シンクタンクは高い研究水準を保ったまま、現実の政治に沿った正確な学識を求めて努力してきた[39]。アメリカン・エンタープライズ研究所の元所長のクリストファー・デマスは、「シンクタンクとは、丹念につくりあげられた知識の貯蔵庫であり、危機が訪れ、実務家たちに新しいアプローチが必要となったときの備えである」と語っている[40]。政治家が意見を求めてくるのは自分たちの学識の高さゆえであり、厳密な分析がそれを支えているというのが彼らの信念だ。うまく機能しているときには、その知的資本を使って政策議論に必要な情報を提供し、枠組みをつくり、議論の質を高めてよりよい政策をサポートできる。また、シンクタンクは重要な知識の貯蔵庫であるとともに、政府が深刻な危機に直面したときに起用できる人材の養成機関でもある。さまざまな方向性のシンクタンクが存在するため、画一化しがちな政策決定者たちの思考に一石を投じることも可能だ。二〇〇六年、マキナック・センターのインターンが、政治的に許容可能な政策の範囲を指す言葉として「オヴァートンの窓」という用語を発明した。さらにこのインターンは、もし提唱する政策がこの窓の範囲から外れていたとしても、政治哲学に基づいてその必要性を堂々と主張するのがシンクタンクの役割だと言い、「シンクタンクは立法者や国民に健全な公共政策とは何たるかを教えることで、世論を変え、『オヴァートンの窓』自体を変化させる」と述べた[41]。つまりシンクタンクは、新しい思想を通じて現状を変化させ、最終的にはそれを許容可能なものにするのである。

このようにシンクタンクの目的の一部は非常にこころざしの高いものである。しかし同時に、組織全体あるいは個々の職員のレベルでも、クライアントの要求に沿って行動する必要があり、その制約の強さは学者とは比べものにならない。大学はそもそも多くの資産を持っているうえに、授業料でも収入を稼ぐことができる。しかしシンクタンクは、個々のスポンサーによる寄付や国からの補助金に大きく依存している。また、シンクタンクの研究者たちは、政府と関わる仕事を希望する傾向が強く、そのため官僚のニーズを細かく把握したがる傾向にある[42]。こうした誘因の存在は、シンクタンクが政策決定の議論に加わりたいと考えているために、大学に比べて、政府に対して批判的になれないことを示唆している[43]。さらにシンクタンクは、組織としての価値を、重要な論点における一般での認知度や、主要な政策決定者への個人的な影響力で測る傾向がある。一方、一流大学の学部や公共政策大学院は言論市場への影響力に重きを置いている。本来ならシンクタンクもそうでなければならないはずだ。一般層に対するアピールへの偏重は問題を引き起こしかねないからだ。

つまり、現在では思想産業全体が苦しんでいる板挟みに、シンクタンクはその始まりからさらされてきたのである。そして、ある時期まではそれにうまく対処していた。だが最近のワシントンからは、アメリカのシンクタンクは変わってしまったという嘆きが多く聞かれるようになった。シンクタンクの思想的偏りがまだ少なく、外交政策の議論でも存在感があった時代を懐かしむ声があるのは、おそらくいまのシンクタンクがそのポテンシャルを十分に発揮できていないことの表れなのだろう。[44] デビッド・ロスコフは「この国のシンクタンクには大胆な発想がほとんど見られない」と断じている。[45] また、オバマ政権の高官たちは、シンクタンクの大半はアラブかイスラエルにいる出資者の手の内にあると見なしていたし、[46] トランプ政権と保守系シンクタンクのあいだでは、控えめに言っても緊張状態が続いている。[47] こうした過去と現在におけるシンクタンクのイメージの違いには、いくぶんノスタルジックな偏見も関係しているのかもしれない。そして、シンクタンクの意見がほとんど影響を及ぼすことのなかった数々の問題についても、ときがたてば忘れられていくだろう。だがそれでも、学者、ジャーナリスト、政治家、そしてなによりシンクタンクの職員自身が、アメリカのシンクタンクは変わったという認識を共有しているのはまぎれもない事実だ。

そもそも思想産業の出現は、大学にとっては潮の流れの変化とでも言うべきものだったが、シンクタンクにとっては津波にも等しい衝撃だった。ペンシルベニア大学のシンクタンクと市民団体プログラムを運営しているジェームズ・マクガンは、「イノベーションを起こし、政治経済の急速な変化に対応する方法を学ばない限り、シンクタンクは絶滅する」と断言している。[48] 第2章で論じたアメリカ社会の地殻変動によって、シンクタンクの資金調達と研究方法は大きく変わった。さらに、資金提供者からの影響を排除しきれていないのではないかという批判も次々と上がっている。現在、アメリカを本拠地とする多くのシンクタンクが、思想の独立性を脅かしかねない（あるいは明らかに脅かす）ところから資金を調達している。現に、複数の有名シンクタンクで、資金提供者による研究目標への干渉が確認されているという報道もあった[49]。アメリカのシンクタンクで、シンクタンク全体としての統一性を維持できるかどうかは、それがそもそも良いことなのかどうかも含めて、すべて新しい思想産業への適応にかかっている。たしかにデミントによるヘリテージ財団の改革には問題があった。ただ、「無党派」シンクタンクが全体として陥っている苦境からはそれとは違った問題が見えてくる。思想産業の出現は、シンクタンクを取りまく知的環境、経済的環境を明らかに変えてしまったのだ。

通常、アメリカにおけるシンクタンクの歴史は、三つの段階に分類される[50]。最初の波が起きたのは、進歩主義時代〔アメリカで社会や政治の改革が急速に進んだ一八九〇年代から一九二〇年代を指す〕だった。改革の指導者たちは、それまでの党派主義や資金提供に頼った政府の運営を、技術的な知見に基づく運営に置き換えることが国にとって最良の道だと信じていた。新しい専門知識を導入したい進歩主義者と、それまで政府の恣意的な干渉に苦しめられてきた実業家たちが手を組んだのを受けて[51]、政府は新しい基準に基づいた規制を始めることになる。規制立案にあたって政府は外部の専門家の知識を必要とするようになり、このニーズを満たすため、ロックフェラー、フォード、ラッセル・セージ財団の出資を受けてシンクタンクという業種が誕生した。一九一〇年にはカーネギー国際平和基金が、さらにその六年後にはブルッキングス研究所の前身である政府研究所が設立されている。その後、第一次世界大戦をはさみ、その余波から世界中の国々が経済的孤立を訴えはじめると、アメリカは国際情勢への配慮をアピールするため、資本家の助けを借りて外交問題評議会を設立した[52]。一九二二年には、外交問題評議会は『フォーリン・アフェアーズ』の発行を開始している。

次の波は、第二次世界大戦から起こった。戦争によって外交政策の領域は急速に拡大し、専門家へのさらなる需要が生まれたのである。ある調査によれば、真珠湾攻撃のあと、軍事研究のために設立されたシンクタンクの数は三五〇にものぼるといわれ、そのなかにはアメリカン・エンタープライズ公共政策研究所（ＡＥＩ）も含まれていた[53]。第一世代とこの時代のシンクタンクの最大の違いは、資金の調達方法にある。この世代の代表格であるランド研究所は、もともとは航空機メーカーのダグラス・エアクラフトがアメリカ空軍との契約に基づいて始めたプロジェクトだったが、その後、政府が出資する研究開発機関として独立した。ブルッキングス研究所やカーネギー国際平和基金とは違い、おもに政府との契約から資金を調達したランド研究所は、その後数十年にわたって、国防総省の政策立案に大きく貢献した。冷戦期のアメリカの核戦略には、同研究所の専門家の影響がきわめて大きかったと言われている。ランド研究所はさらに、不確定な状況下における意思決定の方法である「システム分析」の開発元でもある[54]。冷戦初期の外交方針決定には他のシンクタンクも重要な役割を果たしていて、たとえば、マーシャル・プランの素案の大半はブルッキングス研究所が作成している[55]。

いま取りあげたシンクタンクの最初の二つの世代には、多くの共通点がある。まずは、ともに需要主導である点だ。最初は進歩主義者、そして次は政府高官たちのあいだに、官僚機構を超える情報分析能力へのニーズが生まれ、それを埋める形でシンクタンクという業種が生まれた。そして両世代とも、社会科学の知識こそが政策問題を解決する鍵であると考えていた。政治学者のアンドリュー・リッチは、「初期のシンクタンクに出資した個人や企業の役員たちは、客観的かつ科学的な手法での改革を強く支持していた」と、シンクタンク研究員時代を振り返っている(56)。こうした特徴から、シンクタンクの最初の二世代と学界は強く結びつくことになった。この時代、ブルッキングス研究所やカーネギー国際平和基金の研究に協力者として参加するのは、有名大学でフルタイムのポジションについている学者がほとんどだった。核抑止政策の策定に関わったランド研究所のプロジェクトチームのメンバーを見ると、当時はシンクタンクと大学のあいだで自由に行き来が可能だったのがわかる。二十世紀の半ばまで、シンクタンクはいわば「生徒のいない大学」だったと言ってよい。

その後、一九六〇年代から一九七〇年代にかけて第三の波が起こるが、その原因は技術革新を求めて起こった前の二世代とは異なっていた。じつは、ヘリテージ財団に代表されるこの第三世代と、それ以前のシンクタンクとの違いは、現代の思想産業を形づくっている力を象徴している。もっとも明白な違いはイデオロギーだ。ブルッキングス研究所、ランド研究所、カーネギー国際平和基金、外交問題評議会、ＡＥＩなどの旧世代のシンクタンクが無党派を掲げているのに対して、新世代は思想的な方向性を強く打ち出していた。たとえばヘリテージは保守派のアプローチを意図して設立されているし、一九七七年に設立されたケイトー研究所は思想的にリベラル寄りである。完全なリベラル派のシンクタンクが出てくるまでには、ここからさらに数十年を要したものの、最終的には二〇〇三年にアメリカ進歩センター（ＣＡＰ）が登場している。

これに加えて、新世代のシンクタンクには前の二世代と異なる特徴がさらに三つある。まずは、近代の思想産業で富裕層が重要な役割を果たすようになるのとあわせて、個人からの寄付による資金調達が多くなったことだ。ヘリテージ財団で言えば、ビール醸造企業の社長であるジョゼフ・コアーズが創業資金の大部分を出資しているし、ケイトー研究所では、最初の三年の操業資金はチャールズ・コックが出している。[57] 次に、学術研究に集中していた以前のシンクタンクに比べ、新世代は政策提言により力を入れるようになった。ジム・デミントの就任前から、ヘリテージの知的生産物は連邦議会職員が手に取りやすいように意図してつくられていた。つまり、ヘリテージは始めから分厚い本よりも薄い報告書を重視していたのである。また、二〇一〇年のヘリテージ・アクション設立は、それに先立ってＣＡＰがアメリカ進歩センター・アクション・ファンドという第五〇一条（ｃ）項四号団体を設立したのを参考にしたと言える。[58]

最後の違いは、新しいシンクタンクは学位をそれほど重視しないことだ。ハドソン研究所のテビ・トロイはこの点について次のようにまとめている。

初期に設立されたシンクタンクでは、最近の組織と比べて、はるかに多くの博士号所有者が働いていた。具体的には、一九六〇年以前に創業したおもなシンクタンクでは職員の五三パーセントが博士号を持っていたが、一九六〇年から一九八〇年の間にできたシンクタンクではその割合は二三パーセントであり、さらに一九八〇年以降の創業となるとたったの一三パーセントになっている。

もちろん博士の数がすべてではないだろうし、学位がなくてもレベルの高い政策策定は可能だ。ただ、博士号を持った職員の減少から、ワシントンのシンクタンクのなかでも歴史の浅い組織ほど、すでに「生徒のいない大学」というモデルにこだわっていないことがわかる[59]。

新世代のシンクタンクで学位よりも重視されるのは、思想的な一貫性である。企業競争研究所の代表は、あるインタビューで次のように答えている。「われわれのような組織が信頼を得るにはどうすればいいか？　明確なラインを引き、政治的視点を定める。そして、そこから絶対にはみ出ないようにすることだ」[60]。

第三世代の出現がシンクタンク業界全体に与えた影響は複雑だった。まず、シンクタンク同士の競争が厳しくなったことは、全体的な政策提言の質や効率性の向上につながったはずだ。

シンクタンクを専門に研究している学者のドナルド・エイベルソンは、「ここ数十年で一番大きな変化は、豊富な資金を持つシンクタンクの言論市場への参戦だろう。こうしたシンクタンクは政治に明るく、洗練された技術と高い競争力を兼ね備えている」[61]。

実際、シンクタンクは、近代におけるアメリカの外交政策立案の現場で非常に重要な役割を果たしている。ロナルド・レーガンが大統領になった年、政府はヘリテージ財団が発効した『マンデイト・フォー・リーダーシップ（Mandate for Leadership）』を基準に政策を行った。ヘリテージ財団が提案した二〇〇〇の政策提言のうち、レーガン政権はその約六割を実行したのである。ソ連崩壊後には、東欧諸国のＮＡＴＯ加入を促すため、保守、リベラル両派のシンクタンクが初めて本格的な共同プロジェクトを行った。また、ブッシュ政権による二〇〇七年のイラクへの増派作戦策定には、ＡＥＩと戦争研究所が大きく関わっている[62]。

もちろん、シンクタンクとアメリカの外交政策エスタブリッシュメントの役割が逆転していたと言ってしまえば、それは言いすぎになる。だが、シンクタンクがアメリカ外交上の決定的な選択に影響を与えているのはたしかだ。より具体的に言えば、新しい思想に関心を持つ役人にとって、シンクタンクに所属する外交関係者は意見の共鳴装置であり、彼らの大半は自分の意見の優位性を主張するためにシンクタンクを使っていた。ただ、これはある意味で諸刃の剣でもあった[63]。もし特定の方針に対して、保守とリベラル両方のシンクタンクの意見が一致した場合には、政府はそれを受け入れるしかなくなってしまうからだ。良きにつけ悪しきにつけ、このようなコンセンサスは政治的な事実として、政策決定者たちの局所的、大局的判断を変化させる。そして、このコンセンサスによる制約こそ、在任中のオバマがいらだち、大統領候補のときのトランプが怒りを向けた対象だった。

ただ同時に、シンクタンク間での競争の激化に国内の政治的両極化が加わることで、現在ではこのようなコンセンサスが生まれづらくなっているのも事実だ。保守主義者たちは、たしかに百花繚乱の保守系シンクタンクから恩恵を受けている。だが、一部の関係者は不安を感じているようだ。ＡＥＩのカルリン・ボウマンはある研究者に対して次のように話している。「私はときおりシンクタンクの世界に、ワイマール共和国の紙幣と同じことが起きているのではないかと思うときがある。つまり、大量に刷ったために価値が下がってしまった紙幣と同じように、一部のシンクタンクによるあからさまな唱導のために、政策提言全体の価値が落ちているのではないか、と」[64]。また、ハドソン研究所のテビ・トロイも同じような意見を述べている。「新しいシンクタンクは、他のシンクタンクとの性質の違いを自覚する必要がある。その自覚が薄れれば、思想的な偏向が進んで悪目立ちをすることになる。これこそ業界全体に二極化をもたらしている悪習だ」[65]。

ただ、二極化が進行するなかでも、二十世紀のシンクタンクは外交関係者とのつながりの強さによっていまだにその力を保っている。政府関係者のエリートを顧客とするのは、アメリカのシンクタンクの伝統だと言える。新米国研究機構の所長であるアン・マリー・スローターは、

「私たちは伝統的なビジネスモデルとして、意思決定者をターゲットに絞ったレポートを発行してきた。ただ、レポートの内容が受け入れられるかどうかは、もちろん彼ら次第だ」と語っている。[66] そもそもシンクタンクの上級研究者は、元閣僚や元政府高官が権力の回廊に戻るまでの腰掛けとして行っている場合が多い。そして、政府に強いコネクションを持つこの「元」という肩書きの持ち主のおかげで、シンクタンクは必要な情報を手に入れ、適切な関係者に政策提言を伝えられるのである。実際、シンクタンクが情報の面で優位を保ってこられたのは、ワシントンという立地のおかげで政界のうわさを拾えたからでもある。学者に比べて、シンクタンクの政策研究者は、特定の分野で活動している役人や政治家に関して多くの情報を持っている。私自身の経験から言っても、シンクタンク時代の同僚以上に政治の舞台裏に詳しい人たちはいない。

その一方で、以前のシンクタンクは一般への啓発活動にはそれほど関わっていなかった。理由は単純で、アメリカの国民は外交政策の議論に無関心であるか、そもそも加わることができないかのどちらかだからだ。[67] 冷戦の記憶が徐々に過去のものとなるにつれて、この傾向はさらに強まっていた。しかし、今世紀に入って、言論市場におけるシンクタンクの役割を変化させる出来事が二つ起こった。最初のターニングポイントは二〇〇一年の九月一一日だ。アルカイダによるテロ攻撃のあと、国民の外交への関心が一気に高まり、一般への情報発信はシンクタンクの新しい使命となった。シンクタンクが政治のエリートだけではなく、新しく国際問題に関心を持ったより広い層の人々に目を向けたのである。ただ、一般への啓発活動には、新たな施設や双方向でのやりとりが可能なウェブサイト、広報資料、戦略的コミュニケーションのためのスタッフなどを用意しなければならないため、外交の専門家だけを相手にしていたときよりも多くの資金が必要となった。

それでも九・一一後の国際情勢調査需要の急速な高まりは、外交関連シンクタンクに好景気をもたらし、スタッフの増員や施設の充実を可能にした。テロリストの攻撃によってシンクタンクは結果的に、テロ対策や軍事戦略、中東情勢に通じた優秀な人材を大量に確保することになった。そしてアメリカ政府も、テロとの戦いに多くの費用を投じ、イラク、アフガニスタンとさらにその規模を拡大していく。泉のように湧き出す資金が、まずは軍や民間の軍事会社を潤し、次に対テロ戦争のさまざまな情報を集めているシンクタンクに流れ込むのは、ある意味で必然だった。スタッフの増員や予算の拡大が続く外交関連シンクタンクでは、研究員たちの給料が一気に跳ね上がった。[68]

継続的な需要に加え、二〇〇八年以前には国内で資産ブームが起きていたこともあり、シンクタンクの予算はその規模を急速に拡大した。たとえばブルッキングス研究所では、二〇〇三年から二〇〇七年のあいだに、予算が三二〇〇万ドルから九二〇〇万ドルと約三倍になっている。[69]また、資産ブームの影響で、シンクタンクの資産評価額も大きく膨らんだ。二〇〇二年以降、AEIも戦略国際問題研究所も、ともにその資産価値は三倍以上に上昇し、CAPに至っては四倍になっていた。[70] 二〇〇一年九月一一日のテロ後の五年間、ワシントン北西部のマサチューセッツ通りでは、シンクタンクが新しいビルを建てるための建設予定地を目にしないときの方が珍しいような状態だった。この時期に、外交問題評議会とピーターソン研究所はワシントンの本社を豪華絢爛なビルに建て替え、カーネギー国際平和基金は国際社会での存在感をアピールするため、レバノンのベイルートやベルギーのブリュッセルに拠点をつくった。また、フォーリン・ポリシー・イニシアチブや新アメリカ安全保障センターといった新しいシンクタンクも急速に勢いづき、ほとんど設立直後から政策決定者に影響を及ぼす存在となった。

そして二〇〇八年、金融危機という二つ目の転機が訪れる。のちに続くグレート・リセッション（大規模景気後退）によって、シンクタンクの経営は痛烈な変化を余儀なくされる。一番直接的だったのは、従来の資金源からの収益が大幅に縮小したことだろう。金融危機の影響で、シンクタンクの資産は大きく価値が下がり、そこから発生していた収益も減った。さらに同じような影響を受けた資金源はほかにも二つある。まず、慈善団体からの寄付が減った。カーネギー財団やマッカーサー基金といった歴史ある慈善団体も、グレート・リセッションによる資産減で、シンクタンクへの寄付を減らさざるをえなかったのである。さらに、財政赤字の拡大とアフガニスタン、イラクからの人員引き揚げにより、政府からの支援も大きく減少した。二〇一〇年に国防長官のロバート・ゲーツは国家安全保障予算について「大小さまざまな支出に対して厳しい精査が可能だろうし、ぜひ実行しなければならない。資金の源泉は止まってしまったし、当分は元に戻りそうもないのだから」と語っている。[71] 防衛費の削減は、それまで政府からの受注で肥え太っていたシンクタンクの財政を直撃した。たとえば、安全保障分野でトップクラスのシンクタンクである戦略予算評価センターでは、二〇一一年から二〇一三年のあいだに助成金による収入が四〇パーセント以上も減少したが、その影響の大半は、国防総省総合評価局からの資金提供がなくなったことによるものだった。[72]

一方で、ヘリテージ財団は多くの誤りを犯しながらも、こうした従来型の資金源への依存度が低かったために、この難局を大過なく乗り越えることができた。ヘリテージは収入の多くを個人献金から得ていたのである。二〇一四年の年次報告書では、その割合は収入の八五パーセント近くを占めている。[73] そのため、ヘリテージは新しい資金提供者を探す必要がなかった。実際、副所長のジェームズ・ジェイ・カラファノは、「数多くの個人後援者を抱える一方で、政府からの援助は一切受けず、企業献金や助成制度の利用も最小限にとどめる」ビジネスモデルこそが最良であると明言しており、[74] ヘリテージの資金調達方法がこれに似てくるのは当然だった。ただ、じつはシンクタンクという業種のなかでは、こうしたやり方は比較的珍しい。[75] ヘリテージは明らかに思想的な偏りを持つ組織であるが、財政的にはとても健全なのである。

一方、他のシンクタンクの大半は、従来の資金源からの収入が減ったために、従来とは異なる調達先を探す必要に駆られた。そして一部のシンクタンクは、多国籍企業の結びつきを強めることになる。たとえば戦略予算評価センターでは、政府からの助成金が減少したものの、同時に民間企業に対するコンサルティング業務による収入をほぼ一〇倍に増やした[76]。また、外交問題評議会や戦略国際問題研究所、ブルッキングス研究所をはじめとするさまざまなシンクタンクが、民間企業から資金を受け取る代わりに研究者の知識を提供するという、企業後援プログラムを開始した。外交問題評議会のケースでは、企業は六桁の献金を行えば、「三人の研究員による、個々の企業の関心にあわせた報告書の作成」という特典を利用できたようだ[77]。ちなみにこれはブルッキングス研究所の理事が持つ特権と同じである。また、新アメリカ安全保障センターでは、同程度の献金に対して四つの報告書を提供していた[78]。結果的に、こうしたシンクタンクの新規開拓の努力は実を結ぶことになる。ブルッキングス研究所がそのいい例で、二〇〇三年から二〇一三年のあいだに、最初は大口献金の七パーセントにすぎなかった企業献金が、最終的には二五パーセントにまで増加している[79]。

企業にとっても、こうしたパートナーシップはロビイストを雇うよりも有益であった。さらに、選挙活動への寄付や議員へのロビー活動といった従来型の政治献金とは違ってシンクタンクへの献金にはそれほど厳しい規制がなかったため、一種の裁定取引が発生し、企業の資金は自然とそちらに向かった。これによって企業は直接、政治に影響を与えられるわけではないが、政策アナリストたちの新たな知見や提案に触れられるようになった。こうしたパートナーシップの影響はシンクタンクの幹部も認めている。国際政策センターの執行役員を務めるビル・グッドフェローは「後援者の影響がないと言い張るのは無理がある。われわれシンクタンクも政治の世界と同じ形で腐敗してしまわないよう注意しなければならない」と述べている(80)。また、JPモルガン・チェースやフェデックスといった企業と、ブルッキングス研究所や大西洋評議会などのトップシンクタンクのパートナーシップの内情を探ったニューヨーク・タイムズの記事には、「シンクタンクの職員が資金提供を引き出すために、企業側に重要な議題を押し売りしている現場を見ると、ときおり彼らが研究者なのかロビイストなのかわからなくなる」とも書かれている(81)。

個々の研究員がコンサルティング業務などの対価を直接企業から受け取るようになると、シンクタンクでの研究活動も影響を受けやすくなる。民間の軍事会社は、シンクタンクにいるタカ派の研究員を支援して、取締役に就任させるという手法を長年にわたってとってきた。たとえば、元陸軍参謀次長のジャック・キーンは、いまではおもに戦争学研究所の会長として論述活動を行っている。キーンはジェネラル・ダイナミクスの役員も務めているが、最近は取締役会にはあまり出ていないようだ(82)。元国防次官補代理のロジャー・ゼークハイムは、ＡＥＩの客員研究員として軍事費の引き上げを働きかける一方で、民間の軍事会社であるＢＡＥシステムズのロビイストとしても活動している。また、戦略国際問題研究所と提携している専門家のうちの約七〇名が、民間会社へのコンサルティングも掛け持ちしていることが発覚した。ニューヨーク・タイムズの取材に対して、戦略国際問題研究所は「見落としがあったようだ」と回答している(83)。

同様に、じつは金融機関もシンクタンクを積極的に利用している。ヘッジファンドは仲介者を通じてシンクタンクのアナリストに資金を提供し、自分たちに有利な政策を広めている[84]。たとえば以前、上院議員のエリザベス・ウォーレンが、ブルッキングス研究所に非常勤上級研究員である経済学者のロバート・ライタンを辞任させるよう迫ったことがある。ライタンが金融機関から研究資金の提供を受けているのを隠したまま、議会で個人退職年金制度の規制を訴えていたためだ。ブルッキングス研究所の所長に向けた手紙のなかで、ウォーレン上院議員は「ブルッキングス研究所の協力研究員の一部には、調査や結論の独立性に疑問を持たざるをえないようなところから資金を調達している者がいる」と警告した。当事者以外からの意見はもっと直接的で、ジャーナリストのヘレーヌ・オレンはこの状況を「自分たちの利益になるように政府にルールを決めさせたい企業は、自分たちの意見を客観的な物言いで代弁してくれそうなお金に困った研究の虫をつねに探している」と表現している[85]。

加えて、シンクタンクにはもう一つ新たな資金源が生まれた。それは海外の政府である。大西洋評議会は二〇一四年だけで二五もの国の政府から資金援助を受けていると明らかにしたし、ブルッキングス研究所サバン中東政策センターのおもな後援者はカタール政府である。また、外交問題評議会のような外国政府からの献金禁止をうたっているシンクタンクも、じつは国有の企業や財団からは資金を受け取っている。戦略国際問題研究所の新しい「地政学的戦略」のスポンサーは、中国政府と緊密な関係にある中国系建設会社だった[86]。カザフスタン、ノルウェー、アラブ首長国連邦など規模の小さい石油輸出国も、同様にさまざまな外交シンクタンクに積極的に資金を提供している。ノルウェー政府は国内向けのレポートのなかで、アメリカのシンクタンクに出資する理由を次のように説明している。「ワシントンでは小さな国が有力な政治家や官僚、専門家と接触するのは難しい。だが、力のあるシンクタンクに出資すればその道が開ける。実際、ワシントンにあるシンクタンクのなかには、出資してくれた国にしか貢献しないと明言しているところもある」(87)。ブルッキングス研究所では、現金による寄付のなかで海外政府からの献金が占める割合が、二〇〇五年から二〇一四年のあいだにほぼ二倍となった。

そして、シンクタンクの最後の新しい資金源は、個人の資産家からの出資だ。彼らはそれぞれ異なる事情を抱えていて、出資のかわりに、より偏った要望を持ち込む場合が多い。シェルドン・アデルソン、ポール・シンガー、バーナード・マルクスといった保守主義の資産家は、マンハッタン研究所や民主主義防衛財団など、保守系シンクタンクに多額の資金を提供している(88)。一方、トルーマン国家安全プロジェクトのようなリベラル系シンクタンクはジョージ・ソロスやトム・ステイヤーなどに協力を求めてきた。シンクタンクはウォール街やシリコンバレーで、自分たちの財布を潤してくれる後援者を探しているのである。

思想産業の変化によって、シンクタンクは一種のトレードオフに直面することになった。つまり、コストやリスクを覚悟してより思想的偏りの強い資金源に手を出すかどうかである。シンクタンクが他の組織に比べて有利なのは、ワシントンではありえないような超党派のイベントや試みを実行できるところだ。ＡＥＩやブルッキングス研究所は、数多くの共同プロジェクトのスポンサーになっている。実際、異なる政治観を持つ人同士でも、貿易政策、テロ対策、海外での宗教の自由の促進など、外交分野の個別の論点では意見が一致することがよくある。ただし、党派心の強い者たちはこうしたアプローチを嫌う。アン・マリー・スローターとベン・スコットがいうように「多くの議論において、専門家たちの立場はつねに変化を続ける両党派の支持層の思惑とはかけ離れている」からだ。(89)政治活動への資金提供に慣れている出資者たちは、シンクタンクの試みをあくまで利益の奪い合いという視点から見ていて、気にしているのは、政策が実際にどのような効果を上げるかではなく、それによって政治的に誰が得をするかである。そのため、彼らはシンクタンクの超党派的な活動に不満をあらわにする。党派心の強い後援者は、自分とは思想の異なるパトロンとの共同でのイベント開催には慎重な姿勢を崩さない。シンクタンクがこうした後援者からの出資を選択をした場合、思想が少しでもぶれることはきわめて大きなリスクとなる。ウィルソン・センターの役員、ジェーン・ハーマンは「大半のシンクタンクにとって、公開討論への参加はよいビジネスではない。どうして自分たちの支持者の関心がほかに移りかねないリスクをわざわざ冒さなければならないのか」と述べている。(90)党派心の強い後援者が主流となりつつある現在では、こうした配慮は財源にまで及んでいる。(91)

さらに直接的な問題は、こうした資金調達がシンクタンクの活動自体にも大きな影響を及ぼすことだ。二〇一五年九月、ヘリテージ財団が、資力のあるパトロンの極端な政治観と、わずかに残った思想的独立性のあいだでいかに綱渡りを続けてきたかを示すメールの履歴が公開された。メールのなかでパトロンは、オバマ大統領の市民権政策に疑問を呈し、反イスラムの講演者の名前を複数挙げて、ヘリテージに招請するよう要請していた。それに対してヘリテージの担当者は、パトロンの意見に同調しつつ、次のような答えを返している。「われわれは政府に、他のシンクタンクにはできないような提案をしています。そのなかには、あなたが心配されている問題に正面から対処してくれるだろうとわれわれが信じる講演者の招待も含まれています」。そしてそのあと、職員はこのパトロンに一〇万ドル単位の寄付を追加するよう頼んでいたのだった(92)。

もう一つ例を挙げよう。二〇一一年、ケイトー研究所の取締役会を、同研究所の設立者であるコーク兄弟が掌握しようと動きはじめた。狙いは当時の所長であるエド・クレーンを追放し、自分たちの政治目標に従順な人物を後任に据えることだった。取締役会の議長によれば、デビッド・コークは「(ケイトー研究所には)『繁栄のためのアメリカ人の会』やその他の提携団体に、知識の弾薬を提供して欲しい」と語ったという(93)。これに対してクレーンは「石油会社の大富豪に操られているシンクタンクを誰が信用するというのか」と反論した(94)。だがコーク兄弟は、研究に直接口出しすることこそなくなったものの、最終的にはクレーンの追放に成功した(95)。

また、フィランソロキャピタリストによる新たな投資手法も、従来型のシンクタンクにとって大きな問題になっている。この種の後援者たちは、金融や技術の世界で資産を築いた者が多いため、競争に慣れていて、投資でもリターンを重視する。また、政府の意向が大きく結果に反映される政治の世界にはまったくなじみがない。一方で、自分たちがやってきたビジネスでの習慣どおり、組織全体にお金を出すというよりは、プロジェクトごとに出資をしたがる傾向がある。どちらかと言えば、彼らは「シンクタンク（考える集団）」よりも「ドゥータンク（行動する集団）」に興味があるのである。マクガンによれば、昔は、「後援者は無尽蔵の資金をシンクタンクに提供して、『これで何か大きなことを考えなさい』と言ってくれた」ようだが、現在では状況は大きく変わった。スティムソン・センターの元所長が嘆くように、「シンクタンクは、知識のための知識がもはや価値を持たなくなった時代に適応しようと必死になっているのである。だが、環境の変化はあまりに激しく、ブルッキングス研究所の取締役はニューヨーク・タイムズで次のように漏らしている。「第二次世界大戦が終わったあとの最高の時代に戻れたらどんなにいいだろうか。当時、後援者は『ここに一〇〇万ドルある。好きなように使いなさい』と言ってくれたものだ」(96)。

新しいタイプの後援者は政治の世界に参入すると、シンクタンクよりも企業やその他の政治団体に多くの資産を投入しはじめた。マクガンが最近、語ったところによれば、「シンクタンクは現在、コンサルティング会社や法律事務所、スーパーPAC、ロビイストや利益団体と競争を繰り広げている。そのため、シンクタンクは後援者に対する責任をこれまで以上に意識するようになった」という(97)。また、私が直接シンクタンクの職員たちと話したときの感触でも、政治観の違いに関わらず、彼らに共通していたのは、政策提言を行う他の業種との競争からくる危機感だった。ブルッキングス研究所のテッド・ピッコーネはこれを「われわれはようやくシンクタンクとしての自分を意識したんだ」と表現していた。次の章で詳しく述べるが、現在、新旧さまざまな組織がシンクタンクと同じ世界でしのぎを削っている。こうした多様性の広がりは言論市場の環境をより競争的にした。

すべての雇い主を満足させたうえで、当初掲げた目的を達成するのはシンクタンクにとって非常に困難だ。これについてはカーネギー国際平和基金が一つの教訓を提供している。グローバルな展開を誇りにしていたこのシンクタンクは、ワシントンに加えて二〇〇六年までに北京、ベイルート、ブリュッセル、モスクワにもオフィスを設立していて、本来なら、トラックⅡ・ディプロマシー〔異なる国家間における非政府の政治関係や同士の外交〕のイベントを指揮するのにふさわしい組織と言ってよいはずだった。だが実際には、同シンクタンクの幹部たちの知的独立性には疑問符が付くうえに、一部の研究員は金のために副業としてコンサルティング業務を行っているようだった。さらに、モスクワ支部を維持するために、思想的な独立性を犠牲にしてずさんな研究を行っているとの批判が、アメリカのシンクタンクだけでなくロシアの反体制派からも挙がった[98]。こうした批判の妥当性をめぐってはその後、外部を巻き込んだ熱い議論に発展したが[99]、それはひとまず置いておこう。ここで言いたいのは、公正さを求められる分野では、中立を掲げているほかのシンクタンクもカーネギーと同じような問題に直面する可能性があるということだ。
また、党派主義に傾くことの危険を示す例としてCAPを取りあげてみよう。二〇一五年の後半、イスラエルの首相であるベンヤミン・ネタニヤフを講演者として招いたことに、CAP内部で反発が起きた。そもそもこの講演は長年にわたってオバマ政権やパレスチナ自治政府に好戦的な態度をとってきたイスラエルが、リベラル派との関係修復を意図して行ったものだった。この企画にCAPの幹部は賛成したものの、左寄りのスタッフは激怒し、公開ミーティングで「自分たちの核となる思想を破壊するような価値観で行動する指導者と一緒に仕事をして、思想的一貫性が保てると思うか？」と経営陣に詰め寄った。(100) ほかにも、右派のデモスや左派のセンター・フォー・ナショナル・インタレストのようなシンクタンクでも、公の場で組織の政治色とあわない発言をした職員を解雇した例がある。(101)

ただ、いくらシンクタンクが現在の思想産業に適応するのに苦労しているとはいっても、まだこの業種が滅びるには早すぎる。たしかに一部には、シンクタンクは二十一世紀の競争を生き残れないという意見もある。インテリジェンス分析官のマイケル・タンジは、「バーチャル・シンクタンク」がいずれレンガとモルタルでできた従来のシンクタンク機能を代替すると断言している。タンジは、オンラインのみで業務を行うセンター・フォー・スレット・アウェアネスを開設し、人件費や設備費、間接費がかかる従来の組織よりも、「シンクタンク2・0」はより無駄なく効率的になるだろうと述べた。(102) しかし、タンジがこうした主張を展開したのは二〇一〇年秋だったが、彼のセンター・フォー・スレット・アウェアネスはたったの一年で消えていった。(103) 一方、レンガとモルタルでできた従来のシンクタンクはまだ続いている。

グレート・リセッション後の世界では、シンクタンクの財政はさらに苦しくなり、倫理的なジレンマと新しい資金源の獲得のトレードオフに直面することになった。一番厳しかったのは、環境自体がより競争的になったことだ。すでに同じ業種のなかで政策への影響力を競っていればいい時代は終わり、シンクタンクは、大学を母体とする研究機関や、法律事務所、コンサルティング会社やロビー企業、慈善活動団体をはじめとするほかの分野の組織とも競争しなければならなくなった。

ただ、これまで幾多の難局を企業としての適応力を発揮して乗り越えてきたシンクタンクは、今回の危機にも同じような形で対処しはじめている。すでに多くのシンクタンクが資金調達の流れを透明化していて、ピーターソン研究所、ブルッキングス研究所、外交問題評議会などは、一部の調達先への依存を防ぐために資金源の分散を図っている。さらに、慈善活動家の側でも、自らの活動の限界を自覚しつつあり、とくに政府の決定を左右するのはきわめて難しいのを理解しはじめた。また、彼らは政治抜きで目的を達成するのに慣れているが、それでも特定の政策を推進したい場合には、活動の前提として政治的な支援は必要不可欠だ。その場合、いまではワシントンの政治力学がわかっている彼らは、逆にシンクタンクのような、影響力行使のための伝統的な手段に資金を投入する可能性が高まっている。

ヘリテージ・アクションはデミント体制のもと、連邦議会での存在感を明らかに増した。ただ、そのためにヘリテージ財団そのものが犠牲になってしまった。スローターのような一部のシンクタンク幹部は、市民的社会参画について、もっと「党派主義以前」の努力をすべきと主張している。[104] たしかにシンクタンクには、活動家やロビイストと協力して以前のように政治活動に従事するという道もあるだろう。だが、そうした活動には、シンクタンク本来の機能が果たせなくなるリスクがある。少なくともシンクタンクによる学界と政界の「境界領域」の独占はあっさりと崩れ去った。シンクタンクは大学以上に新しい言論市場で困難な課題に直面している。

そして、ここからはもう一つの興味深い疑問が湧いてくる。それは、シンクタンクが苦しんでいる利益相反の問題を、利潤追求型の組織はどのようにクリアしたのか、という問題である。

第6章 公共思想に関連した民間市場の急成長

「思想的リーダーシップがコンサルティング企業のマーケティングを支配する。これには十分な理由がある」――ある経営コンサルティング企業の広告より

お金を儲けようと思うなら、外交の分野を目指すのは賢い選択ではない。今世紀になってから、技術や金融をはじめとした多くの業界が、外交よりも実入りのいいキャリアを提供している。じつはこれが、私の思想産業に対する主張に本質的な問題を提起する。大きな思想を打ち立ててもお金を稼げないのだとしたら、言論市場での議論はすべて単なる空想ということになってしまう。市場が存在するのであれば、たとえ扱われるのが思想という形を持たないものであったとしても、利益が出るのは当然なはずだ。大学やシンクタンクの混乱？　それがどうしたというのか。それらは営利組織ではない。動いている金額が小さいことを考えると、従来の知識の源の混乱はそこまで大きな問題と言えるのだろうか。

この件についてリチャード・ポズナーは、著書のなかで、知識人の仕事には民間企業のよう

な需要と供給の法則が成り立たないと述べている。[1] だがこれは、当時から知識人についての記述としては正確とは言えなかったし、出版から一五年がたってさらに実情とずれてきている。ただ公平に言えばポズナーは、民間企業が外交政策に影響を及ぼすには基本的に利益団体やロビイストを使うしかないと思い込んでいた政治学者たちの意見に同調しただけだったのかもしれない。だがそれでは、公共圏で新しい思想を生み出すうえで民間企業が果たしている重要な役割を見落とすことになってしまう。[2] 現在、外交分野の民間企業は、単に資力だけではなくその発想でも大きな影響を与える存在になりつつあるのだから。

第2章では新しい思想産業への需要の高まりについて論じたが、本章では、民間セクターからどれだけ多くのソートリーダー〔thought leaders〕(思想的リーダー)が供給されているかをお見せしよう。お金を持った人たちは、国際社会でも思想的な影響力を行使したがる。また、ポズナーの主張がいかに間違っているかを確かめるには、BRICSで起こった現象を検証しなければならない。

BRICSとは、ブラジル(Brazil)、ロシア(Russia)、インド(India)、中国(China)、南アフリカ(South Africa)を指す言葉で、これらの国の頭文字をあわせたものだ。二〇〇八年の金融危機以降、これらの新興国のリーダーたちは定期的に首脳会議を開くようになり、[3] 二〇〇九年から二〇一六年のあいだに一四回のサミットを開催した。[4] しかもサミットでの取り決めの大半は、かなりの程度まで守られていたようだ。[5] グループ内の結束が高まるにつれて、農業、教育、環境、金融、医療、貿易といったテーマについても閣僚レベルでの会議が行われるようになり、ついに五カ国のつながりは、サミットの開催を超えて組織化されていく。各国の企業のトップや地方自治体の首長、国会議員などをメンバーとしたフォーラムが首脳サミットにあわせて開催されるようになり、トラックⅡ・ディプロマシーの流れが生まれた。そして、シンクタンクや研究所、大学によるBRICSの研究も始まった。

BRICSの取り組みが一番大きな効果を上げたのは金融だった。参加国は自国通貨での貿易を開始して、世界の基軸通貨であるドルから脱却する意思を示すと、[6] 二〇一四年には、途上国への融資の促進を目的に、共同で一〇〇〇億ドルを投じて新開発銀行を設立。同時に、メンバー国が急な財政危機に見舞われた際に流動性を確保するため、同じく一〇〇〇億ドルを使って外貨準備基金をつくった。さらにBRICSは、ブレトン・ウッズ協定で設立されたIMFや世界銀行のような従来の機関でも発言力を強めようと努力を続け、[7] 二〇〇八年以降は「国際金融とグローバル・ガバナンスの体制見直し」を繰り返し求めた。[8]

この新たな力の出現と枠組みの見直しの要求は、大きな議論を巻き起こした。[9] 現時点ではBRICS体制の実際のインパクトはそれほど大きくないが、多くの評論家が、これを将来におけるグローバル・ガバナンスの体制見直しの第一歩であると評価している。[10] こうした流れに反対している者たちであっても、BRICSの影響力は認めざるをえないはずだ。全盛期のOP

ECを例外として、BRICSは途上国の同盟としては歴史上もっとも重要だと言えるだろう。

BRICSが普通の同盟と異なるのは、その結成の経緯である。公式サイトにも載っている事実だが[11]、BRICSのアイデアを出したのは、参加国の政府でもなければ、大学でもシンクタンクでもない。発案者は当時ゴールドマン・サックスの一職員であり、のちに同社のグローバル・エコノミック・リサーチ部門のトップになったジム・オニールだった。二〇〇一年九月のレポートでオニールは、これからはBRIC（BRICSから南アフリカを抜いたもの）が世界経済の発展の中心になるという主張を展開した。ちなみに実際にBRICがこのあと見せた成長に比べれば、オニールの予想は控えめなものだったと言える。このレポートを彼は次のように締めくくっている。「今後この四カ国で見込まれる継続的な成長を考えると、中国は当然として、ブラジルとロシア、さらにインドも世界経済政策の調整機関に参加させるべきだろう」[12]。そして七年後、世界トップの経済会議であるG7がG20に拡大され、オニールの予想は現実のものとなる。さらにオニールのゴールドマン・サックスの同僚二人が、二〇五〇年までにBRICはG7とほぼ同じ規模に成長すると予想するレポートを追加で発表した[13]。

繰り返しになるが、もう一度はっきり言っておこう。BRICSはゴールドマン・サックスのマーケティングの思想がきっかけで結成されたのである。

オニールは単に兆候を読み取っただけであり、そもそもBRICSの結成は不可避だったという反論もあるかもしれない。だが、これらの国の性質がそれぞれ大きく異なっていることを考えると、その見方は現実的とは言えない。国際的な連合体の大半は、地理的な、あるいは安全保障や経済面での合理性を持って結成されている。しかしＢＲＩＣＳにはこうした要素が一切見られない。実際、ＢＲＩＣＳについて繰り返し聞かれる批判の一つは、欧米に対抗すると言いながら、途上国同士でも世界を巻き込むような競争が行われている、というものだ。[14] 加盟国は三つの大陸に分散していて、そのあいだで行われるであろう貿易量は限られている。また、ＯＥＣＤ（経済協力開発機構）とは違って、ＢＲＩＣＳは政治や安全保障の面でも統一性がない。政治体制としては民主制の国が三つに、専制制の国が二つ。安全保障でもインド、中国、ロシアはばらばらに行動していて、ときに利害が衝突している。従来の国際政治の舞台における過小評価に憤っていたことを除いては、ＢＲＩＣＳのメンバーにはほとんど共通点がないのである。[15]

また、オニールがＢＲＩＣという言葉を発明したのは、単にゴールドマン・サックスに顧客の注意を引きつけるためだったという見方もできるだろう。オニール自身はインタビューでこれを否定しているものの、ＢＲＩＣという概念がゴールドマン・サックスの顧客である企業、とくにこれらの国々への進出を狙っていた消費者製品の製造企業の注目を集めたという事実は否定できない。[16] 実際、ゴールドマン・サックスはこのコンセプトを最大限に利用するため、二〇〇六年にこれらの国に投資を行うＢＲＩＣファンドを発表し、ピーク時には八億ドルもの資金を集めている。[17] 他の投資銀行やヘッジファンドもオニールに最大限の賛辞を送り、ＢＲＩＣ

に特化した金融商品の開発を始めた。地政学の専門家もＢＲＩＣＳのコンセプトに賛同し、これからはＢＲＩＣＳの優れた「連結性」のもと、途上国が先進工業国とは独立に発展する「欧米不在の世界」が来るだろうと主張した。[18]

だが結局のところ、ゴールドマン・サックスの成長予想も、それに続く周囲のＢＲＩＣＳへの期待も長くは続かなかった。中国の経済成長率はオニールがレポートを書いた時点の半分になり、さらに出生率の急激な低下や、多額の財政赤字、金融不安といった要素が、中長期での成長や政治の安定性にも影を落としている。[19]だがそれでも中国は、ＢＲＩＣＳのなかでは一番ましな状況にあると言える。問題を抱えながらも、中国が世界トップクラスの経済大国に成長したのに比べ、ＢＲＩＣＳのほかの国々は二〇〇八年以降、大きく停滞した。従前の予想に反して残りの四カ国の経済成長は鈍く、ＯＥＣＤ経済からの脱却も進まなかった。[20]モルガン・スタンレーのラッチャー・シャーマは「ＢＲＩＣほど世界経済を混乱させた思想はほかにない」と言い、[21]多くの地政学の専門家が、ＢＲＩＣＳ諸国は自らの実力に対する見積もりが甘かったと口をそろえた。[22]また、二〇一三年にはオニール自身も、ＢＲＩＣＳという名前があまりに喧伝されすぎたことを認めている。[23]さらに二〇一五年の八月には雇い主であるゴールドマン・サックスも、オニールに同意したと言えるだろう。同社は、五年連続で赤字を出したＢＲＩＣファンドを、より投資先の広い新興国ファンドに静かに統合したのだった。[24]その後に行われた投資分析によると、「ＢＲＩＣＳ」だけでなく、名前になんらかのアクロニムを冠した（頭字語）

ファンドは概してパフォーマンスが悪いことが明らかになった[25]。

ただ、皮肉だったのは、発案者がこの思想を見捨てたちょうどそのころに、BRICSの結束が政治的な影響力を持ちはじめたことだろう。たしかに現在のところこれらの国の経済は停滞しているが、BRICSという概念自体は政策決定者や知識人に大きな影響を与えている。オニールの思想が出てからの一五年間、新興市場を指す新しい用語をつくろうという試みは他の投資銀行の職員や地政学の専門家にも広がり、結果的には定着しなかったものの、MIKTA、BRICSAM、MINTといったほかの新興国を指す用語が生み出された[26]。こうした状況について、ジャーナリストのジリアン・テットはフィナンシャル・タイムズの記事で以下のように述べている。

Bricsは利己的な動機から生まれた概念だった。しかし、概念というものは発案者の予想や願望を超えた存在になる場合がある。オニールはBricsという言葉をつくることで、国際政治のキーマンたちの心のなかにある地図を書き換え、西欧諸国の影響からの脱却という世界の根本的な変化を明確に示した。そして、人が思考や言葉に現実を反映させるだけでなく、逆にそれを通して世界をつくっていくのだとすれば、Bricsというタグは現実を現すとともに、変化をも促進していることになる。(中略)世界初の「Bricsシンクタンク」の設立を担当したブラジル・リオデジャネイロの役人、フェリペ・ゴエスは、「（われわれがBricsという言葉を使うのは）皮肉と言えば皮肉だ。（中略）ただこの現象は、いまの世界で新しい思想を生み出すのは、ゴールドマン・サックスやマッキンゼーにいる金と知力を兼ね備えた人であるという事実を反映している」と述べたが、これも正しいのかもしれない。実際、近年ゴールドマン・サックスのような大組織がこれほどの影響力を発揮しているのは、単に取引がうまかったり、政治家とのつながりを持っているからだけではなく、資金を投じて分析能力を高め、レポートが世界中で読まれるようにすることで、金融マンが「思想的リーダーシップ」と呼ぶ力を磨いているからだろう[27]。

ＢＲＩＣＳの存続は、民間セクターの思想的リーダーたちが力を増している証でもある。ゴールドマン・サックスのような投資銀行か、マッキンゼーのようなコンサルティング企業か、ユーラシア・グループのような政治リスク調査会社か、はたまたグーグルのような技術系企業であるかを問わず、民間セクターの組織は新しいナレッジ・ブローカー（知識の媒介者）として活躍を始めている。

ただ、シンクタンクと同様、思想産業の民間セクターも従来の知識人から激しく攻撃されている。利潤追求という目的を掲げているがゆえに、これらの企業はさまざまな点で批判にさらされやすい。大学やシンクタンクが気にするのは研究のための資金の確保だが、こうした企業は原則的に利潤を追わなければならない。また、こうした企業が持つ情報は業務を行う過程で手に入れたものであるため、そこから生まれる知的生産物の内容の出自を完全に明らかにするわけにはいかない。厳しい形式にのっとって情報を発信する大学教授や、大半の研究者と比べると、これは民間企業の弱点だと言えるだろう。批判者にとってはいま挙げた点だけで、企業の知的生産物は信用ならないということになってしまう。

しかし、ここ一〇年ほどで、私は民間セクターと交流、協力する機会が増えている。金融企業主催の会議やマッキンゼーの懇談会に参加し、政治リスク調査会社のコンサルティングをし、さらにグーグルには無償でアドバイスをしたりもした。しかもさらに重要なのは、民間セクターの思想的リーダーと従来の外交関係者の交流が始まっているのを幾度となく目撃したことだろう。このつながりは簡単には切れそうもない。民間の思想的リーダーたちには、活動スタイルのうえでこれまでの知識人にはないアドバンテージがあるうえに、分野によっては研究の方法論や内容でもたしかなものを持っているからだ。現代の思想産業を形づくる力は、利潤を追求する思想的リーダーたちにも有利に働いている。

ちなみに、もっとも古い思想産業は、アメリカで十九世紀の後半に起こった研究大学である。シンクタンクができたのはその一世代あとだ。そして、最初のシンクタンクが生まれたあとすぐに、さらに新しい業種として民間セクターの思想産業が登場した。その後、世界恐慌を機に、民間の思想産業はその存在を広く知られることになる。

ビジネス史の研究者であるクリストファー・マッケンナは、『ワールヅ・ニューエスト・プロフェッション（The World's Newest Profession）』のなかで、世界初の経営コンサルタントはそれ以前に設立されてはいたものの、業種として本格的に花開いたのは一九三三年制定のグラス・スティーガル法からだと説明している[28]。これはおもに投資銀行と商業銀行を分けた法律として知られていて、ゴールドマン・サックスやモルガン・スタンレーなどの企業としてのルーツとアイデンティティはここにある。だが同時にグラス・スティーガル法は、銀行にコンサルティング業務や組織の再編活動に従事するのを禁じた（一九二〇年代まで銀行は伝統的にこれらの活動を行っていた）。同じく、一九三三年証券法では、アーサー・アンダーセンをはじめとする会計事務所に会計業務以外の活動を禁じ、主たる業務である監査を行ううえで利益相反が生じないようにした。大恐慌時代にこれらの法律が整備されたことで、マッキンゼーやアーサー・D・リトル、ブーズ・アレンといった第一世代のコンサルティング企業がその規模を一気に拡大した[29]。

一般に、コンサルティング企業は、知識や抽象的な思想に興味を持たないイメージがある。事実、著作家のウォルター・キーチェルはビジネスマン時代を振り返って、「もし経営コンサルタントを怒らせたいのなら、あなたは自分のことを知識人だと思っていますか、と聞いてみればいい。たとえその人が論文や本をたくさん書いていたとしても、このセリフは効果抜群だ」

と述べているほどだ[30]。しかし実際には、コンサルタントたちは知識を非常に重視し、初期の段階からそれを獲得するための努力を続けてきたのである。第一世代のシンクタンクと同じように、コンサルティング企業の創業者たちも学界と密接な関係を持っていた。アーサー・D・リトルの創立者のアーサー・デホン・リトルはアメリカ化学会の元会長であり、本社をマサチューセッツ州のケンブリッジに構えることでMITとの強力なコネクションを築いた。ジェームズ・マッキンゼーも、アメリカ会計学担当大学教員学会の元会長であり、シカゴ大学で会計学の教授を務めながら自分の名を冠した会社を興すと、その後も大学とのつながりを保ちつづけた。さらに、エドウィン・ブーズもノースウェスタン大学の心理学科と同じような関係を築いている[31]。

ブーズとマッキンゼーは自分たちの会社を興した直後に、コンサルティング業務の職業倫理と基準の確立を目的に、経営技術士協会を共同で設立している。マッキンゼー・アンド・カンパニーはすぐに業界のリーダーとなり、あとに続くA・T・カーニーの世代の見本となったが[32]、これはジェームズ・マッキンゼーの後継者であるマービン・バウアーの手腕によるところが大きい。バウアーは、コンサルティング業務のターゲットを企業の経営幹部に絞ることで、平凡でルーティンワークになりやすく、利ざやが狭くなりがちな企業の下層部相手の仕事をやめるという戦略を打ち出した。そして、マッキンゼーの企業風土を一流の法律、会計事務所に近づけて、プロフェッショナリズムの重要性を強調し、トップクラスのビジネススクールからエリートを会社に引き入れた。[33] また、経営技術士協会もマスメディアを使った広告や、電話での営業、不透明な請求といった「プロにふさわしくない慣習」を明確に否定した。[34] 裕福で、高い教養を持ち、きれいにスーツを着こなす改革者という現在の経営コンサルタントのイメージは、マッキンゼーがつくったのである。

また、シンクタンクと同様、経営コンサルタントも第二次世界大戦中には大きな役割を果たしている。ブーズ・アレンは大西洋、太平洋を舞台とした両洋作戦実施に向けてアメリカ海軍の再編成を行い、アーサー・D・リトルは兵站効率化のためのオペレーションズ・リサーチに力を貸した。そして、戦争が終わるとアイゼンハワー政権はホワイトハウスの体制を立て直すためにマッキンゼーを雇った。[35] じつは、過去五〇年間に大企業に訪れた多くのトレンド――一九五〇年代の組織の効率化、一九八〇年代のＩＴ技術の導入、一九九〇年代のグローバルビジネス戦略、二〇〇〇年代の海外へのアウトソーシングの発信源は、すべて経営コンサルタントだったのである。[36]

二十世紀後半に入ると、アメリカの多国籍企業にとってすでに必要不可欠な存在となった経営コンサルタントは、ビジネス界共通の「ナレッジ・ブローカー」として機能しはじめる。さらに、一九六〇年代前半のボストン・コンサルティング・グループの設立が、ビジネスの「理論化」に拍車をかけることになる。[37] 最初にＢＣＧ、次にそこから派生したベイン・アンド・カンパニーが動き出し、それに対応する形でマッキンゼーがビジネス戦略の理論化に着手すると、その流れはアメリカの実業界全体に広がっていった。企業の重役会議に出席したコンサルタントたちは、参加の回数を徐々に増やして長期のコンサルタント契約に結びつけ、未来の行動をアドバイスする。たった数年のうちに、マッキンゼーでは収入の八五パーセントが、リピート客（彼らの特有の用語で言えば「トランスフォーメーショナル・リレーションシップ」）によるものとなった[38]。現在では、コンサルティング産業の市場規模は一五〇〇億ドルを超え、会計事務所や金融企業と肩を並べる高収入業種となっている[39]。

とはいえ、おもに民間企業に対して業務を行っているはずの経営コンサルタントが、どのようにして外交の言論市場にこれほどの影響を与えてきたのだろう？ じつは、第一の道はコンサルティング業務そのものにある。主要なクライアントは民間企業であるとはいえ、二〇〇八年の時点で、政府や非営利組織に対するコンサルティング業務の割合は全体の五分の一に達している[40]。連邦政府が民間へのアウトソーシングを推進するようになってから、多くのコンサルティングファームが政府の仕事を請けるようになった[41]。アメリカでは、ブーズ・アレンとプライスウォーターハウスクーパースが、バイオテロ対策をはじめとする安全保障の新分野で政府機能の強化を担っている。また、賛否両論はあるものの、イギリスの医療制度改革ではマッキンゼーが大きな役割を果たしている[42]。さらに同社は多くの途上国で、それぞれの特性にあわせた温暖化対策コンサルティングを行っている。とくに、サウジアラビアの経済再生プランにおける影響力はすさまじく、首都のリヤドでは、国家経済企画省は「マッキンゼー企画省」に改名すべきだというジョークもあるほどだ[43]。新興国の政府はマッキンゼーを雇用することで、環境問題対策への資金提供者に対して、森林の減少、劣化が原因で発生した温室効果ガスの削減に本腰を入れているというアピールが可能になる[44]。そして最終的にマッキンゼーには、政府機関専門のコンサルティング部門であるマッキンゼー・センター・フォー・ガバメントが設置された[45]。多くの国の政府とつながりを持つことで、経営コンサルタントは政策立案に直接影響を及ぼすようになり、関係者しか知りえない情報も手にするようになったのである。

だが、コンサルティング会社の持つ手段のなかでさらに言論市場に対する影響が大きいのは、思想的リーダーシップの戦略的実行だ。規模の小さな企業はカリスマ経営者を前面に出して、本や講演会、メディア出演などを通してその経営理念や哲学を世に知らしめようとする。しかし大企業は、戦略こそ似ているものの、論文の発表や講演を行う舞台として学会や知名度の高いイベントを選ぶ[46]。マッキンゼーがこうした活動に使う予算は年間で四億ドルに達していて、二〇一三年には同社のグローバル・マネージングパートナーであるドミニク・バートンが、『エコノミスト』の記事のなかで、マッキンゼーの知的生産力は「大学並み」であると豪語している[47]。企業の役員を対象にした調査でも、こうした思想的リーダーシップはコンサルティング業務へのさらなる需要を生むという結果が出ている[48]。「outside the box（枠に捕らわれない）」「bandwidth（仕事上の余力）」「buy-in（同意する）」などのコンサル用語が一般に広く使われるようになったのも、経営コンサルタントが公共圏に与えた影響の大きさを示していると言えるだろう。[49]企業の歴史の専門家は、マッキンゼーのコンサルタントが外の世界からどう見られているかを以下のようにたとえている。

金、権力、名誉だけでは飽き足らず、彼らは企業経営の分野における知的探究心まで持っているふりをしはじめた。銀行員でも会計士でも法律家でもない。彼らは思想家なのだ。権力者の耳元で何かをささやき、世の中に多大な影響を与えるが、その責任はとらない。（中略）

そのブランド力と効率的な組織を、「てこ」として使えるマッキンゼーという会社の後ろ盾によって、コンサルタントたちは業務を通じて、恐ろしく効率的に思想を拡散する。[50]

じつは、思想的リーダーシップを推進する一番の方法は、営利組織としてのシンクタンクを設立することだ。マッキンゼーはこの分野の草分けであり、一九六四年に機関誌『マッキンゼー・クォータリー』を発行しはじめると、一九九〇年にはマッキンゼー・グローバル研究所（MGI）を設立した。マッキンゼーの刊行物のなかでは、MGIはインハウスの「シンクタンク」だとされていて、公式ウェブサイトでは「MGIの使命は民間、公共、社会の各部門のリーダーたちに、経営や政策決定の根拠となる事実と知見を提供することです」とある。[51]MGIが発行するレポートのトピックは、中国経済の先行きから、ビッグ・データの出現、あるいはドルが基軸通貨でありつづけることのメリットとデメリットなど、多岐にわたる。二〇〇九年以降、マッキンゼーはMGIのマーケティングに力をいれ、刊行物を広く流通させて、外部の人にも手に取りやすいようにしている。

そして表6が示すように、多くの経営コンサルや金融機関がこのマッキンゼーの手法をまねている。(52)ペンシルベニア大学が発表した二〇一五年の営利型シンクタンク・ランキングではMGIがトップに輝いているが、そのあとに、アーンスト・アンド・ヤング、A・T・カーニー、アクセンチュア、ボストン・コンサルティング・グループ、デロイト、プライスウォーターハウスクーパースなどが名を連ねている。

営利型シンクタンクは、経営コンサルタントの枠を超えた活動を始めている。近年、投資信託企業のレガタムは、世界の経済発展促進に向けてレガタム研究所を設立した。JPモルガン・チェースも政策決定者へのアドバイスのためにJPモルガン・チェース研究所をつくり、(53)国家安全保障会議でディレクターを務めていたダイアナ・ファレルと、マッキンゼー・グローバル研究所の元所長を経営陣として迎えている。同様に、コールバーグ・クラビス・ロバーツもKKRグローバル研究所を設立した。同研究所では「新興分野の開発と、地政学、マクロ経済、人口統計、エネルギーと天然資源市場、テクノロジー、貿易政策の長期のトレンドに関する専門知識と分析結果を統合」し、「思想的リーダーシップの共通の土台としての役割を果たす」

【表6　2015年　営利型シンクタンクベスト20】

順位	シンクタンク	本部所在地
1	Mckinsey Global Institute	アメリカ
2	Deutsche Bank Research	ドイツ
3	Economist Intelligence Unit	英国
4	Oxford Analytica	アメリカ
5	Nomura Research Institute	日本
6	A.T.Keaney Global Business Policy Council	アメリカ
7	Jigsaw(Google Ideas)	アメリカ
8	Eurasia Group	アメリカ
9	Ernst & Young	アメリカ
10	Samsung Economic Research Institute	韓国
11	Accenture Institute for High Performance	アメリカ
12	Stratfor	アメリカ
13	Strategy &, FKA Booz and Company	アメリカ
14	Kissinger Associates	アメリカ
15	Calouste Gulbenkian Foundation	ポルトガル
16	IBM Institute for Business Value	アメリカ
17	GovLab(Deloitte)	アメリカ
18	Europian House--Ambrosetti	イタリア
19	Boston Consulting Group	アメリカ
20	PricewaterhouseCoopers	アメリカ

出所＝The Lauder Institute, 2015 Global Go To Think Tank Index Report, Table 28.

という目標を掲げ[54]、所長には元陸軍大将でCIA長官の経験もあるデビッド・ペトレイアスが就任した。

これらの営利型組織は、言論市場への影響力を強化するため、いくつか新しい戦略をスタートさせている。まず、学術機関のような体裁をとるところが増えた。ただ、デロイトが自社の刊行物の出版元を「デロイト・ユニバーシティ・プレス」名にしているのをはじめとして、こうした試みの一部はあくまで表面的なものにすぎない[55]。次に、多くの投資銀行や経営コンサルタントが、マーケティング活動の一環として、レポートを業界紙に無料で掲載しはじめた。狙いはメディアにおける自社の知名度の向上であり、なかには世界経済や国際政治に関する予測をただで提供している会社もある。ここ数年だけでも、クレディ・スイスが国際政治の多極化回帰についてのレポートを発表し、世界の経済に関してはKPMGが二〇三〇年時点の、HSBCとプライスウォーターハウスクーパースはさらに時計の針を進めて二〇五〇年時点の未来像を分析している[56]。こうしたレポートは思想的リーダーシップの具体的な発露と言えるもので、地政学的な予測を含むその内容は、従来の財務分析の範ちゅうには収まらない。

もう一つの戦略は、さまざまな国や地域などをランキングした精度の高いインデックスを作成、公開することである。世界経済フォーラムの国際競争力指数やトランスペアレンシー・インターナショナルの腐敗認識指数をはじめとして、数多くの団体が世界の国々をランク付けする興味深い指標を発表している。私は、MGIの代表であるマイケル・チーが、こうしたランキングの作成はマッキンゼーが手がける仕事のなかでも「人々の興味をひくのにとくに有効な手段の一つ」と言っているのを聞いたことがある[57]。また、コンサルティング業界を観察したあるブログには、次のような文章があった。「特定の分野で知名度が上がった企業には、宣伝のチャンスが与えられる。関連した話題についてメディアでコメントを求められるようになるし、なにより人には『AとBのどちらが上なのかを知りたい』という心理があるため、ランキングはメディアの注目を集めやすい」[58]。事実、こうしたランキングで低い順位を付けられた国は、実際に政治改革を行って、ランクを上げようと努力する傾向があることがわかっている[59]。こうなると、多くの民間企業が独自の指標をつくりはじめるのも当然だろう。レガタム研究所が各国の繁栄度合いを測る世界繁栄指数を、DHLとマッキンゼーが国家間のつながりの強さを示すインデックスを、そしてデロイトが世界製造業競争力指数をそれぞれ発表した。

こうした営利型シンクタンクの多くは、コンサルティング部門に匹敵する存在に成長していった。また、グレート・リセッションの後遺症によって、ゴールドマン・サックスのような従来型の金融系企業の思想的リーダーシップは大きく制限されたが、マッキンゼーをはじめとする経営コンサルタントのダメージは比較的小さかった。金融危機によって、多くの金融系企業が予算の削減を余儀なくされるなか、コンサルティング会社は影響力を着実に伸ばしていった。要するに、金融セクターは二〇〇八年の金融危機の責任を問われて信用を失い、その影響が思想の発信力にも及んだのである。フィナンシャル・タイムズのビジネスブック・オブ・ザ・イヤー賞のスポンサーが、二〇一四年にゴールドマン・サックスからマッキンゼーに変わったのはこの流れを象徴するような出来事だった。

経営コンサルタントは、個々のコンサルティング業務や思想的リーダーシップ推進活動の総和よりも、さらに大きな知的能力を有している。なぜなら、国際的な活動を数多くこなすなかで、経験から得た暗黙知と大きな思想を結びつけるノウハウが蓄積し、ある部門で学んだ教訓を他の部門に生かすという「知識の裁定取引」を行うことができるからだ。これによって経営コンサルタントは、これまでに得た経験を一般化してまったく新しい法則を引き出せる。マッキンゼーの「人材獲得、育成競争」という発想や、BCGのアメリカ製造業に「ホームショアリング」が訪れるという予想もこの方法から生まれたものだ[60]。幅広いネットワークと独特の発想によって、コンサルティングファームは現在では、言論市場で唯一無二の存在となった[61]。

もちろん、経営コンサルタントの思想活動が完璧であるかと言えば、けっしてそうではない。現在、「思想的リーダー」という言葉はあざけりの意味を込めて使われる場合も多いが、理由の一つは、コンサルティング企業がこの用語を多用しすぎたせいだ。また、世界経済について企業が発表しているランキングや予想は、数多くの方法論上の誤りを含んでいる[62]。マッキンゼーやBCGなどの企業が特定し、名前をつけたトレンドのなかには、あとから言いすぎだったと判明したものも多い。BCGはインソーシングから生まれる雇用の量を過剰に見積もっていたし、二〇〇一年に起きたエンロンの壮大な破綻劇の責任の一端は、マッキンゼーが提唱した

「人材獲得、育成競争」にあると言っていい。ジャーナリストのマルコム・グラッドウェルも「本質的にはマッキンゼーが、エンロンの企業文化の青写真をつくった」と言っている。[63] イギリスの国民保健サービスの（部分的）民営化にマッキンゼーが参加したときには、メディアから多くの批判が集まった。[64] 二〇一四年には、『マッキンゼー・クォータリー』の五〇周年を記念して、同社の花形社員たちがコンサルティング業界の今後の五〇年に関するエッセイを発表したが、[65] フィナンシャル・タイムズのコラムニストであるルーシー・ケラウェイは、これを「ありきたりの言葉を並べた、できの悪い作文」と酷評している。[66] ただ、コンサルティング業界を分析したある論文は「業界に対する批判の声は大きく、多くの疑念が渦巻いている。それにも関わらず、コンサルティングという業種が勢いを失っていないのは驚嘆に値する」と結論している。[67]

表6のランキングのなかには、政治リスク分析企業も入っている。これはコンサルティングファームよりもさらに新しい業種だ。近代において地政学的リスクの分析に対するニーズが生まれたのは、一九七〇年代の前半だった。新しく独立した発展途上にある国々に、海外直接投資による搾取の嵐が吹き荒れるなか、ＯＰＥＣは一九七三年の石油禁輸を通じて、生産国カルテルによるエネルギー価格への影響力の強さを見せつけた。このような状況を受けて、政治リスクに対する関心は高まったものの、当時は体系的な分析方法と呼べるものは存在しなかった。[68]

そしてときは流れ、再び政治リスク分析への需要が高まるタイミングがやってくる[69]。経済のグローバル化によって、新しい市場を求めて国境を越えた投資が始まり、国をまたいだ複雑なサプライチェーンが出現したのである。世界中に設備を建てて、連携させるには地政学リスクを見積もる必要があった[70]。また、今世紀に入ってから多くの経済制裁が行われたことも、多国籍企業にとってはさらなるリスクとなり、一部の業種では海外投資のリスクを下げるためのアドバイスを求める動きが起こった。さらに、二〇〇八年の金融危機によって、政治的リスクは発展途上国だけでなく、先進国でも問題となることが明白になった。事実、現在では、ＥＵとアメリカの政情不安がここ一〇年以上にわたって、国際金融市場の最大のリスクでありつづけている。イングランド銀行の調査によると、ビジネス上の懸念材料として地政学リスクを挙げた企業幹部は、二〇一三年から二〇一四年のあいだに一三パーセントから五七パーセントに増加していて、マッキンゼーの調査でも同様の結果が出ている[71]。二〇一四年九月にはフィナンシャル・タイムズが、「政治リスク分析はそれ自体が成長産業である」と報じている[72]。ユーラシア・グループのデビッド・ゴードンが私に言ったように、政治リスクはいまや「経営幹部レベルの論点」となったのである。

また、需要とは別の理由で供給側もその規模を拡大した。政治リスク分析企業は引退した政治家のちょうどよい就職先になったのである。前の章でも述べたように、従来、政治家は引退後、シンクタンクの閑職に就くのが定番のコースだった。だが、成功したリスク分析企業の職員になれば、従来型のシンクタンクの研究員よりもはるかに高収入が見込める。この道を最初に切り開いたのは、ヘンリー・キッシンジャーだった。彼は一九八二年にブレント・スコウクロフトとともにキッシンジャー・アソシエイツを設立し、民間企業を相手にアドバイザリーサービスを始めたのだった。そして今世紀に入ると、政治コンサルティングと戦略的情報発信を専門とするワシントンの企業は爆発的に増えた。そのなかには、ビル・クリントン政権の元政権担当者三名が設立したオルブライト・ストーンブリッジ・グループや、ジョージ・W・ブッシュ政権の元政権担当者三名によるライス・ハドリー・ゲーツ、二つの政権で安全保障問題担当補佐官を歴任したブレント・スコウクロフトのスコウクロフト・グループ、クリントン政権の元政府職員がつくったテネオなども含まれている。[73] こうした企業の業務の大半は、クライアントとの直接契約による「オーダーメイドの」調査であるため、その情報に外部からアクセスすることはできない。だが、それでも思想産業で重要な役割を果たしている。こうした調査では、誰が調査に関わっているかについては公開される場合が多く、それだけで世論に影響を与えるからだ。さらにこうした企業の職員は、外交政策諮問機関のメンバーになったり、シンクタンクのレポート作成を手伝ったりとさまざまな役割を担うことが可能だ。[74]

企業にとって、リスク分析企業を雇うことは、海外への大きな投資を伴う意思決定をする際のデューデリジェンスの一部になりつつある。また、国家情報会議のような公共セクターの組織も調査を補強するために民間のリスク分析企業を使いはじめた。ちなみに、表6にもあるとおり、エコノミスト・インテリジェンス・ユニット（EIU）、オックスフォード・アナリティカ、ユーラシア・グループ、キッシンジャー・アソシエイツ、ストラトフォーは営利目的シンクタンクのトップ20に名を連ねているが、EIUを除いてこれらの企業は一九七五年以前には存在していなかった。

政治リスク分析企業の現在の状態は、本質的に初期の経営コンサルタントと同じだと言っていい。この業種が生み出す成果物は形を持たないものであり、現時点では「政治リスク保険」なども存在しない。そのため、政治リスク分析企業のアドバイスを受けたクライアントがそれを元に、多くのヘッジ手段や細かい保険を組み合わせてリスクに対処している(75)。業界団体は存在せず、コンセンサスを得たベストプラクティスもない。採用する人材は国際関係のアナリストや、情報機関の元職員、引退した特殊部隊の隊員など多岐にわたるが、そのために組織のなかで文化的な対立が起こることも珍しくない。また、この分野の企業は、経営コンサルタントが眉をひそめるような、非常にアグレッシブなマーケティング戦略を数多く仕掛けている。

政治リスクアナリストのパフォーマンスについては、業界の内外を問わず賛否両論ある。まず、一部のメディアは好意的な報道をしている。業界トップの一つであるストラトフォーは、今世紀に入ってからメディアへの露出が増え、『バロンズ』では「影のCIA」と称されている(76)。EIUは二〇一四年の営利型シンクタンクベスト20のトップにランクされた。これ自体、政治リスクアナリストが（ときに）質の高い分析を提供していることの証左だろう。私自身、ある政治リスク分析企業がアメリカの政府機関に提案した地政学シナリオプランを審査した経験から、顧客の状況にあわせてオーダーメイドで実施する調査でも、十分な正確性を担保できることを実感している。

だが、問題もある。この業種で働く元政策立案者たちは、利潤追求の活動以外にも、他のシンクタンクや政府の委員会の役職に就いている場合が多く、しかも業務間で発生しうる利益相反の可能性について明らかにしようとしないのである。[77] また、フィナンシャル・タイムズでは、政治リスクアナリストは、「世界各国を文化的洗練の度合いで色分けした地図をつくるのが好きなようだ」と挑発的な指摘をしている。[78] そして二〇一二年には、ウィキリークスにストラトフォー内部のEメール五〇〇〇万通以上が公開され、業界の暗部が白日の下にさらされた。「グローバル・インテリジェンス・ファイル」と呼ばれるこれらの文書は、「表向きはリスクアナリストとして活動する企業が、裏では大企業や（中略）政府機関の諜報活動を支援していた動かぬ証拠である」とウィキリークスは宣言した。[79] だが実のところ、このEメールが明らかにしたのはストラトフォーのずさんな仕事ぶりだった。ガーディアンは「きわめて質の低い情報が、最高の値段で売られていた」と報じ、[80] あるコメンテーターは「ストラトフォーの資料は一週間遅れで届く『エコノミスト』のようなものだ。しかも、値段は数百倍ときている」と皮肉った。[81] 業界の関係者ですら、政治リスク分析が玉石混淆であるのを認め、[82] ある元政治リスクアナリストは「一部例外はあるものの、大半のリスク分析は表面的であるうえに客観性に乏しい」と断言した。[83]

ただ、知的基盤に危うさを抱えているのはたしかだが、それでも政治リスク分析企業は以下の二つの理由から、利潤追求型の思想産業のなかで重要な役割を果たしている。第一の理由は、地政学的リスク分析という業務の性質上、これらの企業は世界の力学に関する隠れた理論を形成し、活用していることだ。業界を研究したある論文は、「企業が発表するリスク評価ランキングのなかでこうした理論が解説されていることはほとんどない。しかし、理論自体はたしかに存在する」と指摘している。[84] リスクアナリストのもつ、戦争や危機や革命が起きる原因についての理論は、当然ながら世論に影響を与える。とりわけ、民間の仲介業者や多国籍企業が、リスクアナリストの調査をデューデリジェンスの一環ととらえているのであれば、影響はさらに大きくなる。[85]

二つ目の理由は、この業界の企業の多くが、経営コンサルタントや金融系企業と似たような思想的リーダーシップ活動を行っていることだ。ほかの業種と同じく、政治リスク分析企業も世界経済の長期的な予測を立てていて、たとえばＥＩＵは二〇五〇年までのマクロ経済予測を公開している。[86] また、それ以外にもメディアの注目を集める指標は数多い。ＥＩＵの民主主義指数をはじめとして、ベリスク・メープルクロフト、ポリティカル・リスク・サービス、ユーラシア・グループなどの企業も政治リスクに関連したランキングやインデックスを発表している。とくに毎年一月にユーラシア・グループが発表する「トップ・リスク」リストは多くのメディアに取りあげられ、大きな反響を呼んでいる。

他の業種と同じく、政治リスクアナリストの世界でもカリスマ指導者に頼る傾向があるが、そもそも業界自体ができたばかりであるために、カリスマ指導者は企業の創業者である場合がほとんどである。ストラトフォーの創業者であるジョージ・フリードマンはCEOとしての在任中に、次の一〇年、あるいは次の世紀に世界の政治がどう変わるかを予言する複数の著作を発表している。[87]ユーラシア・グループの社長であるイアン・ブレマーは多くの著書に加えて、『フォーリン・ポリシー』や『タイム』でコラムも執筆し、さらに世界経済フォーラムとの強いコネクションを通じて潜在的な顧客やインフルエンサーとのネットワークを広げている。ユーラシア・グループのウェブサイトいわく、「ブレマーをはじめ、当社のトップアナリストは幹部レベルの報告会や大規模な会議、国際的なサミットなどで頻繁に講演を行っています」とのことだ。[88]

政治リスク分析企業の思想的リーダーシップ活動の一部には、明らかに経営コンサルタントの成功をなぞろうという意図が見える。だが、経営コンサルタントと違うのは、業界の評判が足かせとなっている点である。政治心理学者のフィリップ・テットロックは、専門家の予測能力についての研究に人生をささげた人物だが、彼ですら「この分野の専門家たちが政治、経済、技術について正確な予想を立てられると信じるに足る、客観的かつ科学的な証拠はあまりに少ない」と結論している。[89]また、取り扱っている思想の中身も、どうやら主たる業務であるオーダーメイドの調査に比べると質の面で劣るようだ。特定の思想を広めようとしているがゆえに、彼らの分析には一定のバイアスがかかっている。私は業界で高い役職についているある人物から、政治リスクアナリストの成果物で一般に公開されているものは、客観的な分析ではなく、ある種のマーケティング資料だと考えるべきだといわれたことがある。人目を引くわかりやすい内容で、潜在的な顧客に対する網を張り、それに引っかかった顧客を個々の状況にあわせたより細かい分析サービスに誘導する。こうした戦略をとる以上、思想的な偏りが出てくるのは当然で、この人物が口にしたえげつない表現を借りれば、「とにかくまずは脅かすことだ。そうすればクライアントはドアを開けて入ってくる」ということになる。

最後にもう一度、表6を見てみよう。トップ20のなかにジグソー（旧グーグル・アイデアズ）の名前があるはずだ。前にも述べたように、二十一世紀の富裕層は、寄付のやり方や方向性が前の世代とは異なっている。そのため、ジグソーの代表が自らの組織を「国際社会の最前線にいる人々に、テクノロジーを使っていかに貢献するかを追求する、行動するシンクタンク」と称するのもさして不思議なことではない。(90) ジグソーの創業時、グーグルの会長であるエリック・シュミットは、フィナンシャル・タイムズの取材に次のように答えている。「テクノロジーはあらゆる場所において、課題であると同時に解決策でもあるという前提からジグソーは生まれた。技術は使い方次第で良くもなれば悪くもなる。（中略）ならばテクノロジー企業として、われわれが向かう先はどこにあるのか？　われわれは技術がいまや世界のあらゆる課題に関連し、課題を浮き彫りにし、あるいは課題をつくり出しているのを認めなければならない」。[91]

こうした行動理念自体は、シリコンバレーにあるほかの慈善活動団体でもありえないものではない。しかしやはり、ジグソーは思想産業の新種であり、従来の組織とはわずかではあるが明確に異なる特徴がある。第一に、ゲイツ財団やグーグルの慈善活動部門であるグーグル・ドット・オーグなどとは異なり、ジグソー（グーグル・アイデアズ）は企業財団でもなければ、非営利団体でもない。もともとはグーグルの事業運営・戦略部門の一ユニットにすぎなかったのである。[92]二つ目は、初代代表にジャレッド・コーエンが指名されたことだ。コーエンはブッシュ政権とオバマ政権の両方で国務省の政策立案スタッフを務めた人物で、二〇〇九年にイランで抗議活動が起きた際に、抗議者たちの国内外における連絡手段確保のため、予定していたメンテナンスを遅らせるようツイッター本社を説得して名を上げた。[93]この人事から、グーグルがジグソーを通じて、ビジネス戦略と政策提案の融合を狙っていたのがわかる。

ただ、二〇一三年にシュミットとコーエンが共同で執筆した、国際政治のデジタルトランスフォーメーションをテーマにした本のなかでは、グーグル・アイデアズにたった一度しか触れなかったという事実には注目しておくべきだ。[94]グーグル・アイデアズの当初の活動範囲は非常に狭く、その目的は、おもにネット上での過激なイデオロギーの拡散防止にあった。[95]もっとも知られている取り組みは、「過激暴力主義との戦い（ＡＶＥ）のためのネットワーク」だろう。これは、二〇一一年六月にダブリンで開催された、ギャングやジハード主義者、極右勢力などの好戦的な集団に所属していた経験を持つ人物を集めたサミットで同社が中心になって結成したもので、過激派による「危険因子を持つ」若者へのリクルートの防止や、すでに加入してしまった人の脱退を手伝うことをおもな目的としたネットワークである[96]。ウェブ上で猛威を振るう過激派のプロパガンダに対して、「カウンター・ナラティブ（対抗する言説）」をぶつけて押し返すのがAVEネットワークの基本戦略だった。まだ始まったばかりというのもあり、これが実際にどの程度の効果を上げたのかを測るのはきわめて難しいが、ある調査では、ジグソーが民間の組織であるために、このプロジェクトが政府主導の取り組みよりもはるかに信頼されているという結果が出た。グーグルの後ろ盾のもと、「（AVEは）政府とは独立しているために、政府の施策につきものの政治的配慮とは無縁でいられた」のだった[97]。

だが一部からは、ジグソーの存在自体に対する疑問の声も上がった。ウィキリークスの創立者であるジュリアン・アサンジは、『ニューズウィーク』に寄稿した記事で皮肉を込めて次のように述べている。「コーエンをトップに据えたことで、この企業は従来のPR（広報活動）やCR（企業としての責任）という分限を超えて、政府にだけ許されていたようなレベルで外交問題に直接介入するようになったように思える。ジャレッド・コーエンはさしずめ、グーグルの『政治体制変革担当ディレクター』といったところか」[98]。そして二〇一六年二月、シュミットがグーグル・アイデアズの名前をジグソーと改め、「技術のインキュベーター」に生まれ変わらせると宣言した際にも同じような批判が殺到したが[99]、その後、同社は脆弱性の高いウェブサイトをDDoS攻撃から守るグーグル・シールドをはじめとする、多くのサービスを続々と発表しはじめた(100)。

たしかに、ジグソーの取り組みは商業的な要素を含んでいる。だが、それは創業時から明らかだった。同社はイランや北朝鮮といった、アメリカが厳しい経済制裁を科している国へのグーグルプロダクトの普及に興味を示していたからだ。私はかつて、とあるシンクタンクが主催した会議でこの件について話しあったことがある。一部にはグーグルに疑いの目を向けている人がいるのは承知しているが、どのように考えてもこの分野における同社のインセンティブは、利己的であると同時に利他的としか言いようがない。ソフトウェアのアップデートや修正パッチをこれらの国々に提供しなければ、反体制派や人権活動家たちが政府からのサイバー攻撃にさらされてしまうとグーグルは主張している。だが一方で、こうした活動がグーグルの世界進出戦略の一環なのも否定できない。事実、シュミットはミャンマーや北朝鮮を訪れて、インターネットの開放を訴えているのだ(101)。ある学術論文では、グーグルの影響をやや批判的に次のように結論している。「グーグルが、基本的人権である表現の自由を、本当の意味で守っているのはたしかだ。ただしこれが、同社が追求するグローバルコネクティビティ推進の真の目的であるとはまず考えにくい。(中略)そこには、オンライン上でどれだけ多くの人が無料サービスを使用するかにグーグルの(政治経済学的な意味での)生き残りがかかっているという、単純な事実があるだけだろう(102)」。どちらにしても、ジグソーが世の中の役に立つことをやろうとしていて、しかもそれがかなりうまくいっているのはたしかだ。

民間セクターの思想産業は、いわば異種混合の状態である。ペンシルベニア大学が世界有力シンクタンク・ランキングの発表を開始してから、総合評価のトップ20位圏内に営利型シンクタンクが入ったことはまだ一度もない。経営コンサルタントと政治リスクアナリストは学術的な探求とビジネスとしての目的を同時に追求しなければならず、営利型シンクタンクには直感的な方法に頼るという弱点がある。また、マーケットアナリストは「チャート原理主義」の分析をしがちだ。彼らはデータが示す特定のパターンを頼りに、短期的な予測を立てる。しかし、なぜそのパターンが重要かを説明するロジックを必ずしも持っているとは限らない。その結果、民間セクターの思想的リーダーはときに、統計学上のノイズを拡大解釈してトレンドを誤って読み取ってしまう「過剰適合」という状態に陥る。ネイト・シルバーがいうように「論文で仮定したモデルが、一見魅力的だが、現実には役に立たなくなるという点において、過剰適合は二つの意味で危険」である。(103) さらに悪いことに、営利型の思想的リーダーは、真の予兆を察知したと誤解する場合が多いため、実際の価値をはるかに超えて過剰な宣伝をしてしまう傾向にある。

政治問題を分析するための手法という面でも、民間セクターは深刻な弱点を露呈している。皮肉なことに二〇〇八年以降、政治分析に資金を投資する金融関係者は増えた。だがそれでも、実際の政府の行動に振り回されている者は多い。市場の参加者は、経済的な圧力の存在を見きわめて、政治家がなんらかの行動を起こすであろう状況が出現したのを察知するのには慣れている。だが、その圧力に政治家がどう反応するかの予測の部分でコンサルタントやトレーダーは失敗してしまうのである。たとえば、二〇一三年に債務上限の引き上げをめぐって政府機関の閉鎖が起きたとき、私は経営コンサルタントや投資銀行の職員と会話を交わしたが、彼らは一様に政治家の交渉が繰り返し失敗することに驚いていた。政治家のインセンティブは市場関係者とは大きく異なる。だが営利企業の人が現実の問題について考える際、しばしばこの事実は頭のなかから抜け落ちてしまう。

そして、現在では非営利型のシンクタンクでも利益相反には注意を払う状況のなか、当然、民間企業にはさらに厳しい監視の目が注がれている。コンサルタントの世界では利益相反行為は刑事訴追の対象になる。(104) また、マッキンゼーやゴールドマン・サックスのような企業は質の高い分析を提供しているものの、利潤追求という性質上、その方向性は潜在的なクライアントの市場機会に大きく偏っている。一〇年ほど前、経営コンサルタントはオフショアリング請負サービスをアメリカの企業に売り込むため、その経済効果を大げさに喧伝した。だが多くのケースで、予測を下回る額しかコストを節約できず、その揺り戻しが現在の「ホームショアリング」の流れにつながった。ただ、このホームショアリングもまた、経営コンサルタントの過大な宣伝によるトレンドだと言える。(105) また、似たような事例として、多くの金融アドバイザーが、論文や署名入り記事でソブリン・ウエルス・ファンドへの規制強化に反対したことも挙げられる。これも、アメリカのソブリン・ウエルス・ファンドへの投資を勧めることで、手数料を稼ぎたいという思惑が裏に隠れていたのは否定しようがない。(106)

ただし、いままでに挙げた懸念事項すべてを差し引いても、思想産業の民間部門はここまで十分にうまくやっていると言っていい。たしかにオピニオンリーダーに対する私の独自調査では、MGIやユーラシア・グループは、ブルッキングス研究所と戦略国際問題研究所というトップクラスのシンクタンクには、信頼度の面で及ばなかった。だが、図6が示すとおり、この二つの民間企業は、AEIやヘリテージ財団、アメリカ進歩センターといったより党派性の強いシンクタンクよりは高い信用を得ている。実際、民間企業出身の思想的リーダーは、格式高い会議や一流ジャーナル、また空港にある書店などでその存在感を増しつつある。では、なぜ民間セクターの思想的リーダーシップは、非営利型シンクタンクが直面したような壁にぶつからないのだろうか?

この問いに対する取りあえずの答えは、スタイルと内容の両方ということになるだろう。知識を伝達するスタイルという面で、民間セクターは大学の教授やシンクタンクの研究員たちよりもかなり先を行っている。「ヴォックス」や「ビジネスインサイダー」などの情報サイトが登場するはるか前から、経営コンサルタントはグラフやチャートの持つ力を知っていた。外交政策の分野にはさまざまな形で数字アレルギーが残っているが、それが逆に提示されたデータ

【図6 エリートのシンクタンクに対する信頼度】

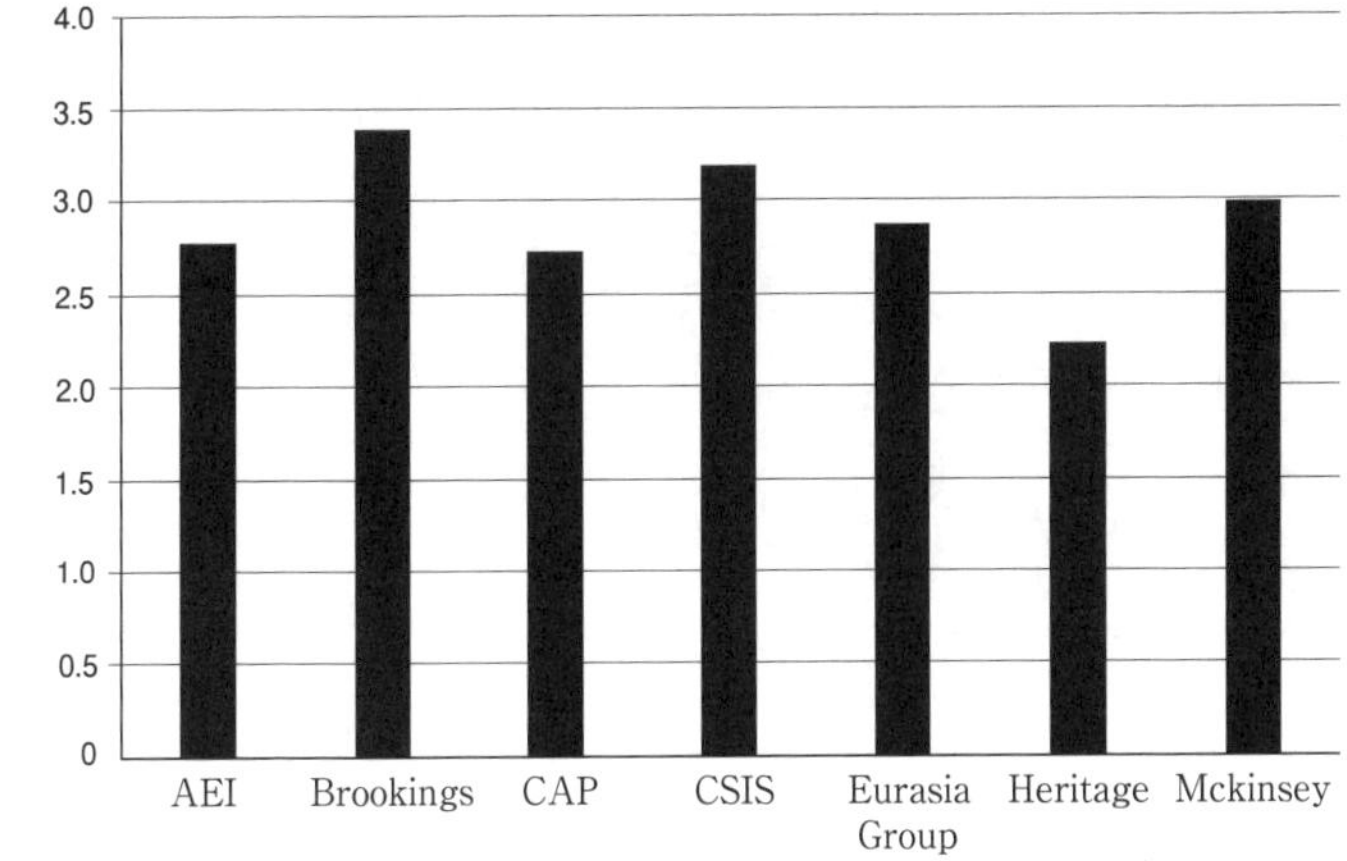

注＝エリートを対象にした本書の独自調査。以下の質問への回答を集計した。

「新しいトピックについての文章を書くとき、あなたの研究は複数の情報源の異なる論文から影響を受けることになるでしょう。その他の条件がすべて同じだったとして、その情報が以下の機関のいずれかから発表されていた場合、それぞれ信頼度はどのようになりますか？（回答者数193名。信頼度を1〜4のスケールで回答）

出所＝著者の調査による

を鵜呑みにしてしまう傾向を生んでいる。一方、民間企業は、一つの数字、指標、図がクライアントの心をつかむのをよく理解していて、数学嫌いでも理解できるようにコンパクトにまとめた「テイクアウト」式の統計の示し方を知っている。そのため、提示される概念はわかりやすく、感覚的に大きなインパクトがある。もちろんわかりやすいからといって、思想的に必ずしも正しいとは限らない。だが、民間企業が現在の思想産業の潮流にうまく乗れているのはたしかだ。

また、マッキンゼーやストラトフォーをはじめとする民間企業は、利潤追求という目標が明確であるために、言論市場で大きなアドバンテージを得ている。[107] 一番わかりやすいのは、「誰かが企業からサービスを買っているのは、それに価値があるからだろう」とみなが自然と考えることで、これは営利企業だから起きる現象である。人々は、企業が存続していること自体が信頼の証であると思っているため、クレディ・スイスやユーラシア・グループが提供するアドバイスは高品質に違いないと考える。[108] 経営コンサルタントや政治リスクアナリストの広告が、優良企業や国営の情報機関とのつながりをアピールするのはこのためだ。要するに、大きな組織が信頼しているのだからきっとこの会社の情報には価値があるのだろう、と見ている人に思わせたいのである。そしてこの考え方はときに、彼らが市場に広めようとしているアイデアにまで及ぶ場合もある。「われわれはアイデアをビジネスに変えようとしているのです」とクレディ・スイスのクリチカ・スブラマニアンは言い、さらにこう続けた。「でもただのアイデアではありません。市場での試験に耐えたアイデアです」[109]。

営利企業が有利な点はほかにもある。従来の知識人でも知りえなかったような機密情報を収集し、クライアントに共有できる能力だ。これによって、これらの企業は世界の動向の最前線から意見を発信できる。たとえば、マッキンゼー・グローバル研究所がレポートや同社ディレクターによる共著を発表するとき、そこには一般に公開されている情報だけでなく、機密情報も含まれている。[110] 同じく、JPモルガン・チェースも、インハウスのシンクタンクであるJPモルガン・チェース・インスティテュート発足時に「自社が持つ幅広いデータを、公共の利益のために活用する」という点を強調した。[111]

ただ、秘密の情報やデータによって、顧客の側が認識を誤ることもある。人は、客観的な分析よりも、生の情報に重きを置く傾向があり、(112) 経営コンサルタントはそのような情報を予測に結びつけるのに長けているからだ。(113) ただ、それを差し引いても、機密情報は企業にいる思想的リーダーにとっての強みであり、けっして弱点ではない。従来型の知的メディアにはなかったものであるうえに、こうした情報の存在自体が、民間企業が透明性を確保できないことの釈明にもなるからだ。コンサルティングファームや技術系企業は、顧客を不当な詮索から守るため、自分たちの持つデータやノウハウを外に漏らさない。たしかにこのせいで、外部の人は、企業が発表した分析を頭から信じようとはしないし、利益相反があるのではないかとつねに疑う傾向がある。だが逆に言えば、機密情報を知りえない外部の人には、企業の主張が虚偽であると証明することも不可能なのだ。

さらに、民間セクターの知識人は、クライアントと絶えずやりとりをしているために、従来の外交関係者よりも情報のスピードという点で勝っている。ここ数年、私は、ソブリン・ウエルス・ファンドの地政学的な効果や、世界における中国の相対的な資金力、二〇〇八年金融危機の政治経済学的な影響という三つのテーマを研究しているが、どの分野においても、学者やシンクタンクの研究員より、マーケットアナリストの方が高度な分析を素早く提供してくれる。何か新しい問題が持ち上がるたびに、最初にまともなレポートを発表するのは、たいてい、ゴールドマン・サックスやマッキンゼーやステート・ストリートだ。また、こうした民間企業は世界の現状を評価、解釈する際に、最新のデータを用いる場合が多い。たとえば二〇〇八年の前半、私は、学者や有識者をメンバーとする複数の外交政策会議に出席した。そのテーマは、次期大統領は何をすべきかというものだった。会議に出席した市場関係者は口をそろえて、サブプライムローンの危険性は一般に認識されているよりもはるかに大きく、政策目標達成の大きな障害になるだろうと訴えていた。そして同年、実際に金融危機が起こったあとも、市場アナリストはベルトウェイ内部の知識人よりもはるかに素早く、中国の長期的な成長予測を下方修正していた。

最後にもう一つ付け加えると、現在、言論市場で起きている地殻変動も、すべて民間セクターに有利に働いている。確立された権力に対する信用低下によって、以前、民間の思想的リーダーと知識人のあいだに存在した権威の差は大きく縮まった。また、民間企業は、大学やシンクタンクほど国民の政治的二極化による影響を受けない。保守主義者たちは民間企業をビジネス上のパートナーとしてとらえているため、大学や左寄りのシンクタンクほど警戒していない。そしてもっとも重要なのは、民間の思想的リーダーは富裕層にとって一番コミュニケーションをとりやすい存在であることだ。なぜなら、彼ら自身が企業の後援者である富裕層のなかに、不可分な存在として組み込まれている場合が多いからである。そのため、経営コンサルタントや政治リスクアナリストは、自然と富裕層の興味にあわせた調査や研究を行うようになる。そして、そこから得た知見やネットワークを元に、彼らはさらに富裕層の世界での遊泳術を上達させていく。つまり簡単に言えば、経営コンサルタントは、大学教授やシンクタンクの職員と比べて、後援者になってくれそうな人たちとコネをつくるのがうまいのである。

かつて、外交政策の専門家には二つの選択肢があった。すなわち、学問的な名誉を得るか、お金を稼ぐかだ。学者のように、自分の名前で独自の思想を残したいと考える知識人は、他の人に喜んで自分の考えを広めていた。一方、よい収入を得るために知的下請けとでも呼ぶしかないような顧問業務を引き受け、名誉を政治家に横取りされてもとくに抵抗を感じない知識人もいた。こうしたトレードオフはまだ一部には残っているが、以前よりも格段に少なくなった。思想産業の出現によって、営利型の思想的リーダーは両方を手に入れられるようになったのである。彼らは自らの思想的なリーダーシップを通じて名声を得たうえで、それを営業ツールとして使い、個々のクライアントにあわせたオーダーメイドの仕事からお金も稼げるようになった。

ＢＲＩＣＳの登場とときを同じくして、民間セクターにも知識人が現れた。彼らはたしかに存在していて、結果も出しはじめているが、それでもその重要性については未知数だ。学者の一部には、営利型思想的リーダーの存在自体を公然と批判する者もいる。ある学者は、最近発表した署名記事のなかで、民間セクターの知識人は「自分の研究成果をメディアに強引に売り込んでいる」と言ったうえで、さらに、「営利を追求するこうした知識人の研究費はきわめて疑わしい場所から出ていて、その動機は不純である場合が多いように思える」と警告した。(114) だが、自らのビジネスの重要性を宣伝し、それを広めようとするのは民間セクターの本質だ。また、経営コンサルタントや投資銀行の職員、政治リスクアナリストたちが言論市場で影響力を増しているのは疑いようがない。ただ、彼らが自らの影響力を大げさに吹聴している可能性も、もちろんある。

影響力というのは相対的なものだ。もしある者がそれを得れば、他の者がそれを失うことになる。外交の言論市場はつねに変化している。ただし、本書の残りの数章を呼んでもらえばわかるはずだが、非営利の分野にいる従来型の知識人が生き残りに精いっぱいであるのに対し、営利型の思想的リーダーたちは大いに栄えている。民間のシンクタンク、政治リスクアナリスト、技術系企業の数は増えつづけ、その社会的信用も高まっている。そのため、民間の思想的リーダーたちは、従来の知識人にとっても無視できない存在になりつつある。

そしてさらに重要なのは、ここまでに説明してきたすべての現象が言論市場にとってどのような意味を持つのか、ということだ。残りの数章を使って、その問いの答えを考えていこう。

第3部

第7章 知識人の光と影

「記事や思想には、それを語ることで得られる報酬と同じだけの価値しかない。それらは発信する側の広告板でしかないのだ」――ステファン・マルケ

現代の言論の自由市場について語る場合、昔のことについて語ったほうが説得力がある。私がオピニオンリーダーについて行った調査でも、外交政策の専門家たちとの会話でも「現代のウォルター・リップマンに当たるのは誰だろう？」という趣旨の発言が何度も出てきた。現代の思想産業が二十世紀の言論の自由市場とどう違うのかを理解するためには、リップマンに相当するような人物が世の中に存在するかどうかを考えてみる必要があるだろう。そのためには、ウォルター・リップマンとは何者だったのかを知る必要がある。

二十世紀でもっとも影響力のある知識人はリップマンだ、という説が有力だ。[1] リップマンは、ハーバード大学で高名な哲学者ジョージ・サンタヤナに師事したあと、大学院を中退して社会主義系の新聞の編集に携わった。一九一四年、創刊メンバーの一人として『ニュー・リパブリ

ック』の立ち上げに参加し、第一次世界大戦開戦に際しては介入主義支持を表明。その後、ウィルソン大統領のアドバイザーを務め、パリ講和会議では大戦後の世界秩序を模索する調査委員会「インクワイヤリー」の委員として米政府高官に助言を与えた。それからまもなくしてリップマンは新聞の世界に戻り、『ニューヨーク・ワールド』と『ニューヨーク・ヘラルド・トリビューン』で社説の執筆を担当する。一九三一年にはハーバード大学教授やノースカロライナ大学学長就任の打診を断り、多くの新聞社に同時配給されて彼のトレード・マークになったコラム「トゥデイ・アンド・トゥモロー」の執筆を開始した。このコラムは三五年以上も続き、リップマンはそのあいだにピュリッツァー賞を二度受賞した。晩年にはワシントン・ポストや『ニューズウィーク』に寄稿。リップマンが表明する思想の影響力はとても大きく、『リーダーズ・ダイジェスト』は彼のベストセラー書籍の要約版を刊行し、『レディーズ・ホーム・ジャーナル』もコミックブックという形で刊行したほどだった。(2)

政策についてのリップマンの守備範囲は、その職業人生を通じて非常に広かった。ありていに言えば、頻繁に考えが変わったということでもある。リップマンの見解は世論の趨勢からあまり大きく乖離しないのが常だったと、リップマンの伝記作者ロナルド・スティールは記している。(3) リップマンのライバルの一人でコラムニストのジョゼフ・オルソップはもっと痛烈で、「ウォルターのコラムが同じことの繰り返しにならずにすんだのは、彼が八カ月に一度ほど、その見解を変えたことによる」と書いている。(4) だが、リップマンの政治的守備範囲が社会主義から自国アメリカとそのパワーに対する保守的懐疑主義にいたるまで、幅広く多彩だったと言うこともできるだろう。大学時代のリップマンは、当時クラスメートだったジョン・リード以上に急進的と見なされていたが、まもなく社会主義から距離を置くようになった。その後、リップマンはセオドア・ルーズベルトが標榜する進歩主義に傾倒するようになるが、彼とは第一次世界大戦中に袂を分かつことになる。『ニュー・リパブリック』に寄稿していたころには、第一次大戦へのアメリカの参戦を熱心に支持していたリップマンだが、次第に国政への幻滅を深めるようになった。そして一九四〇年代末期の自国の対ソ外交政策である「封じ込め政策」には、あまりにも好戦的で軍国主義的だとして反対の意を表明した。コラムニストとしての晩年、リップマンは、ジョンソン政権によるベトナム戦争の拡大を鋭く批判している。

リップマンの死去に際しては、そのエッセイストとしての能力に対してだけでも、堂々たる追悼記事が書かれたはずだ。だが、リップマンの知識人としての役割には、少なくとも二つの別の側面があった。リップマンは、何人もの大統領や政治家たちに助言を与えていた。ウィルソン大統領に一四カ条の平和原則に関するアドバイスをし、ウェンデル・ウィルキーやドワイト・アイゼンハワーの大統領選出馬の準備を手伝い、ジョン・ケネディともリンドン・ジョンソンとも友人関係にあった。東西冷戦が始まったころには、共和党はもっと国際協調主義に舵を切るべきだと、共和党上院議員のアーサー・ヴァンデンバーグに力説した。リップマンは一九四〇年代を通じて、アメリカの外交政策策定において非常に重要な役割を担う人物とみなされていたため、英国大使館はリップマンがどのような考えを抱いているかをつねに把握しておくために専任の職員を一名配置したほどだった[5]。ワシントンのマスコミ関係者を監視していた旧ソ連国家保安委員会（KGB）は、リップマンに「拠点（ハブ）」というコードネームを付けていた[6]。ケネディ大統領は、リップマンからホワイトハウスに電話があったら自分にじかにつなぐように、と報道官に指示していたという[7]。

また、リップマンは複数の学問領域において、持続的な影響を及ぼすことになる議論も展開している。その野心的大著は、世論調査や外交政策分析だけでなく、次の半世紀を見据えたメディア研究にも影響を与えた[8]。とりわけ『ユー・エス・フォーリン・ポリシー（The U.S. Foreign Policy: Shield of the Republic）』と『コールド・ウォー（The Cold War）』の二冊は、戦後の外交政策論議を形づくる助けとなった。実際、「冷戦」という言葉を世に広めた功績はリップマンにある[9]。『コールド・ウォー』のコラムでは、ジョージ・ケナンの提唱する封じ込め政策に反論して広く注目を集めた[10]。その後まもなく、ケナンはアメリカの冷戦政策の欠陥に関するリップマンの見解に同調するようになった。

リップマンが政治学に残した永遠の遺産は、その政治的世界観の不変性に由来する。それは、世論や外交の民主的統制に対する疑念にある。初期の著作『世論』（岩波文庫）では、「選挙がどのような原則に基づいて行われようと、そうした目に見えない事実が選挙民にもよく伝わるようにすることを職務とする独立した専門機関が存在しない限り、代議制はうまく機能しない」と述べていて、リップマンのエリート主義がはっきりと見て取れる。[11]それから三〇年あまりのちに記した『パブリック・フィロソフィー（The Public Philosopfy）』では、「残念なことに、今日まで、支配的世論は重要な岐路において破壊的な過ちを犯してきた。すなわち、情報に通じた信頼の置ける役人の判断を公衆が拒否したのである。この国では、大衆の意見が権力を握ってしまった。生死にかかわる問題では、それが命取りになる」と、警鐘を鳴らしている。[12]リップマンの世論に対するこのような悲観的見解は、ある世代の世論研究者たちに影響を与えた。その世代の世論研究がいわゆる「アーモンド・リップマン・コンセンサス」を生んだ。これは、外交政策に対する大衆の態度は気まぐれで、非理性的で、無分別であるとするものだ。[13]

現代のリップマンは存在するのだろうか。その候補者の一人として、私はファリード・ザカリアを挙げたいと思う。

私がオピニオンリーダーについて行った世論調査では、ザカリアはもっとも影響力のある三人の外交政策起草者の一人とされていた。彼より上位に位置するのは、ヘンリー・キッシンジャーとトーマス・フリードマンだけだった。ザカリアの人生と世界観はキッシンジャーやフリードマンのそれより、リップマンのそれによく似ている。二人とも裕福な家庭に生まれた。そしてリップマンと同じく、ザカリアも自己形成期の数年間をハーバードで過ごしている。リップマンが大学院を中退したのに対して、ザカリアは政治学の博士課程を修了。指導教授は、精鋭揃いの学位論文審査委員会の議長を務めていたサミュエル・ハンティントンだった。優秀なザカリアは教授になることもできただろうが、リップマンと同じように学問の世界を去り、弱冠二八歳で政治雑誌『フォーリン・アフェアーズ』の編集長に就任した（彼はそこで、師と仰ぐハンティントンの『文明の衝突』〔集英社文庫〕を刊行する）。一九九九年には『ニューズウィーク』の国際版編集長に就任し、『ニューズウィーク』とワシントン・ポストに同時掲載されたコラムを執筆。二〇〇一年九月一一日の同時多発テロの直後には、中東アラブ諸国の反米主義の本質に関する七〇〇〇ワードに及ぶカバーエッセイを『ニューズウィーク』に寄稿した。[14]このエッセイは広く引用されて政府中枢にも広まり、ザカリアの名は一躍高まった。

リップマンの場合と同じく、ザカリアもまたその政策や仕事場は一カ所に留まることがない。その多様な経歴から、リベラル、保守、新保守というザカリアの三つの異なる顔がうかがえる。[15]ザカリアは二〇〇三年のイラクへの侵攻を支持し、二〇〇四年一月の時点でも、そのメリットは代償に勝ると論じていた。[16]ところが、まさに侵攻が始まろうとするころ、ザカリアは「イラクの自由作戦」をめぐるブッシュ政権の外交交渉について、容赦のない論評を発表。のちに彼は、イラクへの侵攻と進駐は無謀な失策だったとして、ブッシュ政権を激しく非難した。[17]

ザカリアは『ニューズウィーク』を去り、『タイム』のコラムニストおよび『アトランティック』の寄稿編集者へと仕事の場を移した。そのあいだもワシントン・ポストには寄稿を続けていた。二〇〇二年にはテレビの世界に進出し、ＡＢＣニュースが制作する日曜日の朝の政治討論番組『ディス・ウィーク（This Week with George Stephanopoulos）』にパネリストとして出演するようになる。それから三年後、ザカリアは公共放送PBSのウィークリー番組『フォーリン・エクスチェンジ』の司会を務めるようになり、さらにその三年後にはCNNに移った。ザカリアがホストを務めるCNNの外交インタビュー番組『ファリード・ザカリアGPS』は、外交問題に焦点を当てたケーブルテレビ向けニュース番組としては、現在のところ国内唯一のメジャーな番組だ。二〇一一年、この番組はピーボディ賞を受賞した。

コラム以外の活動という点においても、ザカリアとリップマンはよく似ている。外交政策に通じた知識人としてのザカリアの影響力と、正統派メディアプラットフォームの存在が、ザカリアを政府高官たちに大いに近づけた。ザカリアはクリントン政権およびブッシュ政権の数多くの高官たちとも直接会っている。オバマ大統領とも折に触れて接触していて、「自分は大統領の顧問ではない」と番組内で明言する必要に迫られたほどである。リップマン同様、ザカリアは文章でも影響力を振るってきた。一九九七年に『フォーリン・アフェアーズ』に掲載された「非自由主義的民主主義」についての評論では、民主主義の推進というアメリカの政策に関連する二十一世紀的問題を予言している。この評論に加筆したものが、二〇〇三年に『民主主義の未来』(阪急コミュニケーションズ)という本となって刊行されたが、そのなかでザカリアは、民主主義の文化の土壌のない国での民主化について懸念を表明している。これは、リップマンがしばしば世論について警鐘を鳴らしていた姿と重なるところがある。ザカリアはリップマンに比べると著作数は少ないものの、国際政治に関する書籍は政治学者にも外交政策の専門家にも広く引用されている。

雑誌の人物評は長きにわたって、リップマンの伝記と同様に、言葉を尽くしてザカリアを称賛してきた。早くも一九九九年には、ウォルター・ラッセル・ミードがザカリアを「同世代のなかでもっとも影響力のある外交政策アドバイザー」と評している。ヘンリー・キッシンジャーは、「第一級の知性の持ち主でありながら、社会通念に逆らう発言を好んでするのが、ザカリアという人物だ」と、『ニューヨーク』で述べて彼を絶賛した。[18]ザカリアの著書『アメリカ後の世界』（徳間書店）に対するある書評では、「ザカリアの知性の幅と洞察力は、西洋のほかのどの思想家と比べても優っているのではないだろうか」と述べられている。[19]このような言葉の数々はすべて、ウォルター・リップマンのキャリアにも当てはまるだろう。

いくつかの小さな違いを別にすれば、リップマンとザカリアは、同じ知的DNAを共有しているように思われる。しかしながら、ここで二つの重要な違いに言及しておきたい。一つ目は、リップマンが外交問題について意見を述べる場合、彼はその領域においてほぼ独占状態にあったということだ。ザカリアは現代の言論の自由市場におけるスーパースターではあるものの、リップマンが生きた時代と比べればはるかにライバルが多い。

二つ目の違いはもっと重要なものだ。近年のザカリアは、他人の著作物からの盗用疑惑に苦しめられている。リップマンにはこのような問題は起きなかった。知識人界のスーパースターであるザカリアの人生におけるこの出来事は、二つの違いが関連していることを示唆している。

ウォルター・リップマンがすばらしい知性の持ち主であったことは確かだが、彼にはザカリアにはない構造的利点が一つあった。それは、現代ほど競争が激しくなかったという点だ。リップマンが外交政策の世界に君臨することができたのは、彼がそれほどの大物だったからでもあるが、その世界が非常に小さなものだったからでもある。冷戦時代の初期は、とりわけそうだった。外交政策通の知識人としてのリップマンの全盛期は、ワシントンＤＣで夕食をともにしながら自国アメリカの外交政策を議論した「ジョージタウン・セット」と呼ばれる人脈の全盛期でもあった。[20]学者、コラムニスト、出版関係者、政策立案者からなるこのグループは、言論の自由市場に真の影響力を及ぼすことができるほどの大規模な集団ではなかった。政治家や政策主導者に対するジョージ・ケナンの直接的影響力は比較的小さなものだった。しかしながら、ジョージタウン・セットのコラムニストたちに対しては、そのソフトパワーを行使することができた。[21]外交政策の大家としてのケナンの名声を市民の心に深く印象づけたのは、そうしたコラムニストたちだったのである。[22]

冷戦初期にアメリカの外交政策について自らの考えを表明したコラムニストたちのあいだには、互いに対するライバル意識や嫉妬心もあったものの、共有の社会資本も相当あった。そのことが、逆境の時期にこのグループ全体を支えるのに役立った。彼らの大部分は同じ学校に通い、ともに第二次世界大戦に従軍した。そうした共通のバックグラウンドがあるために、意見が合わないときでも互いの信頼関係が失われることはなかった。言論市場を事実上独占していた彼らには、さまざまな個人的スキャンダルを世間の目から隠しておくこともできた。リップマンは最初の結婚がまだ続いているとき、長年『フォーリン・アフェアーズ』の編集者をしていたハミルトン・フィッシュ・アームストロングの妻と不倫関係になり、のちに両夫妻は離婚している。また、ジョゼフ・オルソップは一九五七年、モスクワを旅行中に男性と同性愛の関係をもったことにより、KGBにゆすられそうになった。しかし両者とも、そのことによってキャリアに傷がつくことは免れた。[23] ファリード・ザカリアがいくぶん残念そうに私に語ったように、この時代には「一種のカルテルが存在した」のである。[24]

冷戦時代の言論市場がごく狭いものであったとすれば、その深さもまた浅いものだった。歴史家や政治学者は、冷戦についての合意がいつの時点で成立したのかを議論しつづけているが、合意があったことについては意見が一致している。冷戦時のアメリカの外交政策についての知識人たちのコンセンサスは、一九五〇年代までにはイデオロギーの領域にまで及ぶようになっていた。[25] そのコンセンサスを、グレアム・アリソンはいくつかの重要な原理の寄せ集めと描写した。その原理とは、「共産主義体制と自由主義世界の対立が国際政治の突出した特徴であること」「外交政策上、アメリカに利益をもたらすもっともシンプルで確実な指針は、共産主義への対抗にあること」「自由主義世界を守り国際秩序を維持する力と責任と権利がアメリカにはあること」の三点である。[26] こうしたコンセンサスが、外交政策の支配者集団のなかで受け入れられる論争の幅を小さなものにした。「冷戦が始まったころのアメリカの知識人たちに特徴的だったのは、心の広さではなく狭さ、遊び心ではなく頑迷さだった。政策について言えば、彼らは教条主義的で柔軟性に欠けていた。その結果、ほかの選択肢を排除して議論を不毛なものにしてしまう決まりきった分析の枠組みを受け入れてしまうことになった」と、アンドリュー・ベースヴィッチは指摘している。[27] リップマンが卓越していた理由の一つには、まっとうな意見を述べる穏健派だったことが挙げられる。リップマンを信奉する人たちですら、彼が活躍していたのは窮屈な言論市場だったことを認めている。[28]

かつて、公共空間は上流階級が独占していた。現在の思想産業は、そのころとは様変わりし、ある意味では昔よりもはるかに競争が激しくなっている。寄稿を求める雑誌社が急増したことにより、外交政策について書くことで生計を立てられる知識人の数も増えた。そして、外交政策に精通していさえすれば一流知識人の仲間入りができるわけではないものの、誰もが私的な知の帝国を築くことができる可能性は劇的に高まった。大げさな表現かもしれないが、「ヴォックス・メディア」のエズラ・クレインや、「トーキング・ポインツ・メモ」のジョッシュ・マーシャル、政治ブログ「538」のネイト・シルバー、「パジャマズ・メディア」のグレン・レイノルズなどがその好例だ。

しかし別の意味では、競争が激化したことで競争条件が完全に公平になったわけではない。外交世論の担い手たちについて調査を行ったとき、私は彼らに、現在もっとも影響力があると思う知識人の名前をあげてくれるよう頼んだ。その結果をリストにしたのが、表7である。これを見ると、どんな資格を持っているのか、エリートの家系の出身かどうかということがいまだに重要であることがわかる。トーマス・フリードマンがベストセラー作家になったのは、ニューヨーク・タイムズの署名入り特集ページに載ったからである。クラウトハマーやイグナティウス、ケーガンはワシントン・ポストでコラムを執筆しているし、クルーグマンはニューヨーク・タイムズに寄稿している。ジョセフ・ナイはハーバード大学教授だ。ヘンリー・キッシンジャーやフランシス・フクヤマの外交政策の真正性については、いまさら詳述するまでもないだろう。ニーアル・ファーガソンは、オックスフォードとハーバードで受賞歴のある歴史学者だ。こういう人たちは、いわゆる成り上がり者ではない。アイビーリーグの学位を持っていたり、外交問題評議会やその他の一流団体のメンバーだったりする。女性はほとんど含まれていない。つまり、この表は二十一世紀のOBクラブのようなものなのである。

彼らのようなエリートが、低くなった参入障壁との折り合いをつけるにはどうすればいいのだろうか。現代の思想産業が成長するにつれ、スーパースターたちの経済学が誕生した(29)。こうした市場では、業界のトップに位置するほんの数人だけが、不釣り合いなまでに大きな収入と注目を独占する。そうした現象は、ジャーナリズムの世界からスポーツ界にいたるまで幅広い業種で見られる。ただ、スポーツ選手の場合、序列はスキルと能力によって決まるが、外交政策にかかわる知識人の場合は、まぐれという要素が大きく影響する。現代の思想産業はそうい

【表７ 外交政策に通じた知識人のなかで、もっとも影響力のある人々】

順位	氏名	関係団体	出身校	性別
1位	ヘンリー・キッシンジャー	キッシンジャー・アソシエーツ	ハーバード大学	男性
2位	トーマス・フリードマン	ニューヨーク・タイムズ	ブランダイス大学	男性
3位	ファリード・ザカリア	ＣＮＮおよびワシントン・ポスト	エール大学	男性
4位	ロバート・ケーガン	ブルッキングズ研究所	エール大学	男性
5位	ジョセフ・ナイ	ハーバード大学	プリンストン大学	男性
6位	チャールズ・クラウトハマー	ワシントン・ポスト	マギル大学	男性
7位	ウォルター・ラッセル・ミード	バード大学	エール大学	男性
8位	デビッド・イグナティウス	ワシントン・ポスト	ハーバード大学	男性
9位	フランシス・フクヤマ	フーヴァー戦争・革命・平和研究所	コーネル大学	男性
10位	ロバート・カプラン	新アメリカ安全保障センター	コネティカット大学	男性
11位	リチャード・ハース	外交問題評議会	オーバリン大学	男性
11位	ジェフリー・ゴルドベルク	アトランティック	ペンシルベニア大学	男性
12位	ポール・クルーグマン	ニューヨーク・タイムズ	エール大学	男性
13位	ウィリアム・クリストル	ウィークリー・スタンダード	ハーバード大学	男性
14位	サマンサ・パワー	ハーバード大学（脚注）	エール大学	女性
14位	ニコラス・クリストフ	ニューヨーク・タイムズ	ハーバード大学	男性
14位	スティーヴン・ウォルト	ハーバード大学	スタンフォード大学	男性
14位	ズビグネフ・ブレジンスキー	戦略国際問題研究所およびジョンズホプキンス大学ポール・Ｈ・ニッツェ高等国際関係大学院	マギル大学	男性
15位	ニーアル・ファーガソン	フーヴァー戦争・革命・平和研究所	オックスフォード大学	男性
15位	ブレッド・ステファンズ	ウォール・ストリート・ジャーナル	シカゴ大学	男性
15位	デビッド・サンガー	ニューヨーク・タイムズ	ハーバード大学	男性
15位	ジョン・ミアシャイマー	シカゴ大学	陸軍士官学校	男性

脚注＝この表が作成されたあと、サマンサ・パワーは政府機関入りした。調査の時点ではハーバード大学教授を務めていた。

出所＝著者の調査による

う性質を持っている。すばらしい概念をたった一つ思いつくだけで、誰もがトップに押し上げられることがある。時宜を得た評論の一つでも書けば、一躍、一流知識人の仲間入りができるのである。

表7に挙げた人々の大部分は、世の注目を集めた評論文のなかで紹介した概念で有名になった。フランシス・フクヤマの場合は、冷戦終結の前後に『ナショナル・インタレスト』で「歴史の終わり」という論文を発表したとき、その瞬間がやって来た。クラウトハマーの「一極支配の瞬間」という論文は、冷戦終結の際に『フォーリン・アフェアーズ』で最初に発表して以来、広く引用された。ナイの「ソフトパワー」という概念は、一九九〇年に『フォーリン・ポリシー』に掲載された論文で紹介されて以来、国際関係絡みの議論では欠かせないものとなった。そしてロバート・ケーガンは、ちょうど欧米間の緊張がイラク問題に飛び火しようとしていたとき、『ポリシー・レビュー』に発表した論文がきっかけで一躍脚光を浴びることになった。軍事力を重視するアメリカ人とそれをほとんど考慮しようとしないヨーロッパ人の世界観は「火星人と金星人」くらい異なる、と論じた論文だ。

このような効果は、表7に名前が挙がっていない人にも及んでいる。たとえばパラグ・カンナは、世界各地を旅行して国際政治についての論文を書くために、新米国研究機構に助成金を申請した時点では、まったく目立たない大学院生だった。助成金を付与されたことがきっかけで、カンナは一冊目の本を書くことができた(30)。この本は幸運なタイミングと並はずれたマーケティング力にも恵まれ、アメリカの超大国としてのステータスが危ぶまれるようになった時期にニューヨーク・タイムズの特集記事で引用された[31]。カンナのウェブサイトによれば、彼がこの本のなかで述べたことは、「冷戦終結以来、全世界的にもっとも多く議論されもっとも影響力の大きな論文の一つ」となった[32]。多少の誇張はあるものの、この論文によってカンナは、一流知識人の地位へと押し上げられた。彼はその後も四冊の本を書き上げたあと、ＣＮＮのコメンテーターの仕事にありつき、国家情報会議の顧問に就任した。インターネット上のカンナの略歴には、彼がいまでは「広く引用される世界的な知識人」であり、「国際会議で頻繁に講演をしたり世界の動向やシナリオ、システムにかかわるリスクやテクノロジーの混乱、市場参入戦略や経済のマスタープランについて、政府首脳や大企業の経営陣にブリーフィングを行ったりしている」ことが記されている。ここで重要なのは、カンナがエリートの地位にふさわしいかどうかということではなく、彼が自らのスキルと意志、そして幸運をうまく組み合わせて、比較的短期間のうちにその地位に登りつめたという点である。

一流知識人の仲間入りをすることは、リップマンの時代よりもはるかに魅力的なものになっている。その理由はきわめて単純だ。二十一世紀においては、知識人界のスーパースターには影響力と富の両方が転がり込むからだ。

人脈から外的影響を受けるのは他の市場とまったく同様で、現代の思想産業もまた、激しい競争にさらされている。業界のトップに位置する人が手にする報酬は、常識では考えられないほど巨額だ。ほかの業界のスーパースターの経済活動の場合と同じように、思想産業で最高位に君臨する人たちは、一人の人の報酬としては不釣り合いなほどの報酬を与えられる。著作の前払い金は高額になり、テレビの出演料も支払われ、出席する会議の名札も格段に立派なものになる。彼らは単なる知識人を超えてブランドになるのだ。

実際、フリードマンやザカリアやファーガソンのような、外交政策通の知識人の公的プロフィールには、ブランディング用語があふれている。「フリードマンのすごいところ、私がもっとも偉大なスキルだと思っている点は、広告業界の人たちが『ポジショニング』と呼ぶブランディングが、非常にうまいことだ。フリードマンは、自分で自分というブランドをつくりあげたのだ」と、フリードマンの長年の友人の一人が『ニューヨーカー』で語っている[33]。この意見にはフリードマンも同意するだろう。彼は、自身最大のベストセラー『フラット化する世界』(日本経済新聞出版社)のなかで、グローバル・エコノミーで成功するには、人はスペシャルな存在、たとえばマイケル・ジョーダンのような唯一無二のブランドにならなければならないと述べている。なぜなら、スペシャルな人にはモノやサービスのグローバルな市場があり、グローバルに金を稼ぐことができるからだという[34]。

フリードマンは、自分自身のブランドを非常に強く意識している。ほかの作家の本で自分の考えた造語がそうと明記されずに引用された場合、その作家に異議申し立てをするだろう[35]。

ファーガソンもまた、同様のマーケティング手腕の持ち主だ。シナジー効果を発揮して、今世紀に入って彼が書いた本のうちの五冊は、構想の最初の段階から、自らも出演するテレビ・ドキュメンタリーとしてデザインされている。(36) ガーディアンは、二〇一一年に刊行されたファーガソンの著書『文明――西洋が覇権をとれた六つの真因』(勁草書房)について、「西洋の興隆と衰退をテーマとする大学の講義をテレビシリーズにしたような本」だと述べた。(37) エリック・オルターマンはファーガソンを手厳しく批判しているが、その一方で「同世代の学者のなかでもっともうまく〝自分〟というブランドをつくりあげたのは、おそらくファーガソンだろう」とも述べている。(38) ザカリアについては、『タイム』でのかつての同僚の一人が、「彼自身がブランドだ」と記している。『ニューズウィーク』でザカリアの後任を務めるタンク・バラーダラジャンは、「ザカリアはジャーナリストであるのと同じくらいブランドでもある。彼は一種の法人なのだ」と書いている。(39)

知識人は自分のブランドを構築し、維持するために非常に努力している。二〇一二年にニューヨーク・タイムズに掲載されたザカリアの特集記事には、次のように記されている。

少し前までであれば、自分の書いたコラムが『タイム』に載るのが、ジャーナリストとしてのキャリアの頂点だったことだろう。しかしここ数年で、ジャーナリストが手に入れたいと切望するチャンスはすっかり様変わりした。いまでは多くのジャーナリストが、自分自身を独立したブランドとして売り込んだり、本の執筆や講演活動のようなより高収入が見込める仕事をしたりするようになっている。[40]

こうした戦略がもたらす金銭的利益は非常に大きい。自分自身のブランド化に成功した知識人たちは、一流講演家の仲間入りを果たし、講演活動を手掛けるプロモーターと契約を結ぶ。こうしたプロモーターの力を借りて、内容を少し変えただけの似たような話を何度も繰り返して大金を稼ぐ。『フォーリン・ポリシー』のケイティ・ピークは、「基調演説の二つか三つでもすれば、高額納税者になれる」と述べている。[41]『フォーチュン』によると、トーマス・フリードマンの年収は、講演料のおかげで企業のCEO並みに跳ね上がったという。ファリード・ザカリアは、講演活動によって一〇万ドル近くを稼いでいる。[42]ファーガソンにいたってはハーバード・ビジネススクールでの仕事から手を引いてしまった（ハーバード大学教授の仕事は続けている）。講演活動によって得られる収入が、ビジネススクールの給料を上回ったからだという。講演活動に勤しんでいる理由を彼に尋ねたところ、「それはやはりお金のためですよ」という答えが即座に返ってきた。[43]

業界トップの知識人たちが手にする高額な報酬は、思想産業で活動を続けるための大きなインセンティブとなる。その報酬の高さは、わずかな報酬しか得られない下積みの知識人たちにとって、職業上・金銭上の憧れの対象になっている。現代の言論市場は、俳優の市場に似ている。ほんの数人の有名人だけが何百万ドルという大金を稼ぎ、それ以外の多くは大金を稼ぐことを夢見ながら、ぱっとしない仕事をしているのだ。

当然のことながら、こうした高額の報酬にはそれ以外の効果もある。『エスクァイア』のステファン・マルケは、ファーガソンが一回の講演で受け取る講演料は五万ドルから七万五〇〇〇ドルの間であると明かしている。ファーガソンは、平均して月に一回、講演をしていると私に語った。マルケも指摘していることだが、この種の収入源は知識人としての活動領域に影響を及ぼすことになる。

ファーガソンやその他の多くの著述家たちの執筆業における経済状態は、すっかり様変わりしてしまった。ノンフィクション作家という仕事は、ほかのどんな仕事よりも簡単に大金を稼ぐことができる。そこには、ベストセラー書を書く、ハーバード大学の教授になることも含まれている。記事や思想には、それを語ることで得られる報酬と同じだけの価値しかない。それらは発信する側の広告板でしかない。

講演活動で巨額の金を稼いでいるため、ファーガソンは出版社に気に入られる必要がない。担当編集者に気に入られる必要もない。学者たちに気に入られる必要はさらにない。彼が喜ばせなければならないのは、法人と個人富裕層だ。つまり、彼の講演を聞くために五万ドルから七万五〇〇〇〇万ドルもの金を出すことができる人たちである。(44)

知識人界のスーパースターでありつづけるためには、大富豪たちを前にして雄弁を振るうことができなければならない。フリードマンやファーガソンの場合、それは難しいことではない。ビジネスマンは、テクノロジーやグローバリゼーションがグローバル経済をどのように変えたかを記したフリードマンの著作を崇拝している。セールスフォース・ドットコムのCEOであるマーク・ベニオフは、フリードマンの知性に畏敬の念を抱いていると語った。同じような考えを持つ大物起業家はほかにもいる。ベンチャー投資家のジョン・ドーアは、フリードマンを「ビジネスの話のなかで、もっともよく言及される思想家」だと評している。[45] ファーガソン自身も私が行ったインタビューで、自分のことを「古典的自由主義者」であり、自分の仕事は全体として自由市場およびアメリカの断固たる外交政策を支持するものであると語った。[46] フリードマンにしてもファーガソンにしても、現代の思想産業の有力者たちの共感を呼ぶ思想を心から信じているソートリーダー［thought leaders］（思想的リーダー）だ。しかし、彼らほどにはそれを信じることができない知識人たちにとって、事はそう単純ではない。潜在的に自分を支持してくれている人々を喜ばせたいと思えば、お金に執着してばかりもいられない。

知識人ブランドがもたらす効果には、もう一つ別のものがある。それは、知識人界のスーパースターたちが自らの地位を維持するには、相当な努力を払わなければならない、という点だ。業界トップに君臨する彼らのもとには、下積みの知識人とは比べものにならないほど多くの講演や執筆の依頼が押し寄せる。だが、そうした依頼をたびたび断れば、スーパースターといえどもその地位を失うことになりかねない。知識人界の食物連鎖のなかで自分の地位を維持するには、次から次へと解説記事を書いたり、講演の依頼を引き受けたりしなければならない。思想産業で活躍中の人たちが、そのプレッシャーについて私に語ってくれた。

フリードマンやファーガソン、それにザカリアは、たしかにスーパースターかもしれないが、多忙をきわめている。大金持ちの同業者と同様に、それだけの収入を得るためにせっせと働いている。フリードマンは、ニューヨーク・タイムズのコラムに加えて五冊の本を書いたうえ、少なくとも三本のテレビ・ドキュメンタリー・シリーズの進行役を務めている。二〇一三年には、タイムズ社と共同でダボス・スタイルの会議「フリードマン・フォーラム」を立ち上げた(47)。フリードマンのどの横顔を見ても、疲れを知らない猛烈な働きぶりが伝わってくる(48)。

フリードマンと同じくファーガソンもまた、自身の著作の内容をほかのメディアでも発表している。また、数多くの解説記事も書いている。フィナンシャル・タイムズと『ニューズウィーク』に加えて、デイリー・テレグラフにも毎週のように寄稿している。『ハーバード・ビジネス・レビュー』が二〇〇七年に掲載したファーガソンの略歴は、彼の驚異的な仕事量に言及している。「示唆に富み説得力のある八冊の本を書き上げ、現在執筆中の別の本が二冊。数百にも及ぶ学術論文。書きかけの本の序文やいくつかの章。アメリカ、イギリス、ドイツの新聞に寄稿する通常のコラムおよび論説の執筆。これらすべてを『ジャーナル・オブ・コンテンポラリー・ヒストリー』の編集と並行して行っている」。(49)ファーガソンはその後、マクロ経済学と地政学に関連するコンサルタント会社「グリーンマントル」を設立した。常勤の職員が七名いる会社だ。二〇一二年、イギリスからアメリカに住まいを移したとき、ファーガソンは、「私は仕事をしすぎなのだが、ここアメリカでは、イギリスにいたときほど他の人と違うという感じはしない」と、デイリー・テレグラフに語った。(50)

ザカリアについて言えば、バラーダラジャンが彼を称賛して述べた言葉のなかにその仕事量の多さに触れた部分がある。

国際問題評論家という彼の職業的基準からすると、ザカリアは考えられないほどの成功を収めている。著名人のほとんど誰もが喜んで引き受けるようなテレビ番組の司会を務め、そのうえ『タイム』やCNN、ワシントン・ポストでもコラムを執筆している。それら以外に各国大統領が飛行機で外遊するときに携えるような気軽に読める本も手掛け、さらには一回の報酬が七万五〇〇〇ドルとも言われる講演活動まで行っている。(51)

私のインタビュー中、ザカリアはワシントン・ポストのコラムの執筆やCNNの番組の準備、その他のさまざまな仕事のあいだで持ち時間をどう割り振っているのかを説明してくれた。『アトランティック』のために書きたいと考えている長めの論文を書く時間は、まだ確保できていないとのことだった。ザカリアは、やるべき仕事があまりにも多すぎて、パンク寸前なのである。

スーパースターの地位に登りつめた知識人の大部分は、突如として注目を浴びるようになって大量の仕事が舞い込んだわけではない。仕事は徐々に増えてゆき、断りきれずに引き受けているうちに、限界を超える量になったのだ。その結果、行き着く先は次の二つのどちらかだ。それまでと同じやり方で仕事を続けて過労になる。すなわち、注目を浴びる以前と何一つ変わらないかのように、執筆や研究・調査のすべてを自分一人でこなすというやり方だ。この場合、自分の過去の仕事の焼き直しをするようなことになったり、生き抜くための戦略として手抜きをすることになったりする。ファーガソンはこのことを認め、『ワシントン・マンスリー』のインタビューに対して、自分の仕事のなかでもいわゆる「帝国もの」については、「エデュテインメント」の域を出ていないと述べている。[52] 一方、私が行ったインタビューでは、「手を広げ過ぎるのも悪くはないものですよ」と語った。

もう一つの行き着く先は、複数の部下を抱えるブランド・マネージャーになるという道だ。大学教授やシンクタンクの特別研究員、マネジメント・コンサルタントといった人たちが研究助手に仕事を手伝わせることはたしかにある。だが、自らがブランドであるというような知識人なら、そのためのスタッフを雇うこともできるだろう。ところが往々にして、知識人は部下を管理するのがうまくない。知識界のスーパースターたちは、あまりにも安易に調査・研究をスタッフに任せるようになっている。たとえばザカリアの場合、テレビ番組の運営やコラムの執筆のために八人のスタッフを雇っているという。そして、コラムのための調査の大部分を自分自身で行っていることに大いに胸を張っている。(53) ファーガソンの場合は、優秀な大学院生からなる「家内工業」に加えて、フルタイムの調査・研究員を雇っている。彼らと同レベルのスーパースターなら誰でも、研究助手や執筆スタッフに調査や執筆を任せることが可能だ。スーパースターたちが思想産業の需要に応えようと思えば、おのずと調査や執筆は誰かに任せることになる。だが、そうしたやり方では著書のなかに紛れ込んだ間違いを見逃してしまう危険性が高くなる。書き手のなかの誰かが犯したミスに最初の時点で気づかないまま仕事が進められると、ますますおかしなことになり、最終的には、他人の著作物からの盗用につながることもある。名の知られた知識人や思想的リーダーが盗用などという詐欺的行為を意図的に犯すことは、めったにあることではない。それなのに、今世紀に入ってからでも、そういったスキャンダルがたびたび起きている。メモの取り違えや、研究助手と執筆スタッフのあいだの意思疎通の不十分さが、このような事態を招くのだ。(54) こうなってしまえば、多忙をきわめるスーパースターの貴重な時間の節約になるどころか多忙に拍車をかけることになる。

手を広げ過ぎたスーパースターと、一流知識人の仲間入りを目指す下積みの知識人たちという組み合わせから、思想の興味深い生態系が生まれている。批評家はよく、知識人界のスーパースターをミュージシャンのように扱う。初期の作品を褒めたたえ、新しい作品を大量生産品だとけなすのだ。[55] 一方、スーパースターたちのほうも、自らのブランドを維持しようとして過ちを犯しやすくなる。その結果、いやおうなく大騒動が起こり、酷評を招くことになる。こうしてスーパースターがつまずけば、大勢の下積みの知識人たちが、彼らの地位を奪いにかかるというわけだ。

ザカリアもファーガソンも、近年、仕事上の逆風に直面している。論争の源（それに対する彼らの対応も含む）となった事柄は知識人界のスーパースターであることの危うさを浮き彫りにしたが、ザカリアのような著名な知識人と比べると、ファーガソンのような思想的リーダーのほうが有利な立場にあることも同時に明らかになった。

二〇一二年八月、ザカリアが他人の文章を盗用したという疑惑が、そのキャリアを脅かす事態になった。ジル・ルポールが『ニューヨーカー』に寄稿した評論の一節を、はっきりそうと明記することもなく、『タイム』に寄稿した銃規制に関する評論に引用してしまったのだ。ザカリアは即座にこれを認め、「重大なミスを犯した」と謝罪したうえで、メモを取り違えたことによるミスであると説明した。[56] 彼の仕事先であるCNNとタイム社は、ザカリアを一時的に停職処分とし調査を行った。その後、イメージが回復しないままザカリアは仕事に復帰した。そして、ある程度の逆風はあったものの、悪評はほとんど食い止めることができた。[57]

ところがその数年後、「アワ・バッド・メディア」というウェブサイトを運営する二人の匿名ブロガーが、過去数十年にわたってザカリアが犯したとされる盗用疑惑の実例をウェブ上に書き込んだ。そのなかには、ザカリアがワシントン・ポスト、『タイム』『ニューズウィーク』『スレート』のために書いた四〇以上のコラムも含まれていた。その書き込みには、ザカリアの引用元と思われる『フォーリン・アフェアーズ』や『タイム』等の評論とザカリアの評論が対比して提示されていた。[58]

匿名ブロガーによる告発がザカリアの名声に及ぼした影響は、二種類に分かれた。一つは、実例のほとんどは盗用にはあたらないというものだった。また、告発者が匿名であることや、実例のなかには盗用というほどではないものも含まれていたことも、メディアの主流にいる多くの人をいらだたせた。しかしながら、盗用と言わざるをえないものもいくつか含まれていた。出典の記載が不十分だったとして、版元のうちの三社が、計一三のコラムについて加筆修正を行った。[59] メディア評論家たちは、ザカリアが一線を超えたという結論を下した。CNNのベテラン記者、ディラン・バイヤースは、「ザカリアはもう何年にもわたって、原著者名を明記することもなく他人の著作物の内容や言葉、スタイルをあたかも自分のオリジナルであるかのように用いるのを常としてきた」と、フリーペーパー『ポリティコ』で書いている。またマイケル・キンズリーは、「他人の著作物の盗用とその著者へのオマージュとのあいだのどこかに、けっして越えてはならない一線がある。ファリードはその一線を踏み越えてしまった」と、『バニティフェア』に書いている。[60]

ニーアル・ファーガソンも、しばらく前に論争の的になったが、ザカリアの場合とは種類が異なっている。ファーガソンは著名な思想的リーダーだ。『ワシントン・マンスリー』に二〇〇四年に掲載されたファーガソンの略歴には、「国の方向性をめぐる深い混迷を誰もが痛感しているいま、ファーガソンの説にはきわめて高い確実性がある。これほどの確信と明確さを持って彼に反論できる者はいないし、ファーガソンの言葉は広く受け入れられている」と記されている。(61) ザカリアの場合とは違って、ファーガソンは盗用疑惑で告発されているわけではない。お金のためなら何でもやるのかという非難の声が上がっているのだ。ファーガソンは自分の考え方を説明するために、「キメリカ(Chimerica)」「IOUゾル化主義(IOU-solationism)」「西洋文明の六つのキラーアプリ」といった独自の新造語を使うようになった。(62) ジャスティン・フォックスは、『ハーバード・ビジネス・レビュー』で次のように述べている。「近年のファーガソンは、歴史学の専門家というよりも、もはや『何でも屋』と呼んだほうがいいほど、最新の出来事ばかり追いかけている。もともと彼はそういうことが得意で、自分の考え方を体裁よく、魅力的かつ自信をもって表現することができるものだから、何でもいいから話をしてほしいと思う人たちから講演の依頼が次々に舞い込むのだ」(63)

しかし、さらに広い方面からの批判を招いた問題もある。二〇〇八年の金融危機後にファーガソンは、連邦政府の債務超過が危険な状態に達しているというメッセージを発しはじめた。連邦準備制度理事会議長に宛てた公開質問状にも、保守的な経済学者やオピニオンリーダー二〇数名とともに名を連ね、金融の量的緩和をこれ以上行えば「通貨の切り下げやインフレを招く危険性がある。そうなれば、連邦政府が目標としている雇用の促進は成し遂げられなくなるだろう」と警告した(64)。こうした行動は、保守派の思想的リーダーとしてはごく普通のことだ。ところが、ファーガソンはそこからさらに一歩踏み込んで、連邦政府の破滅を予言するようなことまで口にした。二〇一〇年春、『フォーリン・アフェアーズ』に寄せた評論のなかで、アメリカ合衆国を突如として崩壊した歴史上の帝国になぞらえたのである。そのうえで、量的緩和を急激に行えばアメリカが金融危機から回復しようとする力をそぐことになりかねない、と示唆した(65)。そして、インフレ率は二桁に戻り、債券市場が量的緩和を拒否するだろうという予測を繰り返した。

ところが、二〇一六年末までに米国経済は劇的に回復し、国家予算の赤字は第二次世界大戦後の歴史上、異例の速さで縮小した。失業率はゼロに近づき、ドルが急騰し、連邦政府は金利を引き上げはじめた。控えめに言っても、ファーガソンの懸念は大いに見当違いだったようである。ジョー・ヴィーゼンタールはビジネスニュースサイト「ビジネス・インサイダー」で、「ニーアル・ファーガソンが書いたものを読むときは、オバマ大統領の就任以来、彼の経済に関する予測はことごとくはずれていることを念頭に置くべきだ」と書いている(66)。

ファーガソンと批評家たちの衝突は、マクロ経済的緊縮財政以外にも及んでいる。二〇一二年八月にファーガソンは、『ニューズウィーク誌』に「オバマは去れ」というタイトルの特集記事を書いた(67)。そのなかで、破滅を招きかねない経済統計を連発したとして第一期オバマ政権を激しく非難した。だが、ポール・クルーグマンをはじめとするファクトチェッカーが述べているように、ファーガソンのこの計算にはずさんな点も散見され、オバマ政権の医療制度改革が国家財政に与えたダメージを非常に誇張したものであることが判明した。[68] ファーガソンはこれに反論し、ファクトチェッカーたちからの批判を再び浴びることになった。[69]『ニューヨーカー』のジョン・キャシディは、「この件で顕著なのはファーガソンの論拠の弱さだ」と記している。ウォール・ストリート・ジャーナルの元記者は、「これほど徹底的に誤った内容の特集記事を読んだことは久しくなかった」と、『コロンビア・ジャーナリズム・レビュー』で述べている。[70]

近年、ファーガソンは、これ以外にも誤りのある発言をして物議を醸している。二〇一三年、投資家向けのカンファレンスでスピーチを行ったときのことだ。ジョン・メイナード・ケインズが長期的な解決策よりも短期的な解決策を好んだのは、彼が同性愛者で、子どもを持たなかったからだと述べたのだ。[71] さらに二〇一五年五月には、イギリスの消費者信頼感および賃金上昇率についてファーガソンがコラムに記した数字に誤りがあったとして、フィナンシャル・タイムズが訂正文を掲載せざるをえなくなった。これはデビッド・キャメロン率いる保守政権の印象を良くするための操作だった。[72]

こうした論争にザカリアとファーガソンがどのように反応したのか、またその反応に対して思想産業がどのような態度を取ったのかを見ると、現代の言論市場では公共知識人（公的な発言をする著名で有力な知識人）よりも思想的リーダーが優遇されていることがわかる。ファーガソンは、自分を批判する批評家たちに対して容赦のない反撃を行い、自分に対する彼らの攻撃を政治問題にした。『ニューズウィーク誌』の特集記事「オバマは去れ」のファクトチェックをした人物を激しく非難し、「この国のリベラル層が日々、ブログで義憤を書き立てている様子は、滑稽を通り越して悪意さえ感じさせる」と述べたのである。そのうえで「そんなふうに私を批判する人々のなかの誰一人として、私が述べた論拠を取り上げてはいない。あら探しに終止し、私の悪口を言っているにすぎない」と結論づけた。[73] また、インフレになってドルが暴落する危険性があるという警告を撤回することも拒み、二〇一三年にも「ドルの暴落とインフレが起こる危険性はいまでも存在する」と主張した。そして二〇一四年になっても同じ主張を繰り返していたが、二〇一六年までには自らの主張の誤りを認めた。[74]

一方、ケインズ・カーファッフルに対する対応については、全面的に謝罪した。[75] だが、自分に対する批判をけっしてやめようとしないリベラル層に対しては、ハーバード大学の学生新聞『ハーバード・クリムゾン』に公開書簡を寄せるという形で反撃した。ファーガソンはその書簡のなかで「何かを学ぶ過程には誤りがつきものだということを、ブログ界の警察官を自任する輩は忘れている」と述べている。[76] しかし、この主張には割愛されている事実がある。「ブログ界の警察官」を任ずる人々というのは、主として経済学や歴史学の教授たちからなる人たちだという事実である。[77] またフィナンシャル・タイムズが掲載した訂正文に対しても、『スペクテイター』に寄せた文章のなかで「誤りを見つけたと繰り返し大声で言い立てて、反論の余地のない論拠に難癖をつけようとすることが政治的に正しいということになってしまっている」と恨み言を書いた。フィナンシャル・タイムズのコラムに異議を申し立てた前の政策責任者に対しては、「彼は博士号も持っていない。そのうえ彼が書いた記事のなかには、論文審査のある雑誌に掲載されたものがきわめて少ない」と見下すようなことまで書いている。(78)

自分を批判する人たちに対するファーガソンの反応パターンは明快だ。小さな事実誤認は認めるのである。ファーガソンは、「公の場で話をするときは、もっと『中央銀行総裁のような話し方』をしたほうがいい。必要のない論争は避けるように」とケインズ・カーファッフルから言われた、と私に語ったことがある。(79)しかしその一方で、リベラル偏向の批評家たちの自分に対する批判は無効である、とも述べている。どうでもいいようなファクトチェックによって、自分の議論全体が持つ価値が損なわれることはないというのだ。つまりファーガソンによれば、リベラルな批評家たちがそうした議論全体に直接的に参加しようとしないことこそが、彼らの取るに足りない批判が間違っている証拠なのである。そんな彼らの批判を全力で押し返すことに、ファーガソンは大きな誇りを感じている。(80)

一連の騒動が思想的リーダーとしてのファーガソンのステータスに及ぼした影響は、ごく小さなものでしかなかった。長年にわたり保守の思想を展開してきたファーガソンは、これまで幾度となく、リベラル派の怒りのターゲットにされてきた。(81)正真正銘の学者でもあるファーガソンが、その立派な学識を盾にして、誤りが含まれた論説文を書いて平気な顔をしているとは何事かという批判を受けつづけているのだ。『ディセント』のマーク・エングラーは二〇〇八年、ファーガソンは「高名な歴史学者というステータスを売り物にして、保守的な学者がいかにも言いそうな、何の目新しさもない見解に重みを持たせている」と述べている。もっと最近では、『ニューヨーク』のジョナサン・チェイトが、「大きな誤りのある主張を一流雑誌に書くなどという芸当は、ファーガソンのよう大物学者にしか許されないことだ」と論じている。(82) その一方で、保守派層はファーガソンを支援してきた。ファーガソンが自らの著作物に対するファクトチェックに対抗して批判を展開すれば、保守派層からすかさず応援の声が上がる。(83) ファーガソンがさまざまな災難に見舞われているあいだ、数々の右派の名士や会社重役といった人たちがファーガソンを擁護してきた。(84)

二〇一五年一〇月、ファーガソンはハーバード大学での常勤の職を退き、フーヴァー研究所に移ると発表した。(85) これによって、ファーガソンは大学教授として学生を指導する責任のすべてから解放されることになった。彼にとって学生の指導は、コラムや書籍の執筆への集中の妨げとなっていた。(86) フーヴァー研究所に移ることによって、そうした活動により多くの時間をあてられるようになった。大学教授の仕事を手放したことを惜しいとは思わない、なぜなら「世界を変えるためのもっとも効果的な方法」はほかにあるからだ、とファーガソンは私に語った。(87)

スキャンダルに対するザカリアの対処法は、ある意味ではファーガソンに似ている。ザカリアもまた、いくつかの職務を手放したのである。最初の盗用疑惑に対して謝罪したあと、ザカリアはイェール大学理事の職を辞し、外交問題評議会での活動の幅を縮小し、会議への出席も年に一回のみとした[88]。家庭と自分自身の仕事を優先し、社交やソーシャルメディア関連のスケジュールは極力入れないようにした。「そうでもしないと、自分に対する怒号の声に打ちのめされてしまうと思ったのです」と、ザカリアは私に語った[89]。

ザカリアの対処法のなかでファーガソンと違うのは、好戦的ではないという点だ。前にも述べたが、二〇一二年の『タイム』のコラムについての盗用疑惑が起きた際には、ザカリアは即座に謝罪している。その後、盗用疑惑の第二波が起きたときには、ザカリアは口を閉ざした。「この件に関しては視聴者、読者の方々の判断にお任せする。私自身としては、自分にできる最良の仕事をすることに集中したいと思う」というコメントを出した以外には何も語ろうとはしなかった。それ以上は何も語るなとCNNから言われていたからだ[90]。このような反応しかしなかったのは、ザカリア自身の罪の意識や無知がそうさせたというよりも、彼がスーパースターであったことと関係がある。ザカリアが私に語ったように、スーパースターであるということがもたらす弊害の一つは、「何かを語れば、また別の問題が起きることになる」ということだ。ザカリアは今、師と仰ぐサミュエル・ハンティントンの「調査を尽くして書いたら、次のトピックに進め」という精神を胸に抱いていると私に語った。

全体的に見ると、ザカリアは、それまでともに仕事をしていたメディアや政界の人々からの支持を失うことはなかった。報道機関や出版社からも見限られることはなかった。嘘つきや政治志向が強すぎる人と比べれば、ザカリアの失敗は容認できるものであり、致命的な過失ではないと判断されたのだろう。[91] 自分の記事の一部をザカリアに無断で引用されたと感じている記者ですら、ザカリアのその行為をあまり批判することはなかった。[92] それでも、ザカリアのブランドには傷がついてしまった。私はこの件についてザカリアと話をしたことがあるが、そのことによる明らかな痕跡が見て取れた。そこには知識人としての自らのアイデンティティも関係しているのかもしれない。「学者としても著述家としても、すっかり堕落してテレビの世界でどうにか生き延びている人間。それが自分という人間だと思っている」と、ザカリアは私に語った。[93] 本物の学者にとって、他人の著作物からの盗用を疑われることは深い傷となる。

ファーガソンもザカリアも、現代の思想産業で成功を収めつづけているものの、両者のやり方には違いもある。ファーガソンは、自らを完全に思想的リーダーだと考えている。保守的世界観に立ち、自分を批判する人たちに向かって、狭量で嫉妬心の強い進歩主義者だと反撃している。書き、語り、思いのままに挑発しつづけている。思想的リーダーとしての役割に専念するため、進んで大学教授の地位も捨てた。コラムをめぐる論争がきっかけで、資産家たちは言うまでもなく、保守主義の支持層にもますます好かれるようになった。一方のザカリアは、世間に名を知られた知識人でありつづけ、あらゆる側面を論評することを好む。無党派的世界観に立ち、同じ考えを共有する研究機関と協力しあっている。独立性を維持するために犠牲にしてきた機会もある。コラムをめぐる論争はザカリアの評価に深刻な傷をつけることはなかったものの、評価を上げることもなかった。私の調査結果に基づけば、ザカリアのスターとしての輝きはけっして褪せてはいない。けれども、スーパースターとして生きるのであれば、思想的リーダーのほうが楽なことはたしかである。

本章では、現代のウォルター・リップマンを追求してきた。そこからどのような教訓を引き出すことができるだろうか。一つ目は、リップマンの時代はいまよりも楽だったということだ。なぜなら、現代の言論の自由市場はリップマンの時代よりもはるかに競争が激しく、ファリード・ザカリアはその熾烈な競争を勝ち抜く必要があるからだ。

二つ目は、現代のリップマンと目されることによる恩恵もまた大きいということだ。現代の思想産業は昔よりも競争が激しいことはたしかだが、そこでトップに君臨する人たちが受け取る報酬もまた昔よりも大きくなっている。デビッド・ブルックスが一五年前の著作『アメリカ新上流階級　ボボズ――ニューリッチたちの優雅な生き方』（光文社）のなかでそのことに触れているが、二十一世紀に入ってその傾向はますます強くなっている。(94)　第2章でも触れた経済格差の拡大により、言論の自由市場はいくつかの点で変わってしまった。そのなかでも、もっとも憂うべきことは、知識人たちが自らの力量で稼ぎ出す報酬の格差が大きくなったことだ。スーパースターは自分自身をブランド化し、出版社に書籍の前払い金を増やしてくれと言うこともできるし、より大きなメディア・プラットフォームや高額な講演料を要求することもできる。グローバル・エコノミーと同じように、現代の言論市場では業界内で発生する報酬の圧倒的大部分が一部のエリートに集中している。

さらにもう一つ別の教訓は、たとえスーパースターの域に達していても、公共知識人という立場より思想的リーダーという立場の方が有利だということだ。近年、ザカリアとファーガソンを襲ったスキャンダルは、スーパースターといえども、ミスを犯せば厳しい批判を浴びることを明らかにした。しかし、保守的経済外交政策の意気揚々たる旗手を自認するファーガソンは、自らのコラムに対する批判をやり過ごした。一方、自らを公共知識人と位置づけるザカリアは、ファーガソンのように安易に批判を退けるわけにはいかず、慎重に対処せざるをえなかった。

「世界はフラットになった」とトーマス・フリードマンが述べているが、知識人の世界はけっしてフラットではない。現代の思想界は競争が激しいものの、完全な競争社会というわけでもない。超大物と雑魚に二分される世界なのである。スーパースターの地位が不安定なものであるならば、その数が増えることによってますます問題のあるインセンティブ構造が生み出される。いまの時代に思想的リーダーになるというのは、エンターテイナーや起業家として成功するようなものだ。知識人界のトップに君臨する一握りの人が手にする報酬は巨額なので、薄給に耐えながら仕事をしている底辺層の知識人の職業的・経済的な憧れをはぐくむ。スーパースターになれば巨額の報酬が得られるという思想産業界のありようが変わらない限り、それを目当てに業界に入ろうというインセンティブがそのうち消え去ることは、とうてい期待できない。

スーパースターへの道は、思想産業界に新たに足を踏み入れる者たちのインセンティブを歪ませてしまうほど、魅力があるようだ。「小さな雑誌社や新聞社で単純労働をこなしながら仕事を覚えるうちに、徐々に人から信頼されるようになるというような、昔からの道筋は消え去ってしまった。いまではソーシャルメディアやブログがそれに取って代わっている」と二〇一二年に述べたのは、デビッド・カーだ。[95] ジャスティン・フォックスも同様の指摘をしている。

思想的リーダーという、お金になる仕事を生業とする人が現れはじめたのは、いまから二〇年以上も前のことだ。彼らは難解でまじめな仕事で自分を確立すると、キャッチフレーズを量産するという方向に大きく舵を切る。近ごろでは、自分を確立できてもいないのに、いきなりキャッチフレーズづくりから始めようとする野心的な若者をしばしば見かける。講演斡旋会社が求めているのは、込み入った深い知識ではなく、簡潔な売り込み口上だ。ジャーナリストや学者にとっては、そういうものこそが大金を稼ぐための切り札となることが多い。

その結果、たとえ目新しくもおもしろくもない、内容の乏しい話しかできなくても、どうにかして一流の講演者と認められるようになった知識人が、高額の講演料を当たり前のように受け取りつづけることになる。[96]

前章までに述べたとおり、大学やシンクタンク、民間企業を活動の場としているミドルクラスの知識人は、いまでも存在する。だが、スーパースターばかりが金銭的に報われる現在のシステムでは、思想産業界の若手は真の知識人になる前にスーパースターを目指しかねない。ニーアル・ファーガソンの書くものがすばらしいと思う人も、思わない人も、彼が実入りのいい講演活動やテレビシリーズに手を伸ばしたのは本物の学問を身につけたあとだったことを否定できない。ファーガソンに批判的なリベラル層ですら、彼の学究的著作は称賛している。トーマス・フリードマンにしても『フラット化する世界』を書く以前は、ジャーナリズムの世界でさまざまな仕事をしていた。ファリード・ザカリアの場合は、博士号を取得して一流の外交政策専門誌の編集に携わったあと、コラムニストになった。外交問題コラムニストとして第一線で活躍している人たちはみな、スーパースターの地位を手に入れるまでに、数多くの記事や著作を手掛けている。しかし、報酬の圧倒的大部分がスーパースターに集中してしまう現代の思想産業では、研究も満足にしないうちに講演活動に乗り出そうとする若手知識人が増えている。

現代の思想産業は、スーパースターの座にある者たちとその考えに対して、報酬を与えている。この業界は、果たしてスーパースターを制御できているのだろうか。別の言い方をすれば、言論市場における競争が激しさを増すにつれ、果たして効率は高まったと言えるのだろうか。

第8章 思想産業は機能しているのか

「国際情勢というのは非常に複雑なものであり、シンプルな解決策や信頼できる予言などは存在しない。国際政治を専攻する学生は、そのことを初めに学ばなければならないし、けっして忘れてはならない。そこは学者とペテン師が入り混じる場なのである」——ハンス・モーゲンソウ

思想産業が出現したことにより、新たな勝者と敗者が生まれた。勝者となったのは、公共知識人よりもソートリーダー［thought leaders］（思想的リーダー）、政治学者よりも経済学者、シンクタンクの特別研究員よりも経営コンサルタント、そしてスーパースターだ。このような変化は、思想そのものにとって良いことなのだろうか。一昔前よりもはるかに多くの知識人がインターネット上に集まるようになったことは間違いない。国の外交政策論議への参入障壁は低くなり、冷戦時代に比べて思想は多様化している。だが、言論市場が正しく機能しているかどうかを決めるのは、出口がきちんと確保されているかどうかだ。つまらない、あるいは破綻した思想は、表舞台から消え去らねばならない。言論市場の変容により、アメリカの外交政策

論議はより良いものになったのだろうか。
この問いに対する答えを探るため、本章では、アメリカの経済および外交政策をめぐる議論における「破壊」について深く踏み込んでみることにする。そうすれば、新たな考えがいかにして言論市場に広まるのかが見えてくるだろう。世界を変えるための一つの方法としての破壊的イノベーションの進化は、現代の思想産業の機能について多くのことを語っている。現代の言論市場は、良くも悪くも現代の金融市場によく似ている。通常は、システムは機能している。しかし時として、資産バブルが起きることがある。

『国富論』（中公文庫、岩波文庫）でアダム・スミスが論じて以来、経済学者はイノベーションの重要性を認識している。「創造的破壊」という経済用語を提唱したヨーゼフ・シュンペーターは、徹底的なイノベーションは経済成長を生むばかりではなく、妨げになる場合もあるということに気づいていた。実際、官僚化した企業のリスク回避的性格と、技術革新に必要な巨額の固定費が結びつくと、徹底的なイノベーションは次第に尻すぼみになる。(1) アメリカの経済成長の少なくとも七五パーセントはイノベーションによってもたらされているというのが、現代の成長理論を唱える人々の一致した見方だ。ロバート・ソロー、ポール・ローマー、ロバート・ゴードンといった著名な経済学者たちは、イノベーションと経済成長の関係を理解することに人生を捧げてきた。(2) しかし、イノベーションについてもっとも大きな注目を集める仮説を立てたのは、経済学者ではなくビジネス戦略の専門家だった。

シュンペーターから半世紀後、ハーバード・ビジネススクールの教授を務めるクレイトン・クリステンセンが、ジョセフ・モーアとの共著で、破壊的テクノロジーについての記事を『ハーバード・ビジネス・レビュー』に寄稿した。(3) 破壊的テクノロジーというのは、創造的破壊という概念をさらに推し進めたものだ。クリステンセンによれば、企業が行うイノベーションには二つの種類がある。その一つである維持的イノベーションは、長い時間をかけて製品を徐々に改良することを目指して行われる。どのような業界であれ、大手企業が顧客をつなぎとめるためには、こうした漸次的な改良が不可欠だ。それに対して、もう一方のイノベーションである破壊的イノベーションは、それまでの製品にはなかった新たな特性を取り入れることを目指して行われる。新たな特性は将来有望ではあるものの、それまでの商品の売りだった特性の性能を悪化させてしまうこともある。そうなると、その商品を愛用してくれていた顧客を失うことになる。したがって、大手企業は破壊的テクノロジーの採用には慎重になり、新たな顧客を引きつけることができないかもしれないようなイノベーションよりも、現在の顧客の満足度を優先する。

しかし、こうした新たな特性はサービスが不十分なニッチ市場を引きつける。破壊的イノベーションを行う新興企業がそうしたニッチ市場を独占する日が必ずやってくる。この段階で維持的イノベーションを行えば、新興企業は製品の品質と性能をあらゆる面において改善することができる。そして最終的には、破壊的イノベーションを行う新興企業が業界のトップ企業を打ち負かし、圧倒的な市場占有率を獲得して業界の新たなスタンダードとなる。過去一〇年間だけでもアップルやネットフリックス、エアビーアンドビーがこの戦略を用いて、携帯電話業界やレンタルビデオ業界、ホテル業界をひっくり返した。

クリステンセンと共著者は、二〇一三年に『ハーバード・ビジネス・レビュー』に寄稿した記事のなかで、破壊的イノベーションの本質を以下のように記している。

業界の破壊は、次のようなパターンで進む。新規参入者が新たなビジネスモデルを引っ提げて登場すると、既存企業はそれを無視したり、利益率のより高い事業に逃げたりする。しばらくすると、最初はぎりぎり合格点レベルだった新規参入者の製品が、幅広いマーケットで受け入れられる品質レベルに達し、長年業界トップを走っていた既存企業の地位を脅かす存在になる。そうして新たなレベルの競争が始まる。(4)

クリステンセンのこの理論がビジネス戦略の研究と実践に対して持つ意味は、非常に大きい。クリステンセンは、企業を栄えさせると長いあいだ信じていた行動原則のすべてが企業を消滅に導く、と論じている。ほとんどの破壊的イノベーションには欠陥があるように見えることを考えると、クリステンセンが言っていることはたしかにあたっている。顧客の要望に合わせてばかりいる企業には、革新的なイノベーションのためにできるはずのことが目に入らなくなるのだ。クリステンセンは、自身初となる著書『イノベーションのジレンマ——技術革新が巨大企業を滅ぼすとき』（翔泳社）のなかで、「顧客の声に耳を傾けず、低い利幅しか期待できない性能の低い製品の開発に投資し、あえて小さな市場を追いかけることが正しいときもある」と書いている。[5] 当然、それは直観に反する考えである。だがクリステンセンの理論は、破壊的イノベーションによって、業界のトップ企業による市場の独占が明日にでもひっくり返るかもしれないことを示唆している。また、潜在的破壊に対処するために必要となるサバイバル戦略は、良くても反直感的、最悪の場合には逆効果のように思われるものだ。『ディスラプション・ディレンマ（The Disruption Dilemma）』の著者ジョシュア・ガンズは、「クリステンセンのこの見解によってビジネス界は不安と疑心暗鬼に包まれた」と述べている。[6]

ビジネス戦略の分野では、数多くの思想的リーダーが、さまざまな提言をしている。そのなかでもクリステンセンのアプローチは、ほかより一段、レベルが高い。二〇一五年に『エコノミスト』に掲載された記事はクリステンセンについて、「彼の目にはそれほど重要ではないたくさんのことが見えているのではなく、非常に重要なたった一つのことが見えている」と書いている。[7] クリステンセンの提唱するモデルは、一つの理論によって現代の言論市場を理解する方法を例示している。破壊的イノベーションという概念はシンプルで伝わりやすいが、直観に反するものでもある。クリステンセンはコンピュータのディスクドライブ業界を例に挙げ、ほかの業界にもわかりやすく説明している。クリステンセンが言わんとしていることは広範囲にわたる。このテーマについて最初の論文を書いたときから、一昔前にはトップシェアを誇った企業に蔓延する衰退と没落は破壊的イノベーションという概念で説明できる、とクリステンセンは主張していた。いまは目に見えなくとも、いずれは破壊的イノベーションが起こるかもしれないという可能性が、一流企業の重役たちを恐怖に陥れた。

クリステンセンの理論が持つ本質的な訴求力もさることながら、彼のアプローチに完全に同調するような変化の波が、思想産業に押し寄せた。安定したビジネス戦略に関する通念には致命的な欠陥がある、とクリステンセンは主張していた。その主張は、ビジネススクールで教えられている知識に対して懐疑的な人たちから共感を呼んだ。また、クリステンセンは自分が敬虔なモルモン教徒であり、政治的には共和党支持者であると公言していた(8)。型どおりの左翼系学者ではないということが、保守的な企業幹部たちに好意的に受け止められた。

もっとも重要なことは、破壊的イノベーションというクリステンセンのメッセージが、富裕層の心をとらえたということだ。つねにまったく新しいことが起きて経済界全体が根本から生まれ変わる世界を、クリステンセンは描いて見せた。それは富裕層の世界観と一致していた。成功はリスクを厭わない勇敢な起業家に味方するという世界観だ。『イノベーションのジレンマ』の続編となる『イノベーションへの解――利益ある成長に向けて』（翔泳社）で、クリステンセンは富裕層へのアピールをいっそう強めた。企業の経営者よりも創設者のほうが破壊的イノベーションに対処する心構えが整っている、と断言したのである。[9] それは創設者がオーナーを務めている業界でとりわけ顕著だった。破壊的イノベーションという思想が真に注目を集めはじめたのは、当時インテル社のCEOを務めていたアンドルー・グローヴとクリステンセンが二人並んで『フォーブズ』の表紙を飾った一九九九年のことだ、とクリステンセンの共著者の一人が述べている。そのときの『フォーブズ』の見出しは、「アンドルー・グローヴとその盟友」というものだった。[10] スティーブ・ジョブズ、エリック・シュミット、ピーター・ティール、マーク・アンドリーセンといったシリコンバレーの著名人たちもクリステンセンの説を採用し、破壊的イノベーションは毎月のようにIT業界を揺るがしていると述べている。ほかにもマイケル・ブルームバーグを含む大御所たちがクリステンセンの主張を熱烈に支持している。

クリステンセンよりも早い時期に同じような考えを述べたマネジメント専門家が何人かいたが、クリステンセンはタイミングも完璧だった。[11] クリステンセンが破壊的イノベーションについての持論をはっきりと言葉で表したのは、ITバブルが始まった一九九〇年代の中ごろのことだ。ちょうどそのころ、老舗企業がインフォメーションテクノロジーを自社の内部プロセスに組み込むことによって、生産性が大幅に向上するということに気づきはじめていた。[12] 破壊的イノベーション理論は、コンピュータのディスクドライブ業界だけに限定されるのではなく、ほかのさまざまな業界にもあてはまると思われた。それは、世界全体の仕組みを理解するためのレンズの働きをするものだ。エヴァン・ゴールドスタインが『クロニクル・オブ・ハイヤー・エデュケーション』のなかでクリステンセンの略歴に触れて述べているように、破壊という思想は「資本主義における景気の波の背後で働くメカニズムそのものである。いや、破壊的イノベーションを信奉する人々にとってはそれ以上のものだ。すなわちインターネット時代の進歩を告げるものであり、教育、飛行機での旅、医療をはじめとするより多くのものをより多くの人々の手に届ける大衆の力を意味している」[13]。

『イノベーションのジレンマ』がベストセラーとなった一九九七年以降、クリステンセンは、破壊的イノベーションを中心に知の帝国を築いた。破壊的イノベーションがテーマの本を八冊刊行し、それぞれが製造業とはまったく異なる領域を扱っている[14]。ほかの研究者との共著ではあるが、宗教と資本主義に関する「ディスラプティング・ヘル（Disrupting Hell）」というタイトルの論文も執筆している。ハーバード・ビジネススクールでは、マネジメントと破壊的イノベーションの関係についての研究をさらに進めることを目的とした「成長とイノベーションのためのフォーラム」を立ち上げた。二〇〇〇年には、開発途上の破壊的技術の最前線にいる企業の株式を購入することを目的として「破壊的成長基金」を共同で設立した。同じ年、クリステンセンはコンサルティング会社「イノサイト」も創設している。『ハーバード・マガジン』に掲載されたクリステンセンの略歴によれば、彼がこの会社をつくったのは「自社の中核事業を守り破壊的環境に適応することを目指すフォーチュン一〇〇社とともに」仕事をするためである。[15] さらに二〇〇七年には、ブティック型投資会社「ローザ・パーク・アドバイザーズ」を設立した。クリステンセンのウェブサイトによれば、この投資会社では「破壊的イノベーションとその関連分野についてのクリステンセンの理論に従って決断を後押しする。つまり、その投資テーマに対してクリステンセンの調査による独自の洞察を提供できるような企業にのみ投資する」ということだ。[16] ハーバード大学の教授でありながら自らの思想を売り込むために営利、非営利の組織を立ち上げたクリステンセンには、学問の世界でもコンサルティングの世界でも求められる最良の特性が備わっているように思われる。

こうした多種多様な努力はさまざま形で報われて、クリステンセンは過去五〇年間でもっとも重要な経営理論家の一人として認められるようになった。『ハーバード・ビジネス・レビュー』に掲載された最初の記事から二〇年、メディアで「破壊的イノベーション」「破壊的技術」という言葉が用いられた回数は、一九九五年にはわずか二回だったのが、二〇一五年には四五〇〇回以上に激増した。[17]『エコノミスト』は、『イノベーションのジレンマ』を過去五〇年間に刊行されたもっとも影響力のあるビジネス書の一冊に選んだ。クリステンセンはこの一〇年間で二回、マネジメントの世界のアカデミー賞と言われる「世界でもっとも影響力のあるビジネス思想家50人」の第一位に輝いている。彼の講演料はゆうに四万ドルを超えている。[18] ビジネスの世界では、思想的リーダーとして最高位に君臨している。二〇一四年には、ビジネスニュースサイト「ビジネス・インサイダー」のヘンリー・ブロジェットがクリステンセンを「現代のもっとも影響力のある経営思想家」と呼んだ[19]。

それだけの話なら、知識人界のスターダムを登りつめたクリステンセンの物語は、企業経営の第一人者として名をなした人々についての聞き覚えのあるお話で終わるだろう。しかし、クリステンセンの思想はビジネスの世界に留まるようなものではなかったし、クリステンセン自身もそれを望まなかった。資産バブルと同じように市場はクリステンセンの思想を過大評価し、ビジネス以外のさまざまな世界にも彼の思想が当てはまるはずだと考えた。それがやがては危機的な反応を生むことになる。

クリステンセンと彼の信奉者たちは、破壊的イノベーションの理論を二つの方法で広めた。信奉者たちは理論の実験主義的基盤を強化しようとした[20]。クリステンセン自身は、従来の事業部門にとらわれることなく適用しようとすることによって、理論を広めた。彼が近年記した三冊の著書では、破壊的イノベーションのモデルを初等教育、高等教育、医療といった非営利の領域にまで拡大しようとしている[21]。この理論はミクロ経済学の領域からマクロ経済学の領域にまで拡大可能であり、二〇〇八年以降の経済成長の停滞もこの理論で説明がつくとクリステンセンは主張している[22]。クリステンセンはクリステンセン・インスティテュートという名の無党派のシンクタンクも設立しているが、ホームページでは、「破壊的イノベーションが持つ転換力を磨くことにより、現代の問題に対する為政者や地域社会の指導者、イノベーターといった人々の取り組み方を変える」ことをその設立理由に挙げている。クリステンセンはディスラプター・ファウンデーションという名前の組織の共同創設者でもある。ウェブサイトによれば、この組織は「破壊的イノベーション理論の発展および社会のなかで決定的に重要な意味を持つ領域で、この理論の活用を推進することを目指している」[23]。この組織は、ディスラプション・ファウンデーション・フェローズという団体や、「ディスラプター・カップ」というコンペティションの後援も行っている[24]。二〇一五年にクリステンセンは、すぐにでも破壊的イノベーション理論が活用できそうな分野はほかにもいくつかあると主張した。そこには紛争解決、環境政策、テロ対策など、従来は外交政策が担ってきた分野も含まれている[25]。あるインタビューのなかで、クリステンセンはイラクの戦後復興をめぐる課題を、破壊的イノベーション理論を用いて説明している[26]。

クリステンセンははばかることなく、破壊的イノベーション理論を政策に幅広く応用しようと試みている。そうした試みをしようとしているのは、けっしてクリステンセン一人ではない。実際に思想的リーダーなら誰もが、自らの専門とする領域についての説明をする際に「破壊」という概念を用いているように思われる。破壊という言葉は、経営コンサルティングの分野を完全に席巻した。経営コンサルティングに関するレポートで、次なる破壊、途切れ目、トレンド破壊、革命の兆候に触れていないものはほとんどないと言っていいだろう[27]。二〇一五年には、金融規制についてのコンプライアンスに関連して、「破壊される側ではなく破壊する側になれ」というやや大仰なタイトルのレポートをアクセンチュア社が発表した。[28]マッキンゼー社の三名のコンサルタントによる未来予測本『マッキンゼーが予測する未来――近未来のビジネスは、四つの力に支配されている』(ダイヤモンド社)では、アクセンチュア社のレポートと同じ趣旨の内容が豊富な具体例とともに説明されている。そこには「われわれが生きる今という時代には、次から次へと途切れ目が押し寄せて来る」「(破壊が)トレンドを壊し解体して駄目にする」というような文章がある。[29]メディアは破壊に取りつかれている。ニューヨーク・タイムズが掲載した「イノベーション・レポート　二〇一四年版」は、明らかにクリステンセンの理論に基づいて書かれたものだ。そこではバズフィード、ポリティコ、ヴォックスといった企業の隆盛が破壊的イノベーション理論を用いて説明されている。[30]ハーバード大学で歴史を教えるジル・ルポールは、『「イノベーションのジレンマ」の刊行以来、誰もが、破壊する側の人間か破壊される側の人間になってしまった』と『ニューヨーカー』に書いている。[31]

ルポールの指摘は正しい。思想的リーダーたちは、ビジネスの世界から遠く離れた世界にまで破壊という概念を広めてきた。その概念は、外交問題や国際関係についての政策談義でも用いられるようになっている。破壊的イノベーション理論を信奉する人々にとっては、そうしたことはおかしなことではまったくない。『マッキンゼーが予測する未来』の著者であるマッキンゼーのコンサルタントたちは、「今日のようなトレンド破壊の時代には、企業や重役たちが課されているのと同じくらい重要で意味のある不確実性とプレッシャーが、政府と政策立案者にも課されている」と説明した。[32] たしかに、『フォーリン・アフェアーズ』や『フォーリン・ポリシー』の表紙を眺めてみると、破壊的イノベーションはグローバル・マーケットと同じくらい国際政治にも影響を与えていると編集者たちが考えていることがわかる。たとえば『フォーリン・アフェアーズ』は、二〇一三年にデザインを一新しているが、その二年前には一二の主要記事のうち破壊的イノベーションにわずかでも関係のあるものに触れたのは一本だけだった。ところがデザイン一新から二年後には、表紙まわりの半分が「ビッグデータの衝撃」「次世代の技術」「破壊者がやって来る」というような破壊的イノベーションがらみの見出しで埋められるようになった。[33] 『フォーリン・ポリシー』も同じような方向に舵を切った。「世界に影響を与える一〇〇人の思想家　二〇一四年」が掲載された号につけられた見出しは、「破壊される世界」だった。

このような雑誌の表紙に限らず、幅広い分野で破壊的イノベーションが取り上げられるようになった。グーグルのCEOを務めるエリック・シュミットは二〇一〇年、同社のアイデア・ディレクターであるジャレッド・コーエンとの共著で「デジタル・ディスラプション（The Digital Disruption）」というタイトルの論文を書き、『フォーリン・アフェアーズ』に寄稿した。テーマは、「破壊」という概念の国際情勢への応用だ。

インターネットの出現によって、誰もが膨大な情報を手に入れたり、互いにつながり合ったりできるようになった。それにより二十一世紀は驚きに満ちた時代になるだろう。国境ではなく国ごとに異なる法令によって制約を受けるインターネット上の仮想空間は、三十年戦争に終止符を打ち、国民国家という現代的システムを樹立した一六四八年締結のヴェストファーレン条約に相当するものは存在しようがない。その代りに政府や個人、非政府組織、民間企業が相互の利益のバランスを取り合うことになるだろう。個人やグループの力が日ごとに増す現代では、テクノロジーの波に乗る政府がその影響力を行使し、人々を自らの軌道に引き込む格好の立場にあるというのは明らかなことだ。それをしようとしない政府は、国民からそっぽを向かれることになるだろう。[34]

イノベーションが二十一世紀の国際関係を破壊しつつあるという考え方は、テクノロジー分野の起業家に特有のものではない。外交問題の専門家たちも同様の議論をしてきた。[35]パラグ・カンナの研究領域は、伝統的地政学から徐々に離れ、技術決定論へと移行している。カンナは最初の著書二冊で、発展途上国のなかでも進んでいる中国やインドの興隆が、従来の国際関係に与える影響について論じた。妻のエイシャとの共著であるとともにTEDから生まれたカンナの三冊目の著書でもある『ハイブリット・リアリティ（Hybrid Reality）』は、ヘンリー・キッシンジャーよりもアルヴィン・トフラーの精神をはるかに強く意識して書かれている。クリステンセンの破壊という概念をまねて、「多極化、地球の縮小、経済統合、新しい形での協調といった偉大なる破壊へと向かう二十一世紀的傾向。そのすべての根底にあるのはテクノロジーである」とカンナは言う[36]。近著『「接続性」の地政学――グローバリズムの先にある世界』（原書房）ではそれをさらに推し進め、グローバル・サプライチェーンが大国外交を完全に破壊したと述べている。「国家よりも都市のほうが重要になり、軍隊よりもサプライチェーンのほうが大きな権力の源となる時代へと私たちは向かっている。そこでは軍隊が守るべきは国境ではなくサプライチェーンとなる」[37]。

破壊的イノベーションが国際政治を変えたという考え方は、今世紀に入って以降のトーマス・フリードマンの著作全体を通じた主要テーマにもなっている。『フラット化する世界』は、グローバルな政治経済がつねに破壊に直面していることを論じた名著だ。フリードマンは二〇〇九年のコラムで、社会が「大きな曲がり角」に来ていると警鐘を鳴らした。フリードマンはそれを、「ポータブル・コンピュータからあらゆるサービスを提供するウェブサイトへと人々を安価でつなぐ、低コストで高性能なイノベーション・テクノロジーの大量拡散」と特徴づけている。フリードマンは二〇一三年に、この「大きな曲がり角」について再び警鐘を鳴らし、「これほどまでにつながっている世界では、あらゆる仕事や産業の変化のスピードも過剰になる」と指摘した。それによって高等教育が混乱に陥るだろうと語るクリステンセンの言葉をフリードマンは引用した。二〇一五年までには、「大きな曲がり角」がもたらす影響の範囲をさらに広げ、

「テクノロジー、労働市場、地政学という領域において、私たちはいま破壊的曲がり角の真っただなかにある。それは未来の仕事、政府と国民および雇用主と被雇用者の間の社会的契約に関しての根本的問題を提起することになるだろう」と、あるコラムで述べている。[38] フリードマンが過去一〇年間に書いた文章には、クリステンセンの理論に対する敬意が感じられる。

国際政治を読み解くための一つのレンズとして、「破壊」という概念にしがみついたのは外交政策の専門家だけではなかった。国際関係を専門とする学者たちもまた、破壊的イノベーションという概念に飛びついた。この概念によって、軍事ドクトリンや武器の調達戦略といった安全保障にかかわる現象を説明できないかと考えたのである。[39] 昔ながらの外交政策に携わってきた人々も「破壊」という概念を取り込もうとした。第2章で述べたとおり、デビッド・ロスコフはTEDカンファレンスで破壊的イノベーションについての講演を聴いて生まれ変わった。ロスコフは、「このような新たな流れの大部分は科学やテクノロジーの進歩と結びついているが、国の指導者たちはこうした分野には不案内なうえ、かつてアメリカ建国の助けとなったテクノロジーと政府のあいだのパートナーシップも崩壊しているため、この新たな時代に対処する準備が整っていない」と述べ、ワシントンの政策立案者たちに警告を発している。[40] アン・マリー・スローターは二〇〇九年に『フォーリン・アフェアーズ』に寄せた論文で、ネットワークというものが国際政治において「国家の上に存在し、国家の下に存在し、国家のなかに存在する」破壊的イノベーションであると主張している。[41]

この種の論説は、外交政策のプロたちの国際関係談義に影響を与える。マッキンゼーのコンサルタントたちの言葉をまねて、国際開発庁の行政官が貧困を削減するための力になるとして、破壊的イノベーションを賛美している。[42] この論文がヒラリー・クリントンに注目されたことによって、アン・マリー・スローターは国務省の政策企画本部初代本部長に抜擢された。[43] スローターの部下のなかには、のちにソーシャル・インキュベーター〔社会的価値向上のための支援を行うシンクタンク〕「ジグソー」のディレクターを務めることになるジャレッド・コーエンと、国務省でイノベーション担当の上級顧問を務めることになるアレック・ロスもいた。市民社会の活動家たちに権限を持たせるため、官民のパートナーシップや経済外交を通じた措置を数多く講じるべきだ、とスローターはクリントンに進言した。こうした措置は、クリントンの「二十一世紀の政治術」構想の特徴的な要素となった。国務省のホームページには、この構想に沿って「世界に広がる破壊的で予測困難な国際関係に変化をもたらす新たな力を生み出すべく、努力を積み重ねていく」と記されている。[44] オバマ政権でテクノロジーの分野において貢献度がもっとも高かったのは、信じがたいことにクリントンであると、リベラル系オンラインメディアのハフィントンポスト〔二〇一七年四月に、ハフポストに改称〕は報じた。[45]

クリントンは国務省を去ったあとも長いあいだ、こうした構想を抱きつづけた。二〇一五年夏の大統領選のさなかにも、クリントンは「二十一世紀の資本主義を救う、破壊的かつ革新的な思想」が必要だと訴えた。その半年後、自らのテロ対策戦略の概要説明のなかで、「イスラム国（ＩＳＩＳ）を破壊するためには偉大なる破壊者に頑張ってもらわなければならない」と述べ、シリコンバレーが最前線に立つ必要性を主張した。(46) 同じ時期、政策アナリストたちは、「トランプは破壊者であり、国際関係という分野が破壊を必要としていることはたしかである」として、トランプが『フォーリン・ポリシー』に寄せた文章を称賛している。(47) また、二十一世紀の国際政治を破壊的に刷新するのはデジタルでつながった個人であると、フリードマンのような学識経験者やクリントンのような政策立案者は論じている。世界はいま、真のトレンド破壊に直面していて、国際政治の未来は、かつてヴェストファーレン条約が秩序を生み出した時代とは根本的に異なるというのが最重要テーマとなっているのだ。

破壊理論が外交政策の専門家たちにアピールするもう一つの理由は、この理論が先制措置を志向するものであることにある。すべてがうまくいっているように見えても、一流企業の生き残りを脅かす破壊的イノベーションはいつでも起こりうる、というのがクリステンセンの理論だ。こうした可能性に対処するには、先を見越した措置が求められる。外交政策においても、行動しないことよりも行動することがよしとされている。イスラム国の脅威に対して、ディック・チェイニー副大統領が「一パーセント・ドクトリン」を唱えるなか、二十一世紀前半の国際政治を完全にとらえたのが「破壊」という論理だった。

「破壊的イノベーション」という言葉が外交政策の専門家たちに浸透したまさにそのときに、そのもととなった概念が激しい知的論争に巻き込まれたというのは、皮肉な話である。

クリステンセンの仕事に対しては、長いあいだ激しい批判の声が学者からあがっていた。破壊的イノベーションについての因果関係を示すロジックや一般的適用性が疑問視されていたのである。[48] 破壊的イノベーション理論の広まりを嘆く論調が、いくつかの人気記事でも見られた。[49] だが、その影響は大きなものとはならなかった。その後もクリステンセンの思想は、ビジネス戦略という彼の専門領域の内外で勢いを増しつづけた。

ところが二〇一四年、ハーバード大学のジル・ルポールが、クリステンセンと彼の破壊的イノベーション理論を分析する六〇〇〇ワードにおよぶ連載を『ニューヨーカー』で開始した。[50] ルポールは歯に衣着せぬ分析を展開した。クリステンセンの理論が人気を博したのは、そこで用いられている「パニック」「恐怖」「非対称」「混乱」といった破壊につながる言葉が、二十一世紀のテロリズムに対する関心と合致したためだと断定したのである。そうした背景がなければ、クリステンセンの理論はとんでもない誇大宣伝だったのではないかと、ルポールは示唆した。破壊的イノベーションを起こす準備ができている企業を精選することを謳ったクリステンセンの最初の投資ファンドは、一年と経たないうちに倒産し、彼の論理にはそうした企業を予測する力がないことを暗示する結果となった。ルポールは、クリステンセンが偏った事例研究に依存して理論を構築したことを批判するとともに、そうした事例でも果たしてクリステンセンが説明したとおりの展開をしたかどうかについて疑義を呈した。「クリステンセンの情報源の多くはあやしげなものであり、その論理には疑問の余地がある」と、ルポールは書いている。自らの研究方法についてこのような書かれ方をするのは、学者にとって大きな恥辱だろう。だが、ルポールの最大の憤りは、破壊的イノベーションという思想がビジネスの世界を越えて適用されたことに向けられた。

イノベーションと破壊という概念は、ビジネスの領域で生まれたものであるにもかかわらず、価値観や目標がビジネスの世界のそれとはかけはなれている領域にも拡大適用されている。

破壊的イノベーションというのは、ビジネスが失敗に終わる理由を説明する理論であって、それ以上のものではない。変化を説明するものでもなければ、自然の法則でもない。それは歴史や思想の産物であり、気持ちをかき乱し不安をかき立てる不確実性を感じる瞬間が生むものだ。変化に立ちすくんで連続性が見えなくなる。非常にお粗末な預言者をつくるものでしかないのである。(51)

ルポールが挙げた論点のなかのいくつかについては、これまでにもほかの学者が提起している。それでも彼女の論文は、クリステンセンの理論を攻撃するものとしては最大の注目を集め、かなりの弾みがついた。(52) それに即座に反応するように、クリステンセンへのいくつかのインタビューを含む報道が相次いだ。[53]ある経営雑誌の編集者は、「破壊的イノベーションというクリステンセンのコンセプトが失敗に焦点を合わせたものであり、不安によって引き起こされたものであることは明らかだ」と指摘して、ルポールを支持した。[54]

この指摘に対するシリコンバレーからのソーシャルメディアによる抵抗はすさまじかった。ルポールの主張に対して、ベンチャーキャピタリストのマーク・アンドリーセンは、「私は過去二〇年間におそらく三〇回は破壊される側になったし、自分が破壊する側になった回数もほぼ同じだ」とつぶやいた。[55]クリステンセンの思想はすべて誤っているとするルポールの主張は行き過ぎたものであると、複数のコラムニストがクリステンセンを擁護した。[56]クリステンセンとの共著がある人たちも彼を擁護し、ルポールが攻撃対象にしているのは「破壊的イノベーション理論のパロディー」であり『イノベーションのジレンマ』が刊行されて以降、理論の枠組みは進化していると主張した。[57]クリステンセン自身もインタビューでこの点を強調している。またルポールの論文には「嘘」が含まれていて、それは犯罪行為だとルポールを非難した。

この論争からいくつかのコンセンサスが生まれた。第一に、ルポールがクリステンセンの理論の真の問題を明らかにしたという点だ。クリステンセンが最初に取り上げたディスクドライブ業界の事例ですら、理論の予測どおりには進化しなかったという事実は、経験に基づいたより綿密な調査が必要であることを示唆していた。第二に、破壊的イノベーション理論は筋の通った興味深い思想であり、完全に捨て去るべきものではないという点である。ルポールは、クリステンセンの理論がビジネスの範囲を超えて適用されることに対して疑義を呈したが、ビジネスの世界のなかで適用されることの妥当性に関しては明言を避けている。『スレート』のウィル・オレマスや、『ヴォックス』のティモシー・B・リー、フィナンシャル・タイムズのアンドリュー・ヒルらは、揃ってルポールの論評の多くに共感を示している。しかし、そういう彼らですら、ルポールの主張には行き過ぎたところがあるとも述べている。リーは「ルポールのあら探しとは別の部分で、クリステンセンの理論には高い説明能力がある」と記している。[58]

第三のコンセンサスは、クリステンセンの理論があまりにも無差別的に適用されているという点だ。「破壊」という言葉はすっかり地に落ちたというのが、ルポールを支持する人々の考えだった。だが、破壊的イノベーションを擁護する人々は、レポールが批判しているのはクリステンセンの実際の理論というより、そのパロディーであると主張した。「『破壊』という言葉は一種の流行語になっている。それは会議やコンサルタント業務、企業戦略に刺激を与えたけれどもそのプロセスのなかで、破壊的イノベーション理論は歪められた。フィナンシャル・タイムズのヒルは、「『ニューヨーカー』に掲載された論文は、一七年前に提唱された古い思想を熱狂的に信じる企業重役やコンサルタントたちが考えを改める良いきっかけになったのではないか」と書いている。[59] この問題についてのインタビューのなかで、クリステンセン自身が、「『破壊』という言葉は、起業家や学生の誰かが何かをしたいと考えたときに、その考えを正当化するための概念として使われていて」「重要な思想の価値が下がってしまうような場面では、繰り返しそういうことが起きている」と認めている[60]。

むろんそのような陳述は、破壊的イノベーション理論を説いて回ったクリステンセン自身の責任を矮小化するものである。本章で繰り返し述べたように、クリステンセンは破壊的イノベーションに絡めて数多くの営利、非営利の構想を積極的に立ち上げてきた。医療や教育といった非営利分野についても破壊的イノベーションによって説明が可能であると主張したのは、ほかならぬクリステンセン自身である。このような分野が存在するおもな理由が市場の失敗にあるとするなら、破壊的イノベーション理論の前提は成立しなくなる。このあたりのことについて、ある学者は「クリステンセンの研究は言葉の定義やその適用範囲があまりにもいい加減で、その結果として引き起こされるであろう影響を考慮していない」と総括した[61]。

クリステンセンに対する大々的な批判として注目を集めた初めての論文がルポールの論文だとすれば、それに続く論文もあった。二〇一五年、ルポールの論文よりもさらに辛辣な内容の論文が『ＭＩＴ・スローン・マネジメント・レビュー』の九月号に掲載された[62]。アンドリュー・キングとバルジラ・バータルトグテックが、クリステンセンの理論の核心となる部分を詳細に分析した論文である。彼らは『イノベーションのジレンマ』と『イノベーションへの解』の経験的バックボーンとなっている事例をすべて調べなおした。そして、各業界の専門家にインタビューを行い、それらの事例がクリステンセンの理論のモデルと合致しているかを検証したのである。結果は驚くべきものだった。調査した七七の事例のうち、破壊的イノベーション理論のすべての特徴を満たしているのは、全体のわずか九パーセントにあたる七事例しかなかったのだ。キングとバータルトグテックがとりわけ疑いを抱いたのは、クリステンセンの理論が果たして非営利組織や政府機関に適用可能なのか、ということについてだった[63]。

この研究がクリステンセンの理論を支持する人々に与えた影響はさらに大きなものだった[64]。クリステンセンを称賛したり、沈黙を守ったりしていた人たちが、批判を口にするようになったのだ。『エコノミスト』は「自分の理論の妥当性を強く主張してけっして譲らないクリステンセンの姿勢が、自分の鋳型に合わない企業や市場の力を無視したり軽く扱ったりすることにつながった」と結論を下した[65]。ある経営学教授は『クロニクル・オブ・ハイヤー・エデュケーション』に対して、「クリステンセンが自分の理論を心の底から信じていることをあらゆる証拠が示している。また、新たな証拠が目の前に現れたときに自分の理論をどう修正すべきかを、クリステンセンが知らないことを、あらゆる証拠が示している」と語っている[66]。経済観測筋は、破壊的イノベーションの認知度が高いわりには、アメリカ国内の全面的な生産性が向上していないと指摘した[67]。レポールの論文に対する態度とは対照的に、クリステンセンはこの研究に対して公的には反応していない。同僚たちに軽薄な知識人と見なされていることを気に病んでいると記者たちに語ったことが、唯一の反応だった[68]。

二〇一五年一二月、クリステンセンは、自らを批判する人々に宛てた文章を『ハーバード・ビジネス・レビュー』に寄せることで、彼らからの猛攻撃をかわそうとした。だが、クリステンセンの意図とは裏腹に、その文章は断固とした持論の弁護というよりも、むしろ戦略的退却という印象を読者に与えた(69)。コンセプトに杜撰な部分があったことが破壊的イノベーション理論の信頼度を失墜させたという陳述に続き、クリステンセンと共著者たちは、「それが真の破壊的イノベーションかどうかを見きわめるのは難しいこと」であり、「破壊的イノベーションが必ずしも勝利につながるとは限らないし、成功している新規参入者のすべてが破壊的イノベーションの道をたどることによってその成功を収めたとは限らない」ことを認めている。この文章によって破壊的イノベーション理論の適用範囲は実質的に大幅な制限を受けることとなり、ウーバーのような企業は破壊的イノベーションの範疇から除外するとまで述べたほどだ。この騒動の顛末について、「破壊的イノベーション理論をめぐる混乱はすさまじく、クリステンセンはそれに足をすくわれそうになっている」と分析した記事も出た(70)。破壊的イノベーション理論はあまりにも言論市場への露出が多すぎたという点で、クリステンセンと彼を批判する人々の意見が一致している。破壊的イノベーション理論によって技術革新や市場の揺さぶりが説明できるかどうかに関しては、議論の余地が残っている。キングとバータルトグテックは「破壊的イノベーションをめぐる一連の物語はどんなことが起こりうるのかということについての警告にはなった。しかし、それはけっしてクリティカル・シンキングに取って代わるようなものではない」と結論付けている(71)。

こうした論争を経て、クリステンセンは自分が不安定な立場にあることを認識している。二〇一六年一〇月、次の著書の宣伝のために行われたインタビュー中に、彼が返答をためらう場面があった。一方ワシントン・ポストのインタビューでは、たいしたことは起こっていないと言いたそうな口調で、破壊的イノベーションについての「批判は実際には多くはなかった」と主張している。[72] ところが同時期に行われたフィナンシャル・タイムズのインタビューでは、ルポールらに対する怒りをよりはっきりと口に出している。[73] 彼の新たな本が『イノベーションのジレンマ』のような注目を浴びることはなかった。

破壊的イノベーション理論を発表してから約二〇年が経過し、ビジネス戦略の分野でもこの理論に対する新たな批判が起きるようになっている。外交政策の分野ではどうなのだろう。二十一世紀の国際政治を言い表すために「破壊」という言葉を採用した人々もまた、いくらかの抵抗を受けているのだろうか。公正を期すために言うと、外交政策論議の場でも「破壊」という概念は人気が高まったとはいえ、教育や医療といったほかの分野の場合と同じくらい一般的になることはけっしてなかった。たとえば、国際関係の領域において「破壊」という言葉を学者が使うのは、防衛の獲得という分野にほぼ限られていた。[74] 防衛の獲得という分野では、破壊的イノベーションという枠組みがぴたりと当てはまったのだ。

国際政治を言い表すのに「破壊」という概念をより広く用いようという試みに対しては、批判的な意見もあった。破壊的イノベーションという言葉は、シリコンバレーが抱いている信条との結びつきが非常に強い。国際政治を語るのにそのような言葉を用いることに対して違和感を覚えたエフゲニー・モロゾフは、たった一人で反対運動を開始した。破壊的イノベーションという言葉が、「交渉を決裂に導く言葉」だと考えたからだ。[75]テクノロジーがあらゆる問題を解決するという考え方に対する異議申し立ての書『トゥ・セーブ・エブリシング、クリック・ヒア（To Save Everything, Click Here)』の著者であるモロゾフは、シリコンバレー発のイノベーションがトレンド破壊の時代を生み、それによって何もかもが以前とは大きく変わったという考え方を激しく非難している。インターネットがいかに二十一世紀の政治を変えたかという話の多くは、核兵器が二十世紀の国際関係にいかに大きな変革をもたらしたかという話と重なって聞こえるというモロゾフの指摘は正しい。さらに一般的に言うなら、「破壊」という言葉はテクノロジーや情報、イノベーション、デジタルなものに対する盲目的な崇拝と重なる。[76]

パラグ・カンナが「新たな共和国」について書いた本に対するモロゾフの書評のなかに、国際関係をめぐる議論で「破壊」という言葉を用いることに対するモロゾフの辛辣な意見がつづられていた。モロゾフは、カンナの考え方のみならず、外交政策の専門家たちがこれまでに辿った軌跡をも厳しく批判した。

カンナの「思索」がテクノロジーのほうへとその向きを変えたことは、ほとんど驚くにはあたらない。カンナとそのほかの人々がこれまでに発見したとおり、サイバースペースのホイッグ史観という、お粗末なわりに食欲だけはそそるソースを添えて出すことによって、地政学についての歴史を無視した口先だけの恨み言で一般大衆を惑わしつづけることはできるだろう。つくり方はいたってシンプルだ。まずは、奇妙な世界的傾向を見つけ出す。それが理解しがたい傾向であればあるほど都合がいい。次に、その傾向や電気自動車、ベイエリアのベンチャー投資会社をつなぐ、まっすぐな線を引く。つづいてロボットや日本、サイバー戦争に言及する。そのあと、わかりにくいが印象には残る地図を載せた、光り輝くスライドを使う。最後にそれをよくかき混ぜる。出来上がったら複数のプラットフォーム上に供する。ツイッター革命とそのたぐいのものについての果てしなく続く議論で、カンナのようなテクノ・グローバリストたちの未来は明るい(77)。

「テクノ・グローバリスト」の明るい未来についてのモロゾフの主張に間違いがなければ、外交政策をめぐる言論市場は非常によく機能しているとは言えないことになる。しかし現在の状況を見る限り、モロゾフの予言が的中するかどうかは不明である。破壊的イノベーションという枠組みがいまでも残っていることはたしかだが、これまでなら「破壊」という概念を軸とした議論が進められたはずの場で、その言葉が使われる頻度がかなり低下しているのも事実だ。たとえば、イスラム国のオンライン上での存在感に関する議論について考えてみよう。イスラム国のソーシャルメディア戦略は、多くの点で、破壊的イノベーションについての見解を述べる機会を外交政策の専門家たちに提供している。イスラム国はインターネットを巧みに使って新兵を勧誘したり、自分たちに有利な発言をしてくれる国際政治通のジャーナリストや学者を探し出したりしているようだ。この問題についての二〇一五年の公聴会で、ある上院議員は、「イスラム国の情報収集力には目を見張るものがある。それに比べると、われわれがやっていることはまだまだ不十分だ」と指摘している。(78)

第6章で述べたとおり、こうした領域はソーシャル・インキュベーターとして知られる「ジグソー」がとりわけ注目している分野である。ジグソーのディレクターを務めるジャレッド・コーエンは、「デジタル・カウンターインサージェンシー(Digital Counterinsurgency)」と題した論文を『フォーリン・アフェアーズ』の二〇一五年一一月号に寄せている。(79) イスラム国の脅威に立ち向かうには、国防総省もイスラム国に匹敵するほどのインターネット駆使力を身につける必要があるということを、コーエンはこの論文のなかで述べるのだろうと思われていた。ところが意外にも、コーエンの論文の内容はその逆だった。この二十一世紀的問題の解決に向けて国家安全保障当局者が為すべきことを説明するためにコーエンが使った言葉は、従来の外交政策議論でよく用いられた言葉だった。コーエンは分散型ネットワークについて語る代わりに、イスラム国がインターネットを活用して集めた新兵たちに見られる、はっきりとしたヒエラルキーを指摘したのである。コーエンは、多国間の協力体制の構築と法的罰則の強化が求められるとも説いている。さらに「インターネット上での特定の行動をテロリストのサインと見なし、その人物のソーシャルメディア・アカウントを停止するというやり方が有効だ」とも主張している。[80] ジグソーのディレクターであり『デジタル・ディスラプション　破壊的イノベーションの次世代戦略』（実業之日本社）や『第五の権力（The New Digital Age の邦題）』（ダイヤモンド社）の共著者でもあるコーエンが破壊的イノベーションという考え方を強調することなくこの問題について語るなら、外交政策の分野ではこの考え方は落ち目になったということだろう。

クリステンセンの理論の輝きが失われるにつれて、破壊的イノベーションという言葉がアメリカの外交政策論議のなかで用いられることも少なくなっていくだろう。国際政治はいま、かなり大きな破壊のただなかにある。それはヴェストファーレン体制後に確立した国民国家の衰退を招く代わりに、ポピュリスト・ナショナリズムを蘇らせてしまった。これはビジネス界出身の思想的リーダーたちの外交政策論議に対する影響力が薄れることを意味するものではない。破壊的イノベーション理論の信用は失墜したものの、たとえば「デザイン思考」といったシリコンバレー発のほかの考え方が、外交政策の専門家たちの注目を集めはじめている。アメリカの外交政策は「イノベーション不足」に苦しんでいて、イスラム国のような脅威に立ち向かうには「国家安全保障のためのイノベーション研究所」が必要だとして、ある識者は次のように主張する。「アメリカの政策立案に携わる人々が将来の脅威から国を守りたいと考えるなら、もっとビジネスイノベーターのような思考法を取り入れて、人々のニーズをテクノロジーや経済的現実性と融合させる必要がある」。[81] 破壊的イノベーション理論の盛衰とは関係なく、民間企業が持つ思想は、国家安全保障論議においてその存在感を維持しつづけるだろう。

破壊的イノベーション理論の興隆と衰退は、思想産業の機能について私たちに何を語っているのだろう。現実に目を向ければ、少々ややこしい事情が見えてくる。ジル・ルポールやエフゲニー・モロゾフのような公共知識人が、クレイトン・クリステンセンやパラグ・カンナのような思想的リーダーの主張に対するチェック機能をしっかり果たしていると思われる一方で、企業経営に関する考察のなかでは、破壊的イノベーション理論の価値がいまでもいくらか保たれているというのが現実である。「破壊的技術と企業の衰退のあいだにはあまり関係性がないと思えるからといって、破壊そのものが起こらないとは限らない」と、経済学者のジョシュア・ガンズは指摘する。(82) それでも、公の場でクリステンセンの理論を批判することによって健全な言論市場の維持にきわめて重要な役割を果たしてきたのは、公共知識人である。

その役割を本来的に担っているはずの経営学者にはそれができなかったことを考えると、公共知識人が果たした役割の大きさがいっそうはっきりする。クリステンセンは過去二〇年ものあいだ、さまざまな分野が抱えている問題は破壊的イノベーション理論で説明できると説いて回ったが、そのことに対して学者たちから批判の声が上がることはほとんどなかった。破壊的イノベーション理論とその理論の信奉者が国際情勢分野を含む思想産業全体に広まったのはそのせいだ。「理論というのは雑草のようなものであり、経験主義的検査に基づいて不必要なものはすぐに抜いてしまわなければ、ますます広がって庭を埋め尽くすことになる」と、アンドリュー・キングがウェブサイト「クロニクル・オブ・ハイヤー・エデュケーション」で述べている[83]。この意味において、ルポールやモロゾフ、キングが果たした役割は熟練の園芸家のそれだったと言える。経営学者たちには危機感が欠けていたのではないか。経営学の立場から見てクリステンセンの理論には不備があるということに彼らが気づいていたならば、破壊的イノベーション理論がマネジメントの分野で主流になることはなかったはずだ。キングも言っているように、「経営学者はなぜ、破壊的イノベーション理論を野放しにしたのだろうか。なぜ、破壊的イノベーション理論をめぐる議論に加わろうとしなかったのだろうか」[84]。

その理由としては、いくつかのことが考えられる。第一に、思想産業を構成するきわめて重要な部分にとって、破壊的イノベーション理論が非常に魅力的だったという点だ。クリステンセンの理論には概念上の曖昧さがあり、その結果、データの明白な改ざんを招くことにはなったものの、多くの戦略的経営に関する論文よりはましだった。第二に、思想産業に資金を提供している人々を遠ざけるリスクがあることが大きな障壁になって、経営学者たちが破壊的イノベーション理論を批判できなかったという点だ[85]。イノベーションが生産性の伸びに与える影響についての議論がいまでも続くシリコンバレーは、破壊的イノベーション理論の最後の砦なのだ[86]。どれほど反骨精神豊かな経営学者でも、自分に多くの収入をもたらしてくれるシリコンバレーを敵に回すことは、リスクが大きいと考えるのが普通だろう。また学問の世界では、その分野の第一人者に盾突くようなことは避けるのが常識とされている。クリステンセンほどの大物に異議申し立てをする度胸のある経営学者がいるはずはないのである。

学者として自分の身を守ろうとすれば、誰もクリステンセンの理論を批判ができないという状況のなかで、マスコミで名前が売れているルポールやモロゾフのような公共知識人がしっかりとチェック機能を果たしてくれた。現代の言論市場は、インターネット上で急速に広まる概念に対して興味深い反応を示す。魅力的な思想を拡散する巨大な増幅器のような機能を果たすのである。第7章で扱った知識人界のスーパースターと同じように、圧倒的に大きな注目を集めるスーパースター的思想が存在する。いったんそのような名声を獲得すると、その思想はマスコミへの露出が過剰なまでに増えていく。そうなると、内部の人間がなかなか口にはできないような批判を外部の人間がする機会が訪れる。思想産業で繁栄しているのは明らかに思想的リーダーのほうだが、その主張の誤りに対して異議申し立てをする機会を公共知識人に与えているのもまた彼らだ。思想同士がメディアで火花を散らすことは、当事者にとってはあまり気持ちのいいものではないだろうが、社会全体にとってはそこから得る利益が非常に大きい。

ただ、当然のことながら、このプロセスには時間がかかる。そこに現代の思想産業の否定的側面が顔を出すことになる。公共知識人が思想的リーダーの主張の行き過ぎた部分を切り戻す必要性を認識できるのは、彼らに対する評価が正当な範囲を超えたあとになってからのことだ。この現象は金融における資産バブルに似ているように思われる。ほとんどの資産バブルは、正当な理由があって始まる。クリステンセンの場合も、思想そのものは興味深いものだった。だが思想の人気が高まるにつれて、理論としての訴求力がいっそう高まっていった。そして、ついには適正な範囲を超えて理論を過剰適用するようになってしまった。そのような思想が公の場で批判を浴びるようになるのは、理にかなったものとは言えないほどに評価が高まってからのことだ。きわめて人気の高い思想は、一時的にもてはやされたあとで衰退に向かう。そのことが、外交政策をめぐる考え方に負の影響を与えることがある。現代の言論市場に公共知識人がもっと数多くいれば、そうした行き過ぎは起こりにくくなるのかもしれない。

　すでに述べたように、思想産業は、門外漢であるはずの思想的リーダーが新規参入する際の障壁を低くした。ジョン・スチュアート・ミルの『自由論』（日経ＢＰ社）を称賛する者はみな、それを歓迎するだろう。ところが本章で見てきたとおり、そこから撤退する際の障壁は逆に高くなっている。いったん人気を集めた思想は、切り戻されることはあっても完全に消滅することはない。それが正当な理由による場合も、あるにはある。経営理論家にとっての破壊的イノベーション理論の価値は、小さくはなったもののゼロにはならなかった。また、一部の文化人たちのなかでは、破壊的イノベーション理論がいまだに政治的訴求力を維持しているようだ。思想産業では目下のところ、もてはやされる思想が多く、それに次ぐのが衰退する思想で、完全に消え去る思想はもっと少ないというのが実情である。

第9章 「つぶやかれる思想」——ソーシャルメディアの功罪

「表現すればするほど、表現の力は小さくなる。気の利いた宣伝文句を誰でも気軽に一行でつぶやくことができるツイッターの人気は、高まる一方だ」——レオン・ウィーゼルタイアー

同じ思想産業に属していても、職種が異なれば文化も異なる。ハーバード大学教授、ブルッキングズ研究所の特別研究員、マッキンゼーのコンサルタントといった人々はみな、似たような教育を受けてはいても、仕事をしている環境の違いによって思想についての考え方は必然的に違ってくる。彼らは一様に「インパクト」を気にするが、気にする度合いや理由はそれぞれだ。だが、一つだけ共通点がある。それはツイッターを使って自分の業績を広めようとするということだ。

思想産業のあらゆる部門は、外交政策に関するコンセプトの宣伝や議論にインターネットを

利用する。論文審査のある専門誌やシンクタンクの報告書、コンサルタントによるマルチメディアを駆使したプレゼンテーションなども、オンラインでしか閲覧できないものが増えている。知識人たちはそういう文章の一部を抜粋し、自分のブログに載せたり、大量の一斉メールで送信したり、ソーシャルメディアをうまく活用したりすることによって自分の業績を宣伝しようとする。実際に、オンライン・ソーシャルネットワークは、ソートリーダー［thought leaders］（思想的リーダー）や公共知識人も含めて誰もが交流できる場になっている。自らの学識を世に知らしめるには、ソーシャルメディアを活用する必要がある。お堅い学者たちですら、それを認めている[1]。

インターネットを介した意見のやりとりの容易さは、理論上、言論市場をいっそう活性化させるはずだ。完成した仕事の宣伝にソーシャルメディアを活用することの有用性については、多くの人が注目している。しかし、そこにばかり目が向いてしまい、流動的な部分の残る議論に対してネット上の意見交換が及ぼすプラスの影響は過小評価されている、というのが現状だ。ブログやソーシャルメディアは事実上、まだ初期段階にある思想をメモ書きするためのノートの役割を果たしている。引用文や情報源に関して知りたいことがある場合、フェイスブックやツイッターを利用すれば、迅速に答えがわかることも多い。ネットでの意見のやりとりは、政治や政策についての個人レベルでの議論を活発化させ、自分の視点や職業をはるかに超えた議論を可能にする。経済学者のブラッドフォード・デロングは、それを「目に見えない大学」と呼んでいる。(2) 私自身、コラムの執筆や研究において、自分の意見に対する世間の反響を確かめるためにソーシャルメディアを活用する一人だ。ネットでの意見交換を通じて、外交政策に関心のある優秀な人々とも知り合うことができた。私とは大きく異なる経験を持ち、異なる訓練を受けた人々である。私が新たな思想を構想しているときに、変化に富んだフィードバックを返してくれるのは、まさにこういう人々だ。いまあなたが読んでいるこの本にしても、ツイッターを通じて知り合った人たちが草稿に目を通して伝えてくれた意見をもとに、何度も手直しをして書き上げた。

オンラインでのやりとりのマイナスの側面については、すでによく知られている。ソーシャルメディアが思想産業の巨大増幅器として機能するようになるにつれ、マイナスの側面はますます大きくなる一方だ。現代の言論市場を形成している力そのものが、ネットを使った議論の質を低下させている。権威の衰えが、ネットを介した議論の代価を上昇させたのだ。政治的見解の二極化により、内輪でのイデオロギーの対立が激化している。また、思想産業内の不平等の拡大が原因で、知識人界のスーパースターたちの仕事に対する世間の反応がより極端なものになっている。著作家がソーシャルメディアで発信するようになったことで、私も含めた多くの知識人は社交辞令をあまり気に掛けなくなった。こうしたことが重なって、インターネットを介して自分に向けられた批判をスーパースターが無視するようになった。

こうした問題は、ネットでの意見交換を通じてどのようにして起こるのだろう。知識人界のインターネット上での否定的側面を正しく理解するためには、「ポリティカル・サイエンス・ルマー」という名前のウェブサイトを見てみる必要がある。

ポリティカル・サイエンス・ルマー（ＰＳＲ）をグーグルで検索すると、「the forum for Political Scientists (sic) to discuss Political Science and rumors in the profession」と説明されている。(3) このサイトに関するこれ以外の記述のなかには、もっと辛辣なものも多数ある。ある政治学者は、「ＰＳＲのサイトでは、政治学者は怒りっぽくハングリーで追いつめられた人々として描かれている。すなわち、自分もその仲間に加わりたいとは思わないような人々として描かれているのである」とブログに書いている。「ＰＳＲを描写するのに使えそうな大げさな表現で、誰かがすでにＰＳＲに書き込んでいるものに勝るものは一つもないだろう」と彼は言う。(4)

ＰＳＲとその前身にあたるものが一〇年以上前にできたとき、その目的は有益なものだった。ＰＳＲのようなサイトは、大学関係の求人市場に関する情報を提供するためにつくられた。たとえば、政治学科の就職戦線で本当に求められているものは何か、どういう人が面接までこぎつけられるのか、仕事をオファーされるのはどういう人か、仕事を引き受けるのはどういう人かといった情報だ。この種の情報センターは、いまでも間違いなく役に立つ。社会科学系のほかの学科も、ＰＳＲに似たウェブサイトを立ち上げている。(5)

しかしPSRは、求人市場についての正確な情報を提供するという基本的使命を果たせていない。求人市場に関する詳細な情報とされるものの提供元が、はっきりしていないのだ。誰がどこで面接を受けたのか、誰が仕事のオファーを受けたのか、誰が断ったのかということに関してPSRが掲載している情報には間違いが散見される。(6) 所属学部に終身在職権を申請して授与されることが決まった私の同僚は、その日のPSRのホームページに却下されたという情報が載っているのを見つけて驚いた。幸いなことに、それは間違いだった。そういうことはPSRでは日常的に起きている。

誤った噂そのものは、PSRが誕生するはるか前から存在する。だがPSRの場合、悪い情報を増幅してまき散らす能力が突出している。そういうことが起こる原因の一つは、投稿者が匿名であることだ。何の情報も持っていない人間が情報を持っているふりをして、誤った情報を投稿することがよくあるのだ。噂の書き込みで成り立っているウェブサイトに、悪意のあるゴシップや不確かな情報に基づく憶測、くだらない密告などが集まるのは当然と言えば当然の話である。(7) そうなると、信用できる情報はそこには集まらなくなる。大学での仕事が決まった人は、自分に関する情報がPSRに載ることに恐怖心を抱くようになる。誰かが仕事を得た理由について、偏執的な陰謀の方がまだしも上品に見えるといった書き方で、このサイトでは説明されるからだ。

PSRの一番明らかな欠点は、ウェブサイト開設当初の使命を果たせていないことだ。つまり、このサイトの九〇パーセントは求職情報にあてられていないのである。一〇年ほど前にこの種のサイトがいくつかできはじめたとき、アメリカ政治学会の会長が、「このようなウェブサイトへの匿名の投稿は、政治学者に対する人種差別的な攻撃、性差別的な攻撃、同性愛者であることを理由とする攻撃を招く可能性がある」と警告した。[8] PSRがほかの同様のサイトを締め出すようになると、問題はさらに悪化した。PSRのサイトに書き込まれる情報は、コメディー映画『ミーン・ガールズ』に出てくる他人の中傷で埋め尽くされた本に書かれていることと瓜二つなのだ。要するに、他人に対する恨みつらみである。それを「汚水だめ」と形容したのが、『ニューヨーク』の科学記者ジェシー・シンガルだ。「PSRに投稿された文章を読んでいると、悪臭で目がちかちかして涙が出そうになる。他人に対する攻撃、噂話、大学関係の求人市場の絶望的な現状がもたらす苦々しい思い。そんなものばかりが目立つ」と、シンガルは記している。[9] PSRの運営者は、政治学者仲間でもあるサイトの管理人の権限を強化することによって、この問題に対処しようとしてきた。だが、投稿が匿名であるということがこのような個人攻撃の温床になっていることは、ユーザーですらわかっている。[10] PSRの管理人も、自分たちの対応が後手に回っていることは認めている。[11]

政治学者がPSRについて公共の場で語るとき、あまり良いことは言わない。ジョージタウン大学の政治学教授で『インターナショナル・スタディーズ・クォータリー』の共同編集者も務めるダニエル・ネクソンは、PSRを「すべての政治学者にとって自分が政治学者であることが恥ずかしくなるようなウェブサイト」と形容する。[12] PSRは「他人のゴシップや、場を荒らすことが目的の厄介な投稿文だらけの未熟なサイトだ」と、デューク大学教授のマイケル・マンガーが『クロニクル・オブ・ハイヤー・エデュケーション』に書いている。[13] PSRのサイトで辛辣な批評の対象にされてきた政治学者たちのこのサイトの存在に対する嫌悪感はさらに強い。ジョシュア・コーエンは、自分の身に最近起きた雇用の変化についての書き込みを読んだ。その書き込みは「自信を持って断言しているわりには、完全に誤った四つの情報から成り立っている」と、彼は指摘する。「こういう情報は単なる間違いではない。でたらめ、しかも非常に嫌悪すべきでたらめだ。こういう情報をサイトに掲載するのは、現実に対するPSR側の無関心さの現れというだけではすまされない。自制心を持たずに書いた文章を積極的に採用しているのがPSRというサイトだ」というのがコーエンの結論だ。[14]

私自身はPSRにコメントを投稿したことはないが、自分が議論の対象にされたことは何度かある。コメントは好意的なものではなかった。スレッドのなかの一つには、「ドレズナーの顔をぶん殴るやつが一人もいないのはなぜなのか？」というタイトルがつけられていた。このスレッドはPSRの運営者によって削除された。削除される前の二〇一四年から二〇一六年のあいだにPSRのサイトに書き込まれたコメントは、以下のようなものだ。

・ドレズナーは下劣なペテン野郎だ。やつがどんなに大ぼら吹きかを詳しく書いた公開書簡を書こうかと、真剣に考えている。
・くたばれ、ダニエル・ドレズナー。年寄りは年寄りらしくしてろ！
・ドレズナー、お前はとんでもない野郎だ。お前を好きな人間なんて一人もいやしない。お前は金のためなら何でもやるやつだと、みんな思ってるぞ！
・ドレズナーの国際政治論に関する本を課題図書にするような大学教師は、彼の理論に対する理解が浅いということだ。本当にこの本を読んだことがあるのかと言いたい。
・ドレズナーがばかであることが判明した。おそらく彼のまわりにいる人間たちは、そのことを彼に教えてやらないのだろう。だからドレズナーは自分が賢いと思い込み、自分の意見をとうとうと発表しつづけるのだ。

この程度の悪口なら、まだましなほうだ。私は同性愛者でも有色人種でもなく、外交政策についての見解も主流派に属しているので、これくらいですんでいるのだ。SFライターのジョン・スコルジーが指摘しているように、現実の世界がビデオ・ゲームなら「非同性愛者の白人男性」という設定はビギナー向けだろう。[15]もし私が女性やマイノリティーだったり、政治学のなかでも非主流にあたる領域で仕事をしていたりすれば、もっとひどい悪口を書き込まれていただろう。[16]

私にとっては、自分の仕事の分析対象としてPSRを見ることはたやすい。PSRのサイトの全体的なテーマは、ささやかな成功を収めた人間に対する反感である。

怒りに任せた暴言から本格的な中傷まで、さまざまな悪口が書き込まれる背景には、ＰＳＲのサイトでは投稿者が匿名だということがある。このサイトに書かれていることは、筋の通った批評とは似ても似つかないものなのだ。

ＰＳＲから得られる教訓はただ一つ、公共の場で議論を戦わせようと思うなら、常軌を逸しているとしか思えないような批判には取り合わないようにするということだ。外交政策や国内政治をテーマにしているサイトでは、アクセス数も辛辣な批評の書き込みの数もさらに多くなる。大げさな批判をうまく退けられるようになることは、言論市場に貢献しようとしている者にとっては必須の技術なのだ。しかし、そこには深刻さを増しつつある問題も含まれている。


思想産業で成功を収めるようになると、その業界で先に成功している知識人からコメントされる機会が生まれる。そうしたコメントは、相対立する二つの影響をもたらす。一つは「バンドワゴン効果」と呼ばれるもので、思想産業の若手メンバーが業界の先輩メンバーの仕事を称賛することを指す。その称賛は本心から出たものであることもあるが、自分の利益を考えて言ったものである場合もある。名の知られた思想的リーダーは、世間の注目を集めることによって本を売る能力を有している。出版社や編集者が彼らの思想に心許なさを感じたとしても、その思想を必ずしも押し戻すことはない。たとえばトーマス・フリードマンは、自分が出したいと思えばどんな本でも出すことが可能だとインタビューで述べている。「私は、恐ろしくなるほど恵まれた立場にある。私が出版社に出向いて、『本を一冊書きたいと思っている』と言えば、相手は『ぜひともお願いします』と言う。『本のテーマを聞かなくていいのか』と尋ねれば、『どんなテーマでも結構です』という返事が返ってくる。細かなところは違っても、大体としてはそんな感じなのである」[17]。スーパースターの書くものなら需要はつねにあるだろうから、意向がすんなり通るのだ。過去に出した本が売れれば売れるほど、スーパースターは自分のやりたいようにやれるようになる。

世間の注目を集める知識人ともなれば、言論市場内で行使する権力もとてつもなく大きい。自身のブログやソーシャルメディアを通じて、思想産業に属するほかの人々の仕事に世間の注意を向けさせる力も持っている。これがいわゆる「言及効果」というものだ。ポール・クルーグマンやペギー・ヌーナン、フランシス・フクヤマのような、名を知られた知識人に好意的な文章を書いてもらうことによって、外交政策関係の記事を書いている無名の物書きたちのブログのアクセス数が急増したり、本の売上げが上がったりする現象を指す。彼らよりもはるかに知名度の低い私でさえ、近年は年長の学者たちから著書の推薦文を書いてほしいと頼まれることが増えている。知名度の低い知識人たちは、この世間の注意を向けさせる能力を目当てに公共知識人のご機嫌をとる。すると当然、彼らを批判することは避けなければならなくなる。一年後には、自分の本の推薦文を書いてくれることになるかもしれない人物に噛みつくはずはないのである。

こういう事態が、成功を収めている知識人に問題を招くこともある。自分にとって都合の良いことしか聞こえてこなければ、自分の議論の仕方をより良いものにできるはずはないからだ。思想産業から良い作品が生まれるためには、つくり手である知識人たちが、初期段階にある思想を発展させているときに、建設的な批判を受ける必要がある。実際に、優れた批判があれば思想産業は健全なものになるはずだ。しかし公共知識人のご機嫌をうかがっていれば、批判の切れ味は悪くなる。

もちろん、すべての無名知識人が公共知識人のご機嫌取りにいそしむわけではない。思想産業での成功は、バンドワゴン効果とは逆の反応を生むこともある。それは情け容赦のないこき下ろしという反応だ。

こき下ろしはインターネット上に限られる現象ではない。二十一世紀の知識人たちのあいだに存在する確執について書かれたものを読んだことがある人なら、それをわかっているはずだ。だが、インターネットはそれをいっそう激化させる傾向がある。双方向でのコミュニケーションが可能なインターネットを介して行われる議論は、知識人同士がこれまで行ってきたコミュニケーションとは異質なものだ。ソーシャルメディアが出現する以前から、インターネットの開発者はそのことに気づいていた。ランド研究所の一九八五年の分析は、この問題について警告を発する内容だった。

インターネットを使ったコミュニケーションがそれ以外のかたちでのコミュニケーションともっとも大きく違うのは、受け取り手の感情を惹起する傾向があるという点だ。発信されたメッセージの一部を受け取る側が誤解して、感情的になってしまうことが往々にして起こる。そして、状況をさらに悪化させるような反応を仕返すことによって、互いの感情がもつれてしまう。

ソーシャルメディアを通じて行われるコミュニケーションは、ほかのどの手段を通じて行われるコミュニケーションとも性質が異なる。そこでは従来のルールの多くが通用しないのである。(18)

「インターネット上での議論が長引けば長引くほど、ヒトラーやナチスを引き合いに出すことが多くなる」という「ゴドウィンの法則」が初めて紹介されたのは、レディットやフェイスブック、ツイッターが誕生する一〇年以上前の一九九〇年代のことだった。(19) インターネットを使った議論の負の側面は、インターネットができたときからすでに存在していたのだ。

インターネット上で見られる、他人をおとしめるフィードバックについて論じる場合、その根底の部分から議論を始める必要がある。なぜなら、キャリアを積み重ねようとする知識人が見舞われることになるネガティブフィードバックの根っこはそこにあるからだ。そしてもっとも根底にあるのは、ＰＳＲのようなサイトで繰り広げられる醜い罵り合いである。その一部は本章ですでに紹介した。ＰＳＲのようなサイトで繰り広げられる個人攻撃はあまりにも常軌を逸したものなので、そういう書き込みをする人間は果たしてまともな精神の持ち主なのか疑わしくなる。知識人界のスーパースターに向けられるネガティブフィードバックは、ＰＳＲで目にするような罵詈雑言をさらにひどくしたものと考えて差し支えない。自身のコラムに関するフィードバックのうちのおよそ三分の一は、本質的には人種差別的なものだと、ファリード・ザカリアは私に語った。そのようなフィードバックに対しては神経質にならないようにしなければならないと強調したうえで、ザカリアは自分の性格上、それは人が考えるほど簡単なことではないと認めている[20]。

ザカリアがその話をしてくれたのは、彼がインターネット上でばかげた中傷を受ける一カ月ほど前のことだった。あるマルウェアサイト〔悪意のあるソフトウェアを拡散させるサイト〕がアクセス数を増やそうとして、ザカリアがブログやすでに消去済みのツイートで「ジハードと称して白人女性をレイプしよう」と呼びかけたという嘘の記事を掲載したのだ。ザカリアはブログでも、ツイッターでもそのような発言は一切していない。この一件に関して、ザカリアはのちに以下のように記している。

何百人もの人がこのサイトにリンクを貼ったり、ツイートしたり、リツイートしたり、コメントをしたりした。そこにはここで紹介するのが憚られるほど野卑な言葉や人種差別的発言が並んでいた。二、三の極右ウェブサイトがそれを転載した。転載を繰り返すたびに論調はますますヒステリックなものとなり、人々は私が解雇されるべきだとか、国外追放されるべきだとか、死刑になればいいとか言いはじめた。それからの数日間は私に対する脅迫の言葉がネット上にあふれ、現実の生活でも恐ろしいことが起こった。ある晩、数人の人たちが家に押しかけてきて、寝ていた私たち家族を起こし、まだ七歳と一二歳の私の娘を脅したのである。

報道されているような行為を私がするはずがないということは、常識的に考えれば明らかだったはずだ。しかし、重要なのはそんなことではなかった。こういうつくり話を広める人々にとっては、事実などどうでもいいことなのである。彼らにとって重要なのは、偏見を煽ることなのだ。[21]

ニーアル・ファーガソンも同じような困難に直面したことがある。そこには彼自身と、その妻で反イスラム活動家でもあるアヤーン・ヒルシ・アリが集める注目の高さが関係している。彼女がイスラム教を厳しく批判したことが原因で殺害予告を受けたことがあるため、二人とも日常生活でも用心を怠らないようにしている。第7章で指摘したように、ファーガソンはインターネット上で発生したトラブルも抱えており、そちらのほうには負けじとやり返していた。彼は大のツイッター嫌いで、ツイッターなど「男性用便器の壁面」のようなもので二〇二〇年までには消えてなくなるだろうと予測している。しかし「ツイッターで辱めを受けるというのは実に不愉快なことだ」とは認めている。[22]

インターネット上で繰り広げられる批判について、ほとんどの知識人はファーガソンと同じように感じている。ブログやソーシャルメディアで評論を発表している知識人はみな、「コメントは読むべからず」を信条にしている。ゴドウィンの法則が当てはまるのは特にコメント欄だからだ。オンライン雑誌『スレート』のジャスティン・ピータースは、このあたりのことを次のようにまとめている。「ウェブ向けに文章を書いている人なら誰でも、書き込まれたコメントを読んで頭がおかしくなりそうになったことがあるはずだ。ブログに掲載された記事を読んで腹を立てた読者が、記事を書いた人間を焼け死にさせることこそ自分の使命だと思い込み、過激なコメントを書き込むからだ」。[23]

コメント欄に過激な意見が書き込まれるのをどうやって阻止すればいいのか、そもそもコメント欄などないほうがいいのではないかをオンライン雑誌は絶えず考えている。[24] 答えは簡単には出ない。厄介なのは、雑誌が成功すればするほどコメントの質が悪くなる傾向があることだ。私がブログを始めたとき、書き込まれるコメントは、内容のある興味深いものだった。だが、アクセス数の多い記事のコメントほど、そうではなかった。私はかつて寄稿先を『フォーリン・

ポリシー』に変更し、その後ワシントン・ポストに変更した。そのあたりからコメントの質が低下した。『アトランティック』のタナハシ・コーツのブログを始めとするいくつかのサイトは、コメントの質をある程度に維持するために、一時期コメントをかなり選別して載せていた。ところが、知識人界のスターとして世間の注目を浴びるようになるにつれ、コメント欄は劣化した。[25] ほかのネット評論家によるコメント欄の規制もうまくいってはいない。そうした規制について最近行われた研究によれば、そのようなシステムを導入したところで、「自分のコメントが否定的な評価を受けると、コメントの書き手はますます多くのコメントを書き込むようになり、結果としてコメントの質もいっそう低下することになる」という。[26]「悪貨は良貨を駆逐する」というグレシャムの法則が当てはまるのが、コメント欄なのである。

知識人が実際にミスを犯すと、様相は一変する。知識人が犯した過ちに対する「ツイッター暴徒」と呼ばれる人たちの反応があまりにも激しくなると、攻撃の的にされている知識人に対する同情の声が上がるようになる。たとえば、自ら盗用を認めたサイエンス・ライターのジョナ・レラーに対する誹謗中傷の激しさには、オンライン・ニュースサイト「デイリー・ビースト」のコラムニストで、レラーの盗用を見抜いたマイケル・モイニハンも愕然とした。「ふと周囲を見回してみると、自分が熊手を手にして暴徒たちの先頭に立っていることに気づいたのである」。[27] 二〇一一年にエジプト革命が起きるきっかけをつくったインターネット活動家のワエル・ゴニムは、「ネット上の議論はあっという間に怒れる暴徒と化す。スクリーンに映る人々は生きている人間であって、けっしてアバターではないことを忘れてしまう」と、自戒を込めて語っている。[28]

多くの知識人は、匿名での安易な書き込みが可能な現状に不快感を抱いている。「無礼なことを平気で書く、けんか腰になる、都合が悪くなるとさっさと逃げ出す、腹を立てて人に当たり散らす、不機嫌な議論を延々と続ける、他人に対する誠意が感じられない。こうしたことはすべて、コメント欄が匿名式になっていることが原因だ」と、ジャスティン・ピータースは指摘する。[29] ほとんどの著作家は、このような議論にはまったく参加しようとしない。参加したとしても、ただ非難するだけだ。二〇一五年秋、フィナンシャル・タイムズのエドワード・ルースは、自身の記事にしばしばコメントしてくる人物に呼びかけた。フィナンシャル・タイムズのグローバル・メディア・エディターによれば、それは「見事な口封じ」になったという。

私と一緒に仕事をしている人たちは、勤勉で仕事熱心なプロたちだ。こういう嫌みなやり方で彼らの発言を封じようとするのはやめていただきたい。あなたは私たちのことを知っているが、私たちはあなたのことをまったく知らない。コラムの著者やほかの読者の発言を阻止しようとしたり嘲ったりするのではなく、むしろそれを引き出すような理性的で建設的な批判をしてほしい。あなたが自分で思っているような勇敢な人間であるならば、匿名ではなく自分の名においてそれをすべきだと私は思う。私の名前はエドワード・ルース。あなたの名前は何ですか？[30]

公共知識人がネットに書き込まれた自分への批判の言葉を無視するとき、そこにはもっともな理由がある。それが女性である場合はなおさらだ。女性に対しては、特に卑劣な言葉が投げつけられることが多い[31]。PSRのサイトでは、成功を収めた女性政治学者は権力者と寝ることによってその地位を得たのだろう、というような書き込みを日常的に目にする。性差別的なコメントがあまりにも多かったので、経済ジャーナリストのアニー・ローリーはツイッターをやめてしまった。「せめて表面的にでも良い会話が成立しないならば、ツイッターでつぶやく意味がどこにあるのだろう。私の仕事ではなく私という人間が攻撃されるなら、ツイッターでつぶやく意味はあるのだろうか」とローリーは自問したという[32]。

この種の批判に対処しようとすれば、おのずと一つのやり方にたどり着くことになる。それまでとは反対のことをするという方法だ。無視する代わりに、積極的に関与するのである。知識人ならば、インターネット上の批評家にはしっかり向き合おうとするのが本能的な反応だろう。たいていの知識人は、議論の駆け引きを楽しむものである。そして当然のことながら、自分の議論が正しいことをインターネット上で証明したいという欲求は誰にでもある[33]。しかし、インターネット上で議論を戦わすことにはリスクが伴う。インターネットでの議論が長引くと、誰が誰の発言に対して何を言ったとか言わないとかというようなつまらない口論に発展しやすい傾向がある。ソーシャルメディアで繰り広げられる論争のなかに、議論に値するものはただの一つもない。[34] 批判に対して批判を返せば、議論に火を注ぐことになるだけだ。たとえ完璧な反論をしたとしても――完璧な反論というものはたしかに存在する[35]――それが契機となって、いまさら議論するまでもないような論点までが議論される羽目になる。匿名の人がザカリアの無断盗用疑惑をネット上で書き立てたとき、CNNがザカリアに何も発言するなと指示したのはそういうことになるのを怖れたからだ。

インターネットは少しずつ進化していて、ネットでの嫌がらせやばかげた行為に対する防御的措置が以前よりは取りやすくなっている。知識人とか思想的リーダーとか言われるような人が自分のウェブページに書き込まれたコメントに目を通すことなどないことは、常識的な人間なら理解している。ツイッター社では、他人が勝手にウェブフィードを読めないようにするサービスをユーザーに提供している。書き込まれたコメントが画面に表示されないようにするサービスがあればさらに良い。そうすれば、書き込んだコメントが読まれないだろうことすら、コメントを書いた当人にはわからなくなる。認証済みユーザーなら、さらに強力なフィルター機能をオプションで使うことができる。フェイスブックでは、すぐに腹を立てるような人を友だちリストから削除したりフォローを解除したりすることが簡単にできる。いまではほとんどのソーシャルメディア企業は口汚く相手を罵るようなユーザーに対処するための通報システムを備えており、そういうコメントはすかさず迷惑メールフォルダーに振り分けられるようになっている。そのうち誰でも有害なフィードバックを除去できるようになるだろう。だが、こういう対処の仕方では対応できないものもある。

そのなかでも一番厄介なのは「荒らし」と呼ばれる行為だが、「荒らし」もときには役に立つことがある。知的分野に関する議論で場を荒らすことに成功するには、相手の形式張った話を妨害する必要がある。「荒らし」をする人は、相手をこき下ろしたり、過度に責めたり、絶え間なくいらだたせたりすることによってこの目的を遂行する。ブルームバーグにコラムを寄稿するイーライ・レイクが述べているように、「荒らしがうまい人というのは、工作員のようなものだ。彼らは、相手の考えの誤りや弱点を暴くことを目的として言葉を使う。その考え方以外にも検討に値する選択肢があることを相手に伝えようなどとは少しも考えていない」[36]。これが「荒らし」をする人の特徴なのである。そういう人の一人が、自分の戦略について『ニューヨーカー』に次のように語っている。「大学でポストモダニズム理論に関するものを読んだことがある。あらゆるものが物語であるならば、支配的な物語に取って代わる物語が必要だ」[37]。

「荒らし」という行為は誰にでもできるし、インターネットが誕生する以前にも「荒らし」はたしかに存在した。一九六八年の共和党と民主党の全国大会の期間中、議員たちのやりとりがテレビ中継されたときのことだ。ゴア・ヴィダルがウィリアム・F・バックリーを繰り返し煽ったり、意地悪くからかったり、挑発したりした。あげくのはてにバックリーを「ナチスの支持者」呼ばわりすると、バックリーはついに怒りを爆発させた。怒り狂ったバックリーは「この変人が！」という言葉を投げつけて、殴るぞとヴィダルを脅した。日ごろは冷静なバックリーを狼狽させることによって、バックリーの威光を減じさせるという本来の目的を、ヴィダルは達成したのである。

「荒らし」は、嫌がらせをすることによって弱者が強者を議論に引きずり込むための武器である。現代世界におけるインターネット上の「荒らし」は、おもしろみのない議論になりがちだ。陰謀説を思い起こさせるか、さもなければ人種差別や性差別、外国人嫌いに傾いている。公開討論の価値を高めるような議論を組み立てるというのは、場合によっては能力が試されることになる。「荒らし」に対処することは、思想産業に関与するための取引コストを増大させるだけである。

何物にもとらわれることのない二十一世紀への探求を支持するジョン・スチュアート・ミルの議論を現代に置き換えようとするとき、もっとも問題になるのがこのことだ。ミルは、絶対的原理こそ定期的に疑問視すべきだと主張して譲らなかった。狂信的教団や宗派や過激主義者が持つ概念の力は、虐げられた少数派であることから生じたものだとミルは論じている。敵対する多数派から自分たちの考えを守る必要性につねに迫られていたからこそ、議論を戦わせるためのスキルが向上したのだ、と。[38] 問題によっては議論を積み重ねるうちにまじめな論争が成立しなくなることもある、とミルは考えていた。それでは思想から活力が失われるとミルは嘆いている。

アメリカの外交政策をめぐっては、継続すべき議論がある。たとえば国際関係における信頼感醸成の重要性、移民の経済効果など。だが、第一原理についての議論を続ける際にかかる機会費用に関しては、ミルは一度も取り上げていない。「荒らし」が頻繁に起こる現代では、かつては定型化された事実として受け入れられていたことが、新たな問題として提起されることになる。たとえば、「九・一一はアメリカの内部犯行だったのか」とか、「バラク・オバマはアメリカ国民と言えるのか」というようなことである。自分に向けられた批判的な書き込みにばかり気を取られていると、知識人たちは新たなことが考えられなくなってしまう。そこに費やされる時間と精神的エネルギーは非常に大きい。ミルが現代に生きていたなら、インターネット時代の歯に衣着せぬ議論をよしとするかどうかを考えてみるのもおもしろい。

それをほのめかす書き込みがＰＳＲにもあるとおり、私もこの問題に直面したことがある。ネットでドナルド・トランプを批判する言葉を発したら、反ユダヤ主義的なフィードバックが波のように押し寄せてきたのである。その経験から、自分に対する批判的な書き込みや「荒らし」を無視したいという衝動は理解できる。しかし、これまで問題視されなかった思想の問題点がそこから明らかになることもある。「荒らし」を排除することと、さまざまな思想的観点を排除することのあいだには、紙一重の違いがある。ネットいじめに対する取り締まりが厳しくなるにつれ、ツイッターが設置した「トラスト・アンド・セーフティ・カウンシル（Trust and Safety Council)」のような協議会は一般市民の行動を監視するものではないのか、という疑問の声も上がっている[39]。

ここでマイケル・ラクールがPSRで経験した興味深い話について考えてみよう。

二〇一四年一二月、カリフォルニア大学ロサンゼルス校の大学院生マイケル・ラクールがコロンビア大学教授ドン・グリーンとの共著で書いた論文が『サイエンス』に掲載された。同性愛者と直接会って話をした場合、同性婚についての個々の考え方にどのような変化が起こるかを調査した論文だ[40]。そのなかで、調査を担当した戸別訪問者がゲイだった場合、訪問を受けた人の投票行動が変化するかどうかを調べる実験が行われた。それまで、学者たちのあいだでは、同性愛者と直に話をしたところで投票行動に目立った変化は現れないということで意見がほぼ一致していた。ところが、グリーンとラクールの実験結果は、それとはまったく異なるものだった。直に話をしてみると、明らかに投票行動が変化して、同性婚を認める傾向が優位に高まったという結果が出たのだ。投票行動が変化しただけでなく考え方の変化が継続したことも、のちの調査でわかっている。「これほど変化があるとは、まったく予想していなかった」と、ラクールはロサンゼルス・タイムズに語っている[41]。

この研究結果は大きな注目を呼び、ニューヨーク・タイムズやワシントン・ポスト、ブルームバーグその他のニュースサイトからも取材の申し込みがあった[42]。その影響は国内にとどまらなかった。アイルランドの同性愛活動家は、二〇一五年に同国で予定されている同性婚に関する国民投票に向けて、この研究結果に基づいてキャンペーン戦略を練ったほどだ。(43) 当然、その年のラクールの大学関係求人市場における評価は大きく上がった。プリンストン大学が彼を採用することは、ほぼ確実と思われた。ラクールは新進気鋭の学者の卵として認められたのである。

ところが、『サイエンス』が発行されてから八日後、ラクールとグリーンの論文に関する書き込みが「リーナン」という名前でPSRに投稿された。(44)「データをよく見ると不審な点がある」で始まるその書き込みは、データの統計的分布におかしなところがあることを指摘していた。それをきっかけに議論が起こったが、まもなくPSRの管理人によって削除された。

「リーナン」は、当時カリフォルニア大学バークレー校の大学院で政治学を専攻していたデビッド・ブルックマンだった。彼はラクールのデータの信頼性を疑っていた。ところが学位論文の指導教授から、そんなことをネット上で公表すべきではないという警告を受けた。申し立ての重大さを考えると、政治学者としてのキャリアが脅かされかねないというのである。(45) 絶望したブルックマンはPSRを頼った。

ブルックマンは六カ月後にラクールと同様の実験を行ったが、ラクールのものとは異なる実験結果が出た。ラクールと二名の共著者はラクールのデータを徹底的に調べ上げ、ラクールがデータを改ざんしたという結論を下した。その情報は政治科学界を瞬く間に駆け巡った。ラクールがデータを改ざんしたと確信したグリーンは、論文を撤回した。(46) その後しばらくして、ラクールが学問上の経歴の一部をねつ造していたことをジャーナリストが見破った。そこには受賞してもいない優秀教員賞を受賞したとか、授与されてもいない研究助成金を授与されたという記載があった。(47)ラクールはネット上で自分の弁護を繰り広げたものの、それは疑惑に答えるというよりも、むしろ疑惑を増す結果となった。結局、プリンストン大学はラクールの内定を取り消した。

ブルックマンと共著者たちがラクールの内定取り消しのきっかけとなる論文を発表した当初から、この件に関する情報や議論をもっとも詳しく載せていたのはPSRのサイトだった。この時期、私はPSRを定期的にチェックしていた。私の同僚の多くもそうだった。デューク大学の政治学教授マイケル・マンガーも、そのなかの一人だ。

ラクールのデータ改ざんが発覚し、その件をめぐる報道がもっとも過熱していたころ、私はPSRのサイトを一時間に二、三回チェックしていた。PSRのサイトには、この件に関してどのサイトよりも詳しい情報が毎分のように寄せられていた。また、さまざまな分野で活躍している優秀な人たちが重要なトピックについての公開討論をリアルタイムで繰り広げていた（ただし、そこでは罵り言葉や卑猥な言葉も乱れ飛んでいたのだが）。(48)

これは思想産業に従事している人々に突きつけられた難問である。インターネット上で自分が批判を受けた場合、学術分野で仕事をする人はそれを「一種のテロ」だと決めつけてきた(49)。しかし、口汚く人を罵るような批判はほんのわずかしか含まれていなくても、そういう批判には同じような罵り言葉を使った批判が返される。ザカリアの一連の盗用疑惑が匿名の投稿者によって書き立てられたとき、その攻撃の範囲はあまりにも広すぎて事実とは異なるものも含まれていた。とはいえ、その告発は完全な誤りとも言えなかった。

低レベルの批判からでも有益なフィードバックが生まれることがあるなら、レベルの高い批判からはどういうフィードバックが生まれるのだろう。ここで話はさらにややこしくなる。匿名性の低い批判から生まれるフィードバックには、無益なものより有益なものが多く含まれているはずである。しかし、このときの無益なフィードバックには匿名性の高い批判から生まれるフィードバックよりもはるかに多くの問題がある。また、現代の思想産業を推進している力のなかには、インターネットでの議論を劣化させるものもある。

ソーシャルメディアは、権威あるものに対する信頼感の崩壊と政治の二極化を助長する。信頼感が崩壊すれば、インターネットでの議論はエキスパート集団にとっても難易度がいっそう高くなる。たとえば中東問題を専門に研究しているマーク・リンチは、この地域の分断を煽る政治がオンラインでの活動を危険に満ちたものにしていると指摘する。「中東はあらゆる面で多大な情熱が生まれる場所であり、気分がころころ変わる。オンラインの世界で存在感を示している学者は、自分のツイートや論文がある日突然、マスコミの批判の嵐に巻き込まれるリスクをつねに抱えている」[50]。アメリカの外交政策を専門とする人のなかには、うっかりものを言えばネット上で袋叩きにされるので、中東問題については書きたくないと考えている人が大勢いる。

ソーシャルメディアは偉大なる地ならし機なのだ。誰もが誰に対してでもツイートできる。実際のところ、戦術によっては「荒らし」も地ならし機になりうる。「荒らし」のほとんどは、名の売れた著作家の足を引っ張ることを目的にしている。そういう「荒らし」のなかの一人が、「たとえば私がニューヨーク・タイムズ宛てに手紙を書いたところで、シュレッダーにかけられておしまいだ。だがツイッターでなら、作家と直接言葉を交わすことができる。そこには制度も何も存在しないからだ」とタイムズに語った[51]。知識人界のスーパースターを煽って激怒させることが自分の勲章だと考えている「荒らし」はけっして少なくない。「荒らし」の攻撃をうまくかわせる知識人の場合でも、ソーシャルメディアで使われる隠語に不慣れな同僚たちのあいだでの評判が悪くなることはありうる。リンチは、「攻撃やサブツイート、嘲り、駆け引きなどはオンラインの世界では完全に正常なものとみなされるが、学問の世界では裏切り行為とみなされる」と指摘する[52]。また、ソーシャルメディアではうっかり口が滑りやすくなり、世間では立派な人と思われている人が、ツイート直後に自分の発言を後悔することになったりもする。そうした過ちは、知識人の権威をいっそう失墜させるだけだ。とりわけ思想産業の頂点に君臨している人の場合、インターネット上で批判してくる人を相手にすれば、貴重な時間が奪われるうえに精神衛生にもきわめて悪いことになる。そうならないためには、とにかく相手にしないようにするしかない[53]。

「荒らし」の相手が知識人の場合でも、それは同じだ。たとえば、ナシーム・タレブは大学教授で、『まぐれ――投資家はなぜ、運を実力と勘違いするのか』『ブラック・スワン』『反脆弱性――不確実な世界を生き延びる唯一の考え方』（いずれもダイヤモンド社）といったベストセラー書もある一流作家だ。ところがオンラインの世界でのタレブは、古い考えに凝り固まった困った人物という表現がふさわしい。ツイッターで自分に反論してくる人をすぐに糾弾する。私自身も糾弾されたことがある[54]。あらゆる社会科学をはねつけるところなどは、研究者というよりも「荒らし」に近いように思われる[55]。多くの「荒らし」と同じように、タレブは、自分と意見が異なる人を詰問するばかりで実質的な議論には参加しようとしない。

インターネット上で何度も糾弾されたあと、私はついにタレブと会って一緒にコーヒーを飲んだ。二〇一五年のことだ。私たちがインターネット上で戦わせた議論について、タレブは自分の考え方を丁寧に説明してくれた。タレブの論法に完全に納得したわけではなかったが、知識人としての彼の立ち位置は以前より理解できるようになった。その実りある会話のあと、オンラインの世界での彼は非常に感じが悪いのはどうしてか、と単刀直入に聞いてみた。タレブは微笑みながら肩をすくめると、ツイッターでの発言は、しこたま酒を飲んだあとのあやしげなバーでの深夜二時の発言のようなものだと説明した[56]。タレブにとっては、敵意をむき出しにすることがオンラインの世界で生き残るための最良の方法だというわけだ。ほとんどの場合、この方法は彼にとって有効なのだろう。けれども、そういう幼稚なやり方をしていると、中身のある発言をしても真剣に受け止めてもらえなくなる。そうなれば、パロディー的なアカウントのユーザーとツイッター上でけんかを繰り広げたときのように、仕事の生産性はがた落ちになる[57]。

ソーシャルメディアは、政治の二極化をもいっそう深刻なものにした。その結果、インターネット上の議論の質もさらに悪化している。保守派を支持する人間もリベラル派を支持する人間も、政治的な考え方が自分と共通する発信元からの情報をツイッターでフォローし拡散する可能性がはるかに高い[58]。リベラル派支持の人の場合は、政治に対する考え方が違うという理由で、友だちリストから知り合いを削除する可能性も高くなる[59]。

政治の二極化により、この数年「荒らし」が増えている。ただし、予想されるのとは様子が少々違っている。「荒らし」は弱者の武器だとされているが、同時に武闘派知識人の戦術にもなっているのだ。哲学者のレイチェル・バーニーは「世の中には気晴らしで『荒らし』をする人もいるし、少数ながら営利目的で『荒らし』をする人もいるが、そのほとんどは派閥間の確執が原因で起きている」と指摘する[60]。たしかに、『荒らし』は保守派支持者とリベラル派支持者のあいだで起きている。イデオロギーをめぐって反目しあう極左の知識人とオルタナ右翼の知識人とのあいだでも、『荒らし』は起きている。

左翼としては、雑誌『ジャコバン』がアメリカ政治における社会主義思想に新たな命を吹き込んだ(61)。だが、その階級主義的、マルクス主義的精神が人種差別や性差別に優先的に取り組むべきだと考える他の左翼との対立を招いた。それをめぐる非難の応酬が口汚い罵り合いへと発展した。内輪の意見の不一致が原因で意見を異にするメンバーに対するインターネットを使った嫌がらせを指揮することになった左翼系作家が、そのことについて書いた文章もある。その嫌がらせの標的になった人たちの一人が次のような警告を発している。

オンライン・ハラスメントを助長しているのは、権力と実権を握っている知識人だということに、私たちはそろそろ気づくべきである。もしかすると、こういう人たちのほうが社会にとって危険な存在なのかもしれない。この国の主流をなしている幅広い人々をインターネット上で中傷しているのは彼らであり、そういう行為が道徳的にも知性的にも真剣なものであるというお墨付きを与えているのも彼らだからだ(62)。

実際に、デモスというシンクタンクは、オンライン・ハラスメントをしたという理由でお抱えブロガーの一人であるマット・ブルニッグを解雇した。アメリカ進歩センター所長のニーラ・タンデンに対して数多くの攻撃的なツイートをしたにもかかわらず、ブルニッグは謝罪を拒否した。これに対してデモス側は、「オンライン・ハラスメントに関する価値観が両者のあいだで異なっているという点で、両者の意見が一致した」という見解を公表した。(63) ニュースサイト「インターセプト」のグレン・グリーンウォルドと同じように、ブルニッグは自分たちの政治的メッセージが「トーンポリシング」という名目で検閲されていると信じている。

わざと無礼な発言をするのは、「オルタナ右翼」の人々に共通している特徴だ。オルタナ右翼とは、ドナルド・トランプを大統領に押し上げた白人国家主義者や超保守主義者、反動主義者たちの集団を指す。文化は本質的に人種と結びついており、ある程度は人種の区別があったほうが社会はうまく行くというのがオルタナ右翼の信念である。彼らには「アグレッシブな言葉遣い、あからさまな人種差別、インターネット上の議論に見られるような皮肉っぽい口調」という共通点が見られる。オルタナ右翼のリーダーたちが書いたとされる声明文には、彼らが「挑発行為に耽溺」していて、「世俗的な合言葉があからさまに笑いものにされたときに暴力や憤怒が噴出するさまを見るのが、楽しくてたまらない」と記されている。(64) 当然のことながら、実際に彼らの挑発の標的にされているのは声明文に書かれているものとは異なる。オルタナ右翼がインターネット上で嫌がらせの対象にしているのは、現代的保守主義の対極にあるとして彼らを認めない共和党員たちである。(65)

極左もオルタナ右翼も、ツイッターやフェイスブックなどのソーシャルメディアで毒を垂れ流している。それは思想論争などではなく、未熟な政治だと言うこともできるだろう。しかし外交政策の領域では、怒りっぽさも同じくらい有害だ。伝統的にリアリストは政治的には右寄りで、進歩主義者よりも新保守主義者を攻撃対象にしてきた。同様に民主党左派は保守主義者よりもリベラルな世界主義者のタカ派ぶりに憤慨している。[66]

オンラインでの交流の不平等さが知識人界のスーパースターに対する憤りを増幅させている。たとえばトーマス・フリードマンの場合は、彼に批判の刃を向ける人々を自ら生み出してきた。マット・タイビは、フリードマンの『フラット化する世界』に対して、とびきり意地の悪い書評を一〇年以上前に書いた。「最悪でもっとも退屈なそれなりの教養書」というのがそれである。[67]それ以来、タイビはフリードマンの思索をあてこする発言を定期的にしている。『サロン』のアレックス・パリーンは毎年、アメリカのお粗末な学者を載せた「ハック30」というリストを作成しているが、フリードマンはつねにその上位に登場する。この二つは、フリードマンに向けられる厳しい批判のごく一例にすぎない。[68]フリードマンならこう書くのではないかという文章をコンピュータで自動作成するウェブサイトまである。<www.thomasfriedmanopedgenerator.com>というサイトだ。その文章はフリードマン本人が書く文章に驚くほど似ている。

ほとんどの一流知識人には、彼らを痛烈に批判する人間やネガティブな経歴がつきものだ。そういう人たちのなかには過度に不機嫌な人間や意地の悪い人間が多いが、だからといって彼らが存在することに何のメリットもないわけではない。彼らの攻撃の標的にされた知識人は、自分に向けられた批判の内容ではなく、考え方に焦点を合わせる傾向が強い。アリス・グレゴリーは、こうした若い批評家たちがしばしば大切なことを見落としているとして、ニューヨーク・タイムズの書評欄で次のように主張した。

そのように誰からも期待されていない状況の中から、きわめて公正な批判が生まれるという側面があるように思う。そうした状況にあるからこそ、冷静で感情を交えない批判が可能になる。けれどもその同じ状況ゆえに、自分が批判の対象にしているものは他人の時間と努力と知性の産物であるという事実を、彼らが真摯に受け止めることが難しくなるということもある。(69)

彼らがネットに書き込む批判には、もっともだと思われる部分もあるものの、やはり相手を傷つけることを目的としたものであることに変わりはない。心理学的に言えば、そうした書き込みを匿名の者による正当な根拠のない攻撃とみなして、知識人が無視することは簡単だ。

成功を収めた知識人であれば、現代の思想産業に存在する耳障りな意見を一笑に付すことができる。本章ですでに述べたように、不愉快な批判を無視する動機は明らかだ。嫌がらせを目的とした匿名の書き込みや「荒らし」を無視することで得られる心の平穏は捨てがたい。しかし、自分に都合の悪い批判は相手にしないという態度は物事を悪い方向に進める危険性を孕んでいる。屈辱的な書き込みや「荒らし」、熱烈な政党支持者など都合の悪い人々をすべて排除してしまったなら、知識人を批判する者は誰もいなくなってしまうだろう。(70) 彼らのような人間が意見を書き込むからこそ、知識人たちは自分を賛美する言葉にも、たやすく論破できるような批判にも出会うことができるのだ。称賛の言葉ばかりしか聞こえてこなければ、彼らはますます自信過剰になってしまうだろう。

現代の言論市場は、一応は機能しているものの、完璧とは言いがたい。知識人を志す若者たちがそこで成功するすべはあるのだろうか。言論市場をよりよいものにするすべはあるのだろうか。最終章では、この問題を取り上げることにする。

結論　思想産業のダークナイト理論

「独裁を正すことは私たちの手には余るかもしれないが、知的自制心を働かせることならいつでもできる。したがって、自分が政治的、知的に堕落しそうな環境に身を置いていることに気づいた場合、哲学者が第一にすべきことは退くことだろう」――マーク・リラ

思想産業はいま、かつてないほど大きなものになっている。現在よりほんの少しでも良いものになればすばらしい。

前章までに述べたとおり、二十一世紀の思想産業の出現によって言論市場は変わった。さまざまな考えを持つ人たちが新規参入しやすいものになったのだ。そこでは公共知識人よりもソートリーダー［thought leaders］（思想的リーダー）のほうが大きな恩恵を受けている。ほかの誰よりはるかに大きな恩恵を受けているのはスーパースターたちだ。こうしたことが複合的に作用した結果、知識人はほかにも大勢いるにもかかわらず、特定の思想的リーダーばかりが大きな影響力を行使する事態になっている。

それでも公共知識人は思想的リーダーに対して重要なチェック機能を果たしているが、権威の失墜や政治の二極化、経済的不平等の拡大などの影響で本当のことが言いづらくなっている。一昔前のように権威を盾にして強引に議論を進めるという方法はもはや通用しない。なぜなら、あらゆる形の権威が失墜したからだ。リベラルな思想的リーダーは、党派心に突き動かされているだけの保守派知識人の批判を受け流すことが可能である。富裕層は顧客を通じて自分のお気に入りの思想的リーダーが思想産業から姿を消すことがないように手を回すことができる。こうした要因の一つ一つが公共知識人に不利に作用して、インターネット上の公共空間で彼らの批判が正しく評価されることを妨げている。

思想産業は思想的リーダーを援護してきたが、それでも抑え込まれることなく有益な議論が起きていることは明らかだ。その例としては、経済発展をめぐってジェフリー・サックスとウィリアム・イースタリーが繰り広げた論争、学界の周縁化に関するニコラス・クリストフの主張に対して湧き上がった批判の声、破壊的イノベーションをめぐるジル・ルポールとクレイトン・クリステンセンの激しい議論の応酬、ニーアル・ファーガソンと彼を批判する人々のあいだで起きたさまざまなテーマをめぐるトラブルなどが挙げられる。これらについては、前章までに詳しく述べた。二十世紀までと比べると言論市場への参入障壁は格段に低くなっていて、より多くの人が公共政策や外交政策に関する多様な意見を述べることができるようになった。しかし弱肉強食の知識人界の頂点では、世間が思うほどさまざまな人々の意見が取り入れられているわけではない。本書で名前が挙がったような大きな影響力を持つ外交政策専門家はみな、長期間にわたって影響力を行使してきた。思想産業そのものには、ほとんど破壊的イノベーションが起こらなかったのである。

その結果、言論市場は機能不全に陥っている。公共知識人界のスーパースターが思想的リーダー界のスーパースターにもの申したところで、勝負はしょせん見えている。金融市場で資産バブルが起こるのと同様に、破壊的イノベーション理論のような人気の高い思想が言論市場を席巻する。そういう人気の高い思想は、あまりにも短期間のうちに批判もされずに大きな注目を集めたかと思うと、知識人たちの間から湧き起こる激しい批判の声に潰されてしまうことになる。現代の思想産業は、思想的リーダーが公共知識人の批判を無視することを奨励してやがて手がつけられなくなる。オンラインの世界は、批評家たちが「荒らし」と呼ばれる行為に加担していっそう激しい言葉を書き込むことを奨励している。「荒らし」という戦術を使うことにより、短期的には効果が上がることもある。しかし長い目で見れば、知識人が自分に不都合な書き込みをますます無視するようになるだけだ。

要するに、今も昔も困った事態であることには変わりがない。ただ、どういう点が良くないのかが違っているだけだ。

こういう事態を改善することは、果たして可能なのだろうか。議論の質の向上を目指して皆で一致協力すればいいのだろうか。欠陥を抱えたシステムのなかで、個々の知識人は何をすべきなのだろう。思想産業の構造転換や制度改革を実施することによって、言論市場がより良く機能するようになることは確かだろう。また成功を収めている知識人が内部から規制を行えば、思想産業が変わるうえで重要な推進力になるだろう。だが近年の『ニュー・リパブリック』のスタッフ大量辞職騒動などを目の当たりにすると、たとえ非常に財力のある後援者の力を借りたとしても、個々人の努力には限界があるようにも思われる。

言論市場の適正な境界線をどこに定めるにしても、『ニュー・リパブリック』がその内側に入ることは確実だ。一九一四年の創刊以来、ニュー・リパブリックが目指しているのは「アメリカの世論における少数意見を重んじる」ことだ。共同創設者のハーバート・クロリーは、「少数意見が受け入れられる世の中なら、本誌を創刊する必要はないだろう。少数意見に耳を傾けようとしない人々に聞く耳を持てと訴えることが、本誌の使命なのである」と述べている(1)。その後ニュー・リパブリックは、二十世紀を代表する知識人を取り上げてきた。たとえばジョン・デューイ、ウォルター・リップマン、ルイス・メナード、ハンス・モーゲンソウ、ラインホルド・ニーバー、マーサ・ヌスバウム、ジョージ・オーウェル、バートランド・ラッセル、アンドリュー・サリバン、マイケル・ウォルツァー、レベッカ・ウェストなどだ。ニュー・リパブリックは、同社の編集スタッフにとっても不可欠の通過駅だった。スタッフが大量辞職するという苦難の時代を乗り切れば、『ニューヨーカー』『ハーパーズバザー』『コメンタリー』『アトランティック』『ニューヨーク・レビュー・オブ・ブックス』、ニューヨーク・タイムズ、ワシントン・ポストなどを世に送り出している知的影響力のある出版社や新聞社を鼓舞することができるだろう。ニュー・リパブリックの巻末では、現在入手可能なもののうちもっとも力強い長文の文化批判をいくつか特集している。

正直に言えば、『ニュー・リパブリック』にも数々の傷はある。一九三〇年代にはスターリニズムに傾倒し、一九五〇年代にはソ連のスパイ組織の罠にはまった。一九八〇年代に入って雑誌としての知的活力が蘇ったときには、アメリカの人種問題についての偏った内容の記事もいくつか掲載している。(2) 介入主義的外交政策に対する同誌の数十年におよぶ擁護的態度には、活気づいた人々もいれば憤慨した人もいた。だが、たとえばタナハシ・コーツのように同誌を舌鋒鋭く批判する人々ですら、同誌が残した知的遺産の重要性は認めている。(3) ニュー・リパブリックが言論に対して不まじめな態度を取ったという批判の声が上がったことは一度たりともなかった。

『ニュー・リパブリック』が抱えていた問題は、知的刺激は与えているのに収益が出せないという点だった。かつて同誌の編集者を務めていたヘンドリック・ヘルツベルグは、「ニュー・リパブリックのような雑誌にはビジネスモデルは一つしかない。それは変わり者の大富豪に収入と支出の差額を支払ってもらうというものだ」と説明している。(4) ウィラード・ストレートに始まりマーティー・ペレツにいたるまで、変わり者の富豪が政界や文学界、学界で得られる名声の見返りとして、代わる代わる融資をしてくれた。それでも最終的には損失が膨らんで、気前の良いパトロンを新たに探し出す必要に迫られた。(5)

二〇一二年にフェイスブックの共同創業者クリス・ヒューズが『ニュー・リパブリック』を買収したとき、探し求めていたパトロンが見つかったように思われた。ソーシャルメディア企業の経営で財をなした人物であるにもかかわらず、ヒューズは最初から、ニュー・リパブリックをテクノロジー系の新興企業のように変えるつもりはないと宣言していた。買収直後、ヒューズはソーシャルメディア界の新たなスターの発掘には興味はない、興味があるのは優秀な記者たちを逃がさないようにすることだとニューヨーク・タイムズに語っている。「ニュー・リパブリックはテクノロジー系の新興企業とは違う。一〇年間働いたらさっさと転職して去るような会社ではない」というのである。(6)『ニューヨーク』に掲載されたヒューズの略歴には、「彼はほとんどの人が気に入るようなものを量産するのではなく、思慮深い人が読むべきものをつくりつくりたいと考えている」と記されている。(7)二〇一三年に行われたインタビューでは、「ニュー・リパブリックがシリコンバレーの次なる大きなトレンドになることはない。近いうちに新規公開株を手に入れる予定もない」と明言した。(8)文芸局編集長のレオン・ウィーゼルタイアーも「じっくり時間をかけて曖昧さのない雑誌づくりをする決意を固めている。かつてのニュー・リパブリックが基準としていたものを復活させるつもりだ」と自信を持って語っていた。(9)

『ニュー・リパブリック』は、買収後の最初の数年間でウェブサイトを一新し、名編集者として知られるフランクリン・フォアを再び雇い入れ、数々の優秀な作家に寄稿してもらうことでスタッフを鼓舞した。[10] きわめて優れたルポルタージュやエッセイを何本か掲載し、中東和平交渉やロシア政治、テクノユートピア思想、政治の腐敗などに関する幅広い議論を喚起した。[11] フォアが編集長を務めていた時期、「ナショナル・マガジン・アウォード」の複数の部門でニュー・リパブリックが最終候補まで残っている。以前にニュー・リパブリックに務めていた人物が、ヒューズのことを「二十一世紀のウォルター・リップマン」と称賛している。[12] 二〇一四年秋には、創刊一〇〇周年を記念して著名人を多数招いて祝賀会が催された。

しかし、それでも収益性は改善しなかった。ヒューズによれば、損失は異常な速さで膨れ上がった。[13] ヒューズは雑誌の内容よりもオフィスの外観の変更やイメージコンサルタントにかなりの投資をしていた。[14] そうした出費により、最終損益が著しく悪化したのである。

これまでのオーナーたちは、この時点で新たなパトロン探しを始めていた。ところが、ヒューズが選んだのは別の道だった。現状を打開するために、かつてヤフー・ニュースでゼネラル・マネージャーを務めていたガイ・ヴィドラを雇い入れたのである。ヒューズはヴィドラの入社を知らせるプレスリリースのなかで、ヴィドラの起業家精神を褒め称え、「私がこの二年間で学んだことの一つは、偉大な会社を維持し強化するためには変化する必要があるということだ」と述べた。ヒューズは同じプレスリリースで、設立間もないテクノロジー企業に融資するために新たな投資会社ニュー・リパブリック・ファンドを設立すると発表した。[15] のちにヒューズはインタビューに答えて、「ガイを迎えたとき、『ニュー・リパブリック』は新たなデジタル・ストーリーテリングへと方向転換しようとしていた」と述べた[16]。

複数の筋からの情報によれば、ヴィドラは破壊的イノベーションや新時代を築く、考え抜かれたリーダーシップについて、スタッフにさまざまな話をしたという。ヴィドラと『ニュー・リパブリック』のスタッフの運命的な出会いについて、もっとも信頼できる描写をしているのは『ニューヨーカー』のライアン・リザが書いた記事である。それは以下のようなものだ。

ヴィドラは『ニュー・リパブリック』を収益性の高い企業に生まれ変わらせるための変革について、スタッフに繰り返し説明した。だが話を聞いたスタッフには、それは使い古された言葉と専門用語の寄せ集めとしか思えなかった。「ニュー・リパブリックは創業一〇〇周年を迎える新興企業にならなければならない」とヴィドラは言った。必要なのは、「どうすれば生まれ変われるのか」という視点から自分たちを見つめ直すこと、「内容的にもデザイン的にも魅力あふれる」雑誌へとつくり直すこと、「怖れることなく革新と実験を積み重ねる」こと、「会社のＤＮＡの一部を変える」ことだった。自分がやりたいと思っているのは、自分たちがやっていることについて「毎年見直しを行うための手順づくり」と「企業文化の変革」であり、「企業文化を変えるにはイノベーションと実験、それに部署の枠を超えた協力を受け入れる必要がある」と、ヴィドラは言った。さらに「ニュー・

リパブリックが次のステージに進む」ためには「編集者と作家と経営陣が、会議でもっと効果的で効率の良い話し合い」をしなければならないと付け加えた。

ヴィドラはその話の最後を、ニュー・リパブリックに寄稿する著作家や編集者が嘲りを込めて何週間も引用しそうな言葉で締めくくった。「世の中には二種類のCEOがいる。平時のCEOと戦時のCEOだ。大げさだと思われるかもしれないが、私たちは戦時下にある。ニュー・リパブリックはいま、戦争中なのだ。そうであるなら、変えなくてはならないことがたくさんある。これまでのやり方は破壊する必要がある。それは愉快なことではないだろう。たしかに恐ろしいことではあるが、同時におもしろくもある。さあ、みんなで壁に寄りかかって壁をぶち壊そう」[17]

当時の『ニュー・リパブリック』のスタッフはさぞかし困惑したことだろうが、ここまで本書を読み進めてきたあなたたなら、ヴィドラの言わんとしていることがよくわかるだろう。ヴィドラが破壊という言葉を使って伝えようとしたのは、全盛期のニュー・リパブリックに戻ろうとするのではなく、新たな時代を築くような雑誌を目指すべきだということだ。

ヴィドラとフォアが衝突を繰り返したあと、ヒューズはひそかにフォアの更迭を画策した。それに気づいたフォアがウィーゼルタイアーとともに『ニュー・リパブリック』を去ると、社内は混乱状態に陥った。ヴィドラは年間発行回数をこれまでの半分に減らし、ニュー・リパブリックを「縦断的に統合されたデジタルメディア企業」として再構築すると発表した。[18] そのことでメディアが大騒ぎするなか、三〇人以上の編集者が同社を去った。

その直後に新しくやってきた編集長は、「新たなる『ニュー・リパブリック』の編集に携わる者が当社の精神を尊重するには、あくなき改革が当社の基本理念であることをまず認識しなければならない」と記している。[19] ヒューズは一連の自分の行為を擁護するように、「ニュー・リパブリックを買収したのは、少部数しか売れない雑誌を刊行している会社を守るためではない」と述べている。[20] その数カ月後、ニュー・リパブリックは、広告主を喜ばせるような記事を手掛ける部署を立ち上げて収益性の向上を図ろうと、そうした分野に詳しい人物を新たに雇い入れた。[21] 新たに雇われた編集主任の一人は、スタッフに加わることの魅力を「一〇〇年の歴史を持つ新興企業の一員となること」と表現している。この表現にはヴィドラの信条が反映されている。ニュー・リパブリックは再びデザインとウェブサイトを一新し、企業理念も新しくした。新たな企業理念は、「使命を重視するメディア」として「今日のもっとも重要な問題に対して新たな解決策を提案する」というものだった。[22] その企業理念に謳われた精神と、ニュー・リパブリック・ファンドが目指しているものとの違いは、はっきりとは示されなかった。

『ニュー・リパブリック』は、リベラル寄りのありきたりな意見を掲載する雑誌へと姿を変えた。生まれ変わったニュー・リパブリックは、人種差別問題や性差別問題に重きを置き、国際政治に関する記事には以前ほどページをさかなくなった。人種差別と性差別に関する分野では、国の政策決定に影響を与えるような論説文をいくつか掲載している。[23] これにより、「読者獲得をめぐる激しい競争」が繰り広げられている業界内で、ニュー・リパブリックが自らをより明確にブランド化することに成功した、とフォァはのちに私に語ったが、業界内の競争がかつてないほど激化しているという話はほかの雑誌の編集者たちの口からも語られた。[24] 問題は読者の心が離れてしまったことだった。スタッフの大量辞職騒動の直後には、ウェブサイトへのアクセス数が五〇パーセント以上も落ち込み、翌年になってもわずかに回復しただけだった。[25]「いまのように変化の激しい時代に、古い伝統を持つ雑誌社をデジタルメディア企業へと生まれ変わらせることがいかに難しいかをよくわかっていなかった」とヒューズは認め、ニュー・リパブリックの売却を決心した。[26] それから六週間後、ウィン・マコーミックへの売却が発表された。ニュー・リパブリックはヒューズのもとで完全に破壊しつくされたが、イノベーションという点では一つとして得るところがなかった。

『ニュー・リパブリック』の方向転換が言論市場に及ぼした影響は、どのようなものだったのだろうか。問題はここでややこしくなる。元職員の多くは、かつてのニュー・リパブリックを懐かしみ、一世紀の歴史を誇る知的ブランドに対するヒューズの冒涜行為を嘆いた。[27] そして保守派支持者は、ニュー・リパブリックがリベラル派の主張に対する批判を掲載しなくなったことを嘆いた。前のオーナーであるマーティー・ペレツは、半ば引退していたにもかかわらず、ヒューズの言論の取り扱い方は真剣みに欠けていたと激しく非難した。[28] ウィーゼルタイアーは

『ニューヨーク・タイムズ・ブックレビュー』で、「人間の営みの重要性はおろかその正当性まで否定するポスト・ヒューマニスト」であるとして、ヒューズやその同類を糾弾する連載を開始した。(29)

しかし、元職員たちのなかから湧き上がった抗議の声の多くは、『ニュー・リパブリック』をビジネスとしてではなく国民から寄せられた信頼の厚さで評価してほしい、というものだった。収益性を向上させるための解決策が彼らから提案されることはけっしてなかった。ニュー・リパブリックと個人的なつながりを持たない著作家たちは、もっと悲観的な見方をしていた。たとえばヴォックスの共同設立者のエズラ・クレインは、ニュー・リパブリックや『アメリカン・プロスペクト』や『ワシントン・マンスリー』のような政策雑誌は、「もはやワシントンの政策談義の中心的存在ではない。政策談義の場は、インターネットへと移ってしまった」と指摘した。(30) そこには「バズフィード」「538」のような新しいウェブサイトや、「マージナル・レボリューション」「アップショット」のようなブログ、それにジャメル・ボーイー、ミーガン・マッカードル、ラメシュ・ポヌルのようなコラムニストが含まれている。実際、ニュー・リパブリックの元職員のなかでもフォアやウィーゼルタイアーとは別の道を選んだ人々は、別のところでたいした仕事もせずに給料を貰える結構な仕事にありついていた。この騒動をめぐる報道のあまりの多さに、苛立ちを隠せないジャーナリストも多かった。

『ニュー・リパブリック』をめぐるこの騒動が何人かの識者が主張しているような「神々の黄昏」

ではないとするならば、それは二十一世紀の思想産業の根底に横たわるある傾向を象徴するものである。ニュー・リパブリックは一世紀以上にわたって、伝統的知識人たちの拠り所としての機能を果たしてきた。創刊号では、ニュー・リパブリックやその他の政治雑誌が一〇〇年にわたって嬉々として果たしてきた「あえて厳しい批判をするという使命」について、レベッカ・ウェストが書いている。[31] ニュー・リパブリックが長いあいだほかの雑誌に比べて優れていた点は、広く世の中に受け入れられたがために社会通念化してしまった考え方——ジョン・スチュアート・ミルの言うところの「死んだドグマ」——を分析し、問い直し、批判する能力だった。だが、そのニュー・リパブリックですら、新時代を築く考え抜かれたリーダーシップを公共知識人たちが発揮するための最後の場としてのアイデンティティを捨てざるをえなかった。これは、言論市場が直面する混乱の深刻さを示すものである。このようなプレッシャーに直面する政治雑誌は、ニュー・リパブリックだけではない。[32]

この経験は思想産業にいくつかの教訓をもたらした。一つ目は、言論市場を牛耳っているのはたしかに富裕層かもしれないが、それは財政上の損失を彼らが引き受ける気持ちがある場合に限られるということだ。二つ目は、強力な知的文化を持つ企業を変えようとすれば、不協和音が生じて失敗に終わる可能性が高いということ。そして三つ目は、言論市場でもっとも長い歴史を持つ出版社の一つが分裂しても、基本的には思想産業には影響がないということである。

では、現代の言論市場をより良きものにするにはどうすればいいのだろう。思想産業で生き残り繁栄するために知識人ができることは何なのか。

本書のような本を書く場合、昔のほうが何もかも良かったという議論に陥ることだけは避けなければならない。現代の思想産業にも明らかな長所があることを、ここまでの章で示せたはずだと願うばかりだ。とはいえ、すべてがうまく機能していると言うつもりもない。昔の言論市場は身内に甘いところはあったものの、内容のある議論が行われていた。そうした議論のなかで、誰かの考えが実際に変わることもときにはあった。現代の思想産業では、ＴＥＤが開催する講演会が大盛況だ。しかし、ただ講演を聞くだけで討論はまったく行われておらず、講演者もほかの参加者の講演にはあまり耳を傾けていないようだし、聴衆が集まるプレゼンテーションも限られたものだけだ。

現代の言論市場をより良く機能させる方法を考える場合、重要なガイドラインになることが三つある。一つ目は、過去には戻れないし戻るべきでもないということだ。現代の思想産業のいくつかの側面は、逆戻りが不可能だ。たとえばメディア・プラットフォームの急増をいまさら取り消すことなどできはしない。さらに重要なのは、現代の思想産業には欠点も多いものの長所もあるということ。崇拝される権威というものが存在し、二極化は最小限にとどまり、不平等もごくわずかというような世界はたしかに良いものではあるだろうが退屈なものでもあるだろう。言論市場が参入障壁を高めれば、思想的リーダーを不正に締め出すことになる。公共知識人たちが市場の主導権を握ってしまうことがないように、多様な意見のバランスを保つ必要がある。

ガイドラインの二つ目は、現代の思想産業を形成している人々のうちの何人かは、今後一〇年以内に態度を翻すことになるだろうということだ。権威に対する信頼感は、数年前に史上最低を記録したあとわずかに回復している。また、政治の二極化の兆しも出てきている。[33]ドナルド・トランプが大統領に選ばれたことにより、保守主義の正統性を問う声が、共和党内の大衆主義勢力からこれまで以上に上がることになるだろう。現時点では想像するのが困難だが、現在のような党派間の激しい対立はそう長くは続かない可能性もある。かつては激しかった宗教の教義をめぐる対立が収まったのと同じように、政治をめぐる党派間の対立もやがては収まるときが来るだろう。[34]また、裕福なパトロンのうちの何人かが、本物の公共知識人たちの立場を改善することに投資することを決めるかもしれない。慈善事業家のなかには、思想産業とのかかわりを徐々に減らそうとしている人も出てきている。また、フィランソロキャピタリストのなかには、政治に直接的な影響を与えようという努力からは身を引いて、大学やシンクタンクに投資している人もいる。思想的リーダーに対抗すべく、公共知識人を経済的に支援している人たちもいる。[35]こうした勢力がいくらかでも弱まれば、思想に対する需要が低下することはないだろうし、思想的リーダーが思想産業から締め出されるようなこともないだろう。

現代の不健全な思想産業を改善する立役者としてもっとも適任なのは、伝統的な非営利団体だ。大学やシンクタンクは寄付金を増やす努力を倍増する必要がある。なぜなら、寄付金収入を増やすことが、大学やシンクタンクの自治をたしかなものにする最良の道だからだ。

大学とシンクタンクは、自分たちの名声を復活させる必要もある。大学とシンクタンクの権威の失墜は永久的なものである、と懐疑論者は言うかもしれないが、必ずしもそうではないことを私は身をもって知っている。私はこの二年間、フレッチャースクールの一員として、カーネギー財団の助成金を受けて学界と政界の橋渡しをする仕事をしてきた。助成金の見返りとして、フレッチャースクールは政策の政治的合法性に重点的に取り組むための学際的なグループを立ち上げた。その経験から得たことのなかでもっとも重要なことは、チーム全体の力は個々の力をすべて合わせたものよりも大きいということだった。そのグループのメンバーは全員、各々の専門領域で定評のある学者ばかりだった。だが人々にもっとも深い感銘を与えたのは、それがフレッチャースクールの総力を挙げた取り組みの結晶だということだ。フレッチャースクールがそのようにして評価を高めることができたように、高等国際関係大学院（ＳＡＩＳ）やジョージタウン大学、ブルッキングズ研究所、ヘリテージ財団なども評価を高めることができるはずだ。[36] 大学やシンクタンクが力を増せば、言論市場における公共知識人の立場も強くなるだろう。直接的な影響ばかり気にしないで長期的な投資を心がければ、慈善基金もこの流れに貢献できるだろう。以前と比べると保守的な慈善事業がこの数十年はるかにうまくいくようになったのは、投資の効果が現れるまでじっくり待てるようになったからこそだ。[37]

加えて、外交政策論議の場でより幅広い意見が確実に出るようにするためにできる小さな措置もある。近年、より包括的な外交政策論議に向けての協調努力が行われている。つまり、白人男性だけで議論を行うのではなく、さまざまな人たちが議論に加われるようにしようという試みがなされているのだ。知名度の高い新聞や雑誌は男性が支配しているということが、数多くの研究によって示されている。すべての論説のうち女性によって書かれたものは、ウォール・ストリート・ジャーナルで二〇パーセント以下、ニューヨーク・タイムズでもわずか二三パーセントしかないということが、二〇一一年に行われた研究によって明らかになった。シンクタンクの講演者全体に占める女性の割合は、二〇一四年で四分の一以下だった。同じ年の日曜朝のトーク番組のゲスト全体に占める女性の割合も同様だ[38]。このような不均衡に対処するためにつくられたのが、「オプ・エド・プロジェクト・アンド・フォーリン・ポリシー・インタラプテッド（Op-Ed Project and Foreign Policy Interrupted）」のような組織である。

思想産業における人種差別や女性差別の撤廃という問題は、本書のテーマとは関係ないと思われるかもしれない。人種や性の多様性によって健全な議論が約束されるという保証はない。アイデンティティのみに基づく議論がその他の理論や、証拠に基づく議論よりも優先されるような場合には、特にそうだ。それでも、外交政策論議の裾野を広げることにより、いっそう広い意見が出てくる素地がつくられる。ほかに有効な方法が見つからなければ、多様性を高めることによってスーパースターの絶対的な権力を抑制するという方法もある。さまざまな議論に多様な声を取り入れれば、知的議論の場も少しは水平になるかもしれない。

何もしなくても構造的要因が解消するとか、大きな組織が自らを改革するというようなことがあるとすれば、それは願ってもないことだと言えるだろう。だが、根っからの社会科学者の私には、そうした現象が自然に起こるとは思えない。この種の変化が起こるまでには時間がかかるものなのだ。そのあいだは、現代の言論市場の欠点がその長所を上回ることになるのではないかという懸念が私にはある。二十一世紀に入ってからの一〇数年間で最悪の政策は、二〇〇三年のイラク侵攻とサブプライム問題への対応の遅れの二つだろう。どちらの場合にも、政策立案者を誘導する覇権主義的な考え方で問題を強調した評論家たちがいたものの、そのような評論家たちは変わり者だとか過激主義者だとか思われて相手にされなかった。言論市場が健全なものであるならば、欠陥のある思想を助長するような大物思想家が優れた議論や証拠を突きつけられたときには、その思想の前提を考え直すことを余儀なくされなければならない。

最後にごく当たり前のことを述べて、この議論を締めくくりたいと思う。思想産業が変わるためには、成功を収めた知識人たちが自分たちの活躍の場である思想産業についてもっと自覚を持たなければならない。外交政策の専門家たちは、建設的批判を簡単に無視してしまう思想産業のやり方に抵抗する必要がある。外部からのチェックが弱いほど、内部チェックの重要性がいっそう高くなる。誠意ある知識人たちには、自らの仕事である知的批評を積極的に展開してほしい。金持ちや権力者に読まれるようなものをぜひともお願いしたい。

自分を抑えてほしいと知識人に頼むのは、おかしな話かもしれない。そんなことは、まるでサソリに「蛙を刺すのはやめてくれ」と頼んでいるようなものである。思想的リーダーたちは、その性質上、自分が間違っている可能性があるかもしれないなどとは考えない。そういう人たちに対して、自分に向けられた批判の言葉に向き合えというのは無い物ねだりというものだろう。また、有名大学やシンクタンクに勤めていたり、コンサルタントをしたりしているような公共知識人というのは、あまり謙虚とは言えない人たちだ。ニーアル・ファーガソンが私に語ったように、「自分の説が破綻していると宣言する研究者など一人もいない」のである。[39]

それでも知識人の優れた点が一つあるとすれば、それは自分を自覚的な人間だと考えているところだ。短期的インセンティブを無視して政治的意思を行使しろと政治家に言うのは、政治家らしくない振る舞いをしろと言っているようなものだ。手に入れようと思えば簡単に手に入る物質的利益を放棄するような行動をとれと知識人に言うのも、それと大差のないことだ。普通の中産階級の人々と同じように、彼らも住宅ローンや奨学金の返済を抱えている。とはいえ、思想産業を動かしている原動力にハイライトをあてるだけでも、その業界で成功を収めている知識人や自信過剰ぎみの思想的リーダーたちに、自分に対する批判を無視することの長期的リスクをよく考えてみる機会を与えることにはなるだろう。

リチャード・ホーフスタッターが、「知識人の運命は、自分が富や成功、高い評価とは無縁であることに腹を立てるか、それともそれらを手にして罪悪感にとらわれるかのどちらかしかない」と指摘している。[40] 物質的報酬はごく普通の知識人を堕落させうるが、罪悪感と恐怖心は金銭的誘惑に対抗しうる。成功に伴う罪悪感は抑え込むこともできれば、自制に向かわせることもできる。失敗するかもしれないという恐怖心もまた、言論市場では強力なインセンティブになる。知識人が破産することは稀ではあるが、彼らは業界の序列における自分の位置を非常に強く自覚している。前章までで述べたように、外交政策や公共政策の専門家は定期的に信用を失っている。それは資産バブルが起こるのと同じことだ。外交政策を論じる知識人たちが、シンクタンクの年配の特別研究員が夜の遅い時間帯にアシスタントに語って聞かせる哀しい例え話の主人公になるようなことは避けようと思ってくれることを願うばかりだ。

しかし、成功を収めている知識人たちがそういう自己認識を持つためには、いくつかの悪い習慣を改める必要がある。これは口で言うほど簡単なことではない。言論市場が拡大するにつれ、業界で大成功を収めた者たちが手にする報酬も巨額になった。知識人界の食物連鎖を駆け上がるにつれて、誘惑も報酬も増えていく。成功を収めた思想的リーダーの生活は非常に忙しいものではあるが、個人的にも金銭的にも十分報われる。

クリストファー・ノーラン監督の映画『ダークナイト』で、カリスマ地方検事のハービー・デントが、夕食をともにした相手に語った言葉がある。それは「英雄として死ぬか、長生きして悪党になるか。そのどちらかしかないのだ」というものだ。デントのその後の心の変化を暗示するこの言葉をもじると、思想産業で活躍する知識人たちにとっても真実味のある言葉になる。それは「無名知識人として気高く生きるか、長生きして自分が忌み嫌っていたような思想産業で成功した知識人になるか。そのどちらかしかないのだ」というものだ。

無名知識人として気高く生きることを避けてきた人間として、私には証言できることがある。

政治学者としてのキャリアをスタートさせたときから、私は自分の論文が学術専門家と一般の人々の両方に読まれるものになるよう心がけてきた。初期の論文の一つのなかで、次のように書いている。

社会科学者の有益な目的は、批評家の役割を果たすことである。政治家はそれが政治を行ううえで得策であれば、怪しげな理論でも持ち出そうとする。理論と経験に照らし合わせてそれを検証し、感情に訴えるものではあっても誤りのある議論は取り除くのが学者に課せられた務めである。これは政策立案者にとっても有益なことだ。そうすることによって、どの理論を無視してどの理論に注目しつづけるべきかがわかるからだ。学者がきちんとした批判をすることによって、政治が変わることがあるのである。(41)

キャリアを重ねながら、論文審査のある専門誌で論文を発表しつづける一方で、私は一般読者向きのものも書くようになった。二〇〇二年九月にはブログを始めた。また、『インターナショナル・セキュリティー』『インターナショナル・オーガニゼーション』に加えてニューヨーク・タイムズや『フォーリン・アフェアーズ』にも寄稿した。より幅広い読者を得るために、私は二、三の共通のテーマに頼るようになった。そのなかの一つは、自分より有名な知識人が用いた国際政治に関する間違った隠喩を批評するというものだった。このテーマは学究的作品でも活躍してくれた(42)。

政治経済や外交政策の専門家の仕事は、景気対策の分野にある。世界の景気が悪ければ悪いほど、この分野の仕事の需要は多くなる。したがって、この一〇年は私にとっては申し分のない一〇年だった。学究生活も順調だった。教授に昇進し、いくつかの権威ある助成金と研究補助金を手に入れ、数々の専門誌で論文を発表し、さまざまな専門誌の編集委員会への出席を要請された。公共知識人としての生活は、それよりさらに充実していた。私の書いたものはメディアでこれまでになく大きく取り上げられるようになった。外国政府から役人たちに講義をしてほしいという依頼も舞い込んだ。アメリカ政府の顧問も折に触れて務めた。国際関係論についての風刺を含んだ教科書を書いたが、さまざまな大学で課題図書として取り上げられた。この緊縮財政の時代、大学の理事は教授たちにインパクトのある研究をしてほしいと思っている。そういう基準で評価すれば、私はかなりの高得点をマークしている。私が本書の校正作業をしたのは、イタリアのベラジオにあるロックフェラー財団の別荘だった。悪くない生活だ。

誤解のないよう言っておくが、私はファリード・ザカリアやクレイトン・クリステンセン、ニーアル・ファーガソンのようなスーパースターたちの足元にも及ばない程度の知識人でしかない。それでもキャリアを重ねるなかで、知識人界のスーパースターたちが日常的に享受しているものを少しは味わってきた。飛行機のマイレージサービスのことも多少はわかるようになった。機会が与えられれば、軽い食事が用意された楽屋やビジネスクラス用のラウンジ、外国で行われる豪勢な会議にも顔を出してきた。自分の人生がもっとも肯定されたと感じたのは、ポルトガルでの会議だった。私はその会議に妻を同伴することができたのだ。それは意義深いことだった。なぜなら、通常、このような会議に妻を同伴することはできないからだ。私たちはリスボン空港で随行スタッフ全員の出迎えを受けた。彼らは私たちを黒のＳＵＶまでエスコートすると、カスカイスにある高級ホテルまで送り届けてくれた。そのホテルのすぐ近くには、イアン・フレミングの小説『００７／カジノ・ロワイヤル』（創元推理文庫）のモデルになったと言われているカジノがある。街には、会議の参加者全員が写った写真を貼った巨大な広告版が設置されていた。そのなかには、フランシス・フクヤマやヌリエル・ルビーニのほか私も含めた多くの人々が写っていた[43]。街の広場の近くで、三メートルはあろうかという大きさの私の写真を見つけたとき、妻は私の方を向いて「すごいわね」と言った。

デビッド・ブルックスが『アメリカ新上流階級　ボボズ』のなかで、成功者が有力者と交流し知識人を話題にする半ば職業的で半ば社会的な集まり――たとえばＴＥＤカンファレンスやディッチリー国際会議、ザルツブルグセミナー、ワールド・エコノミック・フォーラムなど

——の雰囲気を完璧に描写している[44]。私は自分自身がブランドだと言えるような知識人ではないし、世界経済フォーラムにも参加したことはないが、言論市場におけるステータスはおそらく中の上といったところだろう。思想産業で成功することによって得られる物質的報酬は、シリコンバレーやウォール・ストリートで築くことができる富と比べれば微々たるものである。それでも学究生活を送る人々にとっては、思ってもみないほど大きなものだ。住宅ローンも返せるし、子どもたちの大学の学費も出してやれる。豊かな暮らしができるのだ。

しかし、知識人が成功と知名度を手にすることは、知識人個人にとっても言論市場全体にとっても大きな問題がある。

現代の思想産業では、大勢の批評家の注目を集めないことには本当に成功したとは言えない。サイト「ポリティカル・サイエンス・ルマー」に投稿された、私に対する批判的な書き込みについては、前章で述べたとおりだ。ほかにもソーシャルメディアで荒らし行為をする人、ワシントン・ポスト上の掲示板のコメント欄で私を中傷する人、嫌がらせメールを送りつけてくる人などがいる。(45) こういう人たちのなかには、いわゆる受動攻撃性人格の人もいるが、多くは攻撃性の強い人たちだ。私がCNNのインタビューを受けたあと、陰謀説を信じている人たちが私の言葉尻をとらえて、オバマ大統領がイスラム国と結託している証拠を暴露するものだと言いがかりをつけてきた。(46) 保守派のウェブサイト「ワシントン・フリー・ビーコン」は、私がホロコースト否認論者を正当化したと主張した。[47] 左翼系の作家たちは、私が出世目当てにアメリカの外交政策についての見解を述べていると糾弾した。[48]

この程度の中傷はたいしたことではない。ほかの知識人たちが受けている人格や発言に関する嫌がらせに比べれば、取るに足りないものだ。しかし、そうした嫌がらせをたびたび受けているうち、心にたこのようなものができてしまった。そのおかげで、意見を述べたり書いたりするのが以前よりも楽になったが、それと同時に、自分に対する批判をあまり真剣に受け止めなくなった。かつてデビッド・ブルックスが、「中年の悲劇は、自分で自分の凡庸さを痛感するようになる時期に、世間の注目を華々しく浴びることである」と言っていた。[49] だが、それよりひどい悲劇がある。それは注目を浴びていながら自分の欠点にまったく気づかないことである。ネット上の公共空間で言論を戦わせるには心のたこが必要なのだが、そのたこの存在がこうした悲劇を招いてしまうのだ。

また、私の批判の矛先が少々鈍くなった時期がある。その時期にも自分以外の外交問題評論家を批判してはいたが、以前ほど鋭く批判することができなくなっていた。独創的で興味深い議論を定期的に展開することがどんなに難しいかが、だんだんわかってきたせいもあったのだろう。だが、単純に人間の弱さというものも関与していたのではないかと思う。つまり、相手が自分の知っている人物だと、公然と批判しづらいのだ。[50] そして知識人として成功すればするほど、会ったことがある人の数も多くなっていくのである。

キャリアを重ねるうちに、私は知識人としての成功がもたらす利益を身をもって知った。もたらされる利益の大きさに、私は仰天した。知識人としての私のあり方は進化しつづけたが、つねに良い方向に進化したわけではなかった。成功するにつれて、自信をつけた私はすっかり傲慢になった。あとになって考えれば断るべきだった仕事まで引き受けるようになったのだ。当時の私には、その仕事をきちんとやるだけの時間も専門知識もなかったのだから、本当は辞退するのが筋だったのだ。書く仕事や講演の仕事が増えるにつれ、論文や本を読む時間を確保できなくなっていった。会議などでほかの人の話を聞く以外には、新たな情報を仕入れることも難しくなった。国際便のビジネスクラスで外国へ出掛けることが多くなるほど、日常的な仕事が疎かになった。大学院生だったころ、こちらから連絡を取った先輩学者が返事を返してくれないことに腹を立てたことがあった。それなのに、自分もいまでは同じことをしている。「ポリティカル・サイエンス・ルマー」に書き込まれた、自分に対するコメントのなかで、私がもっとも気に入っているのは「ダニエル・ドレズナーの仕事に言及したものの九九パーセントは、彼がろくでなしであると述べている」というものだ。事実を少々誇張しているが、ユーモアのセンスが感じられておもしろいコメントだと思う。しかし、PSRの書き込みも多少は真実を突いていたのではないかと恐ろしくなる日もある。そういうふうに思うのは必ずと言っていいほど、気が短くなっているときだ。そんなときに出会ったのが、独りよがりのろくでなしについてのアーロン・ジェームスの定義だ。それは「自分は他人よりも優れているのだから、偉そうに振る舞って当然だと思っている人間」というものだ[51]。ちなみにその最たる例として挙げられているのは、ラリー・サマーズとベルナール・アンリ・レヴィの二人である。

思想産業をより良いものにするには、成功を収めた知識人たちが傲慢になってしまうような業界の構造を改める必要がある。成功を収めた知識人たちも、自分が誤りを犯すことがあることを認めなければならない。社会科学を専攻する学生が最初に学ばなければならないのは、社会科学というのは誤りの立証の積み重ねで成り立っているということだ[52]。既存の思想の誤りを証明することにより、その思想で何が説明できて何が説明できないかがわかってくるのだ。

知識人の困った点は、誤りを立証しようという欲求がつねに他人の仕事に向かうところだ。人間という生き物には、たしかにそういう心理的傾向がある。キャスリン・シュルツは著書『まちがっている――エラーの心理学、誤りのパラドックス』(青土社)のなかで次のように述べている。「自分が正しいと考えることで得られる快感があることは否定できない。また、そういう快感は普遍的なものであり、(非常に不思議なことではあるものの)ほとんどすべての人間に備わったものでもある。したがって、誰が言っていることだから正しいという考え方ではなく、どういう外交政策が正しいのかという考え方をすることがますます重要になるが、そのどちらにも転ぶ可能性をつねに秘めているのが人間というものなのである」[53]。

ソーシャルメディアやブログ、新聞の論説などにもプラスの面がある。私は一〇年以上ブログを書き続けているが、間違ったこともたくさん書いてきた。そのなかには非常に大きな間違いも含まれている、その一例が、二〇〇三年のイラク侵攻を支持したことだ。いまでは自分の考えが誤っていたことを認めるのが以前ほど苦痛ではなくなった。もちろん誤りを犯したいとは思わないが、未完成な考えをツイートしたりブログに書いたりしたあとで自分の間違いに気づいたら、自分がどうしてそんな考えを抱いたのかを見つめ直すきっかけになる。最初に抱いた考えに固執するよりも、自分の犯した過ちから何かを学ぼうとするほうが得るものは大きいと思う。ソーシャルメディアでの議論に慣れているインターネット世代の若い知識人たちも、同じように感じているのではないだろうか。

これから私が歩む道としては、二つの選択肢が考えられる。一つ目は、ろくでなしの道を選ぶことだ。それが思想的リーダーであれ公共知識人であれ、成功を収めた知識人なら誰でもメジャー・リーグ級のろくでなしになる能力を持っている。もし私がそういう知識人になったなら、本を出版することも、講演活動を行うことも、ネットワークを築くことも、子どもをいい大学に進学させることも、自分の学生や同僚や友人をなおざりにすることもしたい放題にできるだろう。そしてそのあげく、とんでもない失言をして若手の知識人にやり込められることになるだろう。私より頭が切れて口もうまく、才能のある知識人たちが、そういう道をたどることになった。本書に登場した人たちのなかにも、そうなった人が大勢いた。現代の言論市場には、意識しようがしていまいがそういう道を辿ることになる人がきわめて多いというのが現状だ。

二つ目の選択肢は、『バットマン』に登場するハービー・デントなら考えてみようともしないこと、すなわち持続可能なほうを選ぶというものだ。本書でここまで論じてきたことが正しいと信じるなら、私は書く量を少し減らして、読んだり考えたりする量を増やす必要がある。持続可能な道を選びたければ、知識人はもっと自分を省みる必要がある。自分に対する厳しい批判にしっかりと向き合わなければならないのである。華やかな栄光と地道な学究生活のバランスを取ることを学ばなければならない。それは短期的には魅力の乏しい道である。しかし、学者やシンクタンクの研究員、民間のアナリストたちのなかで現代の思想産業の現状を理解する人たちが増えてくれれば、短期的な利益よりも長期的な持続可能性を選ぶ人も多くなるだろう。そういう選択をすることが、彼ら自身の職業上のキャリアにとっても、言論市場全体にとってもプラスになることは間違いない。

目先のことにとらわれて大切なものを犠牲にしてしまう誘惑は、政策立案者に限らず誰もが感じるものである。野心家の知識人の心にも、それは潜んでいる。

私の人生がこの先どうなっていくのか、正確なところはわからない。だが私には、大方の予想はついている。

解説

佐々木俊尚

本書はひとことで言えば、「知」や「知識人」が社会とどんな関係を持ってきて、どう変わろうとしているのかを考え抜いた書物である。重要なキーワードや概念がたくさん提示されている。

その中でもとびきり重要なのは、「知識人（public intellectual）」と「思想的リーダー（thought leader）」だ。前者はいわゆるインテリだが、大学の象牙の塔に籠っているだけでなく、一般の人にも功績や著作などがよく知られている著名人を指している。後者の思想的リーダーはちょっとわかりにくい。最近の日本でよく使われている言葉に沿えば、オピニオンリーダーやインフルエンサーなどが近いかもしれないが、もっと強い意味を持っている。ひとつの大きな世界観を持ち、この世界観を書籍やマスメディアのみならずＳＮＳや集会、イベントなどあらゆる経路を使って発信していき、世界を変えていこうという信念を持って強い影響力を発揮する伝道者たちである。

マーケティングの分野では、カタカナそのままで「ソートリーダー」という用語も使われている。特定の分野で影響力が高く、なおかつ信頼されている人を意味し、商品やサービスを消費者に使ってもらうためには、まずソートリーダーにアプローチするのが大切である、というような意味だ。インフルエンサーというとテレビタレントなど知名度が高い人のことを指す場合が多いが、ソートリーダーは知名度だけでなく、全人格的な高い信頼も誇るという意味合いがある。

本書では、思想的リーダーはマーケティング分野とは少し異なる意味合いで使われていて、「知的伝道者（intellectual evangelist）」と定義されている。では知的伝道者とは何で、知識人とはどう違うのか。ここが本書の重要な鍵になっている。

知識人はどちらかと言えば評論家的で批判的で、懐疑的な考え方をする。悲観主義者でもある。政府が何かしようとすると、問題点を指摘するようなタイプ。要するにわたしたちが「インテリ」という言葉でイメージする、青白い顔で髪がほつれた人だ。たいていの場合は大学や論壇などにポジションを持っていて、伝統的な権威を背負っている。

いっぽう思想的リーダーは、他人を評論して疑問を呈するのではなく、独自の思想や世界観をつくりあげて、その世界観を布教していくような人のことを指している。世界観の伝道者であり、思想の指導者。知識人ほどには知識を持っていないことが多いが、自分の思想には絶対的な自信があり、その思想が世界を変えると信じているような人だ。そして彼らは、もはや古い権威にはとらわれていない。

◇

二十世紀の社会というのは、ものすごく単純な構図にしてしまえば、権力と知識人のパワーバランスによって成り立っていたと言えるだろう。政治家や官僚、大企業といった権力はつねに暴走し、間違った方向に突っ走りやすい。それを冷静に批判し、誤りを指摘し、方向を正すのが知識人の役割だ。だから知識人は少々ひねくれ者で性格がゆがんでいても、許容されていたわけだ。

ところがアメリカでは知識人の役割はだんだんと後退するようになり、代わって思想的リーダーが台頭してきた。その背景として著者のドレズナーは三つの要因を挙げている。第一に権威の信用低下、第二にアメリカの政治の二極化、第三に経済格差の拡大。

それぞれ説明しておこう。第一の権威の信用低下は、知識人だけでなく、政府や官僚、専門家、そして新聞やテレビなどのマスコミの権威にも当てはまる。どうしてこんなことが起きているのだろうか。二つの要因がある。ひとつは、一九九〇年代に米ソ対立の冷戦が終わり、それ以前の西欧的イデオロギーがうまく機能しなくなり、答えが見つけにくくなったことだ。そしてもうひとつは、SNSの普及である。本書では、ネイバル・ウォー大学の教授であるトム・ニコルズのこんな意見が紹介されている。

「いま世界で『専門知識の死』が進行しつつあるのを、私は心配している。グーグルやウィキペディア、ブログの氾濫が、専門家と素人、教師と生徒、知っている人と知らない人――つまり、ある領域で実績のある人と、まったく実績のない人の区別を崩壊させている」

もちろん、これは決して悪いことではない。従来の権威がつねに正しいことを言うとは限らず、権威の誤謬をネット上の匿名の人が指摘するというようなことは日本でもよく見られる。知のフラット化が進むことで、政治家やマスコミの間違いをただすことが以前よりも容易になったのは間違いない。

しかし一方で、専門家の意見をネット上の罵声が封殺してしまうというようなことも起きている。たとえば日本では、東日本大震災とその後の原発事故についてさまざまな議論が行われたが、専門家の立場から放射線の危険について冷静な意見を表明した物理学者や医師らに対して「御用学者」という非難が殺到し、さらには「御用学者リスト」がネット上で作られて閲覧されるという事件があった。これが学者や医師を萎縮させ、冷静な議論をしにくくしてしまったことは多くの人に指摘されている。

◇

そもそも、こうした「知の権威」とはどのようにして構築されてきたのだろうか。その起源を探していくと、十七世紀から十八世紀にかけてのヨーロッパ市民社会の成立にまでさかのぼることができる。

それまで政治は、王の宮廷で行われていた。ところが資本主義が進んでブルジョワジーと呼ばれる新しい富裕層が台頭してくる中で、宮廷の外側で政治の議論が活発になってくる。イギリスのコーヒーハウスやフランスのカフェ、サロンで政治の討論が行われるようになり、これが公論の場を生み出し、世論形成の場になっていったのだ。これが市民社会と民主主義の始まりとなった。

ドイツの社会学者ユルゲン・ハーバーマスは、そのころのコーヒーハウスでの討論には次のような基盤が存在していたと指摘している。最初に、討論への参加者がどのような社会的地位を持っているのかは度外視されていたこと。次に、それまで教会や国家によって当然のことだとされていた問題も、タブーなしに自由に討議されたこと。最後に、誰もが自由に、討論に参加できたこと。

ハーバーマスのこの論考からは、そもそも近代の知そのものが、それ以前の宮廷や教会という古い権威を否定したところから始まったことがわかる。このような自由でオープンな知がジャーナリズムや近代批評を生んだのだ。しかしこのような近代的な知は、実は内部に弱さをはらんでいた。コーヒーハウスの討論は、「参加者全員が討論をする能力を持っている」というエリートの等質性を前提にしていたからだ。

だから十九世紀の後半、産業革命の進展によって貧しかった労働者階級が力を持つようになってくると、全員で議論するサロン的民主主義という枠組み自体が困難になってくる。

この時代の特徴は、誰が労働者階級を取り込むのかという大きな戦いが繰り広げられたことだ。最も力を発揮し、猛威をふるったのはマルクス主義である。それまでのブルジョワジーと貴族が支配している政党政治を廃止させ、労働者が権力を奪って労働者中心に国を作り、国が強制的に富を分配させるべきだとマルクスは考えた。欧州でも日本でも、マルクス主義勢力が支持を伸ばし、伝統的な市民社会の支持者たちを脅かした。不安を感じた国家は弾圧し、弾圧された側のマルクス主義者も武装したりテロに走ったりと、力で対抗したのだった。だがこの戦いも、労働者の収入が増え、豊かな中流層に変化してくると、終わりを告げる。暴力革命ではなく生活の安定を人々は求めるようになり、やがて彼らも政治に招き入れられ、十九世紀の終わりごろから普通選挙が施行されるようになった。さらにこの時期、マスメディアが台頭してくる。新聞、それに続くテレビなどのマスメディアは「新聞に寄稿できる人」「テレビに出られる人」という新たな知識人像をつくり、マスメディアが大衆を代弁するという権威を成立させていった。

◇

次いで二十世紀前半は、二度の大きな世界大戦があり、大きな権力が生まれやすい時代を迎えた。国民すべてが参加する総力戦を戦うためには、パワーを国家に集中させることが必要だったのである。同時に、総力戦のためにはすべての産業が効率良く戦争のために生産しなければならない。だから中小企業をどんどん合併させて、大企業に集中させた。

大衆の政治参加と、マスメディアによる代弁。そして強い権力。これが二十世紀の基本的な政治の枠組みである。だから政治権力に対峙し、大衆を代弁してマスメディアに登場する知識人という存在には非常な有効性があった。

しかし産業革命と高い経済成長、そして冷戦という二十世紀を特徴づけた潮流が終わるのとともに、この枠組みは機能しなくなってきている。そして同時に、言論人の役割も変わってきた。

そこで旧来の二十世紀型知識人の代わりに台頭してきたのが、二十一世紀型の思想的リーダーだったということなのだ。

本書では、一般的には知識人と見られているフランシス・フクヤマやジョン・ミアシャイマー、ジョセフ・ナイ、サミュエル・ハンティントンといった学者を思想的リーダーにカテゴライズしている。彼らは従来のような批評的な知識人ではなく、新しい世界観や思想を提示して、それを世界に広めた人たちだからだ。フクヤマは「歴史の終わり」で、冷戦後の世界は恒常的に安定し、大きな変化はもう起こらないだろうと予測した。ミアシャイマーは、冷戦後は国際秩序が変わり、ふたたびリアリズム的な外交がやってくるだろうと解いた。ナイは「ソフトパワー」という新しい概念を示したし、ハンティントンは「文明の衝突」でイスラムや中国などの文明が西欧と対立する新たな未来像を描いた。彼らはいずれも、冷戦後の新しい世界観を提示して、二十一世紀への道筋を切り拓く思想的リーダーとして期待されたのである。本書は書いている。

「ソ連の崩壊によって、封じ込め政策が過去の遺物となり、政府は新たな思想を求めるようになった。そのため知識人たちは、冷戦後の世界を論じ、アメリカの外交政策を立案するために懸命の努力を始め、学術界では数多くの思想的リーダーが国際政治に関する新説を発表した」

もちろん、世界はフクヤマの言うようにはならなかったし、ハンティントンの文明の衝突論もいまではかなり怪しくなっている。しかし二十世紀的な枠組みが終了している以上は、知識人から思想的リーダーへの流れは押しとどめられない。

◇

話を少し戻そう。先に書いたように、本書では思想的リーダーの台頭の要因として、権威の信用低下とアメリカの政治的二極化、経済格差の拡大の三つを挙げている。ここまで権威の信用低下について述べてきた。

二つ目の政治的二極化は、いまや日本も含めた先進国全体の深い病根だ。アメリカではドナルド・トランプの大統領当選と、その後のリベラル派の人たちとの激しい対立劇で鮮明になった。本書では「民主党の支持者は、どの分野においても民主党の掲げる政策を受け入れる傾向にあるし、共和党支持者も共和党の方針について同じような態度をとっている」と指摘されている。これをパルチザン・ソーティング（党派心による整列作用）と呼ぶのだという。対抗する政党への攻撃姿勢もあからさまになってきていて、一九九四年から二〇一四年のあいだに、共和党も民主党も向こうを「国益に対する脅威」と考えるようになった党員は倍以上に増えているという。

日本でも似たようなことになっている。ツイッターなどのSNSでは、自民党支持者と反自民党の人たちが罵り合っているのを日常的に目にするようになった。国会の場でさえも冷静な議論は遠ざかり、互いに相手を詰問し、罵り、攻撃するようなことが当たり前になっている。

本書でドレズナーは、この両極化が思想的リーダーに有利な状況を生み出すと指摘している。なぜなら思想的リーダーは信念が強く、絶対的だからだ。彼らは批判されても、その批判を一蹴し、逆に自分の支持者たちに向かって「私は正しいのに、敵から攻撃されている」と訴えて、敵との戦いと自分への新たな称賛を呼びかける。こういう姿勢は、党派的なものときわめて親和性が高い。日本でもツイッターなどを見ていると、こういう党派的な戦いを前面に押し立てている著名人もいて、思想的リーダーのような方向の人たちがたくさん現れているのを見ることができる。

一方で伝統的な知識人は懐疑的なので、同じ党派であっても批判の対象にしてしまうし、つねに何かを批判するようなポジションは党派的なものとは合わない。知識人は、党派の前では消えゆくしかないのである。

◇

第三の経済格差の拡大。これがなぜ思想的リーダーの隆盛につながるのかというのは、日本からは少しわかりにくいだろう。なぜなら日本では、アメリカほどには富裕層が分厚くないからだ。

アメリカでは二十世紀の終わりごろから格差が著しく拡大している。特に富裕層への富の集積は圧倒的で、たとえば企業の経営者と平均的な従業員の賃金の格差が大きく開いている。その差は一九六〇年代には二四倍程度だったのが、二〇〇〇年代には二〇〇倍ぐらいになっているという数字もある。日本では東証一部上場企業の社長でも平均年収は三〇〇〇万円程度しかなく、一般的な労働者との差が一〇倍ぐらいしかないことを考えれば、アメリカの格差は驚異的である。

そしてこうした富の集中は、思想や言論にも大きな影響をもたらす。一般的に言えることだが、成功した経営者は自分の成功を運が良かったとか他人から助けられたとは考えず、自分ひとりの力で成し遂げた偉業であると捉えがちである。だからこうした人たちの思想はひとりよがりになりがちで、貧困層への思いやりも乏しくなる。彼らが貧困になったのは、自己責任であると考えてしまうからだ。そして政府が貧困対策や福祉に介入することを喜ばず、小さな政府を求め、リバタニアリズム（自由至上主義）に傾斜することが多い。

本書には、ライターのグレッグ・フェレンスタインがシリコンバレーの創業者一〇〇人以上を対象に行った調査が紹介されている。それによると、彼らの多くは既存の政策を改善するより、始めから政府の干渉をまったく受けない解決策を好むのだという。また、電気自動車テスラの経営者として知られるイーロン・マスクがディナーの席で、自身の母国である南アフリカの貧困など「たいした問題ではない」と発言したという話も出てくる。

富裕層がリバタニアリズムに偏るのはしかたない部分もあり、日本でもそういう経営者は少なからずいる。しかしアメリカの問題は、彼ら富裕層が非常に分厚く、おまけに莫大な金を背景に思想的リーダーのパトロン的な役割を務めているということだ。本書には、著名な思想的リーダーたちが富裕層向けに講演会をひんぱんに開き、その講演料が一回数百万円から数千万円にも達するという話が出てきて驚かされる。思想の世界でも著しい富の集中が生じているのだ。

こういう豊かなポジションを目指す新進の思想的リーダーたちは、リバタニアン富裕層の後援を勝ち取ろうとする。そうするとどうしても思想の方向性がリバタリアニズムに近づいていってしまう。そしてリバタニアリズムに思想的リーダーが近づけば近づくほどますます富裕層は彼らを強く支持し、お金はさらに回るようになるという循環が起きているのだ。

本書はこう疑問を投げかけている。

「報酬の圧倒的大部分がスーパースターに集中してしまう現代の思想産業では、研究も満足にしないうちに講演活動に乗り出そうとする若手知識人が増えている。現代の思想産業は、スーパースターの座にある者たちとその考えに対して、報酬を与えている。そのような業界は、果たしてスーパースターを制御できているのだろうか。別の言い方をすれば、言論市場における競争が激しさを増すにつれ、果たして効率は高まったと言えるのだろうか」

日本ではそこまで富裕層が厚くなく、富裕層向けのリバタニアリズム思想市場のようなものも存在しないので、こういう現象は今のところは起きていない。これは僥倖と呼ぶべきかもしれない。しかし日本の場合には逆に、思想がワイドショーや週刊誌のような大衆文化に引きずられている面が少なくなく、これはこれで根深い問題なのだ。

◇

日本では一九七〇年代ぐらいまでは、「論壇」と呼ばれる言論空間の権威が大きかった。論壇は、伝統的な知識人たちがさまざまな社会問題について論陣を張り、議論を戦わせる場だった。だがテレビのニュースショーに押しやられ、また社会が細分化して知識人があらゆる問題に言及するということ自体が難しくなったこともあり、論壇は八〇年代後半以降は衰退した。知識人だった大学の研究者は自分の知的分野の範囲内でしか論考を行わなくなり、一方で新聞やテレビのマスメディアはステレオタイプな勧善懲悪に走り、論考を深める作業を怠った。この結果、研究者たちが深めている分析は社会に対して何らの影響力ももてなくなり、一方で影響力の強いマスメディアからは論考が失われるといういびつな状況に陥るという状況になっている。

アメリカのような力強い思想的リーダーはたいして現れず、逆にテレビタレント的な人たちが影響力を無駄に増しているというのが、日本の置かれた言論の状況と言えるだろう。アメリカと日本はかなり状況が異なるが、問題はそれぞれ根深い。

さて、言論がそういう状況になっているところにインターネットがやってきて、問題はますますややこしくなっている。二〇〇〇年代の最初のころまではネットが言論をフラット化し、マスメディア時代には不可能だったより良い言論の構図になることを期待する人は多かったが、誹謗中傷や荒らし、炎上などの横行もあり、それほど楽観的ではないことをもはや多くの人が認識するようになっている。

インターネットであっても発言者は平等ではなく、リテラシーの高い人と低い人、情報発信能力の高い人と低い人が存在する。インフルエンサーと呼ばれる影響力の大きい人とその他大勢の者たちが同時に存在しているのだ。後者の「その他大勢」はひとりひとりの影響力は小さいけれども、数が増えれば大きな影響をネット空間に与えるようになり、しかもたちの悪いことに衆愚化しやすく、インフルエンサーの意見に簡単に影響される。これを最初に指摘したのはアメリカの政治学者キャス・サンスティーンで、同じような価値観をもった人が同じ掲示板、同じネットコミュニティに集まってしまいがちになるという現象を「サイバーカスケード」と呼んだ。これは党派化に拍車をかけていて、先ほども書いたように、思想的リーダーの力を強める一助となっている。

しかしネットの世界では、思想的リーダーも盤石ではない。ミスを犯せば容易に批判を浴びるし、事後対応を誤ればあっという間に転落してしまう。古い時代のように、言論のコミュニティとその権威に守ってもらえる時代ではなくなっている。

この状況がこの先、いったいどう変わっていくのだろうか。それには末尾の章「結論」に書かれていることをぜひ読んでいただければと思う。わたし自身に関していえば、個人的には著者のドレズナーが書いた以下の一文にとても勇気づけられたということを、一言つけくわえておきたい。

「持続可能な道を選びたければ、知識人はもっと自分を省みる必要がある。自分に対する厳しい批判にしっかりと向き合わなければならないのである。華やかな栄光と地道な学究生活のバランスを取ることを学ばなければならない」

二〇一八年二月

Waltz, Kenneth. 1979. Theory of International Politics. New York: McGraw Hill.（ケネス・ウォルツ『国際政治の理論』勁草書房、2010年）

West, Darrell. 2014. Billionaires: Reflections on the Upper Crust. Washington, DC: Brookings Institution Press.

Wilson, Ernest J. 2007. "Is There Really a Scholar- Practitioner Gap? An Institutional Analysis." PS: Political Science and Politics 40 (January): 147-151.

Yarhi-Milo, Keren. 2014. Knowing the Adversary: Leaders, Intelligence, and Assessment of Intentions in International Relations. Princeton, NJ: Princeton University Press.

Zakaria, Fareed. 1997. "The Rise of Illiberal Democracy." Foreign Affairs 76 (November/December): 22-43.

Zakaria, Fareed. 2003. The Future of Freedom: Illiberal Democracy at Home and Abroad. New York: W. W. Norton.（ファリード・ザカリア『民主主義の未来』阪急コミュニケーションズ、2004年）

Skidmore, David. 2005. "Understanding the Unilateralist Turn in US Foreign Policy." Foreign Policy Analysis 1 (July): 207-228.
Skocpol, Teda. 2014. "How the Scholars Strategy Network Helps Academics Gain Public Influence." Perspectives on Politics 12 (September): 695-703.
Smeltz, Dina, and Ivo Daalder. 2014. Foreign Policy in the Age of Retrenchment. Chicago: Chicago Council on Global Affairs.
Smeltz, Dina, Ivo Daalder, Karl Friedhoff, and Craig Kafura. 2015. America Divided: Political Partisanship and US Foreign Policy. Chicago: Chicago Council on Global Affairs.
Smith, James A. 1991. The Idea Brokers. New York: Free Press.（ジェームズ・A・スミス『アメリカのシンクタンク――大統領と政策エリートの世界』ダイヤモンド社、1994年）
Smith, Rogers. 2015. "Political Science and the Public Sphere Today." Perspectives on Politics 13 (June): 366-376.
Snyder, Jack. 2003. "Imperial Temptations," The National Interest 71 (Spring): 29-40.
Sowell, Thomas. 2009. Intellectuals and Society. New York: Basic Books.
Steel, Ronald. 1980. Walter Lippmann and the American Century. Boston: Little, Brown.（ロナルド・スティール『現代史の目撃者――リップマンとアメリカの世紀』ティビーエス・ブリタニカ、1982年）
Sunstein, Cass. 2009. Republic.com 2.0. Princeton, NJ: Princeton University Press.
Tai, Zixue, and Tsan-Kuo Chanfe. 2002. "The Global News and the Pictures in their Heads." Gazette: The International Journal For Communications Studies 64 (June): 251-265.
Teles, Stephen. 2008. The Rise of the Conservative Legal Movement. Princeton, NJ: Princeton University Press.
Teles, Stephen. 2016. "Foundations, Organizational Maintenance, and Partisan Asymmetry." PS: Political Science and Politics 49 (July): 455-460.
Teles, Stephen, Heather Hurlburt, and Mark Schmitt. 2014. "Philanthropy in a Time of Polarization." Stanford Social Innovation Review 12 (Summer).
Tetlock, Philip. 2009. "Reading Tarot on K Street." The National Interest 103 (September/October): 57-67.
Tetlock, Philip, and Dan Gardner. 2015. Superforecasters: The Art and Science of Prediction. New York: Crown Books.
Thaler, Richard H. 2015. Misbehaving: The Making of Behavioral Economics. New York: W. W. Norton.
Timberg, Craig. 2015. Culture Crash: The Killing of the Creative Class. New Haven, CT: Yale University Press.
Troy, Tevi. 2012. "Devaluing the Think Tank." National Affairs 10 (Winter): 75-90.
Vavreck, Lynn, and Steve Friess. 2015. "An Interview with Lynn Vavreck." PS: Political Science and Politics 48 (September): 43-46.
Walt, Stephen M. 2005. "The Relationship between Theory and Policy in International Relations." Annual Review of Political Science 8: 23–48.
Walt, Stephen M. 2012. "Theory and Policy in International Relations: Some Personal Reflections." Yale Journal of International Affairs 7 (September): 33–43.

Failure." Strategy and Leadership 39 (July): 27-30.
Rich, Andrew. 2004. Think Tanks, Public Policy, and the Politics of Expertise. Cambridge: Cambridge University Press.
Rielly, John E., ed. 1999. American Public Opinion and U.S. Foreign Policy 1999. Chicago: Chicago Council on Foreign Relations.
Rodgers, Daniel T. 2011. Age of Fracture. Cambridge, MA: Belknap.
Rodrik, Dani. 2014. "When Ideas Trump Interests: Preferences, Worldviews, and Policy Innovations." Journal of Economic Perspectives 28 (January): 189-208.
Rodrik, Dani. 2015. Economics Rules: The Rights and Wrongs of the Dismal Science. New York: W. W. Norton.
Rogers, Rubin. 2011. "Why Philanthro-Policymaking Matters." Society 48 (September): 376-381.
Rogowski, Ronald. 2013. "Shooting (or Ignoring) the Messenger." Political Studies 11 (May): 216-21.
Romer, Paul. 2015. "Mathiness in the Theory of Economic Growth." American Economic Review 105 (May): 89-93.
Ronson, Jon. 2015. So You've Been Publicly Shamed. New York: Riverfront Books.
Rosen, Sherwin. 1981. "The Economics of Superstars." American Economic Review 71 (December): 845-858.
Rothkopf, David. 2008. Superclass. New York: Farrar Strauss Giroux.（デビッド・ロスコフ『超・階級 スーパークラス――グローバル・パワー・エリートの実態』光文社、2009年）
Rothkopf, David. 2014. National Insecurity: American Leadership in an Age of Fear. New York: PublicAffairs.
Russett, Bruce. 2005. "Bushwhacking the Democratic Peace." International Studies Perspectives 6 (September): 395-408.
Sachs, Jeffrey. 2005. The End of Poverty: Economic Possibilities for Our Time. New York: Penguin.
Schmidt, Brian C., and Michael C. Williams. 2008. "The Bush Doctrine and the Iraq War: Neoconservatives Versus Realists." Security Studies 17 (June): 191-220.
Schulz, Kathryn. 2010. Being Wrong: Adventures in the Margin of Error. New York: HarperCollins.
Seabrooke, Leonard. 2014. "Epistemic Arbitrage: Transnational Professional Knowledge in Action." Journal of Professions and Organization 1 (January): 49-64.
Selee, Andrew. 2013. What Should Think Tanks Do? A Strategic Guide to Policy Impact. Stanford: Stanford University Press.
Shaw, Daron. 2012. "If Everyone Votes Their Party, Why Do Presidential Election Outcomes Vary So Much?" The Forum 10 (October).
Shils, Edward. 1972. "Intellectuals, Tradition, and the Traditions of Intellectuals: Some Preliminary Considerations." Daedalus 101 (Spring): 21-34.
Sides, John. 2011. "The Political Scientist as a Blogger," PS: Political Science and Politics 44 (April): 267-271.
Silver, Nate. 2012. The Signal and the Noise. New York: Penguin.（ネイト・シルバー『シグナル&ノイズ――天才データアナリストの「予測学」』日経BP社、2013年）

York: Basic Books.
Nye, Joseph. 1990. "Soft Power." Foreign Policy 80 (Autumn): 153-171.
Nye, Joseph. 2004. "The Decline of America's Soft Power." Foreign Affairs 83 (May/June): 16-21.
Nyhan, Brendan, and Jason Reifler. 2010. "When Corrections Fail: The Persistence of Political Misperceptions." Political Behavior 32 (June): 303-330.
Obama, Barack. 2007. "Renewing American Leadership." Foreign Affairs 86 (July/August): 2-16.
O'Mahoney, Joe, and Andrew Sturdy. 2016. "Power and the Diffusion of Management Ideas: The Case of McKinsey & Co." Management Learning 47 (July): 247-265.
Orwell, George. 1984. "Politics and the English Language." In Why I Write. New York: Penguin Books.
Page, Benjamin, with Marshall Bouton. 2006. The Foreign Policy Disconnect. Chicago: University of Chicago Press.
Page, Benjamin, Larry M. Bartels, and Jason Seawright. 2013. "Democracy and the Policy Preferences of Wealthy Americans." Perspectives on Politics 11 (March): 51-73.
Page, Benjamin, Jason Seawright, and Matthew LaCombe. 2015. "Stealth Politics by U.S. Billionaires." Paper presented at the annual meeting at the American Political Science Association, San Francisco, CA.
Pepinsky, Tom. 2012. "The Global Economic Crisis and the Politics of Non-Transitions," Government and Opposition 47 (April): 135-161.
Piketty, Thomas. 2014. Capital in the Twenty-First Century. Cambridge, MA: Belknap Press.（トマ・ピケティ『21世紀の資本』みすず書房、2014年）
Polanyi, Michael. 1966. The Tacit Dimension. Chicago: University of Chicago Press.（マイケル・ポランニー『暗黙知の次元』筑摩書房、2003年）
Porter, Patrick. 2011. "Beyond the American Century: Walter Lippmann and American Grand Strategy, 1943-1950," Diplomacy and Statecraft 22 (July): 557-577.
Posner, Richard. 2001. Public Intellectuals: A Study of Decline. Cambridge, MA: Harvard University Press.
Poundstone, William. 1992. Prisonerm. 1992. a. New York: Doubleday.（ウィリアム・パウンドストーン『囚人のジレンマ――フォン・ノイマンとゲームの理論』青土社、1995年）
Putnam, Robert. 203. "The Public Role of Political Science." Perspective on Politics 1 (June): 249-255.
Quiggin, John. 2012. Zombie Economics. Princeton, NJ: Princeton University Press.（ジョン・クイギン『ゾンビ経済学――死に損ないの5つの経済思想』筑摩書房、2012年）
Ramdas, Kavida. 2011. "Philanthrocapitalism: Reflecions on Politics and Policy Making," Society 48 (September): 393-396.
Rathbun, Brian. 2012. "Politics and Paradigm Preferences: The Implicit Ideology of International Relations Scholars." International Studies Quarterly 56 (September): 607-622.
Raynor, Michael. 2011. "Disruption Theory as a Predictor of Innovation Success/

28 (February): 165-179.
McDermott, Rose. 2015. "Learning to Communicate Better with the Press and the Public." PS: Political Science and Politics 48 (September): 85-89.
McDonald, Duff. 2013. The Firm: The Inside Story of McKinsey. London: OneWorld.
McKenna, Christopher. 2006. The World's Newest Profession: Management Consulting in the Twentieth Century. New York: Cambridge University Press.
Mead, Lawrence. 2010. "Scholasticism in Political Science." Perspectives on Politics 8 (June): 453-464.
Mead, Walter Russell. 2001. Special Providence: American Foreign Policy and How It Changed the World. New York: Knopf.
Mearsheimer, John. 1990. "Back to the Future: Instability in Europe after the Cold War." International Security 15 (Summer): 5-56.
Mearsheimer, John. 2011. "Imperial by Design." The National Interest 111 (January/February): 16-34.
Mearsheimer, John, and Stephen Walt. 2006. "The Israel Lobby." London Review of Books 28 (March): 3-12.
Medvetz, Tom. 2012. Think Tanks in America. Chicago: University of Chicago Press.
Menand, Louis. 2001. The Metaphysical Club: A Story of Ideas in America. New York: Farrar Straus Giroux.
Menand, Louis. 2010. The Marketplace of Ideas. New York: W. W. Norton.
Merry, Robert. 1996. Taking on the World: Joseph and Stewart Alsop, Guardians of the American Century. New York: Viking.
Mills, C. Wright. 1958. The Power Elite. New York: Oxford University Press.
Milne, David. 2010. "America's 'Intellectual' Diplomacy." International Affairs 86 (January): 49-68.
Milner, Helen V., and Dustin H. Tingley. 2011. "Who Supports Global Economic Engagement? The Sources of Preferences in American Foreign Economic Policy." International Organization 65 (January): 37-68.
Milner, Helen V., and Dustin Tingley. 2016. Sailing the Water's Edge: The Domestic Politics of American Foreign Policy. Princeton, NJ: Princeton University Press.
Momani, Bessma. 2013. "Management Consultants and the United States' Public Sector," Business and Politics 15 (October): 381-399.
Morozov, Evgeny. 2013. To Save Everything, Click Here. New York: PublicAffairs.
Mower, Joseph L., and Clayton Christensen. 1995. "Disruptive Technologies: Catching the Wave." Harvard Business Review 73 (January/February): 43-53.
Mukunda, Gautum. 2014. "The Price of Wall Street's Power." Harvard Business Review 92 (June): 3-10.
Muller, Jan-Werner. 2016. What is Populism? Philadelphia, PA: University of Pennsylvania Press.（ヤン＝ヴェルナー・ミュラー『ポピュリズムとは何か』岩波書店、2017年）
Munk, Nina. 2013. The Idealist: Jeffrey Sachs and the Quest to End Poverty. New York: Signal.
Nye, Joseph. 1990. Bound to Lead: The Changing Nature of American Power. New

7-44.

Lake, David A. 2011. "Why "isms" Are Evil: Theory, Epistemology, and Academic Sects as Impediments to Understanding and Progress." International Studies Quarterly 55 (June): 465-480.

Lamarche, Gara. 2014. "Democracy and the Donor Class." Democracy 34 (Fall): 48-59.

Lapsley, Irvine, and Rosie Oldfield. 2001. "Transforming the Public Sector: Management Consultants as Agents of Change," European Accounting Review 10 (October): 523-543.

Lilla, Mark. 2001. The Reckless Mind: Intellectuals in Politics. New York: New York Review Books.

Lippmann, Walter. 1955. The Public Philosophy. Boston: Little, Brown.（ウォルター・リップマン『公共の哲学』時事通信社、1957年）

Lipset, Seymour Martin, and Richard Dobson. 1972. "The Intellectual as Critic and Rebel: With Special Reference to the United States and the Soviet Union." Daedalus 101 (Summer): 137-198.

Lott, Eric. 2006. The Disappearing Liberal Intellectual. New York: Basic Books.

Lowen, Rebecca. 1997. Creating the Cold War University. Los Angeles: University of California Press.

Lucas, Robert E. 2003. "Macroeconomic Priorities." American Economic Review 93 (March): 1-14.

Lynch, Marc. 2016. "Political Science in Real Time: Engaging the Middle East Policy Public." Perspectives on Politics 14 (March): 121-131.

Lynd, Robert S. 1939. Knowledge for What: The Place of Social Science in American Culture. Princeton, NJ: Princeton University Press.

Mahnken, Thomas. 2010. "Bridging the Gap between the Worlds of Ideas and Action." Orbis 54 (Winter): 4-13.

Maliniak, Daniel, Amy Oakes, Susan Peterson, and Michael J. Tierney. 2011. "International Relations in the US Academy." International Studies Quarterly 55 (June): 437-464.

Mann, Thomas, and Norman Ornstein. 2012. It's Even Worse Than It Looks: How the American Constitutional System Collided with the New Politics of Extremism. New York: Basic Books.

Markides, Constantinos. 2006. "Disruptive Innovation: In Need of Better Theory.*" Journal of Product Innovation Management 23 (January): 19-25.

Martin, Chris. 2016. "How Ideology Has Hindered Sociological Insight." The American Sociologist 47 (March): 115-130.

Mason, Lilliana. 2015. " 'I Disrespectfully Agree' : The Differential Effects of Partisan Sorting on Social and Issue Polarization." American Journal of Political Science 59 (January): 128-145.

McCloskey, Dierdre. 2016. Bourgeois Equality: How Ideas, Not Capital or Institutions, Enriched the World. Chicago: University of Chicago Press.

McCubbins, Mathew, and Thomas Schwartz. 1984. "Congressional Oversight Overlooked: Police Patrols versus Fire Alarms." American Journal of Political Science

Jones, Bruce. 2014. Still Ours to Lead: America, the Rising Powers, and the Myths of the Coming Disorder. Washington, DC: Brookings Institution Press.

Kagan, Robert. 2002. "Power and Weakness." Policy Review 113 (June/July): 3-28.

Kaplan, Fred. 1983. The Wizards of Armageddon. New York: Simon and Schuster.

Kaplan, Fred. The Insurgents: David Petraeus and the Plot to Change the American Way of War. New York: Simon and Schuster.

Karger, Howard Jacob, and Marie Theresa Hernández. 2004. "The Decline of the Public Intellectual in Social Work." Journal of Sociology and Social Welfare 31 (September): 51-68.

Kaufmann, Chaim. 2004. "Threat Inflation and the Failure of the Marketplace of Ideas: The Selling of the Iraq War." International Security 29 (Summer): 5-48.

Kelley, Judith, and Beth Simmons. 2015. "Politics by Number: Indicators as Social Pressure in International Relations." American Journal of Political Science 59 (January): 55-70.

Khanna, Parag. 2008. The Second World. New York: Random House.（パラグ・カンナ『「三つの帝国」の時代――アメリカ・ＥＵ・中国のどこが世界を制覇するか』講談社、2009年）

Khanna, Parag. 2016. Connectivity. New York: Random House.（パラグ・カンナ『「接続性」の地政学――グローバリズムの先にある世界』原書房、2017年）

Kiechel, Walter. 2010. The Lords of Strategy: The Secret Intellectual History of the New Corporate World. Cambridge, MA: Harvard Business Press.

King, Andrew, and Christopher Tucci. 2002. "Incumbent Entry into New Market Niches: The Role of Experience and Managerial Choice in the Creation of Dynamic Capabilities." Management Science 48 (February): 171-186.

King, Andrew, and Baljir Baatartogtokh. 2015. "How Useful Is the Theory of Disruptive Innovation?" MIT Sloan Management Review 57 (Fall): 77-90.

King, Charles. 2015. "The Decline of International Studies." Foreign Affairs 94 (July/August): 88-99.

Klein, Daniel B., and Charlotta Stern. 2005. "Professors and Their Politics: The Policy Views of Social Scientists," Critical Review 17 (March): 257-303.

Klein, Daniel B., and Charlotta Stern. 2006. "Economists' Policy Views and Voting." Public Choice 126 (March): 331-342.

Krauthammer, Charles. 1990/91. "The Unipolar Moment." Foreign Affairs 70 (Winter): 23-33.

Krebs, Ronald. 2015. Narrative and the Making of US National Security. New York: Cambridge University Press.

Kuklick, Bruce. 2006. Blind Oracles: Intellectuals and War from Kennan to Kissinger. Princeton, NJ: Princeton University Press.

Kull, Stephen, and I. M. Destler. 1999. Misreading the Public. Washington, DC: Brookings Institution.

Kuo, Dido, and Nolan McCarty. 2015. "Democracy in America, 2015." Global Policy 6 (June): 49-55.

Kupchan, Charles A., and Peter L. Trubowitz. 2007. "Dead Center: The Demise of Liberal Internationalism in the United States." International Security 32 (Fall):

Hofstadter, Richard. 1962. Anti-Intellectualism in American Life. New York: Knopf.（リチャード・ホーフスタッター『アメリカの反知性主義』みすず書房、2003年）
Howe, Irving. 1954. "This Age of Conformity." Partisan Review 21 (January): 1-33.
Howell, Llewellyn D. 2014. "Evaluating Political Risk Forecasting Models: What Works?" Thunderbird International Business Review 56 (July/August): 305-316.
Huntington, Samuel. 1981. American Politics: The Promise of Disharmony. Cambridge: Belknap.
Huntington, Samuel. 1993. "The Clash of Civilizations?" Foreign Affairs 72 (Summer): 22-49.
Huntington, Samuel. 1996. The Clash of Civilizations and the Remaking of World Order. New York: Simon and Schuster.（サミュエル・ハンチントン『文明の衝突』集英社、2017年）
Ikenberry, G. John. 2003. "Is American Multilateralism in Decline?" Perspectives on Politics 1 (September): 533-550.
Ikenberry, G. John, and Anne-Marie Slaughter. 2006. Forging A World of Liberty under Law: U.S. National Security in the 21st Century. Princeton, NJ: Princeton Project for National Security.
Isaac, Jeffrey. 2015. "For a More Public Political Science." Perspectives on Politics 13 (June): 269-283.
Iyengar, Shanto, Gaurav Sood, and Yphtach Lelkes. 2012. "Affect, not Ideology: A Social Identity Perspective on Polarization." Public Opinion Quarterly 76 (Fall): 405-431.
Iyengar Shanto, and Sean Westwood. 2015. "Fear and Loathing across Party Lines: New Evidence on Group Polarization." American Journal of Political Science 59 (July 2015): 690-707.
Jackson, Patrick Thaddeus, and Stuart J. Kaufman. 2007. "Security Scholars for a Sensible Foreign Policy: A Study in Weberian Activism." Perspectives on Politics 5 (March 2007): 95-103.
Jacoby, Russell. 1987. The Last Intellectuals: American Culture in the Age of Academe. New York: Basic Books.
Jacoby, Susan. 2008. The Age of American Unreason. New York: Vintage Books.
Jacobs, Lawrence, and Benjamin Page. 2005. "Who Influences U.S. Foreign Policy?" American Political Science Review 99 (February): 107-123.
James, Aaron. 2012. Assholes: A Theory. New York: Anchor Books.
Jentleson, Bruce W., and Ely Ratner. 2011. "Bridging the Beltway-Ivory Tower Gap." International Studies Review 13 (March): 6-11.
Jervis, Robert. 2004. "Security Studies: Ideas, Policy, and Politics," in Edward Mansfield and Richard Sisson, eds. The Evolution of Political Knowledge: Democracy, Autonomy and Conflict in Comparative and International Politics. Columbus: Ohio State University Press.
Jervis, Robert. 2008. "Bridges, Barriers, and Gaps: Research and Policy." Political Psychology 29 (Summer): 571-592.
Johnson, Paul. 1989. Intellectuals. New York: Harper and Row.（ポール・ジョンソン『インテレクチュアルズ——知の巨人の実像に迫る』講談社、2003年）

Governance." PS: Political Science and Politics 49 (July): 442-448.
Gross, Andrew, and Jozef Poor. 2008. "The Global Management Consulting Sector." Business and Economics 43 (October): 59-68.
Guisinger, Alexandra, and Elizabeth Saunders. 2016. "Mapping the Boundaries of Elite Cues: How Elites Shape Mass Opinion Across International Issues." Working paper, George Washington University, April.
Haas, Peter. 1992. "Banning Chlorofluorocarbons: Epistemic Community Efforts to Protect Stratospheric Ozone." International Organization (Winter): 187-224.
Haass, Richard. 2005. The Opportunity. New York: PublicAffairs.
Hacker, Jacob, and Paul Pierson. 2005. Off Center: The Republican Revolution and the Erosion of American Democracy. New Haven, CT: Yale University Press.
Halberstam, David. 2001. War in a Time of Peace. New York: Scribner.（デービッド・ハルバースタム『静かなる戦争――アメリカの栄光と挫折』PHP研究所、2003年）
Hall, Peter. 1993. "Policy Paradigms, Social Learning, and the State: the Case of Economic Policymaking in Britain." Comparative Politics 25 (April): 275-296.
Halper, Stefan, and Jonathan Clarke. 2007. The Silence of the Rational Center. New York: Basic Books.
Hamid, Shadi. 2015. "What is Policy Research For? Reflections on the United States' Failures in Syria." Middle East Law and Governance 7 (Summer): 373-386.
Harris-Perry, Melissa, and Steve Friess. 2015. "An Interview with Melissa Harris-Perry." PS: Political Science and Politics 48 (September): 26-30.
von Hayek, Friedrich A. 1949. "The Intellectuals and Socialism." University of Chicago Law Review 16 (Spring): 417-433.
Hayes, Christopher. 2012. Twilight of the Elites: America after Meritocracy. New York: Crown Books.
Helpman, Elhannan. 2004. The Mystery of Economic Growth. Cambridge, MA: Belknap Press.（エルハナン・ヘルプマン『経済成長のミステリー』九州大学出版会、2009年）
Hetherington, Marc J. 2001. "Resurgent Mass Partisanship: The Role of Elite Polarization." American Political Science Review 95 (September): 619-631.
Heilbrunn, Jacob. 2008. "Rank Breakers: Anatomy of an Industry." World Affairs 170 (Spring): 36-46.
Heilbrunn, Jacob. 2008. They Knew They Were Right: The Rise of the Neocons. New York: Doubleday.
Heilbrunn, Jacob. 2016. "The GOP's New Foreign Policy Populism." The National Interest (March/April).
Herken, Gregg. 1985. Counsels of War. New York: Knopf.
Herken, Gregg. 2014. The Georgetown Set: Friends and Rivals in Cold War Washington. New York: Knopf.
Hill, Seth J., and Chris Tausanovitch. 2015. "A Disconnect in Representation? Comparison of Trends in Congressional and Public Polarization." Journal of Politics 77 (December 2015): 1058-1075.
Hirschman, Daniel. 2016. "Stylized Facts in the Social Sciences." Sociological Science 3 (July): 604-626.

of Democracy 27 (July 2016): 5-17.
Foa, Roberto Stefan, and Yascha Mounk. 2017. "The Signs of Deconsolidation." Journal of Democracy 28 (July 2016): 5-15.
Fourcade, Marion, Etienne Ollion, and Yann Algan. 2015. "The Superiority of Economists." Journal of Economic Perspectives 29 (January): 13-43.
Freeland, Chrystia. 2012. Plutocrats: The Rise of the New Global Super-Rich and the Fall of Everyone Else. New York: Penguin.
Friedman, Thomas. 2005. The World Is Flat: A Brief History of the Twenty-First Century. New York: Farrar Strauss Giroux.（トーマス・フリードマン『フラット化する世界——経済の大転換と人間の未来』日本経済新聞社、2006年）
Frum, David. 2008. "Foggy Bloggom." The National Interest 93 (January/February): 46-52.
Fukuyama, Francis. 1989. "The End of History?" The National Interest 16 (Summer): 3-18.
Fukuyama, Francis. 1992. The End of History and the Last Man. New York: Free Press.（フランシス・フクヤマ『歴史の終わり』三笠書房、2005年）
Fukuyama, Francis. 2006. America at the Crossroads: Democracy, Power, and the Neoconservative Legacy. New Haven, CT: Yale University Press.
Fukuyama, Francis. 2014. Political Order and Political Decay. New York: Farrar Strauss Giroux.
Gaddis, John Lewis. 1992/93. "International Relations Theory and the End of the Cold War." International Security 17 (Winter): 5-58.
Galbraith, John Kenneth. 1973. "Power and the Useful Economist." American Economic Review 63 (March): 1-11.
Gallo, Carmine. 2014. Talk Like TED: The Public-Speaking Secrets of the World's Top Minds. New York: St. Martin's Press.
Gans, Joshua. 2016. "Keep Calm and Manage Disruption." MIT Sloan Management Review 57 (Spring): 83-90.
Garner, Andrew, and Harvey Palmer. 2011. "Polarization and Issue Consistency over Time." Political Behavior 33 (June): 225-246.
Gauchat, Gordon. 2012. "Politicization of Science in the Public Sphere a Study of Public Trust in the United States, 1974 to 2010." American Sociological Review 77 (April): 167-187.
Gauchat, Gordon. 2015. "The Political Context of Science in the United States: Public Acceptance of Evidence-Based Policy and Science Funding." Social Forces (February): 1-24.
George, Alexander. 2013. Bridging the Gap. Washington, DC: US Institute for Peace.
Ginsberg, Benjamin. 2011. The Fall of the Faculty: The Rise of the All-Administrative University and Why it Matters. New York: Oxford University Press.
Goldeiger, James, and Derek Chollet. 2006. "The Truman Standard." The American Interest 1 (Summer): 107-111.
Goldstein, Judith, and Robert Keohane, eds. 1993. Ideas and Foreign Policy. Ithaca, NY: Cornell University Press.
Goss, Kristin. 2016. "Policy Plutocrats: How America's Wealthy Seek to Influence

Desch, Michael. 2017. The Relevance Question: Social Science's Inconstant Embrace of Security Studies. Ithaca, NY: Cornell University Press.

Dobbs, Richard, James Manyika, and Jonathan Woetzel. 2015. No Ordinary Disruption. New York: PublicAffairs.（リチャード・ドッブス、ジェームズ・マニーカ、ジョナサン・ウーツェル『マッキンゼーが予測する未来――近未来のビジネスは、4つの力に支配されている』ダイヤモンド社、2017年）

Dobbs, Richard, Sree Ramaswamy, Elizabeth Stephenson, and Patrick Viguerie. 2014. "Management Intuition for the Next 50 Years." McKinsey Quarterly (September).

Drezner, Daniel W. 1998. "Globalizers of the World, Unite!" The Washington Quarterly 21 (Winter): 207-225.

Drezner, Daniel W. 2007. "Foreign Policy Goes Glam." The National Interest 92 (November/December): 22-29.

Drezner, Daniel W. 2007. All Politics Is Global: Explaining International Regulatory Regimes. Princeton, NJ: Princeton University Press.

Drezner, Daniel W. 2008. "The Realist Tradition in American Public Opinion." Perspectives on Politics 6 (March): 51-70.

Drezner, Daniel W., ed. 2009. Avoiding Trivia: The Role of Strategic Planning in American Foreign Policy. Washington, DC: Brookings Institution Press.

Drezner, Daniel W. 2014. The System Worked: How the World Stopped Another Great Depression. New York: Oxford University Press.

Duarte, José L, et al. 2015. "Political Diversity Will Improve Social Psychological Science." Behavioral and Brain Sciences 38 (January): 130.

Easterly, William. 2013. The Tyranny of Experts. New York: Basic Books.

Easton, David. 1951. "The Decline of Modern Political Theory." Journal of Politics 13 (February): 36-58.

Eichengreen, Barry. 1998. "Dental Hygiene and Nuclear War: How International Relations Looks from Economics." International Organization 52 (October): 993-1061.

Etzioni, Amitai, and Alyssa Bowditch, eds., 2006. Public Intellectuals: An Endangered Species? New York: Rowman and Littlefield.

Evans, Eliza, Charles Gomez, and Daniel McFarland. 2016. "Measuring Paradigmaticness of Disciplines Using Text." Sociological Science 3 (August): 757-778.

Fairbrother, Malcolm, and Isaac W. Martin. 2013. "Does Inequality Erode Social Trust? Results from Multilevel Models of US States and Counties." Social Science Research 42 (March): 347-360.

Fazal, Tanisha. 2016. "An Occult of Irrelevance? Multimethod Research and Engagement with the Policy World." Security Studies 25 (January): 34-41.

Fettweis, Christopher. 2004. "Evaluating IR's Crystal Balls: How Predictions of the Future Have Withstood Fourteen Years of Unipolarity." International Studies Review 6 (Winter): 79-104.

Ferguson, Niall. 2010. "Complexity and Collapse." Foreign Affairs 89 (March/April): 18-32.

Foa, Roberto Stefan, and Yascha Mounk. 2016. "The democratic disconnect." Journal

Carrick-Hagenbarth, Jessica, and Gerald A. Epstein. 2012. "Dangerous Interconnectedness: Economists' Conflicts of Interest, Ideology and Financial Crisis." Cambridge Journal of Economics 36 (January): 43-63.

Chilton, Adam S., and Eric A. Posner. 2014. "An Empirical Study of Political Bias in Legal Scholarship." Coase-Sandor Institute for Law and Economics Research Paper no. 696, University of Chicago.

Chipman, John. 2016. "Why Your Company Needs a Foreign Policy." Harvard Business Review 94 (September): 36-45.

Chollet, Derek. 2016. The Long Game. New York: PublicAffairs.

Christensen, Clayton. 1997. The InnovatorClayton. 1. Cambridge, MA: Harvard Business School Press.（クレイトン・クリステンセン『イノベーションのジレンマ——技術革新が巨大企業を滅ぼすとき』翔泳社、2001年）

Christensen, Clayton, and Michael Raynor. 2003. The Innovator's Solution. Cambridge, MA: Harvard Business School Press.（クレイトン・クリステンセン、マイケル・レイナー『イノベーションへの解——利益ある成長に向けて』翔泳社、2003年）

Christensen, Clayton, and Derek Van Bever. 2014. "The Capitalist's Dilemma." Harvard Business Review 92 (June): 60-68.

Christensen, Clayton, Dina Wang, and Derek van Bever. 2013. "Consulting on the Cusp of Disruption." Harvard Business Review 91 (October): 106-114.

Christensen, Clayton, Michael Raynor, and Rory McDonald. 2015. "What Is Disruptive Innovation?" Harvard Business Review (December): 45-53.

Cohen, Jared. 2015. "Digital Counterinsurgency." Foreign Affairs 94 (November/December): 53-58.

Colander, David. 2015. "Intellectual Incest on the Charles: Why Economists Are a Little Bit Off." Eastern Economic Journal 41 (January): 155-159.

Cook, Fay Lomax, Benjamin I. Page, and Rachel Moskowitz. 2014. "Political Engagement by Wealthy Americans." Political Science Quarterly 129 (Fall): 381-398.

Côté, Stéphane, Julian Hose, and Robb Willer. 2015. "High Economic Inequality Leads Higher-Income Individuals to Be Less Generous." Proceedings of the National Academy of Sciences 112 (November): 15838-15843.

David, Robert J., Wesley D. Sine, and Heather A. Haveman. 2013. "Seizing Opportunity in Emerging Fields: How Institutional Entrepreneurs Legitimated the Professional Form of Management Consulting." Organization Science 24 (March/April): 356-377.

Deaton, Angus. 2013. The Great Escape: Health, Wealth, and the Origins of Inequality. Princeton, NJ: Princeton University Press.

Del Rosso, Steven. 2015. "Our New Three Rs: Rigor, Relevance, and Readability." Governance 28 (April): 127-130.

Deresiewicz, William. 2014. Excellent Sheep: The Miseducation of the American Elite and the Way to a Meaningful Life. New York: Simon and Schuster.

Desch, Michael. 2015. "Technique Trumps Relevance: The Professionalization of Political Science and the Marginalization of Security Studies." Perspectives on Politics 13 (June): 377-393.

ラインダー『ハードヘッドソフトハート』ティビーエス・ブリタニカ、1988年）
Blyth, Mark. 2002. Great Transformations: Economic Ideas and Institutional Change in the Twentieth Century. New York: Cambridge University Press.
Blyth, Mark. 2013. Austerity: The History of a Dangerous Idea. New York: Oxford University Press.
Bock, Sebastian. 2014. "Politicized Expertise — An Analysis of the Political Dimensions of Consultants' Policy Recommendations to Developing Countries with a Case Study of McKinsey's Advice on REDD+Policies." Innovation: The European Journal of Social Science Research 27 (December): 379-397.
Boudreau, Cheryl. 2015. "Read but Not Heard? Engaging Junior Scholars in Efforts to Make Political Science Relevant." PS: Political Science and Politics 48 (September): 51-54.
Brest, Paul, and Hal Harvey. 2008. Money Well Spent. New York: Bloomberg Press.
Brooks, David. 2000. Bobos in Paradise. New York: Simon and Schuster.（デイビッド・ブルックス『アメリカ新上流階級 ボボズ―ニューリッチたちの優雅な生き方』光文社、2002年）
Brouwer, Daniel, and Catherine Squires. 2003. "Public Intellectuals, Public Life, and the University." Argument and Advocacy 39 (Winter): 201-213.
Brown, Michael, Sean Lynn-Jones, and Steven Miller, eds. 1996. Debating the Democratic Peace. Cambridge, MA: MIT Press.
Busby, Joshua W., and Jonathan Monten. 2008. "Without Heirs? Assessing the Decline of Establishment Internationalism in US Foreign Policy." Perspectives on Politics 6 (September): 451-472.
Busby, Joshua W., and Jonathan Monten. 2012. "Republican Elites and Foreign Policy Attitudes." Political Science Quarterly 127 (Spring): 105-142.
Burgin, Angus. 2012. The Great Persuasion: Reinventing Free Markets since the Depression. Cambridge, MA: Harvard University Press.
Burns, Jennifer. 2008. Goddess of the Market: Ayn Rand and the American Right. New York: Oxford University Press.
Byman, Daniel, and Matthew Kroenig. 2016. "Reaching beyond the Ivory Tower: A How To Manual," Security Studies 25 (May): 289-319.
Caplan, Bryan, Eric Crampton, Wayne Grove, and Ilya Somin. 2013. "Systemically Biased Beliefs about Political Influence." PS: Political Science and Politics 46 (October): 760-767.
Carmines, Edward, Michael Ensley, and Michael Wagner. 2012. "Who Fits the Left-Right Divide? Partisan Polarization in the American Electorate." American Behavioral Scientist 56 (October): 1631-1653.
Carnegie, Andrew. 1889. "Wealth." North American Review 148 (June): 653-664.
Carpenter, Charli. 2012. " 'You Talk of Terrible Things So Matter-of-Factly in This Language of Science' : Constructing Human Rights in the Academy." Perspectives on Politics 10 (June): 363-383.
Carpenter, Charli, and Daniel W. Drezner. 2010. "International Relations 2.0: The Implications of New Media for an Old Profession." International Studies Perspectives 11 (August): 255-272.

参考文献

Abelson, Donald. 2009. Do Think Tanks Matter? Assessing the Impact of Public Policy Institutes. Montreal: McGill-Queens Press.

Abelson, Donald. 2014. "Old World, New World: The Evolution and Influence of Foreign Affairs Think-Tanks." International Affairs 90 (January 2014): 125-142.

Achen, Christopher, and Larry Bartels. 2016. Democracy for Realists. Princeton, NJ: Princeton University Press.

Alterman, Eric. 1992. Sound and Fury: The Washington Punditocracy and the Collapse of American Politics. New York: HarperCollins.

American Political Science Association. 2014. Improving Public Perceptions of Political Science's Value. Washington, DC: APSA.

Andrew, Edward G. 2006. Patrons of Enlightenment. Toronto: University of Toronto Press.

Avey, Paul C., and Michael C. Desch. 2014. "What Do Policymakers Want from Us? Results of a Survey of Current and Former Senior National Security Decision Makers." International Studies Quarterly 58 (December): 227-246.

Bacevich, Andrew. 2016. "American Public Intellectuals and the Early Cold War, or, Mad about Henry Wallace." In Public Intellectuals in the Global Arena, edited by Michael Desch. South Bend, IN: University of Notre Dame Press.

Bafumi, Joseph, and Michael C. Herron. 2010. "Leapfrog Representation and Extremism: A Study of American Voters and Their Members in Congress." American Political Science Review 104 (September): 519-542.

Barnett, Michael, and Raymond Duvall. 2005. "Power in International Politics." International Organization 59 (January): 39-75.

Barber, Benjamin. 2001. The Truth of Power. New York: W. W. Norton.

Barber, Michael, and Nolan McCarty. 2013. "Causes and Consequences of Polarization." In Negotiating Agreement in Politics, edited by Jane Mansbridge and Cathie Jo Martin. Washington, DC: APSA.

Beard, Charles. 1927. "Time, Technology, and the Creative Spirit in Political Science." American Political Science Review 21 (February): 1-11.

Bennett, Andrew, and G. John Ikenberry. 2006. "The Review's Evolving Relevance for US Foreign Policy 1906-2006." American Political Science Review 100 (November): 651-658.

Berlin, Isaiah. 2013. The Hedgehog and the Fox: An Essay on Tolstoy's View of History. Princeton, NJ: Princeton University Press.

Berry, Jeffrey. 2016. "Negative Returns: The Impact of Impact Investing on Empowerment and Advocacy." PS: Political Science and Politics 49 (July): 437-441.

Bishop, Matthew, and Michael Green. 2008. Philanthrocapitalism: How the Rich Can Save the World. New York: Bloomsbury Press.

Blanchard, Olivier. 2008. "The State of Macro." NBER Working Paper 14259.

Blinder, Alan. 1988. Hard Heads, Soft Hearts. Boston: Addison-Wesley.（アラン・ブ

39. 2016年4月22日にマサチューセッツ州ケンブリッジで行われたニーアル・ファーガソンへのインタビュー。
40. Richard Hofstadter, Anti-Intellectualism in American Life (New York: Knopf, 1962), 417.
41. Daniel W. Drezner, "Globalizers of the World, Unite!," The Washington Quarterly 21 (Winter 1998): 222-223.
42. Daniel W. Drezner, "Bad Debts: Assessing China's Financial Influence in Great Power Politics," International Security 34 (Fall 2009): 7– 45; Drezner, "The System Worked: Global Economic Governance during the Great Recession," World Politics 66 (January 2014): 123-164.
43. どういうわけか知らないが、基調講演のスピーカーはラリー・キングだった。文句なしに素晴らしい内容だった。
44. Brooks, Bobos in Paradise, 175.
45. 郵便ポスト経由で届けられる嫌がらせの手紙など、かわいいものだと感じられるほどだ。
46. Daniel W. Drezner, "An Open Letter to the Conspiracy Theorists of 2016," Washington Post, October 5, 2015.
47. Alana Goodman, "Antiwar Conference Featured Panelist Who Spoke at Holocaust Denial Conference," Washington Free Beacon, July 3, 2014; Michael Goldfarb, "Not All Liberty Conservatives Are Jew-Baiting Paleocons," Washington Free Beacon, July 11, 2014.
48. 以下のサイトを参照。https://twitter.com/adamjohnsonNYC/status/736626454935392256
49. David Brooks, "The Thought Leader," New York Times, December 16, 2013.
50. さまざまな会議の場や同業者による査読の場などで論文を批判することにはまったく抵抗を感じない。前者については、それが当然のことになっているからだろう。また後者については、誰の発言かが分からない仕組みになっているからだろう。
51. Aaron James, Assholes: A Theory (New York: Anchor Books, 2012), 39-41.
52. Imre Lakatos, "Falsification and the Methodology of Scientific Research Programmes," in Criticisms and the Growth of Knowledge, ed. Lakatos and Alan Musgrave (Cambridge: Cambridge University Press, 1970).
53. Kathryn Schulz, Being Wrong: Adventures in the Margin of Error (New York: HarperCollins, 2010), 3.

Poynter, August 11, 2015, accessed at http://www.poynter.org/news/mediawire/364679/the-new-new-republic-how-the-magazines-bosses-are-building-a-company-around-novel-solutions/.

23. Michael Eric Dyson, "The Ghost of Cornel West," New Republic, April 19, 2015.
24. 2015年12月24日、スカイプを使って行われたフォアへのインタビュー。2015年12月8日にニューヨークで行われたギデオン・ローズへのインタビュー。
25. Lukas Alpert, "New Republic Owner Chris Hughes Puts Magazine Up for Sale," Wall Street Journal, January 11, 2016. See also Megan McArdle, "Next Owner of the New Republic Needs a Better Vision," BloombergView, January 11, 2016.
26. Chris Hughes, "The New Republic's Next Chapter," Medium, January 11, 2016, accessed at https://medium.com/@chrishughes/the-new-republic-s-next-chapter-69f6772606#.usb0t78c9.
27. Michael Calderone, "New Republic Exodus: Dozens of Editors Resign over Management Changes," Huffington Post, December 5, 2014; Jonathan Chait, "A Eulogy for the New Republic," New York, December 4, 2014; Lizza, "Inside the Collapse of the New Republic."
28. Martin Peretz, "Why Doesn't the New Republic's New Owner Take Ideas Seriously?" Washington Post, December 10, 2014.
29. Leon Wieseltier, "Among the Disrupted," New York Times Book Review, January 7, 2015.
30. Ezra Klein, "Even the Liberal New Republic Needs to Change," Vox, December 5, 2014.
31. Rebecca West, "The Duty of Harsh Criticism," New Republic, November 7, 1914.
32. Kelsey Sutton and Peter Sterne, "The Fall of Salon.com," Politico, May 27, 2016.
33. Lee Drutman, "What Paul Ryan's House Budget Woes Tell Us about the Continued Crack-Up of the Republican Party," Vox, April 11, 2016.
34. 宗教の教義をめぐる対立については以下を参照。Samuel Huntington, American Politics: The Promise of Disharmony (Cambridge, MA: Belknap Press, 1981). For an updating of Huntington's thesis to the near-present, see George Will, "An Anti-Authority Creed," Washington Post, January 23, 2011.
35. 前者の例については以下を参照。Tim Alberta and Eliana Johnson, "In Koch World 'Realignment,' Less National Politics," National Review, May 16, 2016. 後者の例については以下を参照。Carl Swanson, "Leon Wieseltier Is Not Buying the New Republic— But He Is Teaming up with Steve Jobs's Widow to Start a New Publication," New York, January 21, 2016.
36. 思想産業における民間企業の相対的優位性の一つは、個々の従業員のブランドよりも企業ブランドの宣伝に力を入れやすいことだ。
37. Steven Teles, "Foundations, Organizational Maintenance, and Partisan Asymmetry," PS: Political Science and Politics 49 (July 2016): 455-460.
38. Tamara Cofman Wittes and Marc Lynch, "The Mysterious Absence of Women from Middle East Policy Debates," Washington Post, January 20, 2015; Elmira Bayrasli and Lauren Bohn, "Binders Full of Women Foreign Policy Experts," New York Times, February 10, 2015; Jane Greenway Carr, "The Underrepresentation of Women in Foreign Policy Is a Huge Problem," Vox, February 16, 2015.

6. Julie Bosoman and Christina Haughney, "Foer Returns to New Republic as Editor," New York Times, May 20, 2012.
7. Carl Swanson, "Chris Hughes Is about to Turn 100," New York, December 2, 2012.
8. David Holmes, "The New Republic's Chris Hughes in 2013: 'We Are Not the Next Big Trend in Silicon Valley,' " Pando, http://pando.com/2014/12/05/the-new-republics-chris-hughes-in-2013-we-are-not-the-next-big-trend-in-silicon-valley/, December 5, 2014.
9. 引用元は以下のとおり。Paul Farhl, "Chris Hughes, Once a New Media Pioneer, Makes Bet on Old Media with the New Republic," Washington Post, July 8, 2012. See also Bosoman and Haughney, "Foer Returns to New Republic as Editor" ; David Weigel, "How #Disruption Broke the New Republic," Bloomberg Politics, December 5, 2014.
10. フォアの入社に伴って、ヒューズは編集長のリチャード・ジャストを閑職に追いやった。皮肉にも、その2カ月前にヒューズに『ニュー・リパブリック』を買収してもらうことを決めたのはリチャード・ジャストだった。
11. Evgeny Morozov, "The Naked and the TED," New Republic, August 2, 2012; Alec MacGillis, "Scandal at Clinton Inc.," New Republic, September 23, 2013; Ben Birmbaum and Amir Tohon, "The Explosive, Inside Story of How John Kerry Built an Israel-Palestine Peace Plan— and Watched It Crumble," New Republic, July 20, 2014; Julia Ioffe, "Vladimir Putin Might Fall. We Should Consider What Happens Next," New Republic, August 6, 2014.
12. Dana Milbank, "The New Republic Is Dead, Thanks to Its Owner, Chris Hughes," Washington Post, December 8, 2014.
13. Sarah Ellison, "The Complex Power Coupledom of Chris Hughes and Sean Eldridge," Vanity Fair, July 2015.
14. Erik Wemple, "Chris Hughes at the New Republic: A Wasteful Experiment in Modern Design," Washington Post, January 22, 2016.
15. プレスリリースは以下のサイトで閲覧できる。http://www.newrepublic.com/article/119470/press-release-guy-vidra-general-manager-yahoo-news-tnr-ceo. The New Republic Fund is explained at http://fund.newrepublic.com/.
16. Ellison, "The Complex Power Coupledom of Chris Hughes and Sean Eldridge."
17. Ryan Lizza, "Inside the Collapse of the New Republic," New Yorker, December 12, 2014. Dylan Byers, "Implosion of a DC Institution, Politico, December 4, 2014も参照。
18. Ravi Somaiya, "Shake-Up at the New Republic: Franklin Foer and Leon Wieseltier Are Out," New York Times, December 4, 2014.
19. Gabriel Snyder, "A Letter from the Editor," New Republic, December 22, 2014.
20. Chris Hughes, "Crafting a Sustainable New Republic," Washington Post, December 7, 2014.
21. Lukas I. Alpert, "New Republic to Start Producing Content for Advertisers," Wall Street Journal, March 19, 2015.
22. 引用元は以下のとおり。Benjamin Mullin, "The (new) New Republic: How the Magazine's Bosses Are Building a Company around 'Novel Solutions,' "

63. Kevin Drum, "The Great Matt Bruenig-Neera Tanden Kerfuffle Sort of Explained," Mother Jones, May 20, 2012.
64. Rosie Gray, "How 2015 Fueled the Rise of the Freewheeling, White Nationalist Alt Right Movement," Buzzfeed, December 27, 2015. For the manifesto, see Allum Bokhari and Milo Yiannopoulos, "An Establishment Conservative's Guide to the Alt-Right," Breitbart, March 29, 2016.
65. Jesse Singal, "Explaining Ben Shapiro's Messy, Ethnic-Slur-Laden Breakup With Breitbart," New York, May 26, 2016; Jonathan Weisman, "The Nazi Tweets of 'Trump God Emperor,' " New York Times, May 26, 2016; Jamie Kirchick, "Donald Trump's Little Boy Is a Gay Half-Jew with Jungle Fever," Tablet, June 1, 2016.
66. ウォルター・ラッセル・ミードのアメリカ外交政策に関する分類法に従えば、ジェファーソン流民主主義の信奉者はウィルソン流民主主義の信奉者にもっとも憤慨し、ジャクソン流民主主義の信奉者はハミルトン流民主主義の信奉者にもっとも憤慨している。詳細は以下を参照。Walter Russell Mead, Special Providence: American Foreign Policy and How It Changed the World (New York: Knopf, 2001).
67. Matt Taibbi, "Flathead," New York Press, April 26, 2005.
68. フリードマンに対する厳しい批判の声を集めたものが以下のサイトに掲載されている。http://jilliancyork.com/2011/12/14/the-definitive-collection-of-thomas-friedman-takedowns/. It is continually updated. In the interest of full disclosure, I have contributed to this oeuvre: Daniel W. Drezner, "Suffering from Friedman's Disease in Beijing," Foreign Policy, June 9, 2011.
69. Alice Gregory, "When Is Criticism Unfair?" New York Times Book Review, February 2, 2016.
70. 同じ会議に出席することの多い知識人同士が、互いにとっての良き批判者になるということもあり得ないことではない。だが同じ業界の人間を守ろうとする意識が働いて、必要以上に批判を控えることになるかもしれない。

結　論

1. Croly quoted in Franklin Foer, "The Story of How the New Republic Invented Modern Liberalism," New Republic, November 8, 2014.
2. Jeet Heer, "The New Republic's Legacy on Race," New Republic, January 29, 2015.
3. Ta-Nehisi Coates, "The New Republic: An Appreciation," The Atlantic, December 9, 2014.
4. Hertzberg quoted in Lloyd Grove, "Is This the End of 'The New Republic'?" Daily Beast, January 11, 2016.
5. このパターンは『ニュー・リパブリック』に限らず多くの企業に見られるものだが、『ニュー・リパブリック』ではそれがお定まりのパターンになっていた。以下を参照されたい。Jack Shafer, "The New Vanity Press Moguls," Slate, February 27, 2004.

Advocates Can Shift Same-Sex Marriage Views," New York Times, December 11, 2014.
43. Carl Bialik, "As a Major Retraction Shows, We're All Vulnerable to Faked Data," FiveThirtyEight, May 20, 2015.
44. 以下を参照。http://www.poliscirumors.com/topic/gelmans-monkey-cage-post/page/2#post-240222
45. Singal, "The Case of the Amazing Gay-Marriage Data."
46. David Broockman, Joshia Kalla, and Peter Aronow, "Irregularities in LaCour (2014)," working paper, May 19, 2015, accessed at http://stanford.edu/~dbroock/broockman_kalla_aronow_lg_irregularities.pdf. On Green's reaction, see Bialik, "As a Major Retraction Shows, We're All Vulnerable to Faked Data" ; Singal, "The Case of the Amazing Gay-Marriage Data."
47. Jesse Singal, "Michael LaCour Made Up a Teaching Award, Too," New York, May 27, 2015.
48. Munger, "L'Affaire LaCour."
49. Jesse Singal, "Inside Psychology's 'Methodological Terrorism' Debate," New York, October 12, 2016.
50. Marc Lynch, "Political Science in Real Time: Engaging the Middle East Policy Public," Perspectives on Politics 14 (March 2016): 128.
51. 引用元は以下のとおり。Joel Stein, "How Trolls Are Ruining the Internet," Time, August 18, 2016.
52. 同上、128.
53. Lowrey and Riesman, "Goodbye to All That, Twitter."
54. 具体例は以下を参照。Matthew Boesler, "Nassim Taleb Gets into Historic Twitter Brawl, Shows Everyone How ANTIFRAGILE He Is," Business Insider, April 23, 2013; Joe Weisenthal, "Nassim Taleb Tells Us Why He Goes Nuclear on His Critics on Twitter," Business Insider, January 4, 2014. For an example of him insulting me, see https://twitter.com/nntaleb/status/755051465719283712.
55. Nasim Taleb, "Intellectual Yet Idiot," Medium, September 16, 2016, accessed at https://medium.com/@nntaleb/the-intellectual-yet-idiot-13211e2d0577#.ienj9raar.
56. 2015年6月2日マサチューセッツ州ケンブリッジでのナシーム・タレブとの会話。
57. David Weigel, "Watch Nassim Taleb Debate Twitter's Greatest Tech Jargon Parody Account," Slate, August 12, 2014.
58. M. D. Conover, J. Ratkiewicz, M. Francisco, B. Goncalves, A. Flammini, and F. Menczer, "Political Polarization on Twitter," Proceedings of the Fifth International AAAI Conference on Weblogs and Social Media, 2011, accessed at https://www.aaai.org/ocs/index.php/ICWSM/ICWSM11/paper/viewFile/2847/3275;
59. Pew Research Center, "Political Polarization and Media Habits," October 21, 2014.
60. Barney, "[Aristotle,] On Trolling," 2.
61. Dylan Matthews, "Inside Jacobin: How a Socialist Magazine Is Winning the Left's War of Ideas," Vox, March 21, 2016.
62. 以下を参照。Sady Doyle, "Beware of the Angry White Male Public Intellectual," Quartz, February 16, 2016.

21. Fareed Zakaria, "Bile, Venom and Lies: How I Was Trolled on the Internet," Washington Post, January 14, 2016.
22. 2016年4月22日にマサチューセッツ州ケンブリッジで行われたインタビュー。
23. Justin Peters, "I Was Afraid of Slate Commenters. So I Became One," Slate, November 5, 2015.
24. Elizabeth Jensen, "NPR Website to Get Rid of Comments," NPR, August 17, 2016.
25. Eva Holland, " 'It's Yours' : A Short History of the Horde," Longreads, Febeuary 4, 2015, accessed at http://blog.longreads.com/2015/02/04/its-yours-a-short-history-of-the-horde/.
26. Justin Cheng, Christian Danescu-Niculescu-Mizil, and Jure Leskovec, "How Community Feedback Shapes User Behavior," May 6, 2014, 9.
27. Moynihan quoted in Jon Ronson, So You've Been Publicly Shamed (New York: Riverfront Books, 2015), 50.
28. Thomas Friedman, "Social Media: Destroyer or Creator?," New York Times, February 3, 2016.
29. Peters, "I Was Afraid of Slate Commenters. So I Became One."
30. https://twitter.com/mattgarrahan/status/664104973735694336.
31. 具体例については以下を参照。Amanda Hess, "Why Women Aren't Welcome on the Internet," Pacific Standard, January 6, 2014; Maeve Duggan, "Online Harrassment," Pew Research Center, October 22, 2014.
32. Annie Lowrey and Abraham Riesman, "Goodbye to All That, Twitter," New York, January 19, 2016.
33. Rachel Barney, "[Aristotle], On Trolling," Journal of the American Philosophical Association, available on CJO 2016 doi:10.1017/apa.2016.9, 3.
34. Sonny Bunch, "How to Use Twitter without Going Insane," Washington Post, January 20, 2016.
35. インターネット上で繰り広げられたもっとも完璧な反論は、作家のJ・K・ローリングの反論である。具体例は以下を参照。Amanda Taub, "JK Rowling Had the Best Possible Reaction to Rupert Murdoch's Anti-Muslim Tweet," Vox, January 11, 2015.
36. Eli Lake, "How Ted Cruz Trolls Obama's Foreign Policy," Daily Beast, July 29, 2014.
37. Andrew Marantz, "Trolls for Trump," New Yorker, October 31, 2016.
38. John Stuart Mill, On Liberty, 40-41.
39. Robert Tracinski, "#FreeStacy: The Old Regime and the Twitter Revolution," The Federalist, February 22, 2016.
40. Michael LaCour and Don Green, "When Contact Changes Minds: An Experiment on Transmission of Support for Gay Equality," Science 346 (December 12, 2014): 1366-1369.
41. Monte Morin, "Doorstep Visits Change Attitudes on Gay Marriage," Los Angeles Times, December 12, 2014.
42. Sasha Issenberg, "How Do You Change Someone's Mind about Abortion? Tell Them You Had One," BloombergPolitics, October 6, 2014; Benedict Carey, "Gay

dal.html.

5. 具体例は以下のサイトを参照。http://www.econjobrumors.com/、http://www.socjobrumors.com/. On the utility of these sites, see Rebecca Schuman, " 'Demoralizing but Informative,' " Slate, December 22, 2016.
6. Scott Jaschik, "Job Market Realities," Inside Higher Ed, September 8, 2009.
7. Megan MacKenzie, "Why I Don't Participate at Political Science Rumors," Duck of Minerva (blog), April 12, 2014, accessed at http://duckofminerva.com/2014/04/why-i-dont-participate-in-political-science-rumors.html.
8. Letter from APSA president Robert Axelrod to department chairs, posted at IR Rumor Mill, "Robert Axelrod on Academic Rumor Mills and Gossip Blogs," April 3, 2007, accessed at http://irrumormill.blogspot. com/2007/04/robert-axelrod-on-academic-rumor-mills.html.
9. 以下のサイトから引用。https://twitter.com/jessesingal/status/604739770200276992 and Jesse Singal, "The Case of the Amazing Gay-Marriage Data: How a Graduate Student Reluctantly Uncovered a Huge Scientific Fraud," New York, May 29, 2015.
10. このトピックに関するスレッドについては以下のサイトを参照。http://www.poliscirumors.com/topic/this-site-has-to-go.
11. Steve Saideman, "Why I Participate at Political Science Rumors," Duck of Minerva (blog), April 20, 2014, accessed at http://duckofminerva. dreamhosters. com/2014/04/why-i-participate-at-political-science-rumors. html.
12. Daniel Nexon, " 'Overheard' on Political Science Job Rumors," Duck of Minerva (blog), March 13, 2013, accessed at http://duckofminerva.com/2009/03/overheard-on-political-science-job.html.
13. Michael Munger, "L'Affaire LaCour," Chronicle of Higher Education, June 15, 2015.
14. Joshua Cohen, "On Bullshit, and Especially Execrable Bullshit," September 1, 2015, accessed at http://leiterreports.typepad.com/files/cohenonbullshit.pdf.
15. John Scalzi, "Straight White Male: The Lowest Difficulty Setting There Is," Whatever, May 15, 3012, accessed at http://whatever.scalzi.com/2012/05/15/straight-white-male-the-lowest-difficulty-setting-there-is/.
16. Megan MacKenzie, "You Make My Work (Im)Possible: Reflections on Professional Conduct in the Discipline of International Relations," Duck of Minerva (blog), April 9, 2014, accessed at http://duckofminerva.dreamhosters.com/2014/04/you-make-my-work-impossible-reflections-on-professional-conduct-in-the-discipline-of-international-relations.html; MacKenzie, "Why I Don't Participate at Political Science Rumors."
17. Ian Parker, "The Bright Side," New Yorker, November 10, 2008.
18. Norman Shapiro and Robert Anderson, "Toward an Ethics and Etiquette for Electronic Mail," RAND report R-3283-NSF/RC, July 1985, accessed at http://www.rand.org/pubs/reports/R3283/index1.html.
19. Mike Godwin, "I Created Godwin's Law in 1990, but It Wasn't a Prediction— It Was a Warning," International Business Times, May 27, 2016.
20. 2015年12月9日にニューヨークで行われたインタビュー。

71. King and Baatartogtokh, "How Useful Is the Theory of Disruptive Innovation?," 88.
72. Jena McGregor, "What this Harvard innovation guru thinks can protect companies from disruption," Washington Post, October 5, 2016.
73. Andrew Hill, "Clayton Christensen moves on from the dissing of disruption," Financial Times, October 3, 2016.
74. See the citations in footnote 39.
75. Evgeny Morozov, To Save Everything, Click Here: The Folly of Technological Solutionism (New York: PublicAffairs, 2013), 44. See also Morozov, "Beware: Silicon Valley's Cultists Want to Turn You into a Disruptive Deviant," Guardian, January 3, 2016.
76. Morozov, To Save Everything, Click Here, 35.
77. Evgeny Morozov, "The Naked and the TED," New Republic, August 2, 2012.
78. Quoted in Daniel W. Drezner, "How Trolling Could Become the New International Language of Diplomacy," Washington Post, May 15, 2015.
79. Jared Cohen, "Digital Counterinsurgency," Foreign Affairs 94 (November/December 2015): 53-58.
80. 同上、55.
81. Elizabeth Radziszewski, "Foreign Policy Has Lost Its Creativity. Design Thinking Is the Answer," Wilson Quarterly (Winter 2015), accessed at http://wilsonquarterly.com/stories/foreign-policy-has-lost-its-creativity-design-thinking-is-the-answer/.
82. Gans, "Keep Calm and Manage Disruption," 84.
83. Goldstein, "The Undoing of Disruption."
84. 同上。
85. 経営学者たちが破壊的イノベーション理論を批判できなかったのは、クリステンセンが過去10年間、病気ばかりしていたためであると言った経営学者がいた。
86. Timothy Aeppel, "Silicon Valley Doesn't Believe U.S. Productivity Is Slowing Down," Wall Street Journal, July 16, 2015.notes 309 309

第9章

1. John Sides, "The Political Scientist as a Blogger," PS: Political Science and Politics 44 (April 2011): 267-271.
2. J. Bradford DeLong, "The Invisible College," Chronicle of Higher Education, July 28, 2006. See also Henry Farrell, "The Blogosphere as a Carnival of Ideas," Chronicle of Higher Education, October 7, 2005.
3. グーグルの記述子は以下のサイトで参照できる。https://www.google.com/search?q=political +science+rumours&rlz=1C1CHFX_enUS529US529&oq=political+science +rumours&aqs=chrome.69i57j69i59j0l3j69i64.6965j0j4&sourceid=chrom e&es_sm=0&ie=UTF-8.
4. Chris Barker, "Surfing the Cesspool: Political Science Rumors and the LaCour Scandal," Duck of Minerva (blog), June 16, 2015, accessed at http://duckofminerva.com/2015/06/surfing-the-cesspool-political-science-rumors-and-the-lacour-scan-

53. Paul Krugman, "Creative Destruction Yada Yada," New York Times, June 16, 2014; Kevin Roose, "Let's All Stop Saying 'Disrupt' Right This Instant," New York, June 16, 2014; Timothy B. Lee, "Disruption Is a Dumb Buzzword. It's Also an Important Concept," Vox, June 17, 2014.
54. Gobble, "The Case against Disruptive Innovation," 61.
55. https://twitter.com/pmarca/status/479297963831738368.
56. Blodget, "Harvard Management Legend Clay Christensen Defends His 'Disruption' Theory" ; Drake Bennett, "Clayton Christensen Responds to New Yorker Takedown of 'Disruptive Innovation,' " BloombergBusiness, June 20, 2014; Andrew Hill, "Attack on Clayton Christensen's Theory Falls Wide of the Mark," Financial Times, June 23, 2014; Clive Crook, "An Incompetent Attack on the Innovator's Dilemma," Bloomberg, June 30, 2015; Irving Wladawsky-Berger, "A Growing Backlash against the Relentless Advances in Technology?," Wall Street Journal, July 3, 2014. 公正を期すために言うと、クリステンセンの思想がすべて誤っているとするルポールの主張は的外れなものである。社会科学が通常、帰納法的な理論の構築に難色を示すことは事実であるが、帰納法的な事例研究から生まれた優れた理論的研究も複数あることは明白だ。この方法論的課題については以下を参照されたい。Alexander George and Andrew Bennett, Case Studies and Theory Development in the Social Sciences (Cambridge: MIT Press, 2005).
57. Raynor, "Of Waves and Ripples."
58. Lee, "Disruption Is a Dumb Buzzword."
59. Hill, "Attack on Clayton Christensen's theory falls wide of the mark."
60. Blodget, "Harvard Management Legend Clay Christensen Defends his 'Disruption' Theory."
61. Michael R. Weeks, "Is Disruption Theory Wearing New Clothes or Just Naked? Analyzing Recent Critiques of Disruptive Innovation Theory," Innovation: Management, Policy and Practice 17 (Winter 2015) 417–428.
62. Andrew King and Baljir Baatartogtokh, "How Useful Is the Theory of Disruptive Innovation?," MIT Sloan Management Review 57 (Fall 2015): 77-90.
63. 同上、82.
64. Goldstein, "The Undoing of Disruption" ; Bhaskar Chakravorti, "The Problem with the Endless Discussion of Disruptive Innovation," Washington Post, November 24, 2015.
65. Economist, "Disrupting Mr. Disrupter."
66. Quoted in Goldstein, "The Undoing of Disruption."
67. Greg Ip, "Beyond the Internet, Innovation Struggles," Wall Street Journal, August 12, 2015; James Heskett, "What Happened to the 'Innovation, Disruption, Technology' Dividend?," August 5, 2015, accessed at http://hbswk.hbs.edu/item/what-happened-to-the-innovation-disruption-technology-dividend.
68. Goldstein, "The Undoing of Disruption."
69. Clayton Christensen, Michael Raynor, and Rory McDonald, "What Is Disruptive Innovation?," Harvard Business Review (December 2015), 44-53.
70. Frank Rose, "Disruption … Disrupted," Milken Institute Review 18 (Third Quarter 2016): 34.

(Spring 2016): 167–184.
40. David Rothkopf, "Objects on Your TV Screen Are Much Smaller Than They Appear," Foreign Policy, March 20, 2015.
41. Anne-Marie Slaughter, "America's Edge," Foreign Affairs 88 (January/February 2009): 94-95.
42. Alex Thier, "Disruptive Innovations Bringing Nepal Closer to Ending Extreme Poverty," USAID Impact (blog), January 5, 2015, accessed at https://blog.usaid.gov/2015/01/disruptive-innovations-bringing-nepal-closer-to-ending-extreme-poverty/
43. Hillary Clinton, Hard Choices (New York: Simon and Schuster, 2014).
44. US Department of State, "21st Century Statecraft," accessed at http://www.state.gov/statecraft/overview/index.htm. See also Clinton, Hard Choices, chapter 24; Alec Ross, "Digital Diplomacy and US Foreign Policy," The Hague Journal of Diplomacy 6.3-4 (2011): 451-455.
45. Marvin Ammori, "Obama's Unsung Tech Hero: Hillary Clinton," Huffington Post, May 25, 2011.
46. First Clinton quote from Natalie Kitroeff, "Is the Theory of Disruption Dead Wrong?," BloombergBusiness, October 5, 2015; second Clinton quote from David Sanger, "Hillary Clinton Urges Silicon Valley to 'Disrupt' ISIS," New York Times, December 6, 2015.
47. Felipe Cuello, "A Defense of Donald Trump's Foreign Policy Chops," Foreign Policy, February 26, 2016.
48. 例については以下を参照。Andrew King, and Christopher Tucci, "Incumbent Entry into New Market Niches: The Role of Experience and Managerial Choice in the Creation of Dynamic Capabilities," Management Science 48 (February 2002): 171-186; Erwin Danneels, "Disruptive Technology Reconsidered: A Critique and Research Agenda," Journal of Product Innovation Management 21 (July 2004): 246-258; Vijay Govindarajan and Praveen Kopalle, "The Usefulness of Measuring Disruptiveness of Innovations Ex Post in Making Ex Ante Predictions," Journal of Product Innovation Management 23 (January 2006): 12-18; Constantinos Markides, "Disruptive Innovation: In Need of Better Theory" Journal of Product Innovation Management 23 (January 2006): 19-25.
49. Maxwell Wessel, "Stop Reinventing Disruption," Harvard Business Review, March 7, 2013; Judith Shulevitz, "Don't You Dare Say 'Disruptive," New Republic, August 16, 2013.
50. Lepore, "The Disruption Machine."
51. 同上。
52. Richard Feloni, "The New Yorker's Takedown of Disruptive Innovation Is Causing a Huge Stir," Business Insider, June 19, 2014; Steven Syre, "Harvard Professors Clash over Rebuke of Business Theory," Boston Globe, July 8, 2014; Drake Bennett, "Clayton Christensen Responds to New Yorker Takedown of 'Disruptive Innovation,' " BloombergBusiness, June 20, 2014; MaryAnne M. Gobble, "The Case against Disruptive Innovation," Research Technology Management 58 (January/February 2015): 59-61.

Jossey-Bass, 2011).
22. Clayton Christensen, "A Capitalist's Dilemma, Whoever Wins on Tuesday," New York Times, November 3, 2012; Christensen and Derek Van Bever, "The Capitalist's Dilemma," Harvard Business Review 92 (June 2014): 60-68.
23. 以下のサイトを参照。http://www.claytonchristensen.com/ideas-in-action/christensen-institute/.
24. 以下のサイトを参照。http://disruptorfoundation.org/.
25. Goldstein, "The Undoing of Disruption."
26. Blodget, "Harvard Management Legend Clay Christensen Defends His 'Disruption' Theory."
27. McKinsey Global Institute, "Big Data: The Next Frontier for Innovation, Competition, and Productivity," または "Disruptive Technologies: Advances That Will Transform Life, Business, and the Global Economy." を参照。
28. Accenture, "Be the Disruptor, Not the Disrupted," 以下のサイトを参照。https://www.accenture.com/ae-en/insight-compliance-risk-study-2015-financial-services.aspx.
29. Richard Dobbs, James Manyika, and Jonathan Woetzel, No Ordinary Disruption: The Four Global Forces Breaking All The Trends (New York: PublicAffairs, 2015), 3 and 8.
30. ニューヨーク・タイムズに掲載された「イノベーション・レポート」は以下のサイトで閲覧できる。https://www.scribd.com/doc/224332847/NYT-Innovation-Report-2014. See also Rhys Grossman, "The Industries That Are Being Disrupted the Most by Digital," Harvard Business Review, March 21, 2016.
31. Jill Lepore, "The Disruption Machine: What the Gospel of Innovation Gets Wrong," New Yorker, June 23, 2014.
32. Dobbs, Manyika, and Woetzel, No Ordinary Disruption, 199.
33. 表紙は以下のサイトで閲覧できる。https://www.foreignaffairs.com/issues/2016/95/1#browse-past-issues.
34. Eric Schmidt and Jared Cohen, "The Digital Disruption," Foreign Affairs 89 (November/December 2010): 75 and 85.
35. 例については以下を参照。Mohamed El-Erian, "Governments' Self-Disruption Challenge," Project Syndicate, October 13, 2015.
36. Parag Khanna, Hybrid Reality (TED Conferences, 2012).
37. Parag Khanna, Connectography (New York: Random House, 2016), 6.
38. Thomas Friedman, "The Do-It-Yourself Economy," New York Times, December 12, 2009; Friedman, "It's P.Q. and C.Q. as Much as I.Q.," New York Times, January 29, 2013; Friedman, "The Professors' Big Stage," New York Times, March 5, 2013; Friedman, "Hillary, Jeb, Facebook and Disorder," New York Times, May 20, 2015.
39. Peter J. Dombrowski and Eugene Gholz, Buying Military Transformation: Technological Innovation and the Defense Industry (New York: Columbia University Press, 2006); Gautam Makunda, "We Cannot Go On: Disruptive Innovation and the First World War Royal Navy," Security Studies 19 (February 2010): 124-159; Jonathan Caverley and Ethan Kapstein, "Who's Arming Asia?" Survival 52

dard of Living since the Civil War (Princeton, NJ: Princeton University Press, 2016).

3. Joseph L. Mower and Clayton Christensen, "Disruptive Technologies: Catching the Wave," Harvard Business Review 73 (January/February 1995): 43-53.
4. Clayton Christensen, Dina Wang, and Derek van Bever, "Consulting on the Cusp of Disruption," Harvard Business Review 91 (October 2013): 109.
5. Clayton Christensen, The Innovator's Dilemma (Cambridge, MA: Harvard Business School Press, 1997), xii.
6. Joshua Gans, "Keep Calm and Manage Disruption," MIT Sloan Management Review 57 (Spring 2016): 83.
7. "Disrupting Mr. Disrupter," Economist, November 28, 2015.
8. クリステンセンの信仰に関する詳細は以下のサイトを参照されたい。http://www.claytonchristensen.com/beliefs/ クリステンセンの政治的世界観については以下を参照。Nicholas Fandos, "Conversations: Clayton Christensen," Harvard Crimson, November 1, 2012.
9. Clayton Christensen and Michael Raynor, The Innovator's Solution (Cambridge, MA: Harvard Business School Press, 2003).
10. Michael E. Raynor, "Of Waves and Ripples: Disruption Theory's Newest Critics Tries to Make a Splash," Deloitte University Press, July 8, 2014, accessed at http://dupress.com/articles/disruptive-innovation-theory-lepore-response/.
11. Richard N. Foster, Innovation: The Attacker's Advantage (New York: Summit Books, 1986).
12. William W. Lewis, The Power of Productivity (Chicago: University of Chicago Press, 2004)に例が挙げられている。
13. Evan Goldstein, "The Undoing of Disruption," Chronicle of Higher Education, September 15, 2015.
14. Clayton Christensen, James Allworth, and Karen Dillon, How Will You Measure Your Life? (New York: Harper Business, 2012)に例が挙げられている。
15. Craig Lambert, "Disruptive Genius," Harvard Magazine, July-August 2014.
16. 以下のサイトを参照。http://www.claytonchristensen.com/ideas-in-action/rose-park-advisors/.
17. Lexis/Nexis news search. 以下も参照されたい。Economist, "Disrupting Mr. Disrupter."
18. Goldstein, "The Undoing of Disruption"; Jena McGregor, "The World's Most Influential Management Thinker?," Washington Post, November 12, 2013.
19. Henry Blodget, "Harvard Management Legend Clay Christensen Defends His 'Disruption' Theory, explains the Only Way Apple Can Win," Business Insider, November 2, 2014.notes 305 305
20. Michael Raynor, "Disruption Theory as a Predictor of Innovation Success/Failure," Strategy and Leadership 39 (July 2011): 27-30.
21. Clayton Christensen, Jerome Grosman, and Jason Hwang, The Innovator's Prescription (New York: McGraw-Hill, 2008). Clayton Christensen, Curtis Johnson, and Michael Horn, Disrupting Class (New York: McGraw-Hill, 2008). Clayton Christensen and Henry Eyring, The Innovative University (San Francisco:

82. Jonathan Chait, "Niall Ferguson Fights Back against Smear Campaign by Fact-checkers, Facts," New York, June 11, 2015. See also Fox, "Niall Ferguson and the Rage against the Thought Leader Machine."
83. Mark Hemingway, "Lies, Damned Lies, and 'Fact Checking,' " Weekly Standard, December 19, 2011; Matt Welch, "The 'Truth' Hurts," Reason, January 7, 2013; Sean Davis, "PunditFact: A Case Study in Face-Free Hackery," The Federalist, April 29, 2015.
84. たとえば以下のサイトを参照されたい。http://www.newsweek.com/responses-niall-fergusons-newsweek-cover-story-obama-64559, including from the donor of Ferguson's endowed chair at Harvard; Glenn Beck's defense of Ferguson can be heard at http://www.glennbeck.com/2012/08/20/newsweek-hit-the-road-barack/; Jonah Goldberg, "Niall Ferguson's Real Mistake," National Review online, http://www.nationalreview.com/article/347651/niall-fergusons-real-mistake-jonah-goldberg, May 8, 2013.
85. Meg P. Bernhard and Mariel A. Klein, "Historian Niall Ferguson Will Leave Harvard for Stanford," Harvard Crimson, October 8, 2015.
86. 2015年に掲載したファーガソンのコラムに関して『フィナンシャル・タイムズ』紙が事実関係の訂正を余儀なくされたとき、ファーガソンは「間違いを犯すことは誰にもあることだ。特に私のような多忙な人間はなおさらだ。学生の指導と本の執筆で私は多忙を極めている」と述べている。
87. 2016年4月22日に行われたファーガソンへのインタビューより。
88. ザカリアが今でも出席しているのは、毎年ダボスで開催されている世界経済フォーラム。
89. 2015年12月8日に行われたザカリアへのインタビューより。
90. ザカリアがEメールでマイケル・キンズリーに伝えたことによると、彼は盗用疑惑について話をすることをCNNの上司から厳しく禁じられた。私が行ったインタビューの中でもザカリアは同じことを語っていた。
91. David Carr, "Journalists Dancing on the Edge of Truth," New York Times, August 19, 2012.
92. See Jeffrey Goldberg, "Fareedenfreude (or, Alternatively, Schadenfareed)," The Atlantic, August 14, 2012.
93. 2015年12月8日に行われたザカリアへのインタビューより。
94. Brooks, Bobos in Paradise, chapter 4.
95. Carr, "Journalists Dancing on the Edge of Truth."
96. Fox, "Niall Ferguson and the Rage against the Thought Leader Machine."

第8章

1. Joseph Schumpeter, Capitalism, Socialism, and Democracy (New York: Harper and Row, 1950).
2. Robert Solow, "Technical Change and the Aggregate Production Function," Review of Economics and Statistics 39 (August 1957): 312-320; Paul Romer, "Endogenous Technological Change," Journal of Political Economy 98 (October 1990): S71-S102. Robert Gordon, The Rise and Fall of American Growth: The U.S. Stan-

Harvard Business Review, August 23, 2012.302 notes 302
64. The full text of the letter can be accessed at http://www.hoover.org/research/open-letter-ben-bernanke.
65. Niall Ferguson, "Complexity and Collapse," Foreign Affairs 89 (March/April 2010): 18-32.
66. Joe Weisenthal, "Niall Ferguson Has Been Wrong on Economics," Business Insider, August 19, 2012.
67. Niall Ferguson, "Hit the Road, Barack," Newsweek, August 19, 2012.
68. Paul Krugman, "Unethical Commentary, Newsweek Edition," New York Times, August 19, 2012; Matthew O'Brien, "A Full Fact-Check of Niall Ferguson's Very Bad Argument against Obama," The Atlantic, August 20, 2012; Dylan Byers, "Niall Ferguson's Ridiculous Defense," Politico, August 20, 2012; Joe Weisenthal, "Niall Ferguson Publishes Embarrassing Defense of Newsweek Article," Business Insider, August 20, 2012.
69. ファーガソンの反論については以下を参照されたい。"Correct This, Bloggers," Daily Beast, August 21, 2012. ファーガソンの反論に対する批判については以下を参照されたい。Dylan Byers, "Niall Ferguson ducks, nitpicks, vilifies," Politico, August 21, 2012; and David Weigel, "Leave Niall Ferguson Alone!," Slate, August 21, 2012.
70. John Cassidy, "Ferguson vs. Krugman: Where are the Real Conservative Intellectuals?," New Yorker, August 20, 2012; Ryan Chittum, "Newsweek's Niall Ferguson Debacle," Columbia Journalism Review, August 21, 2012.
71. Henry Blodget, "Harvard's Niall Ferguson Blamed Keynes' Economic Philosophy on His Being Childless and Gay," Business Insider, May 4, 2013.
72. "Correction: UK Confidence," Financial Times, June 2, 2015; see also Greg Callus' s adjudication of Ferguson's column for the Financial Times at http://aboutus.ft.com/files/2010/09/Ferguson-Adjudication-with-PS.pdf.
73. Ferguson, "Correct this, Bloggers."
74. Niall Ferguson, "Quantitative Teasing," http://www.niallferguson.com/blog/quantitative-teasing, December 5, 2013; Caleb Melby, Laura Marcinek, and Danielle Burger, "Fed Critics Say '10 Letter Warning Inflation Still Right," BloombergBusiness, October 2, 2014.
75. Niall Ferguson, "An Unqualified Apology," http://www.niallferguson.com/blog/an-unqualified-apology, May 4, 2013.
76. Niall Ferguson, "An Open Letter to the Harvard Community," Harvard Crimson, May 7, 2013.
77. Daniel W. Drezner, "Oh, Niall," Foreign Policy, May 9, 2013.
78. Ferguson, "Jonathan Portes, Master of the Political Correction."
79. Interview with Ferguson, April 22, 2016.
80. Niall Ferguson, "Civilizing the Marketplace of Ideas," Project Syndicate, October 14, 2013.
81. Tassel, "The Global Empire of Niall Ferguson." See also Michael Lind, "Niall Ferguson and the Brain-Dead American Right," Salon, May 24, 2011, accessed at http://www.salon.com/2011/05/24/lind_niall_fergsuon/.notes 303 303

44. Stephen Marche, "The Real Problem with Niall Ferguson's Letter to the 1%," Esquire, August 21, 2012.notes 301 301
45. ベニオフの引用元は以下のとおり。Felix Salmon, "What on Earth was Thomas Friedman Talking About?" Fusion, January 23, 2015。ドーアの言葉の引用元は以下のとおり。Parker, "The Bright Side."
46. 2016年4月22日にマサチューセッツ州ケンブリッジで行われたニーアル・ファーガソンへのインタビューより。以下も参照されたい。Mark Engler, "The Ascent of Niall Ferguson," Dissent (Spring 2009): 118-124.
47. フリードマン・フォーラムは2013年と2014年に開催されて以降、一度も行われていない。
48. Parker, "The Bright Side."
49. Janet Tassel, "The Global Empire of Niall Ferguson," Harvard Magazine, May-June 2007。以下のサイトより引用。http://harvardmagazine.com/2007/05/the-global-empire-of-nia.html.
50. Richard Eden, "Historian Niall Ferguson: Why I Am Quitting Britain for 'Intellectual' America," Daily Telegraph, February 5, 2012.
51. Varadarajan, "Fareed Zakaria's Plagiarism and the Lynch Mob."
52. Benjamin Wallace-Wells, "Right Man's Burden," Washington Monthly, June 2004.
53. 2015年12月8日に行われたザカリアへのインタビューより。
54. Alexander Abad-Santos, "We've Heard Fareed Zakaria's Excuse Before," Atlantic Wire, August 20, 2012。以下のサイトを参照されたい。http://www.thewire.com/business/2012/08/weve-heard-fareed-zakarias-excuse/55952/; David Plotz, "The Plagiarist," Slate, January 11, 2002.
55. フリードマンの業績紹介プロフィールや著作の書評などは、どれをとっても彼の最初の著書From Beirut to Jerusalemを激賞している。また、彼を取り上げた複数の論文が、彼がはじめて大手出版社から刊行した書籍を称賛している。
56. Haughney, "A Media Personality, Suffering a Blow to His Image, Ponders a Lesson" ; Zakaria Interview, December 8, 2015.
57. もっとも辛辣な意見については以下を参照されたい。Steven Brill, "Stories I'd Like to See: Fareed Zakaria's 'mistake,' " Reuters, August 21, 2012; and Ta-Nehisi Coates, "How Plagiarism Happens," The Atlantic, August 27, 2012.
58. たとえば、以下のサイトを参照されたい。https://ourbadmedia.wordpress.com/2014/11/10/newsweek-corrected-7-of-fareed-zakarias-plagiarized-articles-the-washington-post-needs-to-do-the-same-for-these-6/.
59. Dylan Byers, "Fareed Zakaria's Anonymous Pursuers: We're Not Done Yet," Politico, November 13, 2014.
60. Dylan Byers, "The Wrongs of Fareed Zakaria," Politico, September 16, 2014; Michael Kinsley, "Parsing the Plagiarism of Fareed Zakaria," Vanity Fair, February 28, 2015.
61. Wallace-Wells, "Right Man's Burden."
62. Niall Ferguson, "Not two countries, but one: Chimerica," Daily Telegraph, March 4, 2007; Ferguson, "The Real Costs of Isolationism," Newsweek, June 26, 2011.
63. Justin Fox, "Niall Ferguson and the Rage against the Thought-Leader Machine,"

Georgetown Set, 204-209. こうしたスキャンダルが当事者たちに損失をもたらしたことは確かだ。不倫騒動後、アームストロングは『フォーリン・アフェアーズ』誌上でリップマンに言及したり引用したりすることを禁じた。
24. 2015年12月8日にニューヨークで行われたザカリアへのインタビュー。
25. Rob Krebs, Narrative and the Making of US National Security (New York: Cambridge University Press, 2015), chapter 6.
26. Graham Allison, "Cool It: The Foreign Policy of Young America," Foreign Policy 1 (Winter 1970/71), 150. 以下も参照されたい。Krebs, Narrative and the Making of US National Security, 192.
27. Andrew Bacevich, "American Public Intellectuals and the Early Cold War, or, Mad about Henry Wallace," in Michael Desch, ed., Public Intellectuals in the Global Arena (South Bend: University of Notre Dame Press, 2017), 83.
28. Alterman, Sound and Fury, 46-47.
29. Sherwin Rosen, "The Economics of Superstars," American Economic Review 71 (December 1981): 845-858.
30. Parag Khanna, The Second World (New York: Random House, 2008).
31. Parag Khanna, "Waving Goodbye to Hegemony," New York Times Magazine, January 27, 2008.
32. http://paragkhanna.com/about-parag-khanna/, accessed December 14, 2015.
33. Quoted in Ian Parker, "The Bright Side," The New Yorker, November 10, 2008.
34. Thomas Friedman, The World Is Flat: A Brief History of the Twenty-First Century (New York: Farrar Strauss Giroux, 2005), 279-280.
35. フリードマンは、他国を侵略することを意味する "Pottery Barn rule" という表現は 当時国務長官を務めていたコリン・パウエルの造語ではなく、フリードマンの造語であることをボブ・ウッドワードが知っていたはずだと念押しした。
36. 詳細に関しては、次のサイトを参照されたい。www.niallferguson.com/about. ファーガソンの著作The Ascent of Money (New York: Penguin, 2008)の中でも、このことが明記されている。
37. 2012年6月26日に行われた『ガーディアン』紙のインタビューより。以下のサイトを参照。http://www.theguardian.com/books/2012/jun/26/niall-ferguson-civilization-paperback-q-a
38. Eric Alterman, "Niall Ferguson's Gay Theory for the World's Economic Problems Is Nothing If Not Novel ," Huffington Post, July 9, 2013.
39. Tunku Varadarajan, "Fareed Zakaria's Plagiarism and the Lynch Mob," Newsweek, August 20, 2012.
40. Christine Haughney, "A Media Personality, Suffering a Blow to His Image, Ponders a Lesson," New York Times, August 19, 2012.
41. Katie Peek, "Keynote Cosmos," Foreign Policy, September/October 2016.
42. Justin Fox, "Rockin' in the Flat World," Fortune, September 19, 2005. 専門家による講演に支払われる講演料の高騰に関しては、以下も参照されたい。Ben Smith, "Paid to Speak," Politico, October 11, 2010; Jason Horowitz, "At the Washington Speakers Bureau, Talk Isn't Cheap," Washington Post, October 10, 2011.
43. 2016年4月22日にマサチューセッツ州ケンブリッジで行われたニーアル・ファーガソンへのインタビューより。

8. Steel, Walter Lippmann and the American Century; Stephen Blum, Walter Lippmann: Cosmopolitanism in the Century of Total War (Ithaca, NY: Cornell University Press, 1984).
9. Steel, Walter Lippmann and the American Century, 445.
10. 同上、444-446。
11. Walter Lippmann, Public Opinion (New York: Harcourt, Brace, 1922)、31。
12. Walter Lippmann, The Public Philosophy (Boston: Little, Brown, 1955), 20。
13. 同上。以下も参照されたい。Gabriel Almond, The American People and Foreign Policy (New York: Praeger, 1950). "Public Opinion and National Security," Public Opinion Quarterly 20 (Summer 1956): 371-378. V. O. Key, Public Opinion and American Democracy (New York: Knopf, 1961). James Rosenau, Public Opinion and Foreign Policy (New York: Random House, 1961). Philip Converse, The Nature of Belief Systems in Mass Publics," in Ideology and Discontent, ed. David Apter (New York: Free Press, 1964). Christopjer Achen and Larry Bartels, Democracy for Realists (Princeton, NJ: Princeton University Press, 2016).
14. Fareed Zakaria, "The Politics of Rage: Why Do They Hate Us?," Newsweek, October 14, 2001.
15. 「リベラル」に関しては、以下を参照されたい。"The 25 Most Influential Liberals in the U.S. Media," Forbes, January 22, 2009。「保守」に関しては、以下を参照されたい。「新保守」に関しては、以下を参照されたい。Marion Maneker, "Man of the World," New York, April 14, 2003. For "neoconservative," see Joy Press, "The Interpreter," The Village Voice, August 9, 2005.
16. Fareed Zakaria "Changing the Middle East," Slate, January 20, 2004 および Maneker "Man of the World." を参照されたい。
17. Zakaria, "The Arrogant Empire," Newsweek, March 23, 2003; Zakaria, ""Rethinking Iraq: The Way Forward," Newsweek, November 5, 2006; Zakaria, "Who Lost Iraq? The Iraqis Did, with an Assist from George W. Bush," Washington Post, June 12, 2014.
18. Maneker, "Man of the World."
19. 引用元は以下のとおり。http://www.esquire.com/news-politics/a127/twenty-one-more-1199/. Kissinger quoted in Maneker, "Man of the World." The last quote is from David M. Shribman, "Globalization, Its Discontents, and Its Upside," Boston Globe, June 1, 2008.
20. Herken, The Georgetown Set. 以下も参照されたい。Robert Merry, Taking on the World: Joseph and Stewart Alsop, Guardians of the American Century (New York: Viking, 1996); Maureen Orth, "When Washington Was Fun," Vanity Fair, December 2007.
21. Wilson D. Miscamble, George F. Kennan and the Making of American Foreign Policy, 1947-1950 (Princeton, NJ: Princeton University Press, 1992)、36。Walter Hixson, George. F.Kennan :Cold War Iconoclast (New York: Columbia University Press, 1989.)、134。Herken, The Georgetown Set, 51.
22. John Lewis Gaddis, George F. Kennan: An American Life (New York: Penguin, 2011)、270-275。
23. Steel, Walter Lippmann and the American Century, 346-363; Herken, The

とも知事1名がMcKinseyのOB・OGだった。これと同様、他のコンサルティングも多くの元社員を政府に送り込んでいる。

108. Gautam Mukunda, "The Price of Wall Street's Power," Harvard Business Review 92 (June 2014): 70-78.
109. 2016年10月7日にマサチューセッツ州メドフォードのフレッチャースクールでおこなわれたIdeas Industryカンファレンスにおける Krithika Subramanianのプレゼンテーションより。
110. たとえば、以下の本の冒頭部分でMcKinseyのコンサルタント三人が次のような説明をしている。「われわれの思考は、McKinseyが世界中の企業や組織とともにおこなってきた仕事に基づいている。具体的にいえば、世界が直面している課題あるいはチャンスに関して企業、政府、NGOのリーダーたちと交わした会話や、*MGIが過去四半世紀に実施した高品質かつ社オリジナルの量的調査データ*、そして、広範かつ多様な自分自身の経験に基づいているということだ」(強調は著者による)。Richard Dobbs, James Manyika, and Jonathan Woetzel, No Ordinary Disruption (New York: PublicAffairs, 2015), 11. あわせて、Momani, "Professional Management Consultants in Transnational Governance." も参照。
111. Owen Davis, "JPMorgan Chase & Co Launches Think Tank: The JPMorgan Chase Institute," International Business Times, May 21, 2015.
112. Keren Yarhi-Milo, Knowing the Adversary: Leaders, Intelligence, and Assessment of Intentions in International Relations (Princeton, NJ: Princeton University Press, 2014).
113. 具体例については以下を参照。Dobbs, Manyika, and Woetzel, No Ordinary Disruption.
114. Ryanne Pilgeram and Russell Meeuf. "For-Profit Public Intellectuals." Contexts 13 (Fall 2014), 84.

第7章

1. リップマンのもっとも信頼できる伝記は、Ronald Steel Walter Lippmann and the American Century (Boston: Little, Brown, 1980).
2. 同上、406。以下も参照されたい。Patrick Porter, "Beyond the American Century: Walter Lippmann and American Grand Strategy, 1943-1950," Diplomacy and Statecraft 22 (July 2011): 569.
3. 同上、496。
4. Gregg Herken, The Georgetown Set: Friends and Rivals in Cold War Washington (New York: Knopf, 2014), 58.
5. Eric Alterman, Sound and Fury: The Washington Punditocracy and the Collapse of American Politics (New York: HarperCollins, 1992), 43-44.
6. Herken, The Georgetown Set, 64.
7. リップマン以外にケネディー大統領と直に電話で話ができた記者は、Joe Alsop, Phil Graham, and Scotty Reston だけだった。Herken, The Georgetown Set, 256-257. 以下も参照されたい。"The Columnists JFK Reads Every Morning," Newsweek, December 18, 1961, 65-70.

88. Eurasia Groupの「Speaking Engagement」専用ウェブページには次のURLからアクセスできる。http://www.eurasiagroup.net/client-services/speaking-engagements, accessed October 18, 2015.
89. Philip Tetlock, "Reading Tarot on K Street," The National Interest 103 (September/October 2009): 57.
90. Jared Cohen, "Tech for Change," Think with Google (blog), https://www.thinkwithgoogle.com/articles/tech-for-change.html, October 2012.
91. Shawn Donnan, "Think Again," Financial Times, July 8, 2011.
92. 同上。
93. Mark Landler and Brian Stetler, "Washington Taps into a Potent New Force in Diplomacy," New York Times, June 17, 2009.
94. Eric Schmidt and Jared Cohen, The New Digital Age: Reshaping the Future of People, Nations and Business (New York: Knopf, 2013), 176.
95. 最近の活動についてはJared Cohen, "Digital Counterinsurgency," Foreign Affairs 94 (November/December 2015): 53-58を参照。
96. Rachel Briggs and Sebastien Feve, "Review of Programs to Counter Narratives of Violent Extremism," Institute for Strategic Dialogue, April 2013, accessed at http://www.againstviolentextremism.org/faq
97. 同上。
98. Julian Assange, "Google Is Not What It Seems," Newsweek, October 13, 2014. さらに広い視点から語ったものとしてJulian Assange, When Google Met WikiLeaks (New York: OR Books, 2014)がある。
99. この宣言についてはEric Schmidt, "Google Ideas Becomes Jigsaw," Medium, accessed at https://medium.com/jigsaw/google-ideasbecomes-jigsaw-bcb5bd08c423#.fr3jbfy7q を、それに対する批判についてはJulia Powles, "Google's Jigsaw Project Has New Ideas, but an Old Imperial Mindset," Guardian, February 18, 2016を参照。
100. Project Shieldの詳細についてはhttps://www.google.com/ideas/products/project-shield/, accessed October 18, 2015を参照。
101. Bruce Einhorn, "In India, Google's Eric Schmidt Explains Why He Went to North Korea," BloombergBusiness, March 23, 2013.
102. Shawn Powers and Michael Jablonski, The Real Cyberwar: The Political Economy of Internet Freedom (Urbana: University of Illinois Press, 2015), 97.
103. Nate Silver, The Signal and the Noise (New York: Penguin, 2012), 167.
104. John Gapper, "McKinsey Model Springs a Leak," Financial Times, March 9, 2011; Andrew Hill, "Inside McKinsey," Financial Times, November 25, 2011; Leonhardt, "Consultant Nation."
105. Sirkin, Zinser, and Hohner, "Made in America, Again."
106. Daniel W. Drezner, "Sovereign Wealth Funds and the (In)Security of Global Finance," Journal of International Affairs 62 (Fall/Winter 2008): 115-130.
107. 政府機関とのあいだで人材の行き来が多いのも、これらの企業の大きな強みになっている。とくにGoldman Sachsと財務省のポストを渡り歩くケースはよく知られている。また、政府にいる元経営コンサルタントは驚くべき数に達している。2015年12月には、大統領顧問団のメンバー2名、FRBの理事2名、そして、少なく

Review 94 (September 2016): 36; Drew Erdmann and Ezra Greenberg, "Geostrategic Risks on the Rise," McKinsey survey, May 2016, accessed at http://www.mckinsey.com/business-functions/strategyand-corporate-finance/our-insights/geostrategic-risks-on-the-rise
72. Barney Thompson, "Political Risk Is Now a Growth Industry in Its Own Right," Financial Times, September 28, 2014.
73. Jeffrey Birnbaum, "Taking Costly Counsel from A Statesman," Washington Post, March 29, 2004.
74. Bartholomew Sparrow, The Strategist: Brent Scowcroft and the Call for National Security (New York: PublicAffairs, 2015), 501. あわせて、Jeff Gerth and Sarah Bartlett, "Kissinger and Friends and Revolving Doors," New York Times, April 30, 1989; Eric Lipton, Nicholas Confessore, and Brooke Williams, "Think Tank Scholar or Corporate Consultant? It Depends on the Day," New York Times, August 8, 2016も参照。
75. Llewellyn D. Howell, "Evaluating Political Risk Forecasting Models: What Works?," Thunderbird International Business Review 56 (July/August 2014): 305-316.
76. Jonathan R. Laing, "The Shadow CIA," Barron's, October 15, 2001; あわせて、Sam C. Gwynne, "Spies Like Us," Time, January 25, 1999も参照。
77. Gerth and Bartlett, "Kissinger and Friends and Revolving Doors" ; Alec MacGillis, "Scandal at Clinton, Inc.," New Republic, September 22, 2013; Rachel Bade, "How a Clinton Insider Used His Ties to Build a Consulting Giant," Politico, April 13, 2016; Lipton, Confessore, and Williams, "Think Tank Scholar or Corporate Consultant?" さらに広い視点からこの問題を捉えた本として、Mark Leibovich, This Town (New York: Blue Rider Press, 2013)も参照されたい。
78. Thompson, "Political Risk Is Now a Growth Industry in Its Own Right."
79. WikiLeaks' announcement at http://wikileaks.org/the-gifiles.html, accessed October 18, 2015参照。
80. Pratap Chatterjee, "WikiLeaks' Stratfor Dump Lifts Lid on Intelligence-Industrial Complex," Guardian, February 28, 2012.
81. Max Fisher, "Stratfor Is a Joke and So Is Wikileaks for Taking It Seriously," The Atlantic, February 27, 2012.
82. 具体例については以下を参照。Milena Rodban's analysis of the industry at http://www.milenarodban.com/myths-vs-realities-series, accessed October 18, 2015.
83. Bruce Gale, "Identifying, Assessing and Mitigating Political Risk," INSEAD-Knowledge, http://knowledge.insead.edu/economics-finance/identifying-assessing-and-mitigating-political-risk-2013, February 26, 2008.
84. Howell, "Evaluating Political Risk Forecasting Models," 309.
85. Chipman, "Why Your Company Needs a Foreign Policy."
86. Economist Intelligence Unit, Long-term Macroeconomic Forecasts: Key Trends to 2050 (London: The Economist, June 2015).
87. George Friedman, The Next 100 Years (New York: Doubleday, 2009); Friedman, The Next Decade (New York: Doubleday, 2011).

57. 2016年10月7日にマサチューセッツ州メドフォードのフレッチャースクールでおこなわれたIdeas Industryカンファレンスにおける Michael Chuiのプレゼンテーションより。
58. Rachel Ainsworth, "Annual Publications in Financial Services: How to Avoid Yours Going Bad," Source Point Global (blog), February 5, 2015, accessed at http://www.sourceglobalresearch.com/blog/2015/02/05/annual-publications-in-financial-services-how-to-avoid-yours-going-bad
59. Judith Kelley and Beth Simmons, "Politics by Number: Indicators as Social Pressure in International Relations," American Journal of Political Science 59 (January 2015): 55-70; と、2014年8月27日から9月1日にかけてワシントンDCでおこなわれたAmerican Political Science Associationの年次会議で発表されたKelley and Simmons, "The Power of Performance Indicators: Rankings, Ratings and Reactivity in International Relations," より。
60. Harold Sirkin, Michael Zinser, and Douglas Hohner, "Made in America, Again," Boston Consulting Group, August 2011, accessed at https://www.bcg.com/documents/file84471.pdf; Malcolm Gladwell, "The Talent Myth," New Yorker, July 22, 2002.
61. Ronald S. Burt, Neighbor Networks (New York: Oxford University Press, 2010); Leonard Seabrooke, "Epistemic arbitrage: Transnational Professional Knowledge in Action," Journal of Professions and Organization 1 (January 2014): 49-64参照。
62. 前者についてはKelley and Simmons, "The Power of Performance Indicators" ; を、後者についてはDaniel W. Drezner, "Five Known Unknowns about the Next Generation Global Economy," Brookings Institution, May 2016を参照。
63. Gladwell, "The Talent Myth."
64. O'Mahoney and Sturdy, "Power and the Diffusion of Management Ideas."
65. Richard Dobbs, Sree Ramaswamy, Elizabeth Stephenson, and Patrick Viguerie, "Management Intuition for the Next 50 Years, McKinsey Quarterly (September 2014).
66. Lucy Kellaway, "McKinsey's Airy Platitudes Bode Ill for Its Next Half Century," Financial Times, September 14, 2014.
67. Lapsley and Oldfield, "Transforming the public sector: management consultants as agents of change," 541.
68. Rudolph J. Rummel and David A. Heenan, "How Multinationals Analyze Political Risk," Harvard Business Review 56 (January/February 1978): 67-76; Mark Fitzpatrick, "The Definition and Assessment of Political Risk in International Business: A Review of the Literature," Academy of Management Review 8 (April 1983): 249-254.
69. Brian Bremmer and Simon Kennedy, "Geopolitical Risk Rises for Global Investors," Bloomberg, July 29, 2014.
70. Malini Natarajarathinam, Ismail Capar, and Arunachalam Narayanan, "Managing Supply Chains in Times of Crisis: A Review of Literature and Insights," International Journal of Physical Distribution and Logistics Management 39 (July 2009): 535-573.
71. John Chipman, "Why Your Company Needs a Foreign Policy," Harvard Business

in Transnational Governance," working paper, University of Waterloo; Irvine Lapsley and Rosie Oldfield, "Transforming the Public Sector: Management Consultants as Agents of Change," European Accounting Review 10 (October 2001): 523-543.

41. Alison Stanger, One Nation under Contract: The Outsourcing of American Power and the Future of Foreign Policy (New Haven, CT: Yale University Press, 2009).
42. O'Mahoney and Sturdy, "Power and the Diffusion of Management Ideas."
43. Anjli Raval and Neil Hume, "Saudi Aramco Listing Presents Challenges for Investors," Financial Times, January 10, 2016; Nick Butler, "Saudi Arabia— the Dangers of a Fanciful Vision," Financial Times, May 9, 2016; Adel Abdel Ghafar, "Saudi Arabia's McKinsey Reshuffle," Brookings Institution, May 11, 2016.
44. Sebastian Bock, "Politicized expertise— an Analysis of the Political Dimensions of Consultants' Policy Recommendations to Developing Countries with a Case Study of McKinsey's Advice on REDD+ Policies," Innovation: The European Journal of Social Science Research 27 (December 2014): 387.
45. 具体例については以下を参照。Diana Farrell and Andrew Goodman, "Government by design: Four principles for a better public sector," McKinsey, December 2013, accessed at http://economicgrowthdc.org/work/assets/McKinsey-Building-Better-Government.pdf
46. Gross and Poor, "The Global Management Consulting Sector," 65. あわせて、O'Mahoney and Sturdy, "Power and the Diffusion of Management Ideas." も参照。
47. "To the brainy, the spoils."
48. Fiona Czerniawska and Edward Haigh, "Understanding the Impact of Thought Leadership," Source Point Global (blog), September 21, 2014, accessed at http://www.sourceglobalresearch.com/blog/2014/09/21/understanding-the-impact-of-thought-leadership; "Big Impact Thought Leadership," Source Point Global, July 2015.
49. David Leonhardt, "Consultant Nation," New York Times, December 10, 2011.
50. McDonald, The Firm, 7 and 289.
51. MGI's "About Us" page at http://www.mckinsey.com/insights/mgi/about_ us, accessed October 16, 2015参照。
52. Anne-Marie Slaughter and Ben Scott, "Rethinking the Think Tank," Washington Monthly, November/December 2015.
53. http://www.jpmorganchase.com/corporate/institute/about.htm, accessed October 16, 2015.
54. http://www.kkr.com/our-firm/kkr-global-institute, accessed October 16, 2015.
55. http://dupress.com/, accessed October 21, 2015参照。
56. Credit Suisse, The End of Globalization or a More Multipolar World? (London: Credit Suisse Research Institute, 2015); KPMG International, Future State 2030: The Global Megatrends Shaping Governments (Toronto: Mowatt Centre for Policy Innovation, 2014); HSBC, The World in 2050 (London: HSBC Global Research, 2011); PricewaterhouseCoopers, The World in 2050: Will the Shift in Global Economic Power Continue? (London: PricewaterhouseCoopers, 2015);

only BRIC Country Worthy of the Title— O'Neill," Wall Street Journal, August 23, 2013.
24. Xie, "Goldman's BRIC Era Ends as Fund Folds after Years of Losses."
25. 同上。あわせて、Michael Patterson and Shiyin Chen, "BRIC Decade Ends with Record Fund Outflows as Growth Slows," BloombergBusiness, December 28, 2011; Ye Xie, "As Emerging-Market Debt Crisis Talk Grows, Some Investors Scoff," BloombergBusiness, April 1, 2015; Mohammed El-Erian, "Rethinking Emerging Markets," BloombergView, April 3, 2015; Eric Balchunas, "ETF Investors Are Unbundling Emerging Markets," BloombergBusiness, November 4, 2015も参照。
26. BRICSAMについてはAlan Alexandroff and Andrew Cooper, eds., Rising States, Rising Institutions: Challenges for Global Governance (Washington, DC: Brookings Institution Press, 2010);を、MIKTAについてはScott Snyder, "Korean Middle Power Diplomacy: The Establishment of MIKTA," Asia Unbound, Council on Foreign Relations, October 1, 2013, accessed at http://blogs.cfr.org/asia/2013/10/01/korean-middle-power-diplomacy-theestablishment-of-mikta/ を、MINTについてはJim O'Neill, "Who You Calling a BRIC?," BloombergView, November 12, 2013を参照。
27. Tett, "The Story of the Brics," 強調は著者による。
28. Christopher McKenna, The World's Newest Profession: Management Consulting in the Twentieth Century (New York: Cambridge University Press, 2006), 16-17.
29. 同上。
30. Walter Kiechel, The Lords of Strategy: The Secret Intellectual History of the New Corporate World (Cambridge, MA: Harvard Business Press, 2010), x.
31. Robert J. David, Wesley D. Sine, and Heather A. Haveman, "Seizing Opportunity in Emerging Fields: How Institutional Entrepreneurs Legitimated the Professional Form of Management Consulting," Organization Science 24 (March/April 2013): 367-368.
32. McKenna, The World's Newest Profession; Duff McDonald, The Firm: The Inside Story of McKinsey (London: OneWorld, 2013).
33. McDonald, The Firm; McKenna, The World's Newest Profession, chapter 8; Joe O'Mahoney and Andrew Sturdy, "Power and the Diffusion of Management Ideas: The Case of McKinsey & Co," Management Learning 47 (July 2016): 247-265.
34. David, Sine, and Haveman, "Seizing Opportunity in Emerging Fields," 369.
35. 同上, 370-371.
36. McDonald, The Firm, 5.
37. Kiechel, The Lords of Strategy.
38. McDonald, The Firm, chapter 6.
39. "To the brainy, the spoils," Economist, May 11, 2013.
40. Andrew Gross and Jozef Poor, "The Global Management Consulting Sector," Business and Economics 43 (October 2008): 62; Bessma Momani, "Management Consultants and the United States' Public Sector," Business and Politics 15 (October 2013): 381-399; Bessma Momani, "Professional Management Consultants

nance.htmlを参照。
9. Daniel W. Drezner, The System Worked (New York: Oxford University Press), 149–150; and Miles Kahler, "Conservative Globalizers: Reconsidering the Rise of the Rest," World Politics Review, February 2, 2016.
10. BRICSの過大評価についてはHarsh V. Pant, "The BRICS Fallacy," Washington Quarterly 36 (Summer 2013): 91-105; Drezner, The System Worked, 149-150; Bruce Jones, Still Ours to Lead: America, the Rising Powers, and the Myths of the Coming Disorder (Washington, DC: Brookings Institution Press, 2014)を、逆にBRICSのポテンシャルについてはParag Khanna, The Second World: Empires and Influence in the New Global Order (New York: Random House, 2008); Moisés Naim, End of Power (New York: Basic Books, 2013); Naazneen Barma, Ely Ratner, and Steven Weber, "Welcome to the World Without the West," The National Interest, November 12, 2014; Helmut Reisen, "Will the AIIB and the NDB Help Reform Multilateral Development Landing?," Global Policy 6 (September 2015): 297-304を参照。
11. http://infobrics.org/history-of-brics/, accessed October 15, 2015 参照。
12. Jim O'Neill, "Building Better Global Economic BRICs," Goldman Sachs Global Economics Paper No. 66, November 30, 2001, 3 and 10. O'Neillのすごいところは、この時点ですでに、G-20サミットの前身である「20カ国・地域財務大臣・中央銀行総裁会議」を指して「あれは間違いなく私の提案の延長線上にある会合だ」と発言していることだろう。
13. Dominic Wilson and Roopa Purushothaman, "Dreaming with BRICs: The Path to 2050," Goldman Sachs Global Economics Paper No. 99, October 1, 2003.
14. 具体例については以下を参照。Philip Stephens, "A Story of Brics without Mortar," Financial Times, November 24, 2011; Pant, "The BRICS Fallacy."
15. Brütsch and Mihaela Papa, "Deconstructing the BRICS" ; Drezner, The System Worked, chapters 6 and 7.
16. Gillian Tett, "The Story of the Brics," Financial Times, January 15, 2010.
17. Ye Xie, "Goldman's BRIC Era Ends as Fund Folds after Years of Losses," BloombergBusiness, November 8, 2015.
18. Barma, Ratner, and Weber, "Welcome to the World without the West" ; Parag Khanna, Connectography (New York: Random House, 2016).
19. Evan Osnos, "Born Red," New Yorker, April 6, 2015; David Shambaugh, "The Coming Chinese Crackup," Wall Street Journal, March 6, 2015; Kahler, "Conservative Globalizers."
20. Drezner, The System Worked, chapter 6; "The Headwinds Return," Economist, September 13, 2014.
21. Ruchir Sharma, "Broken BRICs: Why the Rest Stopped Rising," Foreign Affairs 91 (November/December 2012): 4. あわせてRuchir Sharma, "How Emerging Markets Lost Their Mojo," Wall Street Journal, June 26, 2013も参照。
22. Pant, "The BRICS Fallacy" ; Marcos Degaut, "Do the BRICS Still Matter?," CSIS Americas Program, October 2015.
23. Sinead Cruise and Chris Vellacott, "Emerging Markets Mania Was a Costly Mistake: Goldman Executive," Reuters, July 4, 2013; Luciana Megalhanes, "China

98. Jamie Kirchick, "How a U.S. Think Tank Fell for Putin," Daily Beast, July 27, 2015.
99. 具体例については以下を参照。Leonid Bershidsky, "Putin Hurts a Think Tank by Not Banning It," BloombergView, July 29, 2015.
100. Ali Gharib and Eli Clifton, "Dissent Breaks Out at the Center for American Progress Over Netanyahu's Visit," The Nation, November 10, 2015. あわせて、John Hudson, "Netanyahu Visit Sparks Internal Backlash at Powerhouse D.C. Think Tank," Foreign Policy, November 9, 2015も参照。
101. Center for the National Interestについては John Hudson, "Think Tank Fires Employee Who Questioned Ties to Donald Trump," Foreign Policy, May 20, 2016を、Demosについては Kevin Drum, "The Great Matt Bruenig-Neera Tanden Kerfuffle Sort of Explained," Mother Jones, May 20, 2016を参照。
102. Michael Tanji, "The Think Tank is Dead. Long Live the Think Tank," http://www.haftofthespear.com/wp-content/uploads/2010/08/The-Think-Tank-is-Dead-Final-Online.pdf, August 2010.
103. Carafano, "Think Tanks Aren't Going Extinct."
104. Slaughter and Scott, "Rethinking the Think Tank."

第6章

1. Richard Posner, Public Intellectuals: A Study of Decline (Cambridge, MA: Harvard University Press, 2000), 58.
2. 民間セクターがアメリカの外交政策に与える影響についての従来の考え方は、Helen Milner and Dustin Tingley, Sailing the Water's Edge: The Domestic Politics of American Foreign Policy (Princeton, NJ: Princeton University Press, 2015)を参照。また、民間セクターによる公共圏への情報提供については Mathew McCubbins and Thomas Schwartz, "Congressional Oversight Overlooked: Police Patrols versus Fire Alarms," American Journal of Political Science 28 (February 1984): 165-179に古典的な説明が載っている。
3. 南アフリカは2010年になるまで加入していない。本章の「BRICS」は5カ国すべてを、「BRIC」は2010年より前の加盟国を指している。
4. 詳細については The University of Toronto's "BRICS Information Centre" website at http://www.brics.utoronto.ca/docs/index.htmlを参照。
5. Christian Brütsch and Mihaela Papa, "Deconstructing the BRICS: Bargaining Coalition, Imagined Community, or Geopolitical Fad?," Chinese Journal of International Politics 6 (Autumn 2013): 300.
6. Barry Eichengreen, Exorbitant Privilege: The Rise and Fall of the Dollar and the Future of the International Monetary System (New York: Oxford University Press, 2011), 142-45.
7. BRICS Fortaleza Declaration, July 15, 2014, accessed at http://brics.itamaraty.gov.br/media2/press-releases/214-sixth-brics-summit-fortalezadeclaration; Simon Romero, "Emerging Nations Bloc to Open Development Bank," New York Times, July 16, 2014.
8. サミットで発表された公式声明は http://www.brics.utoronto.ca/docs/081107-fi-

at http://www.brookings.edu/~/media/About/development/Brookings-Donor-PrivilegesCorporate.pdf. Center for New American Security, "Corporate Partnership Program," accessed at http://www.cnas.org/sites/default/files/CNAS%20Corporate%20partnership%20program_042815.pdf
79. Hamburger and Becker, "At Fast-Growing Brookings."
80. Lipton and Williams, "How Think Tanks Amplify Corporate America's Influence."
81. 同上。
82. Dylan Matthews, "Elizabeth Warren Exposed a Shocking Instance of How Money Corrupts DC Think Tanks," Vox, September 30, 2015.
83. Nicholas Confessore, Eric Lipton, and Brooke Williams, "Think Tank Scholar or Corporate Consultant? It Depends on the Day," New York Times, August 8, 2016.
84. Ryan Grim and Paul Blumenthal, "The Vultures' Vultures: How A Hedge-Fund Strategy Is Corrupting Washington," Huffington Post, May 16, 2016.
85. この言葉は2015年9月28日にWarrenがStrobe Talbott宛てに出した手紙からの引用である。http://www.warren.senate.gov/files/documents/2015-9-28_Warren_Brookings_ltr.pdf; Helaine Olen, "Wonks for Hire," Slate, October 2, 2015.
86. John B. Judis, "Foreign Funding of Think Tanks Is Corrupting Our Democracy," New Republic, September 9, 2014.
87. この言葉はLipton, Williams, and Confessore, "Foreign Powers Buy Influence at Think Tanks." に引用されている。
88. Judis, "The Little Think Tank That Could" ; Eli Clifton, "Home Depot Founder's Quiet $10 Million Right-Wing Investment," Salon, August 5, 2013; Eric Lichtblau, "Financier's Largess Shows G.O.P.'s Wall St. Support," New York Times, August 27, 2010.
89. Slaughter and Scott, "Rethinking the Think Tank."
90. Jane Harman, "Are Think Tanks Too Partisan?," Washington Post, October 7, 2015.
91. Steven Teles, Heather Hurlburt, and Mark Schmitt, "Philanthropy in a Time of Polarization," Stanford Social Innovation Review, Summer 2014, 44-49.
92. J. K. Trotter, "Leaked Files Show How the Heritage Foundation Navigates the Reactionary Views of Wealthy Donors," Gawker, September 9, 2015.
93. David Weigel, "Cato Goes to War," Slate, March 5, 2012.
94. David Weigel, "Cato at Peace," Slate, June 25, 2012.
95. David Weigel, "Cato Shrugged: Panic about An Incoming Leader's Admiration for Ayn Rand," Slate, August 30, 2012.
96. BennettによるMcGannの言葉の引用。"Are Think Tanks Obsolete?" ; Ellen Lapison, "Why Our Demand for Instant Results Hurts Think Tanks," Washington Post, October 9, 2015. また、Brookingsの取締役の言葉はLipton and Williams, "How Think Tanks Amplify Corporate America's Influence." に引用されている。
97. この言葉はSilverstein, "Pay to Play Think Tanks," 10に引用されている。あわせて、Slaughter and Scott, "Rethinking the Think Tank." も参照。

58. Khimm, "The Right's Latest Weapon" ; Ioffe, "A 31-Year-Old Is Tearing Apart the Heritage Foundation."
59. Troy, "Devaluing the Think Tank," 86.
60. この言葉はMedvetz, Think Tanks in America, 138に引用されている。
61. Donald Abelson, "Old World, New World: The Evolution and Influence of Foreign Affairs Think - Tanks," International Affairs 90 (January 2014): 129.
62. Tom Ricks, The Gamble (New York: Penguin Press, 2009), chapters 3 and 4.
63. Jeremy Shapiro, "Who Influences Whom? Reflections on U.S. Government Outreach to Think Tanks," Brookings Institution, June 4, 2014, accessed at http://www.brookings.edu/blogs/up-front/posts/2014/06/04-us-government-outreach-thinktanks-shapiroにはこの流れがコミカルに解説されている。逆に深刻に捉えたものとしてはShadi Hamid, "What is Policy Research For? Reflections on the United States' Failures in Syria," Middle East Law and Governance 7 (Summer 2015): 373-386がある。
64. この言葉はRich, Think Tanks, 72-73に引用されている。
65. Troy, "Devaluing the Think Tank," 87.
66. Slaughter and Scott, "Rethinking the Think Tank."
67. Benjamin I. Page with Marshall M. Bouton. The Foreign Policy Disconnect (Chicago: University of Chicago Press, 2008); Joshua Busby and Jonathan Monten, "Republican Elites and Foreign Policy Attitudes," Political Science Quarterly 127 (Spring 2012): 105-142.
68. Ken Silverstein, "The Great Think Tank Bubble," New Republic, February 19, 2013.
69. Hamburger and Becker, "At Fast-Growing Brookings."
70. Ken Silverstein, "Pay to Play Think Tanks: Institutional Corruption and the Industry of Ideas," Edmund J. Safta Institute for Ethics, Harvard University, June 2014.
71. カンザス州アビリーンにあるEisenhower LibraryでのRobert Gatesのスピーチより。http://www.defense.gov/speeches/speech.aspx?speechid=1467
72. Marcus Weisgerber, "Shake-Up Underway at Prominent Washington Think Tank," Defense One, July 15, 2015.
73. Heritage Foundation's 2014 annual report, accessed at https://s3.amazonaws.com/thf_media/2015/pdf/2014annualreport.pdf, 46. Heritage Actionは、小口の献金を中心に資金を調達しているようだ。詳しくはRobert Maguire, "More than Kochs, Small Donors Fueled Heritage Action in 2012," OpenSecrets, October 14, 2013, accessed at http://www.opensecrets.org/news/2013/10/more-than-kochs-small-donors-fueled/を参照
74. Carafano, "Think Tanks Aren't Going Extinct."
75. Steven Teles, "Foundations, Organizational Maintenance, and Partisan Asymmetry," PS: Political Science and Politics 49 (July 2016): 455-460.
76. Weisgerber, "Shake-Up Underway at Prominent Washington Think Tank."
77. CFR, "Benefits of Corporate Membership," accessed at http://www.cfr.org/about/corporate/corporate_benefits.html
78. Brookings Institution, "Brookings Corporate Council Donor Privileges," accessed

Brookings Institutionの一研究者であるKenneth Pollackの方が影響力が大きかったという事実は注目に値する。民主党は彼の著書『The Threatening Storm』を引き合いに出して、イラクへの侵攻を正当化したのだった。

43. David Rothkopf, National Insecurity: American Leadership in an Age of Fear (New York: PublicAffairs, 2014), 15-17.
44. 具体例については以下を参照。Tevi Troy, "Devaluing the Think Tank," National Affairs 10 (Winter 2012): 75-90; Klein, "Jim DeMint and the Death of Think Tanks" ; Anne-Marie Slaughter and Ben Scott, "Rethinking the Think Tank," Washington Monthly, November/December 2015. It is also possible that this nostalgia is misplaced. See Medvetz, Think Tanks in America, chapters 2 and 3.
45. David Rothkopf, "Dis Town," Foreign Policy, November 28, 2014.
46. 政府高官は外資の入ったシンクタンクの多くが本社を構えるマサチューセッツ通りを「アラブの占領地」と呼んでいた。Jeffrey Goldberg, "The Obama Doctrine," The Atlantic, April 2016.
47. "Why think tanks are concerned about a Trump administration," Economist, November 17, 2016.
48. James McGann, "For Think Tanks, It's Either Innovate or Die," Washington Post, October 6, 2015.
49. Bryan Bender, "Many DC Think Tanks Now Players in Partisan Wars," Boston Globe, 11 August 2013; Eric Lipton, Brooke Williams, and Nicholas Confessore, "Foreign Powers Buy Influence at Think Tanks," New York Times, September 6, 2014; Tom Hamburger and Alexander Becker, "At Fast-Growing Brookings, Donors May Have an Impact on Research Agenda," Washington Post, October 30, 2014; Eric Lipton and Brooke Williams, "How Think Tanks Amplify Corporate Influence," New York Times, August 7, 2016.
50. 具体例については以下を参照。James A. Smith, The Idea Brokers (New York: Free Press, 1991); Andrew Rich, Think Tanks, Public Policy, and the Politics of Expertise (Cambridge: Cambridge University Press, 2004).
51. Richard Hoftstadter, Anti-Intellectualism in American Life (New York: Random House, 1962), 199.
52. Jeffry Frieden, Banking On the World (New York: Harper and Row, 1987), 33-34; Slaughter and Scott, "Rethinking the Think Tank."
53. Bruce Smith, The RAND Corporation: Case Study of a Nonprofit Advisory Corporation (Cambridge, MA: Harvard University Press, 1966), 6.
54. Rich, Think Tanks, 42; Smith, The Idea Brokers; David R. Jardini, "Out of the Blue Yonder: The RAND Corporation's Diversification into Social Welfare Research, 1946-1968" (PhD dissertation, Carnegie Mellon University, 1996); David Hounshell, "The Cold War, RAND, and the Generation of Knowledge, 1946-1962," Historical Studies in the Physical and Biological Sciences 27 (Spring 1997): 237-267.
55. Peter W. Singer, "Factories to Call Our Own," Washingtonian, August 2010.
56. Rich, Think Tanks, 37.
57. 同上, 56. あわせて、Lee Edwards, Leading the Way: The Story of Ed Feulner and the Heritage Foundation (New York: CrownForum, 2013)も参照。

23. Rubin, "Jim DeMint's destruction of the Heritage Foundation" ; Lauren French, Anna Palmer, and Jake Sherman, "GOP Lawmakers Confront Demint over Ratings," Politico, January 28, 2015, accessed at http://www.politico.com/story/2015/01/gop-lawmakers-jim-demint-heritagefoundation-ratings-114672.html
24. Jake Sherman, "Heritage Will Honor Ryan's Top Staffer Even as It Tries to Upend GOP Budget," Politico, February 9, 2016, accessed at http://www.politico.com/story/2016/02/heritage-foundation-paul-ryan-219028#ixzz3zosoEfHb
25. 具体例については以下を参照。Weisberg, "Happy Birthday, Heritage Foundation."
26. 注2の出所を参照。
27. Harris, "How the NSA Scandal is Roiling the Heritage Foundation."
28. Jim DeMint, "Free Trade in Name Only," The National Interest, June 16, 2015.
29. Matt Fuller, "Donald Trump and the Heritage Foundation: Friends with Benefits," Huffington Post, August 10, 2016.
30. Go To Think Tank Report の2012年 版（http://repository.upenn.edu/cgi/viewcontent.cgi?article=1006&context=think_tanks）と2015年 版（http://repository.upenn.edu/think_tanks/10/）の比較による。
31. John B. Judis, "The Little Think Tank That Could," Slate, August 18, 2015.
32. Ball, "The Fall of the Heritage Foundation and the Death of Republican Ideas."
33. 同上。
34. James Jay Carafano, "Think Tanks Aren't Going Extinct. But They Have to Evolve." The National Interest, October 21, 2015.
35. 2012年のGo To Think Tank Index Reportの「政策キャンペーンの効果」部門でHeritageは15位だったが、2015年では3位にランクを上げている。「公共政策へのインパクト」では10位から8位になった。
36. Philip Wegmann, "Heritage Foundation takes risk and wins big with Trump," Washington Examiner, November 10, 2016; Kelefa Sanneh, "Secret Admirers," New Yorker, January 9, 2017.
37. Amanda Bennett, "Are Think Tanks Obsolete?," Washington Post, October 5, 2015.
38. Tom Medvetz, Think Tanks in America (Chicago: University of Chicago Press, 2012), 18.
39. Donald Abelson, Do Think Tanks Matter? Assessing the Impact of Public Policy Institutes (Montreal: McGill-Queens Press, 2009); Andrew Selee, What Should Think Tanks Do? A Strategic Guide to Policy Impact (Stanford, CA: Stanford University Press, 2013) を参照。
40. Christopher DeMuth, "Think-Tank Confidential," Wall Street Journal, October 17, 2007.
41. Nathan Russell, "An Introduction to the Overton Window of Political Possibilities," Mackinac Center for Public Policy, 2006, accessed at http://www.storyboardproductions.com/ehc/circle6/3overton-window.pdf この用語が保守派のあいだで広く知られるようになったのは、Glenn Beckが小説のタイトルに使ったことがきっかけだった。
42. 2002年の秋に盛り上がっていたイラクに関する議論において、学者たちよりも

4. John Podhoretz, "DeMint Takes Over the Heritage Foundation," Commentary, December 6, 2012; Dylan ByersによるKristolの言葉の引用。"With a new leader, Heritage rising," Politico, December 6, 2012.
5. Ezra Klein, "Jim DeMint and the Death of Think Tanks," Washington Post, December 6, 2012.
6. Mike Gonzalez, "Jim DeMint to Become Heritage's Next President," December 6, 2012, accessed at http://dailysignal.com/2012/12/06/jimdemint-to-become-heritages-next-president/
7. Rachel Weiner, "Jim DeMint Leaving the Senate," Washington Post, December 6, 2012; Daniel Henninger, "Sen. Jim DeMint to Head Heritage Foundation," Wall Street Journal, December 6, 2012.
8. Suzy Khimm, "The Right's Latest Weapon: Think-Tank Lobbying Muscle," Washington Post, January 24, 2013.
9. Steinhauser and Weisman, "In the DeMint Era at Heritage."
10. 同上。
11. Joshua Green, "The Tea Party Gets into the News Biz," BloombergBusiness, May 8, 2014.
12. Steinhauser and Weisman, "In the DeMint Era at Heritage."
13. Jim DeMint, Falling in Love with America Again (New York: Center Street, 2014).
14. Heritageを含む大半のシンクタンクが、内国歳入法501条(c)項3号のもとに結成されている。この法律の適応団体は、立法者に対して幅広い政策の助言をすることができるが、直接的なロビー活動は認められていない。しかし、501条(c)項4号団体の場合には直接のロビー活動が可能である。詳しくはKhimm, "The Right's Latest Weapon," and Ioffe, "A 31-Year-Old Is Tearing Apart the Heritage Foundation." を参照。
15. Edward Feulner and Michael Needham, "New Fangs for the Conservative 'Beast,' " Wall Street Journal, April 12, 2010.
16. Ioffe, "A 31-Year-Old Is Tearing Apart the Heritage Foundation."
17. Robert Rector and Jason Richwine, "The Fiscal Cost of Unlawful Immigrants and Amnesty to the U.S. Taxpayer," Heritage Foundation Special Report No. 133, May 6, 2013.
18. Walter Hickey, "Here's The Massive Flaw with the Conservative Study That Says Immigration Reform Will Cost Taxpayers Nearly $7 Trillion," Business Insider, May 6, 2013.
19. Keith Hennessey, "Eight Problems with the Heritage Immigration Cost Estimate," May 9, 2013, accessed at http://keithhennessey.com/2013/05/09/heritage-immigration-study-problems/
20. Tim Kane, "Immigration Errors," May 6, 2013, accessed at http://balanceofeconomics.com/2013/05/06/immigration-errors/
21. Daniel W. Drezner, "Regarding Richwine," Foreign Policy, May 11, 2013.
22. Jennifer Rubin, "Jim DeMint's Destruction of the Heritage Foundation," Washington Post, October 21, 2013; Shane Harris, "How the NSA Scandal is Roiling the Heritage Foundation," Foreign Policy, October 16, 2013.

Cambridge University Press, 2015); and Elizabeth Saunders, Leaders at War: How Presidents Shape Military Interventions (Ithaca, NY: Cornell University Press, 2011)などがある。

106. Kenneth Waltz, Theory of International Politics (New York: McGraw Hill, 1979), 66 and 110.
107. 開放経済の政治学の入門書としては以下を勧める。David A. Lake, "Open Economy Politics: A Critical Review," Review of International Organizations 4 (September 2009): 219-244. また、アメリカの外交政策への応用例についてはHelen Milner and Dustin Tingley, Sailing the Water's Edge: The Domestic Politics of American Foreign Policy (Princeton, NJ: Princeton University Press, 2016)を参照して欲しい。
108. Stephen Walt, "The Relationship between Theory and Policy in International Relations," Annual Review of Political Science 8 (2005): 37.
109. Keren Yarhi-Milo, Knowing the Adversary: Leaders, Intelligence, and Assessment of Intentions in International Relations (Princeton, NJ: Princeton University Press, 2014).
110. Alexander George, Bridging the Gap (Washington: US Institute for Peace, 1993), 6-7.
111. 大統領候補の多くがリスクについて同様の考え方をしている。具体例についてはMcKay Coppins, The Wilderness (Boston: Little, Brown, 2015)に取りあげられている政治家たちを参照して欲しい。
112. Rodrik, Economics Rules, 151.
113. 同上, 175.
114. Smith, "Political Science and the Public Sphere Today," 369.
115. Charli Carpenter, " 'You Talk Of Terrible Things So Matter-of-Factly in This Language of Science' : Constructing Human Rights in the Academy," Perspectives on Politics 10 (June 2012): 363-383.

第5章

1. Lee Edwardsによる Craneの言葉の引用。Leading the Way: The Story of Ed Feulner and the Heritage Foundation (New York: Crown Books, 2013), 372; Lee Edwardsによる Marshallの言葉の引用。The Power of Ideas: The Heritage Foundation at 25 Years (New York: Jameson Books, 1997), 200.
2. 上から順に以下の文章から引用した。Molly Ball, "The Fall of the Heritage Foundation and the Death of Republican Ideas," The Atlantic, September 25, 2013; Julia Ioffe, "A 31-Year-Old Is Tearing Apart the Heritage Foundation," New Republic, November 24, 2013; Jenifer Steinhauser and Jonathan Weisman, "In the DeMint Era at Heritage, a Shift From Policy to Politics," New York Times, February 23, 2014. あわせて、Edwards, Leading the Way, 372-75も参照。対称的な意見についてはJacob Weisberg, "Happy Birthday, Heritage Foundation," Slate, January 9, 1998を参照。
3. Josh Barro, "The Odd Choice of Jim DeMint at Heritage," BloombergView, December 6, 2012.

たりとも学術研究にお金を出す義務はない。科学は憲法の枠組みのなかで、国民の手によってのみ追求されるべきものである」と述べている。Arthur Lupia, "What is the Value of Social Science? Challenges for Researchers and Government Funders," PS: Political Science and Politics 47 (January 2014): 5.

91. Daniel B. Klein and Charlotta Stern, "Economists' Policy Views and Voting," Public Choice 126 (March 2006): 331-342; Neil Gross and Solon Simmons, "The Social and Political Views of American Professors," Harvard University working paper, September 2007; Jon Shields and Joshua Dunn, Passing on the Right: Conservative Professors in the Progressive University (New York: Oxford University Press, 2016).
92. Daniel B. Klein and Charlotta Stern, "Professors and Their Politics: The Policy Views of Social Scientists," Critical Review 17 (March 2005): 278.
93. Zubin Jelveh, Bruce Kogut, and Suresh Naidu, "Political Language in Economics," Columbia Business School Research Paper No. 14-57, December 2014.
94. Ibid., 372.
95. Ronald Rogowski, "Shooting (or Ignoring) the Messenger," Political Studies 11 (May 2013): 216.
96. Jervis, "Bridges, Barriers, and Gaps: Research and Policy."
97. 具体例については以下を参照。Steven F. Hayward, "Is Political Science Dying?," The Weekly Standard, December 21, 2015.
98. Michael Stratford, "Symbolic Slap at Social Sciences," Inside Higher Ed, June 2, 2014.
99. APSA, Improving Public Perceptions of Political Science's Value, 31.
100. Michael C. Horowitz, "Joe Public v. Sue Scholar: Support for the Use of Force," Political Violence at a Glance (blog), July 27, 2015, accessed at http://politicalviolenceataglance.org/2015/07/27/joe-public-v-sue-scholarsupport-for-the-use-of-force/; Institute for the Theory and Practice of International Relations, "Opinions of IR Scholars, Public Differ on World Crises," July 9, 2015, accessed at http://www.wm.edu/offices/itpir/news/Opinions-of-ir-scholars,-public,-differ-on-world-crises.php
101. Charles Lane, "Congress Should Cut Funding for Political Science Research," Washington Post, June 4, 2012. 公平を期すためにいっておくが、政治学者が保守に近い考え方をする分野も存在する。たとえば、大半の政治学研究では、最高裁がシチズンズ・ユナイテッド対FEC裁判で下した決定が、選挙の結果に大きな影響を与えたとは考えられていない。
102. Ezra Klein, "How Political Science Conquered Washington," Vox, September 2, 2014.
103. Bryan Caplan, Eric Crampton, Wayne Grove, and Ilya Somin, "Systemically Biased Beliefs about Political Influence," PS: Political Science and Politics 46 (October 2013): 760-767.
104. Marc PerryによるHochschildの言葉の引用。"Is Political Science Too Pessimistic," Chronicle of Higher Education, September 19, 2016.
105. ただ、近年になってこの状況は変わりつつある。目立った例としては、Allan C. Stam, Michael C. Horowitz, and Cali M. Ellis, Why Leaders Fight (New York:

71. Lawrence Mead, "Scholasticism in Political Science," Perspectives on Politics 8 (June 2010): 460.
72. APSA, Improving Public Perceptions of Political Science's Value, 11.
73. "A Different Agenda," Nature 487 (271), July 18, 2012; Kenneth Prewitt, "Is Any Science Safe?," Science 340 (6132), May 3, 2013, 525.
74. John Sides, "Why Congress Should Not Cut Funding to the Social Sciences," Washington Post, June 10, 2015.
75. Jeffrey Isaac, "For a More Public Political Science," Perspectives on Politics 13 (June 2015): 269.
76. 具体例については以下を参照。David A. Lake, "Why "isms" Are Evil: Theory, Epistemology, and Academic Sects as Impediments to Understanding and Progress," International Studies Quarterly 55 (June 2011): 465-480.
77. こうしたやり方をとっている入門書で一番優れているのはJeffry Frieden, David A. Lake, and Kenneth Schultz, World Politics: Interests, Interactions, Institutions, 2nd ed. (New York: W. W. Norton, 2012)である。
78. Mead, "Scholasticism in Political Science," 454.
79. Lynn Vavreck and Steve Friess, "An Interview with Lynn Vavreck," PS: Political Science and Politics 48 (September 2015), 43.
80. Eliot Cohen, "How Government Looks at Pundits," Wall Street Journal, January 23, 2009. ただ、こうした状況は計量経済学などの手法の正当性を認めている若い世代の外交官が増えるにつれて変化する可能性はある。この点についてはTanisha Fazal, "An Occult of Irrelevance? Multimethod Research and Engagement with the Policy World," Security Studies 25 (January 2016): 34-41を参照して欲しい。
81. Robert Jervis, "Bridges, Barriers, and Gaps: Research and Policy," Political Psychology 29 (Summer 2008): 576.
82. Susan Jacoby, The Age of American Unreason (New York: Vintage Books, 2008), 228.
83. Rodgers, Age of Fracture, 63.
84. Rodrik, Economics Rules, 170.
85. Piketty, Capital in the Twenty-First Century, 296. あわせて、N. Gregory Mankiw, "Yes, the Wealthy Can Be Deserving," New York Times, February 15, 2014; Mankiw, "Defending the One Percent," Journal of Economic Perspectives 27 (Summer 2013): 21-24も参照。
86. Chrystia Freeland, Plutocrats (New York: Penguin, 2012), 268.
87. Alan Jay Levinovitz, "The New Astrology," Aeon, April 4, 2016より引用。
88. 私がこのテーマについてオンラインのメディアで記事を発表するたびに、「ポリティカル・サイエンス（政治学）は科学ではない。もし本物の科学ならわざわざ『サイエンス』などと名乗る必要はないからだ」といった意見がコメント欄に書き込まれる。
89. Nature, "A Different Agenda."
90. Brendan P. Foht, "Who Decides What Scientific Research to Fund?," National Review, July 25, 2012. また、複数の著名な政治学者がこの意見に賛同していることには、触れておかなければならないだろう。Arthur Lupiaは「国会は1セント

azine, September 2, 2009; Barry Eichengreen, "The Last Temptation of Risk," The National Interest 101 (May/June 2009): 8.
53. Romer, "Mathiness in the Theory of Economic Growth."
54. Clive Crook, "The Trouble with Economics," BloombergView, October 11, 2015.
55. Federico Fubini, "The Closed Marketplace of Ideas," Project Syndicate, January 4, 2016.
56. John Lewis Gaddis, "International Relations Theory and the End of the Cold War," International Security 17 (Winter 1992/93): 5-58; Marc Morjé Howard and Meir Walters, "Explaining the Unexpected: Political Science and the Surprises of 1989 and 2011," Perspectives on Politics 12 (June 2014): 394-408.
57. Christopher J. Fettweis, "Evaluating IR's Crystal Balls: How Predictions of the Future Have Withstood Fourteen Years of Unipolarity," International Studies Review 6 (Winter 2004): 79-104; Philip Tetlock, Expert Political Judgment (Princeton, NJ: Princeton University Press, 2005).
58. Benjamin Valentino, "Why We Kill: The Political Science of Political Violence against Civilians," Annual Review of Political Science 17 (2014): 89-103.
59. James Long, Daniel Maliniak, Sue Peterson, and Michael Tierney, "International Relations Scholars, U.S. Foreign Policy, and the Iraq War," working paper, The College of William & Mary, December 2013. 正直に告白すれば、当時イラク戦争に反対した賢明な政治学者たちのなかに、私はいなかった。
60. Daniel W. Drezner, "Why political science is not an election casualty," Washington Post, November 15, 2016; Seth Masket, "Did political science, or 'political science,' get it wrong?," Vox, November 15, 2016.
61. 政治学についてはThomas Pepinsky and David Steinberg, "Is International Relations Relevant for International Money and Finance?," working paper, Cornell University, December 2014を参照。
62. Thaler, Misbehaving, 5.
63. Harris-Perry and Friess, "An Interview with Melissa Harris-Perry," 28.
64. Daniel T. Rodgers, Age of Fracture (Cambridge, MA: Belknap, 2011), chapter 2; Blinder, Hard Heads, Soft Hearts.
65. Eliza Evans, Charles Gomez, and Daniel McFarland, "Measuring Paradigmaticness of Disciplines Using Text," Sociological Science 3 (August 2016): 757-778.
66. あわせて、Deirdre McCloskey, Knowledge and Persuasion in Economics (New York: Cambridge University Press, 1994)も参照。
67. Barry Eichengreen, "Dental Hygiene and Nuclear War: How International Relations Looks from Economics," International Organization 52 (1998), 993-1061; Noah Smith, "Why Economists Are Paid So Much," BloombergView, December 2, 2014に加えて、注7に示した資料も参照されたい。
68. Rodrik, Economics Rules, 31と30, 78-79、さらにRichard Freeman, "It's Better Being an Economist (But Don't Tell Anyone)," Journal of Economic Perspectives 13 (Summer 1999): 139-145も参照。
69. Carmen Reinhart and Kenneth Rogoff, This Time Is Different: Eight Centuries of Economic Folly (Princeton, NJ: Princeton University Press, 2009), 30.
70. Freeman, "It's Better Being an Economist (But Don't Tell Anyone)."

36. Alberto Alesina and Silvia Ardagna, "Large Changes in Fiscal Policy: Taxes Versus Spending," NBER Working Paper no. 15438, October 2009; Carmen Reinhart and Kenneth Rogoff, "Growth in a Time of Debt," NBER Working Paper No. 15639, January 2010.
37. Paul Krugman, "How the Case for Austerity Has Crumbled," New York Review of Books, June 6, 2013.
38. Mark Blyth, Austerity: The History of a Dangerous Idea (New York: Oxford University Press, 2013); Drezner, The System Worked, chapter 6.
39. Jaime Guajardo, Daniel Leigh, and Andrea Pescatori, "Expansionary austerity? International evidence," Journal of the European Economic Association 12 (August 2014): 949-968; Thomas Herndon, Michael Ash and Robert Pollin, "Does High Public Debt Consistently Stifle Economic Growth? A Critique of Reinhart and Rogoff," Political Economy Research Institute Working Paper no. 322, University of Massachusetts at Amherst, April 2013.
40. Paul Romer, "The Trouble with Macroeconomics," The American Economist, forthcoming. あわせて、Olivier Blanchard, "Do DSGE Models Have a Future?," Peterson Institute for International Economic Policy Brief 16-11, August 2016も参照。
41. Luigi Zingales, "Does Finance Benefit Society?," AFA Presidential Address, January 2015, 3, accessed at http://faculty.chicagobooth.edu/luigi.zingales/papers/research/Finance.pdf
42. Paul Pfleiderer, "Chameleons: The Misuse of Theoretical Models in Finance and Economics," Revista de Economía Institucional 16 (July/December 2014): 23-60.
43. Barry Ritholz, "Why Don't Bad Ideas Ever Die?" Washington Post, December 15, 2012; Ritholz, "Zombie Ideas That Keep on Losing," BloombergView, October 20, 2014.
44. Raghuram Rajan, Fault Lines (Princeton, NJ: Princeton University Press, 2010); Simon Johnson and James Kwak, 13 Bankers (New York: Pantheon, 2010).
45. Alan Blinder, Hard Heads, Soft Hearts (Boston: Addison-Wesley, 1988).
46. エリートの経済学者を対象にした次の調査でも、これと同じく誤解を生むような訊き方をしている。http://www.igmchicago.org/igm-economic-expertspanel/poll-results?SurveyID=SV_0dfr9yjnDcLh17m
47. Rodrik, Economics Rules.
48. David Autor, David Dorn, and Gordon Hanson, "The China Shock: Learning from Labor Market Adjustment to Large Changes in Trade," NBER Working Paper No. 21906, January 2016.
49. Rodrik, Economics Rules; Noah Smith, "Free Trade with China Wasn't Such a Great Idea for the U.S.," BloombergView, January 26, 2016.
50. Binyamin Appelbaum, "On Trade, Donald Trump Breaks with 200 Years of Economic Orthodoxy," New York Times, March 10, 2016.
51. Dani Rodrik, "Economists vs. Economics," Project Syndicate, September 10, 2015; Rodrik, Economics Rules; and Paul Romer, "Mathiness in the Theory of Economic Growth." American Economic Review 105 (May 2015): 89–93.
52. Paul Krugman, "How Did Economics Get It So Wrong?," New York Times Mag-

16. Bruce W. Jentleson and Ely Ratner, "Bridging the Beltway-Ivory Tower Gap," International Studies Review 13 (March 2011): 8.
17. Melissa Harris-Perry and Steve Friess, "An Interview with Melissa Harris-Perry," PS: Political Science and Politics 48 (September 2015): 28.
18. Economist, "Pushback," March 5, 2016; Kieran Healy, "Public Sociology in the Age of Social Media," Perspectives on Politics, Figures 1 and 2.
19. Richard Posner, Public Intellectuals: A Study of Decline (Cambridge, MA: Harvard University Press, 2000), 215.
20. Karin Frick, Detlef Guertler, and Peter A. Gloor, "Coolhunting for the World's Thought Leaders," accessed at http://www.ickn.org/documents/COINs13_Thoughtleaders4.pdf
21. Piketty, Capital in the Twenty-First Century.
22. American Political Science Association, Improving Public Perceptions of Political Science's Value (Washington: APSA, 2014), 15.
23. Stephen Walt, "Theory and Policy in International Relations: Some Personal Reflections," Yale Journal of International Affairs 7 (September 2012): 35.
24. Stephen D. Krasner, "The Garbage Can Framework for Locating Policy Planning," in Avoiding Trivia: The Role of Strategic Planning in American Foreign Policy, ed. Daniel W. Drezner (Washington, DC: Brookings Institution Press, 2009).
25. Andrew Bennett and G. John Ikenberry, "The Review's Evolving Relevance for US Foreign Policy 1906-2006," American Political Science Review 100 (November 2006): 651-658; Daniel Maliniak, Amy Oakes, Susan Peterson, and Michael J. Tierney, "International Relations in the US Academy," International Studies Quarterly 55 (June 2011): 437-464.
26. APSA, Improving Public Perceptions of Political Science's Value, 11.
27. Alexander KafkaによるCowenの言葉の引用。"How the Monkey Cage Went Ape," Chronicle of Higher Education, January 10, 2016.
28. Robert E. Lucas, "Macroeconomic Priorities," American Economic Review 93 (March 2003): 1.
29. Olivier Blanchard, "The State of Macro," NBER Working Paper No. 14259, August 2008, 2.
30. Nate Silver, The Signal and the Noise (New York: Penguin, 2012), 20.
31. 具体例については以下を参照。John Quiggin, Zombie Economics (Princeton, NJ: Princeton University Press, 2012).
32. Richard H. Thaler, Misbehaving: The Making of Behavioral Economics (New York: W. W. Norton, 2015), 4.
33. Davide Furcer et al., "Where Are We Headed? Perspectives on Potential Output," in World Economic Outlook (Washington: International Monetary Fund, 2015).
34. Noah Smith, "Economists' Biggest Failure," BloombergView, March 5, 2015.
35. この言葉はDavid Colander, "Intellectual Incest on the Charles: Why Economists Are a Little Bit Off," Eastern Economic Journal 41 (January 2015): 156に引用されている。

tion, January 22, 2016.
111. Tom Wolfe, "In the Land of the Rococo Marxists," Harper's, June 2000, 82.

第4章

1. Nicholas Kristof, "Professors, We Need You!," New York Times, February 15, 2014.
2. Tom Ricks, "Given All That Is Going On, Why Is International Security So Damn Boring?," Foreign Policy, September 15, 2014.
3. Robert Putnam "The Public Role of Political Science," Perspective on Politics 1 (June 2003), 250.
4. Steven Van Evera, "U.S. Social Science and International Relations," War on the Rocks, February 9, 2015; Michael Desch, "Technique Trumps Relevance: The Professionalization of Political Science and the Marginalization of Security Studies," Perspectives on Politics 13 (June 2015), 378.
5. Charles Beard, "Time, Technology, and the Creative Spirit in Political Science," American Political Science Review 21 (February 1927): 8; Robert S. Lynd, Knowledge for What: The Place of Social Science in American Culture (Princeton, NJ: Princeton University Press, 1939), 138-39; David Easton, "The Decline of Modern Political Theory," Journal of Politics 13 (February 1951): 48.
6. Paul Krugman, "Economic Culture Wars," Slate, October 25, 1996.
7. Beard, "Time, Technology, and the Creative Spirit in Political Science," 10; John Kenneth Galbraith, "Power and the Useful Economist," American Economic Review 63 (March 1973): 6; Gordon Tullock, "Economic Imperialism," in Theory of Public Choice, ed. James Buchanan (Ann Arbor: University of Michigan Press, 1972), 325.
8. Marion Fourcade, Etienne Ollion, and Yann Algan, "The Superiority of Economists," Journal of Economic Perspectives 29 (January 2015), 89.
9. Dani Rodrik, Economics Rules: The Rights and Wrongs of the Dismal Science (New York: W. W. Norton, 2015), 80.
10. 同上, 110.
11. John Balz, "The Absent Professor," Washington Monthly, January/February/March 2008.
12. Henry Farrell and John Quiggin, "Consensus, Dissensus and Economic Ideas: The Rise and Fall of Keynesianism During the Economic Crisis," manuscript, George Washington University, fall 2013; Drezner, The System Worked, chapter 6.
13. Patrick Thaddeus Jackson and Stuart J. Kaufman, "Security Scholars for a Sensible Foreign Policy: A Study in Weberian Activism," Perspectives on Politics 5 (March 2007): 96.
14. Paul C. Avey and Michael C. Desch, "What Do Policymakers Want from Us? Results of a Survey of Current and Former Senior National Security Decision Makers," International Studies Quarterly 58 (December 2014): 227-246.
15. Avey and Desch, "What Do Policymakers Want from Us?"

2016): 1037aを参照。

93. 具体例については以下を参照。Jeffrey Isaac, "For a More Public Political Science," Perspectives on Politics 13 (June 2015): 269-283.
94. Nicholas Kristof, "A Confession of Liberal Intolerance," New York Times, May 9, 2016; Kristof, "The Dangers of Echo Chambers on Campus," New York Times, December 10, 2016.
95. 選挙献金についてはAndy Kierscz and Hunter Walker, "These Three Charts Confirm Conservatives' Worst Fears about American Culture," Business Insider, November 3, 2014を参照。
96. Heterodox Academy, "The Problem," accessed at http://heterodoxacademy.org/problems/ あわせて、Scott Jaschik, "Moving Further to the Left," Inside Higher Ed, October 24, 2012も参照
97. Reprinted as Max Weber, "Science as a Vocation," Daedalus 87 (Winter 1958): 111-134.
98. Phoebe Maltz-Bovy, "Straight Outta Chappaqua," Tablet, January 7, 2015.
99. José L. Duarte et al., "Political Diversity Will Improve Social Psychological Science," Behavioral and Brain Sciences 38 (January 2015): 5.
100. Chris Martin, "How Ideology Has Hindered Sociological Insight," The American Sociologist 47 (March 2016): 115-130.
101. 国際関係学についてはBrian Rathbun, "Politics and Paradigm Preferences: The Implicit Ideology of International Relations Scholars," International Studies Quarterly 56 (September 2012): 607-622を、法律学についてはAdam S. Chilton and Eric A. Posner, "An Empirical Study of Political Bias in Legal Scholarship," Coase-Sandor Institute for Law and Economics Research Paper No. 696, University of Chicago, August 2014を参照。
102. Anemona Hartocollis, "College Students Protest, Alumni's Fondness Fades and Checks Shrink," New York Times, August 4, 2016.
103. Paul Brest and Hal Harvey, Money Well Spent (New York: Bloomberg Press, 2008).
104. West, Billionaires, 85.
105. Glenn Reynolds, "Scott Walker's National Education Effect," USA Today, February 15, 2015. 一方で、学位の経済的恩恵を示す証拠もある。詳しくはPew Research Center, "The Rising Cost of Not Going to College," February 11, 2014, accessed at http://www.pewsocialtrends.org/2014/02/11/the-rising-cost-of-not-going-to-college/ を参照して欲しい。
106. The Thiel Fellowship's June 2015 press release archived at http://www.thielfellowship.org/2015/06/2015-thiel-fellows-press-release/を参照。
107. Kristolのインタビューの記録は以下でアクセス可能。http://conversationswithbillkristol.org/wp-content/uploads/2014/09/Thiel_conversations_transcript.pdf
108. Peter Thiel, "Thinking Too Highly of Higher Ed," Washington Post, November 21, 2014; Conor Friedersdorf, "Peter Thiel Compares Elite Education to a Night Club with a Long Line," The Atlantic, June 1, 2015.
109. Weber, "Science as a Vocation," 125 and 128.
110. Corey Robin, "How Intellectuals Create a Public," Chronicle of Higher Educa-

ence Conquered Washington," Vox, September 2, 2014.
80. Greg Lukianoff and Jonathan Haidt, "The Coddling of the American Mind," The Atlantic, September 2015.
81. Morton Schapiro, "The New Face of Campus Unrest," Wall Street Journal, March 18, 2015; Judith Shulivetz, "In College and Hiding from Scary Ideas," New York Times, March 21, 2015; Edward Schlosser, "I'm a Liberal Professor, and My Liberal Students Terrify Me," Vox, June 3, 2015; Nathan Heller, "The Big Uneasy," New Yorker, May 30, 2016を参照。
82. Laura Kipnis, "My Title IX Inquisition," Chronicle of Higher Education, May 29, 2015; Jake New, "Defunding for Diversity," Inside Higher Ed, September 23, 2015; Catherine Rampell, "Free Speech is Flunking Out on College Campuses," Washington Post, October 22, 2015.
83. 実際の統計についてはLouis Menand, The Marketplace of Ideas (New York: W. W. Norton, 2010); Benjamin Ginsberg, The Fall of the Faculty: The Rise of the All-Administrative University and Why It Matters (New York: Oxford University Press, 2011); Mark C. Taylor, Crisis on Campus (New York: Knopf, 2011); William Deresiewicz, Excellent Sheep: The Miseducation of the American Elite and the Way to a Meaningful Life (New York: Simon and Schuster, 2014)を参照。
84. Deresiewicz, Excellent Sheep.
85. William Deresiewicz, "The Neoliberal Arts," Harper's, September 2015.
86. Fredrik DeBoer, "Closed Campus," New York Times Magazine, September 13, 2015. あわせて、Rebecca Schuman, "College Students Are Not Customers," Slate, May 20, 2015; Jeffrey Di Leo, "Public Intellectuals, Inc.," Inside Higher Ed, February 4, 2008; Ginsberg, The Fall of the Facultyも参照。
87. Lukianoff and Haidt, "The Coddling of the American Mind."
88. Jessica Carrick-Hagenbarth and Gerald A. Epstein, "Dangerous Interconnectedness: Economists' Conflicts of Interest, Ideology and Financial Crisis," Cambridge Journal of Economics 36 (January 2012): 43-63. See also Neil Parmar, "Beware of 'Independent' Investing Research," Wall Street Journal, August 15, 2010.
89. Benedict Carey and Pam Belluck, "Doubts about Study of Gay Canvassers Rattle the Field," New York Times, May 25, 2015.
90. Adam Marcus and Ivan Oransky, "What's Behind Big Science Frauds?," New York Times, May 22, 2015.
91. Andrew C. Chang and Phillip Li, "Is Economics Research Replicable? Sixty Published Papers from Thirteen Journals Say 'Usually Not,' " Finance and Economics Discussion Series 2015-083, Board of Governors of the Federal Reserve System, October 2015, http://dx.doi.org/10.17016/FEDS.2015.083,3
92. Open Science Collaboration, "Estimating the Reproducibility of Psychological Science," Science 349 (August 28, 2015): 4716. この件をめぐるマスコミの報道についてはBenedict Carey, "Many Psychology Findings Not as Strong as Claimed, Study Says," New York Times, August 27, 2015を、批判についてはDaniel Gilbert, Gary King, Stephen Pettigrew, and Timothy Wilson, "Comment on 'Estimating the Reproducibility of Psychological Science,' " Science 351 (March 4,

October 14, 2005; Robert Boynton, "Attack of the Career-Killing Blogs," Slate, November 16, 2005.

65. Ivan Tribble, "Bloggers Need Not Apply," Chronicle of Higher Education, July 8, 2005; Tribble, "They Shoot Messengers, Don't They?," Chronicle of Higher Education, September 2, 2005; Jeffrey Young, "How Not to Lose Face on Facebook, for Professors," Chronicle of Higher Education, February 6, 2009. こうした警告には、年長の学者を怒らせる危険性や、学界の政治的傾向、あるいは、学術活動以外に多くの時間を割くことがいかに学者の本分を損なうか、などの内容が含まれている。詳細についてはChristine Hurt and Tung Yin, "Blogging While Untenured and Other Extreme Sports," Washington University Law Review 84 (April 2006): 1235-1255を参照されたい。事実、こうしたプレッシャーによって、ブログをやめた学者もいる。これについてはJames Lang, "Putting the Blog on Hold," Chronicle of Higher Education, January 12, 2007を参照して欲しい。また、新しい形態のメディアを本来の学術活動に組み込むにはコストがかかりすぎると主張する学者もいる。これについてはBrandon Withrow, "Not Your Father's Ph.D.," Chronicle of Higher Education, April 18, 2008を参照。
66. Cheryl Boudreau, "Read but Not Heard? Engaging Junior Scholars in Efforts to Make Political Science Relevant," PS: Political Science and Politics 48 (September 2015): 51.
67. Vavreck and Friess, "An Interview with Lynn Vavreck," 44. あわせて、Walt, "How to Get Tenure." も参照。
68. Boudreau, "Read but Not Heard?"
69. Charli Carpenter and Daniel W. Drezner, "International Relations 2.0: The Implications of New Media for an Old Profession," International Studies Perspectives 11 (August 2010): 255-272.
70. John Kenneth Galbraith, "Writing, Typing, and Economics," The Atlantic, March 1978, 104.
71. Boudreau, "Read but Not Heard?," 52.
72. Galbraith, "Writing, Typing, and Economics." See also Kieran Healy, "Fuck Nuance," Sociological Theory, forthcoming.
73. また、私の経験上、学者とは「何をいっているのか理解できない」という言葉を口が裂けてもいいたがらない人々である。
74. Theda Skocpol, "How the Scholars Strategy Network Helps Academics Gain Public Influence," Perspectives on Politics 12 (September 2014): 695-703.
75. Lawrence Mead, "Scholasticism in Political Science," Perspectives on Politics 8 (June 2010), 459.
76. 調査結果についてはhttps://trip.wm.edu/reports/2014/rp_2014/index.phpを参照。
77. Daniel Maliniak, Sue Peterson, and Michael Tierney, "TRIP Around the World," accessed at http://www.wm.edu/offices/itpir/documents/trip/trip_around_the_world_2011.pdf
78. James Fearon, "Data on the Relevance of Political Scientists to the NYT," Washington Post, February 23, 2014.
79. Ezra Klein, "Poli Sci 101: Presidential Speeches Don't Matter, and Lobbyists Don't Run D.C," Washington Post, September 12, 2010; Klein, "How Political Sci-

48. David Milne, “America’s ‘Intellectual’ Diplomacy,” International Affairs 86 (January 2010): 49-68.
49. Lynn Vavreck and Steve Friess, “An Interview with Lynn Vavreck,” PS: Political Science and Politics 48 (September 2015): 43-46; Stephen M. Walt, “How to Get Tenure,” Foreign Policy, February 17, 2016.
50. 学問の政治への影響を研究しているはずの公共政策大学院ですら、この認識は変わらない。
51. 未来を考えるなら、学界の刊行物とそれに興味を持つジャーナリストたちをつなぐために、大学関係者が率先して資金を集める必要がある。また、逆に、実業界のジャーナリストが学者に対して金融レポートを提供するというのもありかもしれない。
52. 具体例については以下を参照。Douglas A. Borer, “Rejected by the New York Times? Why Academics Struggle to Get Published in National Newspapers,” International Studies Perspectives 7 (September 2006): vii-x.
53. Victoria Claytonによる、Steven Pinkerの言葉の引用。“Why Academics Stink at Writing,” Chronicle of Higher Education, September 26, 2014, , “The Needless Complexity of Academic Writing,” The Atlantic, October 26, 2015.
54. 具体例については以下を参照。Peter Dreier, “Academic Drivel Report,” The American Prospect, February 22, 2016.
55. 私は“lede”、“tk”、“kicker”といったおもに書籍で使われる用語が大衆誌でも理解されるよう、多くの文章を書いてきたが、それでもこうした言葉は一般の人にはややこしいと思われるかもしれない。
56. Vavreck and Friess, “An Interview with Lynn Vavreck,” 43.
57. Rose McDermott, “Learning to Communicate Better with the Press and the Public,” PS: Political Science and Politics 48 (September 2015): 86.
58. George Orwell, “Politics and the English Language,” in Why I Write (New York: Penguin Books, 1984), 120.
59. 大統領選でのDonald Trumpの隠れた強みは、たとえ一部の発言が事実に基づかない不正確なものだったとしても、彼の言葉が有権者の心を打ったことにある。詳細については、Salena Zito, “Take Trump Seriously, Not Literally,” The Atlantic, September 23, 2016を参照されたい。
60. また、ワシントン・ポストは、『フォーリン・ポリシー』を辞めたあとの私の雇用先でもある。
61. 具体例については以下を参照。Kieran Healy, “Public Sociology in the Age of Social Media,” Perspectives on Politics, forthcoming.
62. Walt, “The Relationship between Theory and Policy in International Relations,” 38.
63. 私のケースはけっして例外ではない。これよりもさらに5年前に、Kathleen McNamaraも『Foreign Affairs』に記事を執筆したことに対してプリンストン大学から同様の叱責を受けている。こうした事情についてはAlexander Kafka, “How the Monkey Cage Went Ape,” Chronicle of Higher Education, January 10, 2016を参照されたい。
64. Scott Jaschik, “Too Much Information?,” Inside Higher Ed, October 11, 2005; Steve Johnson, “Did Blogging Doom Prof ’s Shot at Tenure?,” Chicago Tribune,

171; Nye, Bound to Lead: The Changing Nature of American Power (New York: Basic Books, 1990); Samuel Huntington, "The Clash of Civilizations?," Foreign Affairs 72 (Summer 1993): 22-49; Huntington, The Clash of Civilizations and the Remaking of World Order (New York: Simon and Schuster, 1996); Michael Brown, Sean Lynn-Jones, and Steven Miller, eds., Debating the Democratic Peace (Cambridge, MA: MIT Press, 1996); Charles Krauthammer, "The Unipolar Moment," Foreign Affairs 70 (1990/1991): 23-33.

33. Stephen Walt, "Theory and Policy in International Relations: Some Personal Reflections," Yale Journal of International Affairs 7 (September 2012): 39.
34. Nyeは「ソフト・パワー」だけで何冊も本を出版し、Huntingtonは「文明の衝突」をテーマにした複数のシンポジウムに参加してさらに過激な続編を書いた。Fukuyamaに至っては「歴史の終わり」の誕生記念を祝うエッセイまで執筆し、民主的平和論の妥当性をめぐる議論はここ数十年にわたって国際関係学の主要なトピックでありつづけている。
35. Christopher J. Fettweis, "Evaluating IR's Crystal Balls: How Predictions of the Future Have Withstood Fourteen Years of Unipolarity," International Studies Review 6 (Winter 2004): 79-104.
36. Steven Pinker, The Better Angels of Our Nature: The Decline of Violence in History and Its Causes (London: Penguin, 2011); Joshua S. Goldstein, Winning the War on War: The Decline of Armed Conflict Worldwide (New York: Penguin, 2011).
37. この言葉はSteven Del Rosso, "Our New Three Rs: Rigor, Relevance, and Readability," Governance 28 (April 2015): 127に引用されている。
38. Francis Fukuyama, Political Order and Political Decay (New York: Farrar Strauss Giroux, 2014).
39. Joseph Nye, "The Decline of America's Soft Power," Foreign Affairs 83 (May/June 2004): 16-21.
40. King, "The Decline of International Studies."
41. Daniel W. Drezner, "The Realist Tradition in American Public Opinion," Perspectives on Politics 6 (March 2008): 51-70; John E. Rielly, ed., American Public Opinion and U.S. Foreign Policy 1999 (Chicago: Chicago Council on Foreign Relations, 1999), 8.
42. David Abel, "War's Fall from Grace," Boston Globe, January 30, 2001.
43. Chaim Kaufmann, "Threat Inflation and the Failure of the Marketplace of Ideas: The Selling of the Iraq War," International Security 29 (Summer 2004): 45.
44. Fred Kaplan, The Insurgents: David Petraeus and the Plot to Change the American Way of War (New York: Simon and Schuster, 2013).
45. "The Minerva Initiative," accessed at http://minerva.dtic.mil/overview.html
46. 2008年7月14日にAssociation of American UniversitiesでGatesがおこなったこのスピーチは以下で閲覧できる。http://archive.defense.gov/Speeches/Speech.aspx?SpeechID=128 あわせて、Patricia Cohen, "Pentagon to Consult Academics on Security," New York Times, June 18, 2008も参照。
47. Cohen, "Pentagon to Consult Academics on Security." あわせて、Scott Jaschik, "Embedded Conflicts," Inside Higher Ed, July 7, 2015も参照。

Daedalus 101 (Spring 1972): 21-34; Thomas Mahnken, "Bridging the Gap between the Worlds of Ideas and Action," Orbis 54 (Winter 2010): 4-13.

17. Robert Jervis, "Security Studies: Ideas, Policy, and Politics," in The Evolution of Political Knowledge: Democracy, Autonomy and Conflict in Comparative and International Politics, ed. Edward Mansfield and Richard Sisson (Columbus: Ohio State University Press, 2004), 101.
18. Charles King, "The Decline of International Studies," Foreign Affairs 94 (July/August 2015): 90.
19. Fred Kaplan, The Wizards of Armageddon (New York: Simon and Schuster, 1983); William Poundstone, Prisoner's Dilemma (New York: Doubleday, 1992); Lowen, Creating the Cold War University; S. M. Amadae, Rationalizing Capitalist Democracy: The Cold War Origins of Rational Choice Liberalism (Chicago: University of Chicago Press, 2003).
20. Theodore White, "The Action Intellectuals," Life, June 9, 1967, 48.
21. Irving Howe, "This Age of Conformity," Partisan Review 21(1): 13 and 26.
22. Seymour Martin Lipset and Richard Dobson, "The Intellectual as Critic and Rebel: With Special Reference to the United States and the Soviet Union," Daedalus 101 (Summer 1972): 137-198. また、ニューヨーク知識人の言論市場からの排除についても誇張される傾向にある。詳細についてはIrving Howe, "The New York Intellectuals: A Chronicle and a Critique," Commentary, October 1, 1968を参照。
23. Noam Chomsky, "The Responsibility of Intellectuals," New York Review of Books, February 23, 1967.
24. Brooks, Bobos in Paradise, 142-145を参照。
25. Andrew Bennett and G. John Ikenberry, "The Review's Evolving Relevance for US Foreign Policy 1906-2006," American Political Science Review 100 (November 2006): 651-658.
26. Gregg HerkenによるSchellingの言葉の引用。Counsels of War (New York: Knopf, 1985), 313.
27. Jacoby, The Last Intellectuals, 190.
28. Shils, "Intellectuals, Tradition, and the Traditions of Intellectuals" ; Mark Lilla, The Reckless Mind: Intellectuals in Politics (New York: NYRB, 2001).
29. Lipset and Dobson, "The Intellectual as Critic and Rebel," 146-47.
30. あわせて、Stephen Walt, "The Relationship between Theory and Policy in International Relations," Annual Review of Political Science 8 (2005): 41; Ernest J. Wilson III, "Is There Really a Scholar-Practitioner Gap? An Institutional Analysis," PS: Political Science and Politics 40 (January 2007): 147-151も参照。
31. Daniel Byman and Matthew Kroenig, "Reaching beyond the Ivory Tower: A How To Manual," Security Studies 25 (May 2016): 309.
32. Francis Fukuyama, "The End of History?," The National Interest 16 (Summer 1989): 3-18; Fukuyama, The End of History and the Last Man (New York: Free Press, 1992); John J. Mearsheimer, "Why We Will Soon Miss the Cold War," The Atlantic Monthly 266 (August 1990): 35-50; Mearsheimer, "Back to the Future: Instability in Europe after the Cold War," International Security 15 (Summer 1990): 5-56; Joseph Nye, "Soft Power," Foreign Policy 80 (Autumn 1990): 153-

3. Vernon Louis Parrrington, Main Currents in American Thought, Volume III (New York: Harcourt, Brace, 1930), xxvii. この言葉はRobert S. Lynd, Knowledge for What: The Place of Social Science in American Culture (Princeton, NJ: Princeton University Press, 1939), 4にも引用されている。
4. Josh Marshall, "Goodbye to All That— Why I Left the Academic Life," Talking Points Memo, February 24, 2014.
5. このツイートのURLは次の通り。https://twitter.com/RichardHaass/status/435605662199201793; https://twitter.com/djrothkopf/status/435028506984980480 当時、『Foreign Policy』の編集を担当し、毎週コラムを連載していた私にとって、ロスコフのこの発言は驚きだった。ロスコフと無用な議論はしたくなかったので、このあと私はすぐに『Foreign Policy』を辞めた。
6. Erik Voeten, "Dear Nicholas Kristof: We Are Right Here!," Washington Post, February 15, 2014.
7. 同上。あわせて、Samuel Goldman, "Where Have All the Public Intellectuals Gone?," The American Conservative, February 17, 2014; Corey Robin, "Look Who Nick Kristof 's Saving Now," February 16, 2014, accessed at http://coreyrobin.com/2014/02/16/look-who-nick-kristofs-saving-now/; Wei Zhu, "Are Academics Cloistered?," The Immanent Frame (blog), March 5, 2014, accessed at http://blogs.ssrc.org/tif/2014/03/05/areacademics-cloistered/ も参照。
8. 具体例については以下を参照。Michael Horowitz, "What Is Policy Relevance?," War on the Rocks, June 17, 2015.
9. Erica Chenoweth, "A Note on Academic (Ir)relevance," Political Violence at a Glance (blog), February 17, 2014, accessed at http://politicalviolenceataglance.org/2014/02/17/a-note-on-academicirrelevance/
10. 最初の発言は、Kristofがフェイスブック上で発表した、例のコラムに対するコメントから引用した。https://www.facebook.com/kristof/posts/10153827908840389; Joshua Rothman, "Why Is Academic Writing so Academic?," The New Yorker, February 20, 2014; また、最後の言葉は2015年7月10日のKristofとの個人的なメールのやりとりから引用した。
11. Russell Jacoby, The Last Intellectuals: American Culture in the Age of Academe (New York: Basic Books, 1987), 5. 同様の主張は近年になってもくり返されている。詳細はCraig Timberg, Culture Crash: The Killing of the Creative Class (New Haven, CT: Yale University Press, 2015)を参照。
12. Jacoby, The Last Intellectuals, 220.
13. Bruce Kuklick, Blind Oracles: Intellectuals and War from Kennan to Kissinger (Princeton, NJ: Princeton University Press, 2006), chapter 1; Michael Desch, The Relevance Question: Social Science's Inconstant Embrace of Security Studies, forthcoming.
14. Rebecca Lowen, Creating the Cold War University (Los Angeles: University of California Press, 1997).
15. C. Wright Mills, The Power Elite (New York: Oxford University Press, 1958), 217.
16. Lowen, Creating the Cold War University; Edward Shils, "Intellectuals, Tradition, and the Traditions of Intellectuals: Some Preliminary Considerations,"

Think People Are Wealthier, and Why It Matters: From Social Sampling to Redistributive Attitudes," Psychological Science 26 (September 2015): 1389-1400.
118. Stéphane Côté, Julian Hose, and Robb Willer, "High Economic Inequality Leads Higher-Income Individuals to Be Less Generous," Proceedings of the National Academy of Sciences 112 (November 2015): 15838-15843.
119. Leila JanahによるMuskの言葉の引用。"Shouldn't We Fix Poverty before Migrating to Mars?," Medium, May 27, 2015, accessed at https://medium.com/@leilajanah/migration-is-the-story-of-my-life-my-parents-and-grandparentsjourneyed-across-four-continents-to-2ef2ced74bf#.yx7wtrxyq
120. Thomas Perkins, "Progressive Kristallnacht Coming?," letter to the Wall Street Journal, January 24, 2014. 関連する例としてはMonica Langley, "Texas Billionaire Doles Out Election's Biggest Checks," Wall Street Journal, January 22, 2013を参照。
121. 詳細についてはGreg Ferenstein, "What Silicon Valley Really Thinks about Politics," Medium, November 6, 2015, accessed at https://medium.com/the-ferenstein-wire/what-silicon-valley-really-thinks-about-politicsan-attempted-measurement-d37ed96a9251#.yvzcssoo2を参照。
122. Daniel W. Drezner, All Politics Is Global (Princeton, NJ: Princeton University Press, 2007)を参照。
123. George Packer, "Change the World," New Yorker, May 27, 2013. あわせて、Evgeny Morozov, To Save Everything, Click Here (New York: PublicAffairs, 2013); and David Roberts, "Tech Nerds Are Smart. But They Can't Seem to Get Their Heads around Politics," Vox, August 27, 2015も参照。
124. David Frum, "The Great Republican Revolt," The Atlantic, January–February 2016.
125. Richard Hoftstadter, Anti-Intellectualism in American Life (New York: Random House, 1962); Samuel Huntington, American Politics: The Promise of Disharmony (Cambridge, MA: Belknap, 1981).
126. Edward G. Andrew, Patrons of Enlightenment (Toronto: University of Toronto Press, 2006).
127. Daniel Hirschman, "Stylized Facts in the Social Sciences," Sociological Science 3 (July 2016): 604-626.
128. Drezner, The System Worked, 191.
129. Nathan Heller, "Listen and Learn," New Yorker, July 9, 2012.

第3章

1. Nicholas Kristof, "Professors, We Need You!," New York Times, February 15, 2014.
2. Alan Wolfe, "Reality in Political Science," Chronicle of Higher Education, November 4, 2005; Joseph Nye, "Scholars on the Sidelines," Washington Post, April 13, 2009; Robert Gallucci, "How Scholars Can Improve International Relations," Chronicle of Higher Education, November 26, 2012.

各州共通カリキュラムについてはLyndsey Layton, "How Bill Gates Pulled Off the Swift Common Core Revolution," Washington Post, June 7, 2014を参照されたい。
100. Richard Pérez-Pena, "Facebook Founder to Donate $100 Million to Help Remake Newark's Schools," New York Times, September 22, 2010; Amit Chowdhry, "Mark Zuckerberg Starts a Book Club as His New Year's Resolution," Forbes, January 5, 2015.
101. Stephen Foley, "Lunch with the FT: Charles Koch," Financial Times, January 8, 2016.
102. 具体例については以下を参照。Andrew Carnegie, "Wealth," North American Review 148 (June 1889): 653-664.
103. この言葉はPaul Weingarten, "Chicago's Billion-Dollar Baby," Chicago Tribune, May 9, 1982に引用されている。一方、近代の富裕層は最初の世代から「生前贈与」をして、自分が掲げる特定の政策目標を追求する傾向が強いのは多いのは注目に値する。詳細についてはCarnegie, "Wealth." を参照されたい。また、さらに極端な例としてはInderjeet Parmar, Foundations of the American Century (New York: Columbia University Press, 2012)がある。
104. Adam Meyerson, "When Philanthropy Goes Wrong," Wall Street Journal, March 9, 2012. あわせてNaomi Schaefer Riley and James Piereson, "What Today's Philanthropoids Could Learn from Andrew Carnegie," National Review, December 22, 2015も参照。
105. Sean Parker, "Philanthropy for Hackers," Wall Street Journal, June 26, 2015.
106. ベンチャーフィランソロピーの社会的意義の詳細についてはMatthew Bishop and Michael Green, Philanthrocapitalism: How the Rich Can Save the World (New York: Bloomsbury Press, 2008); and Darrell West, Billionaires: Reflections on the Upper Crust (Washington, DC: Brookings Institution Press, 2014)を参照。
107. Rogers, "Why Philanthro-Policymaking Matters," 378.
108. この言葉はStanley, "Silicon Valley's New Philanthropy." に引用されている。
109. Gautam Mukunda, "The Price of Wall Street's Power," Harvard Business Review 92 (June 2014): 77.
110. Steven Teles, "Foundations, Organizational Maintenance, and Partisan Asymmetry," PS: Political Science and Politics 49 (July 2016): 457. あわせて、Jeffrey Berry, "Negative Returns: The Impact of Impact Investing on Empowerment and Advocacy," PS: Political Science and Politics 49 (July 2016): 437-441も参照。
111. Kavita Ramdas, "Philanthrocapitalism: Reflections on Politics and Policy Making," Society 48 (September 2011): 395.
112. West, Billionaires, 9.
113. Page, Bartels, and Seawright, "Democracy and the Policy Preferences of Wealthy Americans."
114. 具体例については以下を参照。Robert Frank, "For the New Superrich, Life is Much More Than a Beach," New York Times, June 20, 2015.
115. Freeland, Plutocrats, 67.
116. 同上。West, Billionairesも参照。
117. Rael J. Dawtry, Robbie M. Sutton, and Chris G. Sibley, "Why Wealthier People

per, George Washington University, April 2016.

85. Thomas Piketty, Capital in the Twenty-First Century (Cambridge, MA: Belknap Press, 2014), Figure 8.5.
86. 同上, Figure 8.6.
87. Brenda Cronin, "Some 95% of 2009-2012 Income Gains Went to Wealthiest 1%," Wall Street Journal, September 10, 2013.
88. Atif Mian and Amir Sufi, "Measuring Wealth Inequality," House of Debt (blog), March 29, 2014, accessed at http://houseofdebt.org/2014/03/29/measuring-wealth-inequality.html; あわせてDerek Thompson, "How You, I, and Everyone Got the Top 1 Percent All Wrong," The Atlantic, March 30, 2014も参照。
89. Credit Suisse Research Institute, Global Wealth Report 2014, 28-30.
90. 同上, 27.
91. Elhannan Helpman, The Mystery of Economic Growth (Cambridge, MA: Belknap Press, 2004); Piketty, Capital in the Twenty-First Century.
92. このテーマをめぐる興味深い議論について知りたい方は以下を参照されたい。Daron Acemoglu and James Robinson, "The Rise and Decline of General Laws of Capitalism," Journal of Economic Perspectives 29 (January 2015): 3-28; and Thomas Piketty, "Putting Distribution Back at the Center of Economics: Reflections on Capital in the Twenty-First Century," Journal of Economic Perspectives 29 (January 2015): 67-88.
93. Fay Lomax Cook, Benjamin I. Page, and Rachel Moskowitz, "Political Engagement by Wealthy Americans," Political Science Quarterly 129 (Fall 2014): 396.
94. Benjamin I. Page, Larry M. Bartels, and Jason Seawright, "Democracy and the Policy Preferences of Wealthy Americans," Perspectives on Politics 11 (March 2013): 54-55.
95. Nicholas Confessore, "The Families Funding the 2016 Election," New York Times, October 10, 2015. さらに一般的なものとしてはBenjamin I. Page, Jason Seawright, and Matthew LaCombe, "Stealth Politics by U.S. Billionaires," paper presented at the 2015 annual meeting at the American Political Science Association, San Francisco, CAを参照。
96. Matea Gold and Anu Narayanswany, "The New Gilded Age: Close to Half of All Super-PAC money Comes from 50 Donors," Washington Post, April 15, 2016.
97. Gallup, "Satisfaction with the United States," available at http://www.gallup.com/poll/1669/general-mood-country.aspx.
98. David Rothkopf, Superclass (New York: Farrar Strauss Giroux, 2008); Rubin Rogers, "Why Philanthro-Policymaking Matters," Society 48 (September 2011): 376-381; Chrystia Freeland, Plutocrats (New York: Penguin, 2012); Gara Lamarche, "Democracy and the Donor Class," Democracy 34 (Fall 2014): 48-59; Alessandra Stanley, "Silicon Valley's New Philanthropy," New York Times, October 31, 2015; Kristin Goss, "Policy Plutocrats: How America's Wealthy Seek to Influence Governance," PS: Political Science and Politics 49 (July 2016): 442-448.
99. ビッグヒストリープロジェクトと各州共通カリキュラムに対するゲイツの思い入れについては以下を参照。Andrew Ross Sorkin, "So Bill Gates Has This Idea for a History Class …," New York Times Magazine, September 5, 2014. とくに

Political Misperceptions," Political Behavior 32 (June 2010): 303-330.
68. Dinesh D'Souza, Illiberal Education: The Politics of Race and Sex on Campus (New York: Free Press, 1991).
69. Mark Stricherz, "What Happened to Dinesh D'Souza?," The Atlantic, July 25, 2014.
70. Dinesh D'Souza, The End of Racism (New York: Free Press, 1995); D'Souza, The Enemy at Home: The Cultural Left and its Responsibility for 9/11 (New York: Doubleday, 2007); D'Souza, The Roots of Obama's Rage (New York: Regnery, 2010); D'Souza, Obama's America: Unmaking the American Dream (New York: Regnery, 2012).
71. Evgenia Peretz, "Dinesh D'Souza's Life after Conviction," Vanity Fair, May 2015. Andrew Sullivanによれば、D'Souzaがこの本を書いたあと、『New Republic』では彼のことを「ディストート・ディニューサ」(事実をゆがめる者) と呼ぶようになったという。
72. Andrew Ferguson, "The Roots of Lunacy," The Weekly Standard, October 25, 2010.
73. Peretz, "Dinesh D'Souza's Life after Conviction."
74. Stricherz, "What Happened to Dinesh D'Souza?"
75. Sam Tannenhaus, "Dinesh D'Souza Is Planning His Prison Memoir," New Republic, September 16, 2014.
76. 講演会をめぐる経済事情については第7章を参照して欲しい。
77. Jonathan Mahler, "Heady Summer, Fateful Fall for Dinesh D'Souza, a Conservative Firebrand," New York Times, July 24, 2014.
78. David Weigel, "Dinesh D'Souza and the Soft Bigotry of Low Expectations," Slate, July 25, 2014.
79. 具体例については以下を参照。Ramesh Ponnuru, "Explaining Obama," Claremont Review, May 2, 2011.
80. Pamela Geller, "The Political Persecution of Dinesh D'Souza," Breitbart, July 15, 2015; Andrew McArthy, "How Dinesh D'Souza Became a Victim of Obama's Lawless Administration," National Review, December 19, 2015.
81. Charles A. Kupchan and Peter L. Trubowitz, "Dead Center: The Demise of Liberal Internationalism in the United States," International Security 32 (Fall 2007): 7-44; Joshua W. Busby and Jonathan Monten, "Without Heirs? Assessing the Decline of Establishment Internationalism in US Foreign Policy," Perspectives on Politics 6 (September 2008): 451-472; Helen V. Milner and Dustin H. Tingley, "Who Supports Global Economic Engagement? The Sources of Preferences in American Foreign Economic Policy," International Organization 65 (January 2011): 37-68;
82. Kupchan and Trubowitz, "Dead Center," 9.
83. Dina Smeltz, Ivo Daalder, Karl Friedhoff, and Craig Kafura, America Divided: Political Partisanship and US Foreign Policy (Chicago: Chicago Council on Global Affairs, 2015).
84. Alexandra Guisinger and Elizabeth Saunders, "Mapping the Boundaries of Elite Cues: How Elites Shape Mass Opinion Across International Issues," working pa-

can Political Science Review 95 (September 2001): 619-631も参照。
51. Pew Research Center, "Political Polarization in the American Public."
52. Andrew Garner and Harvey Palmer, "Polarization and Issue Consistency over Time," Political Behavior 33 (June 2011): 225-246; Edward Carmines, Michael Ensley, and Michael Wagner, "Who Fits the Left-Right Divide? Partisan Polarization in the American Electorate," American Behavioral Scientist 56 (October 2012): 1631-1653; Seth J. Hill and Chris Tausanovitch, "A Disconnect in Representation? Comparison of Trends in Congressional and Public Polarization," Journal of Politics 77 (December 2015): 1058-1075.
53. Lilliana Mason, " 'I Disrespectfully Agree' : The Differential Effects of Partisan Sorting on Social and Issue Polarization," American Journal of Political Science 59 (January 2015): 128-145.
54. Shanto Iyengar, Gaurav Sood, and Yphtach Lelkes. "Affect, not Ideology: A Social Identity Perspective on Polarization," Public Opinion Quarterly 76 (Fall 2012): 405-431.
55. Daron Shaw, "If Everyone Votes Their Party, Why Do Presidential Election Outcomes Vary So Much?," The Forum 10 (October 2012).
56. Pew, "Political Polarization in the American Public."
57. Shanto Iyengar and Sean Westwood, "Fear and Loathing across Party Lines: New Evidence on Group Polarization," American Journal of Political Science 59 (July 2015): 690-707.
58. この言葉はMarc Fisher, "The Evolution of David Brooks," Moment, January/February 2016に引用されている。
59. Cass Sunstein, Republic.com 2.0 (Princeton, NJ: Princeton University Press, 2009).
60. Julian Sanchez, "Frum, Cocktail Parties, and the Threat of Doubt," March 26, 2010, accessed at http://www.juliansanchez.com/2010/03/26/frum-cocktail-parties-and-the-threat-of-doubt/
61. Paul Krugman, "Other Stuff I Read," New York Times, March 8, 2011.
62. 2014年8月にワシントンDCでおこなわれたAmerican Political Science Associationの年次会議で発表されたAndrea Nuesser, Richard Johnston, and Marc A. Bodet, "The Dynamics of Polarization and Depolarization: Methodological Considerations and European Evidence," と、2013年8月にシカゴでおこなわれた同団体の年次会議で発表されたLarry M. Bartels, "Party Systems and Political Change in Europe," より。
63. Tom Pepinsky, "The Global Economic Crisis and the Politics of Non-Transitions," Government and Opposition 47 (April 2012): 135-161.
64. Clifford Bob, The Global Right Wing and the Clash of World Politics (New York: Cambridge University Press, 2012).
65. Gabrielle Tétrault-Farber, "Russian, European Far-Right Parties Converge in St. Petersburg," Moscow Times, March 22, 2015; Rosie Gray, "U.S. Journalist Regrets Attending Conspiracy Conference in Tehran," BuzzFeed, October 6, 2014.
66. ただ、自分とは違う党派に属する知識人でも、相手がその党派の規律を破って、特定の問題に対して自分と同じ主張をしている場合にはこの限りではない。
67. Brendan Nyhan and Jason Reifler, "When Corrections Fail: The Persistence of

36. Christopher Hayes, Twilight of the Elites: America after Meritocracy (New York: Crown Books, 2012), 13 and 25.
37. Yuval Levin, "The Next Conservative Movement," Wall Street Journal, April 15, 2016.
38. Tom Nichols, "The Death of Expertise," The Federalist, January 17, 2014.
39. Benjamin Page with Marshall Bouton, The Foreign Policy Disconnect (Chicago: University of Chicago Press, 2006)を参照。
40. Lawrence Jacobs and Benjamin Page, "Who Influences U.S. Foreign Policy?," American Political Science Review 99 (February 2005): 113.
41. ジャーナリストについてはZixue Tai and Tsan-Kuo Chanfe, "The Global News and the Pictures in their Heads," Gazette: The International Journal For Communications Studies 64 (June 2002): 251-265を、学者についてはSusan Peterson, Michael Tierney, and Daniel Maliniak, "Inside the Ivory Tower," Foreign Policy 151 (November/December 2005): 58-63を、ビジネスマンについてはPricewaterhouseCoopers, "9th Annual Global CEO Survey," January 2006を参照。
42. Francis Fukuyama, America at the Crossroads (New Haven, CT: Yale University Press. 2006); Jacob Heilbrunn, They Knew They Were Right: The Rise of the Neocons (New York: Doubleday, 2008).
43. Richard Burt and Dmitri Simes, "Foreign Policy by Bumper Sticker," The National Interest, August 17, 2015.
44. 「死んだドグマ」の詳細についてはMillの『On Liberty』を参照。
45. Christopher Hitchens, "The Plight of the Public Intellectual," Foreign Policy 166 (May/June 2008): 64.
46. Gordon Gauchat, "Politicization of Science in the Public Sphere: A Study of Public Trust in the United States, 1974 to 2010," American Sociological Review 77 (April 2012): 167-187; Gauchat, "The Political Context of Science in the United States: Public Acceptance of Evidence-Based Policy and Science Funding," Social Forces (February 2015): 1-24.
47. 前者についてはJacob Hacker and Paul Pierson, Off Center: The Republican Revolution and the Erosion of American Democracy (New Haven, CT: Yale University Press, 2005); and Thomas Mann and Norman Ornstein, It's Even Worse Than It Looks: How the American Constitutional System Collided with the New Politics of Extremism (New York: Basic Books, 2012)を、後者についてはStefan Halper and Jonathan Clarke, The Silence of the Rational Center (New York: Basic Books, 2007)を参照。
48. Marina Azzimonti, "Partisan Conflict," Federal Reserve Bank of Philadelphia Working Paper No. 14-19, June 2014.
49. Pew Research Center, "Political Polarization in the American Public," June 12, 2014, available at http://www.people-press.org/2014/06/12/political-polarization-in-the-american-public/
50. Joseph Bafumi and Michael C. Herron, "Leapfrog Representation and Extremism: A Study of American Voters and Their Members in Congress," American Political Science Review 104 (September 2010): 519-542; あわせて、Marc J. Hetherington, "Resurgent Mass Partisanship: The Role of Elite Polarization," Ameri-

19. Institute of Politics, Survey of Young Americans' Attitudes Toward Politics and Public Service: 25th Edition, Harvard University, April 29, 2014, accessed at http://www.iop.harvard.edu/sites/default/files_new/Harvard_ExecSummarySpring2014.pdf, 17-20. あわせて、Yascha Mounk and Roberto Foa, "The Democratic Disconnect," Journal of Democracy 27 (July 2016): 5-17も参照
20. Gallup, "75% in U.S. See Widespread Government Corruption."
21. Gallup, "Honesty/Ethics in Professions," accessed at http://www.gallup.com/poll/1654/honesty-ethics-professions.aspx
22. Smith and Son, Trends in Public Attitudes about Confidence in Institutions.
23. 同上。
24. National Science Board, Science and Engineering Indicators 2014, accessed at http://www.nsf.gov/statistics/seind14/content/chapter-7/chapter-7.pdf, 32.
25. Cary Funk and Lee Rainie, "Public and Scientists' Views on Science and Society," Pew Research Center, January 29, 2015, accessed at http://www.pewinternet.org/2015/01/29/public-and-scientists-views-on-science-andsociety/
26. National Science Board, Science and Engineering Indicators 2014.
27. Funk and Rainie, "Public and Scientists' Views on Science and Society" ; Gabriel R. Ricci, "The Politicization of Science and the Use and Abuse of Technology." International Journal of Technoethics 6 (Fall 2015): 60-73.
28. Bryan Caplan, Eric Crampton, Wayne Grove, and Ilya Somin, "Systemically Biased Beliefs about Political Influence," PS: Political Science and Politics 46 (October 2013): 760-767.
29. SurveyMonkeyで作成したアンケートをEメールで配布し、2016年の1月20日から2月7日までのあいだに回答してもらった。対象者は、学者、コラムニスト、ジャーナリスト、編集者、シンクタンクの職員、元政治家、元役人の合計440名。回答率は47パーセント超で、エリートを対象にした調査としては極めて高い数字となった。
30. Organization for Economic Cooperation and Development, Government at a Glance (Paris: OECD, 2013), accessed at http://www.oecd.org/governance/governments-can-do-more-to-regain-trust-says-oecd-report.htm
31. Foa and Mounk, "The Democratic Disconnect" ; Roberto Foa and Yascha Mounk, "The Signs of Deconsolidation," Journal of Democracy 26 (January 2017): 5–15.
32. 2015年のEdelman Trust Barometerは以下で閲覧できる。http://www.edelman.com/insights/intellectual-property/2015-edelman-trustbarometer/trust-around-world
33. ブレグジットに対する専門家の反対意見についてはKeith Breene, "What Would Brexit Mean for the UK Economy?," World Economic Forum, March 23, 2016を、Goveの発言についてはRobert Colville, "Britain's Truthiness Moment," Foreign Policy, June 9, 2016を参照。
34. Tobias Buck, "Middle England Drives Brexit Revolution," Financial Times, June 15, 2016.
35. Steven Teles, Heather Hurlburt, and Mark Schmitt, "Philanthropy in a Time of Polarization," Stanford Social Innovation Review (Summer 2014): 47.

up TED Talks," New Yorker, October 17, 2012を参照。
4. RothkopfのTEDトークは以下で見ることができる。http://www.ted.com/talks/david_rothkopf_how_fear_drives_american_politics?language=en
5. David Rothkopf, "Objects on Your TV Screen Are Much Smaller Than They Appear," Foreign Policy, March 20, 2015.
6. 同上。
7. Carmine Gallo, Talk Like TED: The Public-Speaking Secrets of the World's Top Minds (New York: St. Martin's Press, 2014), 5.
8. David Rothkopf, "Davos Haters Gonna Hate, but It's Not Going Anywhere," Foreign Policy, January 29, 2016.
9. Michael Barber and Nolan McCarty, "Causes and Consequences of Polarization," in Negotiating Agreement in Politics, ed. Jane Mansbridge and Cathie Jo Martin (Washington, DC: American Political Science Association, 2013).
10. ただ、権威の信用低下と他の二つのトレンドの相関を証明する根拠はほとんど見つかっていない。詳細についてはMalcolm Fairbrother and Isaac W. Martin, "Does Inequality Erode Social Trust? Results from Multilevel Models of US States and Counties," Social Science Research 42 (March 2013): 347-360を参照。ただ、Dido Kuo and Nolan McCarty, "Democracy in America, 2015," Global Policy 6 (June 2015): 49-55ではこれとは逆の見方をしている。
11. Pew Research Center, "Public Trust in Government: 1958-2014," November 13, 2014, accessed at http://www.people-press.org/2014/11/13/public-trust-in-government/
12. Gallup, "75% in U.S. See Widespread Government Corruption," September 19, 2015, accessed at http://www.gallup.com/poll/185759/widespread-government-corruption.aspx
13. Pew Research Center, Beyond Red & Blue: The Political Typology, June 26, 2014, accessed at http://www.people-press.org/files/2014/06/6-26-14-Political-Typology-release1.pdf, 37.
14. Gallup, "Public Faith in Congress Falls Again, Hitting Historic Low," June 19, 2014, accessed at http://www.gallup.com/poll/171710/publicfaith-congress-falls-again-hits-historic-low.aspx
15. Gallup, "Americans Losing Confidence in All Branches of Gov't," June 30, 2014, accessed at http://www.gallup.com/poll/171992/americanslosing-confidence-branches-gov.aspx
16. Gallup, "Trust in Federal Gov't on International Issues at New Low," September 10, 2014, accessed at http://www.gallup.com/poll/175697/trustfederal-gov-international-issues-new-low.aspx
17. Gallup, "Trust in U.S. Judicial Branch Sinks to New Low of 53%," September 18, 2015, accessed at http://www.gallup.com/poll/185528/trustjudicial-branch-sinks-new-low.aspx
18. Tom W. Smith and Jaesok Son, Trends in Public Attitudes about Confidence in Institutions, National Opinion Research Center, University of Chicago, May 2013, accessed at http://www.norc.org/PDFs/GSS%20Reports/Trends%20in%20Confidence%20Institutions_Final.pdf

Blog Became a Paywalled News Destination — and a Business," NiemanLab (blog), March 25, 2015.
73. Justin McCarthy, "Americans Remain Upbeat about Foreign Trade," Gallup, February 26, 2016; Bruce Stokes, "Republicans, Especially Trump Supporters, See Free Trade Deals as Bad for U.S," Pew Research Center, March 31, 2016; Matthew Yglesias, "Donald Trump Is Counting on an Anti-Trade Backlash That Doesn't Appear to Exist," Vox, March 18, 2016.
74. Smeltz and Daalder, Foreign Policy in the Age of Retrenchment, 30.
75. Richard Hofstadter, Anti-Intellectualism in American Life (New York: Vintage, 1963). あわせて、Louis Menand, The Metaphysical Club: A Story of Ideas in America (New York: Farrar Strauss Giroux, 2001)も参照。
76. Hofstadter, Anti-Intellectualism in American Life, 21.
77. Chaim Kaufmann, "Threat Inflation and the Failure of the Marketplace of Ideas: The Selling of the Iraq War," International Security 29 (Summer 2004): 5.
78. 具体例については以下を参照。Jack Snyder, Myths of Empire: Domestic Politics and International Ambition (Ithaca, NY: Cornell University Press, 1991).
79. Evan Thomas, "Why We Need a Foreign Policy Elite," New York Times, May 4, 2016.
80. Ezra Klein, "The Budget Myth That Just Won't Die: Americans Still Think 28 Percent of the Budget Goes to Foreign Aid," Washington Post, November 7, 2013.
81. 同上; Kull and Destler, Misreading the Public.
82. Richard Posner, Public Intellectuals (Cambridge, MA: Harvard University Press, 2001), 33. あわせて、Rick Perlstein, "Thinkers in Need of Publishers," New York Times, January 22, 2002も参照。
83. Thomas Wright, "Learning the Right Lessons from the 1940s," in Avoiding Trivia: The Role of Strategic Planning in American Foreign Policy, ed. Daniel W. Drezner (Washington, DC: Brookings Institution Press, 2008).
84. George Kennan, Around the Cragged Hill (New York: W. W. Norton, 1993), 144.
85. William Easterly, The Elusive Quest for Growth (Cambridge, MA: MIT Press, 2001).

第2章

1. David Rothkopf, "Dis Town," Foreign Policy, November 28, 2014.
2. 同上。
3. こうした批判について知りたい人は以下を参照されたい。Alex Pareene, "Don't Mention Income Inequality Please, We're Entrepreneurs," Salon, May 21, 2012; Felix Salmon, "Jonah Lehrer, TED, and the Narrative Dark Arts," Reuters, August 3, 2012; Ted Frank, "TED Talks Are Lying to You," Salon, October 13, 2013; Benjamin Bratton, "We Need to Talk about TED," Guardian, December 30, 2013; Umaire Haque, "Let's Save Great Ideas from the Ideas Industry," Harvard Business Review, March 6, 2013. 風刺についてはBetsy Morais, "The Onion Tees

56. 具体例については以下を参照。Peter Hall, "Policy Paradigms, Social Learning, and the State: The Case of Economic Policymaking in Britain," Comparative Politics 25 (April 1993): 275-296; Stephen Teles, The Rise of the Conservative Legal Movement (Princeton, NJ: Princeton University Press, 2008); Jennifer Burns, Goddess of the Market: Ayn Rand and the American Right (New York: Oxford University Press, 2009); Angus Burgin, The Great Persuasion: Reinventing Free Markets since the Depression (Cambridge, MA: Harvard University Press, 2012); Dani Rodrik, "When Ideas Trump Interests: Preferences, Worldviews, and Policy Innovations," Journal of Economic Perspectives 28 (January 2014); Deirdre McCloskey, Bourgeois Equality: How Ideas, Not Capital or Institutions, Enriched the World (Chicago: University of Chicago Press, 2016).
57. Judith Goldstein and Robert Keohane, eds., Ideas and Foreign Policy (Ithaca, NY: Cornell University Press, 1993).
58. Mark Blyth, Great Transformations: Economic Ideas and Institutional Change in the Twentieth Century (New York: Cambridge University Press, 2002).
59. Peter Haas, "Banning Chlorofluorocarbons: Epistemic Community Efforts to Protect Stratospheric Ozone," International Organization (Winter 1992): 187-224; Daniel Hirschman, "Stylized Facts in the Social Sciences," Sociological Science 3 (July 2016): 604-626.
60. Krebs, Narrative and the Making of US National Security; Michael Barnett and Raymond Duvall, "Power in International Politics," International Organization 59 (January 2005): 39-75.
61. 自由貿易については以下を参照。Douglas Irwin, Against the Tide: An Intellectual History of Free Trade (Princeton, NJ: Princeton University Press, 1996); and Daniel Yergin and Joseph Stanislaw, The Commanding Heights (New York: Simon and Schuster, 1998). さらに一般的な説明としてはDaniel W. Drezner, The System Worked: How the World Stopped Another Great Depression (New York: Oxford University Press, 2014), chapter 6を参照。
62. Andrew Sullivan, "Here Comes the Groom," New Republic, August 28, 1989.
63. Tom Ricks, The Gamble (New York: Penguin Press, 2009).
64. http://www.bartleby.com/268/9/23.htmlから引用。
65. John Maynard Keynes, The General Theory of Employment, Interest, and Money (London: MacMillan, 1936), 383.
66. Paul Krugman, "The Outside Man," New York Times, January 7, 2013.
67. Rachel Weiner, "Jim DeMint Leaving the Senate," Washington Post, December 6, 2012.
68. David Welna, "Outside the Senate, DeMint Appears More Powerful Than Ever," NPR, September 26, 2013.
69. Felix Salmon, "Is There a Wonk Bubble?," Politico, April 8, 2014.
70. Jessica Tuchman Matthews, "Why Think Tanks Should Embrace 'New Media,' " Washington Post, October 8, 2015.
71. Eliot Cohen, "How Government Looks at Pundits," Wall Street Journal, January 23, 2009.
72. 具体例については以下を参照。Simon Owens, "How a Hobby Foreign Affairs

March 11, 2016を参照。

45. Daniel Brouwer and Catherine Squires, "Public Intellectuals, Public Life, and the University," Argument and Advocacy 39 (Winter 2003), 203. あわせてAmitai Etzioni and Alyssa Bowditch, eds., Public Intellectuals: An Endangered Species? (New York: Rowman and Littlefield, 2006); Heilbrunn, "Rank Breakers." も参照。
46. Eric Lott, The Disappearing Liberal Intellectual (New York: Basic Books, 2006); Howard Jacob Karger and Marie Theresa Hernández, "The Decline of the Public Intellectual in Social Work," Journal of Sociology and Social Welfare 31 (September 2004): 51-68; Charlotte Allen, "Feminist Fatale," Los Angeles Times, February 13, 2005; Alan Jacobs, "The Watchmen," Harper's, September 2016. ただ、Michael Eric Dyson, "Think Out Loud," New Republic, September 8, 2015のような例外もある。
47. Ezra Klein, "RIP, William F. Buckley," The American Prospect, February 27, 2008, accessed at http://prospect.org/article/rip-william-f-buckley. Jacob Heilbrunnも Heilbrunn, "Rank Breakers," 42で、次のような文章を書いて同様の不満を表している。「いまの知識人は、自分の思想を本や雑誌で訴えるよりも、セレブカルチャーにこびを売ったりFOX NewsやMSNBCで吠えたりするのに忙しいようだ」。
48. Sam Tanenhaus, "Requiem for Two Heavyweights," New York Times, April 13, 2008; Klein, "RIP, William F. Buckley" ; David Brooks, "The Smile of Reason," New York Times, November 19, 2006.
49. 具体例については以下を参照。Ian Bremmer, "George Kennan's Lessons for the War on Terror," International Herald Tribune, March 24, 2005; Ian Lustick, Trapped in the War on Terror (Philadelphia: University of Pennsylvania Press, 2006); James Goldeiger and Derek Chollet, "The Truman Standard," The American Interest 1 (Summer 2006): 107-111; Ian Shapiro, Containment: Rebuilding a Strategy against Global Terror (Princeton, NJ: Princeton University Press, 2007); Aziz Huq, "The Ghost of George Kennan," The American Prospect, May 15, 2007.
50. Richard Haass, The Opportunity (New York: PublicAffairs, 2005); Derek Chollet and James Goldgeier, America between the Wars: From 11/9 to 9/11 (New York: PublicAffairs, 2008); John Mearsheimer, "Imperial by Design," The National Interest 111 (January/February 2011): 16-34.
51. Ronald Krebs, Narrative and the Making of US National Security (New York: Cambridge University Press, 2015), chapters 5-7.
52. Zbigniew Brzezinski, Second Chance: Three Presidents and the Crisis of American Superpower (New York: Basic Books, 2008).
53. Glenn Greenwald, "The Foreign Policy Community," Salon, August 8, 2007.
54. G. John Ikenberry and Anne-Marie Slaughter, Forging a World of Liberty under Law: U.S. National Security in the 21st Century (Princeton, NJ: Princeton Project for National Security, 2006), 58. I was one of the many people that participated in the Princeton Project.
55. W.W. Rostow, The Stages of Economic Growth: A Non-Communist Manifesto (Cambridge: Cambridge University Press, 1960), 4.

28. David Frum, "Foggy Bloggom," The National Interest 93 (January/February 2008): 46-52; Jacob Heilbrunn, "Rank Breakers: Anatomy of an Industry," World Affairs 170 (Spring 2008): 36-46.
29. Michael Desch, The Relevance Question: Social Science's Inconstant Embrace of Security Studies, forthcoming.
30. Dina Smeltz and Ivo Daalder, Foreign Policy in the Age of Retrenchment (Chicago: Chicago Council on Global Affairs, 2014)を参照。さらに一般的なものとしては、Daniel W. Drezner, "The Realist Tradition in American Public Opinion," Perspectives on Politics 6 (March 2008): 51-70; Benjamin Page with Marshall Bouton, The Foreign Policy Disconnect (Chicago: University of Chicago Press, 2006)を参照されたい。
31. Interview with Gideon Rose, New York, December 9, 2015.
32. Catherine Ho, "Mega-Donors Opposing Iran Deal Have Upper Hand in Fierce Lobbying Battle," Washington Post, August 13, 2015; Julie Hirschfield-Davis, "Lobbying Fight over Iran Nuclear Deal Centers on Democrats," New York Times, August 17, 2015.
33. Pew Research Center, "Support for Iran Nuclear Agreement Falls," September 8, 2015.
34. Smeltz and Daalder, Foreign Policy in the Age of Retrenchment, chapter 3; Stephen Kull and I. M. Destler, Misreading the Public (Washington, DC: Brookings Institution, 1999).
35. Daniel W. Drezner, "Foreign Policy Goes Glam," The National Interest 92 (November/December 2007): 22-29を参照。
36. 具体例については以下を参照。Martin Wolf, "The Economic Losers Are in Revolt against the Elites," Financial Times, January 26, 2016; Roger Cohen, "The Know-Nothing Tide," New York Times, May 16, 2016.
37. David Freedman, "The War on Stupid People," The Atlantic, July/August 2016; Edward Luce, "The End of American Meritocracy," Financial Times, May 8, 2016. ポピュリズムに関する概論はJan-Werner Muller, What Is Populism? (Philadelphia: University of Pennsylvania Press, 2016)を参照。
38. P. J. O'Rourke, "Let's Cool It with the Big Ideas," The Atlantic, July/August 2012.
39. David Halberstam, War in a Time of Peace (New York: Scribner, 2001), 408-409.
40. John Lewis Gaddis, "A Grand Strategy of Transformation," Foreign Policy 133 (November/December 2002), 51 and 57.
41. Craig Kafura and Dina Smeltz, "Who Matters for US Foreign Policymaking?," Chicago Council on Global Affairs, June 19, 2015.
42. Jacob Heilbrunn, "The GOP's New Foreign Policy Populism," The National Interest (March/April 2016)を参照。
43. Charles Murray, "The Tea Party Warns of a New Elite. They're Right," Washington Post, October 24, 2010. さらに新しいものとして、Thomas Edsall, "How the Other Fifth Lives," New York Times, April 27, 2016がある。
44. Kull and Destler, Misreading the Public. 新しいデータについてはPeter Moore, "Foreign Aid: Most People Think America Gives Too Much Away," YouGov,

6. 同上, 2.
7. Starobin, "Does It Take a Village?"
8. Munk, The Idealist.
9. William Easterly, The Tyranny of Experts (New York: Basic Books, 2013), 6.
10. Munk, The Idealist; Abhijit Banerjee and Esther Duflo, Poor Economics (New York: PublicAffairs, 2011).
11. Starobin, "Does It Take a Village?"
12. 2016年2月13日にJeffrey Sachsから返信されたEメールより。
13. Paul M. Pronyk, Jeffrey Sachs, et al., "The Effect of an Integrated Multisector Model for Achieving the Millennium Development Goals and Improving Child Survival in Rural Sub-Saharan Africa: A Non-Randomised Controlled Assessment," The Lancet 379 (May 8, 2012): 2179-2188.
14. Jeffrey Sachs, "Global Health within Our Grasp, if We Don't Give Up," CNN.com, September 12, 2012.
15. Munk, The Idealist.
16. Gabriel Demombynes and Sofia Karina Trommlerova, "What Has Driven the Decline of Infant Mortality in Kenya?" World Bank Policy Research Working Paper 6057, May 2012.
17. Gabriel Demombynes, "The Millennium Villages Project Impacts on Child Mortality," Development Impact, May 10, 2012.
18. Paul M. Pronyk, "Errors in a paper on the Millennium Villages project," The Lancet, May 21, 2012.
19. Jeff Tollefson, "Millennium Villages Project Launches Retrospective Analysis," Nature, August 12, 2015.
20. Starobin, "Does It Take a Village?"
21. Bill Gates, "Why Jeffrey Sachs Matters," Project Syndicate, May 21, 2014.
22. 2016年2月16日にJeffrey Sachsから返信されたEメールより。
23. Munk, The Idealist, 230 and 232.
24. たとえばJeffrey Sachs, "Hillary Clinton and the Syrian Bloodbath," Huffington Post, February 15, 2016など。
25. Robert Kagan, "Power and Weakness," Policy Review 113 (June/July 2002): 3-28; G. John Ikenberry, "Is American multilateralism in Decline?," Perspectives on Politics 1 (September 2003): 533-550; David Skidmore, "Understanding the Unilateralist Turn in US Foreign Policy," Foreign Policy Analysis 1 (July 2005): 207-228.
26. John Mearsheimer and Stephen Walt, "The Israel Lobby," London Review of Books 28 (March 2006): 3-12.
27. Brian C. Schmidt and Michael C. Williams, "The Bush Doctrine and the Iraq War: Neoconservatives Versus Realists," Security Studies 17 (June 2008): 191-220; Francis Fukuyama, America at the Crossroads: Democracy, Power, and the Neoconservative Legacy (New Haven, CT: Yale University Press, 2006); Eric Van Rythoven, "The Perils of Realist Advocacy and the Promise of Securitization Theory: Revisiting the Tragedy of the Iraq War Debate," European Journal of International Relations 22 (September 2016): 487–511を参照。

53. David Milne, "America's 'Intellectual' Diplomacy," International Affairs 86 (January 2010): 50.
54. David RothkopfによるBergerの言葉の引用。"The Urgent vs. the Important," Foreign Policy, December 2, 2015.
55. Ronald Krebs, Narrative and the Making of US National Security (New York: Cambridge University Press, 2015).
56. Bruce Russett, "Bushwhacking the Democratic Peace," International Studies Perspectives 6 (September 2005): 396.
57. Jack Snyder, "Imperial Temptations," The National Interest 71 (Spring 2003): 33-34; Daniel W. Drezner, "The Realist Tradition in American Public Opinion," Perspectives on Politics 6 (March 2008): 99-100を参照。
58. Benjamin Barber, The Truth of Power (New York: W. W. Norton, 2001), 35.
59. Richard Hofstadter, Anti-Intellectualism in American Life (New York: Knopf, 1962), 45.
60. Paul Johnson, Intellectuals (New York: Harper and Row, 1989); Thomas Sowell, Intellectuals and Society (New York: Basic Books, 2009); Walter Russell Mead, "The Crisis of the American Intellectual," The American Interest, December 8, 2010.
61. 二〇世紀の知識人たちの邪悪な所業については以下を参照。Mark Lilla, The Reckless Mind: Intellectuals in Politics (New York: New York Review Books, 2001).
62. この言葉はDaniel Byman and Matthew Kroenig, "Reaching Beyond the Ivory Tower: A How To Manual," Security Studies 25 (May 2016): 317に引用されている。
63. インタビューについては、私がフレッチャースクールで過去二年にわたって開催してきた一連の「思想産業」カンファレンスにおける、多くの学者、ジャーナリスト、実業家、思想的リーダーとの会話も含まれている。
64. Foundations of Economic Prosperityというこの講座はTeaching Companyから配信されており、http://www.thegreatcourses.com/courses/foundations-of-economic-prosperity.htmlからアクセスできる。
65. Michael Polanyi, The Tacit Dimension (Chicago: University of Chicago Press, 1966).
66. この事実を受け入れて欲しい。そもそも思想など重要ではないと考えているなら、あなたはこの巻末注を読んでいないはずだ。

第1章

1. Jeffrey Sachs, The End of Poverty: Economic Possibilities for Our Time (New York: Penguin, 2005), 90-91.
2. Paul Starobin, "Does It Take a Village?," Foreign Policy, June 24, 2013.
3. Louis Uchitelle, "Columbia Gets Star Professor from Harvard," New York Times, April 5, 2002.
4. Starobin, "Does It Take a Village?"
5. Nina Munk, The Idealist: Jeffrey Sachs and the Quest to End Poverty (New York: Signal, 2013), 32.

私のものより若干範囲が広い。また、Richard Posnerは『Public Intellectuals』のなかで、「教育を受けた一般人に対して疑問を投げかけたり、あるいは政治的、思想的な問題に変化を加える者」と定義している。この言葉を世に広めたRussell Jacobyは『The Last Intellectuals』で「一般の、あるいは教養のある人々に向かって文章を発表したり、思想を語ったりする者」と説明した。私の定義はもっと狭く、公共知識人は批判者であり、思想的リーダーは創造者であるという違いに焦点をあてたものだ。そしてこの違いこそが本書の構想のもととなった。

41. http://www.google.com/trends/explore#q=public%20intellectual%2C%20thought%20leader, accessed September 1, 2016参照。
42. David Brooks, "The Thought Leader," New York Times, December 17, 2013.
43. Nina Munkの『The Idealist』では、Jeffrey Sachsは明らかに思想的リーダーとして描かれている。しかし、緊縮政策についてのコラムや外交政策をテーマにした『Project Syndicate』を書いているときのSachsは公共知識人だといえるだろう。Sachsについては第1章で詳しく取りあげている。
44. Isaiah Berlin, The Hedgehog and the Fox: An Essay on Tolstoy's View of History (Princeton, NJ: Princeton University Press, 2013), 437.
45. David Brooks, Bobos in Paradise (New York: Simon and Schuster, 2000), chapter 4. 第1章でも触れるが、1950年代の知識人に対するBrooksの表現は若干誇張しすぎのきらいがある。
46. Fergusonについては "The History Man and Fatwa Girl," Daily Mail, February 12, 2010を参照。Krugmanの映像はhttp://www.imdb.com/name/nm1862259/にある。Harris-PerryとMSNBCの契約解消についてはJosh Koblin, "After Tense Weeks, Melissa Harris-Perry's MSNBC Show Is Cancelled," New York Times, February 28, 2016を参照。
47. Philip Tetlock and Dan Gardner, Superforecasters: The Art and Science of Prediction (New York: Crown Books, 2015), 231. あわせて、Daniel Kahneman, Thinking, Fast and Slow (New York: Farrar Strauss Giroux, 2011), chapter 10; and Kathryn Schulz, Being Wrong (New York: Ecco, 2010)も参照。
48. 経済用語をたとえに使っているという理由で両方を嫌う知識人ももちろんいる。もしあなたがそういう考えの持ち主なら、とりあえず第4章まで我慢するか、あるいはいますぐこの本を置いてもらいたい。
49. Evgeny Morozov, "The Naked and the TED," New Republic, August 2, 2012; Morozov, To Save Everything, Click Here (New York: PublicAffairs, 2013); Felix Salmon, "Jonah Lehrer, TED, and the Narrative Dark Arts," Reuters, August 3, 2012. See also Justin Fox, "Niall Ferguson and the Rage Against the Thought-Leader Machine," Harvard Business Review, August 23, 2012.
50. 具体例については以下を参照。David Landes, The Unbound Prometheius (Cambridge: Cambridge University Press, 1969); Nathan Rosenberg and L. E. Birdzell Jr., How the West Grew Rich (New York: Basic Books, 1986); Andrew Clark, A Farewell to Alms (Princeton, NJ: Princeton University Press, 2007); Angus Deaton, The Great Escape: Health, Wealth, and the Origins of Inequality (Princeton, NJ: Princeton University Press, 2013).
51. Nathan Heller, "Listen and Learn," New Yorker, July 9, 2012.
52. George Will, "An Anti-Authority Creed," Washington Post, January 23, 2011.

Nation's Security 'at Risk,' " New York Times, August 8, 2016.
30. Ross Douthat, "Trump and the Intellectuals," New York Times, October 1, 2016. Jeremy Herb, "Will Trump Flunk the Commander-in-Chief Test?," Politico, January 22, 2016; Victoria McGrane, "Trump's Policy Stances Baffle Think Tanks," Boston Globe, May 27, 2016.
31. 全文は以下で参照できる。https://www.donaldjtrump.com/pressreleases/donald-j.-trump-foreign-policy-speech
32. Libby Nelson, "Read Donald Trump's bizarre, frightening speech responding to sexual assault allegations," Vox, October 13, 2016; McKay Coppins, "Trump Gets Desperate," BuzzFeed, October 13, 2016. Jacob Heilbrunn, "The GOP's New Foreign-Policy Populism," The National Interest, February 17, 2016; John Allen Gay, "Trump vs. Conservative Intellectuals," The National Interest, June 7, 2016. To be fair to Trump, there were pale echoes of some of his arguments in more mainstream political discourse. Obama, for example, also complained about US allies being "free riders" in providing global security. See Goldberg, "The Obama Doctrine" ; Eli Lake, "The Trump-Obama Doctrine," BloombergView, March 11, 2016.
33. 具体例については以下を参照。Peggy Noonan, "A Party Divided, and None Too Soon," Wall Street Journal, June 2, 2016.
34. Gregory KriegによるCorkerの言葉の引用。"Corker Praises Trump for 'Challenging the Foreign Policy Establishment,' " CNN, April 29, 2016; Felipe Cuello, "A Defense of Donald Trump's Foreign Policy Chops," Foreign Policy, February 26, 2016; Haberman and Sanger, "Donald Trump's Trial Balloons Are Catching Up With Him."
35. Jeffrey Goldberg, "The Lessons of Henry Kissinger," The Atlantic, November 10, 2016. Accessed at http://www.theatlantic.com/magazine/archive/2016/12/the-lessons-of-henry-kissinger/505868/
36. Michael Grunwald, "Do Ideas Still Matter in the Year of Trump (and Clinton)?" Politico, September/October 2016.
37. Zeynep Tufekci, "Adventures in the Trump Twittersphere," New York Times, March 31, 2016; Mike Konczal, "Trump is Actually Full of Policy," Medium, September 21, 2016, accessed at https://medium.com/@rortybomb/trump-is-actually-full-of-policy-f8bfdb6389e8#.kaiilnavq; Max Fisher, "Twilight of the Neoconservatives," Vox, March 10, 2016.
38. Matthew Continetti, "The Coming Conservative Dark Age," Commentary, April 12, 2016; Yuval Levin, "The Next Conservative Movement," Wall Street Journal, April 15, 2016; Zack Beauchamp, "A Republican Intellectual Explains Why the Republican Party Is Going to Die," Vox, July 25, 2016.
39. 一部の自称知識人たちは、「言論市場」が経済用語を使った例えであり、しかも新自由主義から自由であるべきという含意があるとして、この言葉をひどく嫌う。こうした人たちは、フーコーの主張の敗北を受け入れるか、あるいはここで本書を読むのをやめるべきだろう。
40. Friedrich A. von Hayek, "The Intellectuals and Socialism," University of Chicago Law Review 16 (Spring 1949): 417-433. この本に示されている公共知識人の定義は

19. Binyamin Appelbaum, "On Trade, Donald Trump Breaks with 200 Years of Economic Orthodoxy," New York Times, March 10, 2016.
20. "A Transcript of Donald Trump's Meeting with the Washington Post Editorial Board," Washington Post, March 21, 2016; Maggie Haberman and David Sanger, "Transcript: Donald Trump Expounds on His Foreign Policy Views," New York Times, March 26, 2016; Bob Woodward and Robert Costa, "Transcript: Donald Trump Interview with Bob Woodward and Robert Costa," Washington Post, April 2, 2016; Maggie Haberman and David Sanger, "Transcript: Donald Trump on NATO, Turkey's Coup Attempt and the World," New York Times, July 21, 2016.
21. Maggie Haberman and David Sanger, "Donald Trump's Trial Balloons Are Catching Up With Him," New York Times, April 9, 2016; Zack Beauchamp, "Republican Foreign Policy Experts Are Condemning Trump. It Matters More Than You Think," Vox, August 8, 2016.
22. 経済学者の例は以下を参照。Ben Leubsdorf, Eric Morath, and Josh Zumbrun, "Economists Who've Advised Presidents Are No Fans of Donald Trump," Wall Street Journal, August 26, 2016. 歴史学者の例は以下を参照。http://www.historiansagainsttrump.org/
23. トランプが初めておこなった本格的な外交方針演説に対する反応については以下を参照。Fareed Zakaria, "Trump's Head-Spinning and Secret Plans for Foreign Policy," Washington Post, April 28, 2016; Fred Kaplan, "A Mess of Contradictions," Slate, April 27, 2016; Julia Ioffe, "On Trump, Gefilte Fish, and World Order," Foreign Policy, April 27, 2016; Charles Krauthammer, "The World According to Trump," Washington Post, April 28, 2016; Joseph Nye, "How Trump Would Weaken America," Project Syndicate, May 10, 2016; "Look Out, World," Economist, April 27, 2016.
24. Stephen Walt, "No, @realDonaldTrump Is Not a Realist," Foreign Policy, April 1, 2016; Walt, "Donald Trump: Keep Your Hands Off the Foreign-Policy Ideas I Believe In," Foreign Policy, August 8, 2016; Emma Ashford, "The Unpredictable Trump Doctrine," Philadelphia Inquirer, April 1, 2016; Ryan Cooper, "Donald Trump's Deranged Foreign Policy," The Week, August 17, 2016.
25. https://gfs.eiu.com/Article.aspx?articleType=gr&articleId=2866に掲載のEconomist Intelligence Unit explanationを参照。
26. Tevi Troy, "How GOP Intellectuals' Feud with the Base Is Remaking U.S. Politics," Politico, April 19, 2016; Victoria McGrane, "Trump's Policy Stances Baffle Think Tanks," Boston Globe, May 27, 2016.
27. Molly Ball, "The Republican Party in Exile," The Atlantic, August 18, 2016.
28. 公開書簡は http://warontherocks.com/2016/03/openletter-on-donald-trump-from-gop-national-security-leaders/で閲覧できる。私も署名者の一人だ。
29. Tim Mak, Andrew Desidero, and Alexa Corse, "GOP National Security Experts Are #ReadyForHer," Daily Beast, June 30, 2016; Michael Crowley and Alex Isenstadt, "GOP Foreign Policy Elites Flock to Clinton," Politico, July 6, 2016; Michael Hirsh, "Role Reversal: The Dems Become the Security Party," Politico, July 28, 2016; David Sanger, "50 G.O.P. Officials Warn Donald Trump Would Put

注

序 論

1. James Kloppenberg, Reading Obama: Dreams, Hope, and the American Political Tradition (Princeton, NJ: Princeton University Press, 2011).
2. Barack Obama, "Renewing American Leadership," Foreign Affairs 86 (July/August 2007): 3.
3. Sam Stein, "Obama and Conservatives Break Bread at George Will's House," Huffington Post, February 13, 2009; Michael Calderone, "How Obama Plays the Pundits," Politico, March 8, 2009; Paul Starobin, "All the President's Pundits," Columbia Journalism Review, September/October 2011; Dylan Byers, "President Obama, Off the Record," Politico, November 1, 2013.
4. Ryan Lizza, "The Consequentialist," The New Yorker, May 2, 2011.
5. Mike Allen, " 'Don't Do Stupid Sh— ' (Stuff)," Politico, June 2, 2014.
6. Michael Grunwald, "The Selling of Obama: The Inside Story of How a Great Communicator Lost the Narrative," Politico, May/June 2016.
7. Jeffrey GoldbergによるClintonの言葉の引用。"Hillary Clinton: 'Failure' to Help Syrian Rebels Led to the Rise of ISIS," The Atlantic, August 10, 2014.
8. Colin Campbell, "Ted Cruz: 'The World Is on Fire,' " Business Insider, December 2, 2014; Jake Sherman, "Boehner in Israel: 'The World Is on Fire,' " Politico, April 2, 2015; Charles Krauthammer, "Obama's Ideological Holiday in Havana," Washington Post, March 24, 2016.
9. Grunwald, "The Selling of Obama." あわせて、Byers, "President Obama, Off the Record." も参照。
10. Derek Chollet, The Long Game (New York: Public Affairs, 2016), xvi.
11. Robert DraperによるRhodesの言葉の引用。"Between Iraq and a Hawk Base," New York Times Magazine, September 1, 2015.
12. David SamuelsによるRhodesの言葉の引用。"The Aspiring Novelist Who Became Obama's Foreign-Policy Guru," New York Times Magazine, May 5, 2016.
13. Jeffrey Goldberg, "The Obama Doctrine," The Atlantic, April 2016.
14. 同上。
15. Daniel W. Drezner, "Swing and a Miss," Foreign Policy, September 16, 2013; Max Fisher, "The Credibility Trap," Vox, April 29, 2016.
16. 具体例については以下を参照。Mark Landler, "For President, Two Full Terms of Fighting Wars," New York Times, May 15, 2016.
17. Tom Wright, "Donald Trump's 19th Century Foreign Policy," Politico, January 20, 2016; Jeet Heer, "Donald Trump's Foreign Policy Revolution," New Republic, March 26, 2016.
18. Ashley Parker, "Donald Trump Says NATO is 'Obsolete,' UN is 'Political Game,' " New York Times, April 2, 2016.

■著者紹介

ダニエル・W・ドレズナー（Daniel W. Drezner）

タフツ大学国際政治学教授。ワシントン・ポストへの常連寄稿者でもある。学者としてトップレベルのアクセス数を誇るブログを運営しながら、『ザ・システム・ワークド（The System Worked）』『ゾンビ襲来―国際政治理論で、その日に備える』（白水社、2012）『オール・ポリティクス・イズ・グローバル（All Politics is Global）』『ザ・サンクションズ・パラドクス（The Sanctions Paradox）』など多数の著書を発表している。

■監修者紹介

佐々木俊尚（ささき・としなお）

1961年兵庫県生まれ、大阪西成の玉出で育つ。義父の自動車工場勤務をきっかけに、愛知県豊田市に転居。地元中学から愛知県立岡崎高校に進学。文学や哲学書に埋没した思春期をすごす。1981年、早稲田大学政経学部政治学科入学。ロッククライミングや、当時普及しはじめていたPCで、パソコン通信を使った市民運動ネットワークの実験に参加。1988年、毎日新聞社に入社。以降12年あまり事件記者の日々を送る。東京社会部で警視庁を担当した際にはオウム真理教事件に遭遇。ペルー日本大使公邸占拠事件やエジプト・ルクソール観光客虐殺事件などで海外テロも取材する。1998年、脳腫瘍を患って長期休養。翌年、毎日新聞社を辞めて、月刊アスキー編集部に転じデスクを務める。2003年に独立し、以降フリージャーナリストとして取材執筆活動を行う。著書に『レイヤー化する世界』『21世紀の自由論:「優しいリアリズム」の時代へ』（NHK出版新書）、『簡単、なのに美味い！家めしこそ、最高のごちそうである。』（マガジンハウス）、『新しいメディアの教科書 』（Amazon Publishing）など。

■訳者紹介

井上大剛（いのうえ・ひろたか）

大正大学、国際基督教大学卒。翻訳会社勤務を経て、現在フリーランスの翻訳者として活動。訳書に、『インダストリーX.0』（日経BP社）、『アメリカを動かす「ホワイト・ワーキング・クラス」という人々』（共訳、集英社）など。

藤島みさ子（ふじしま・みさこ）

津田塾大学大学院文学研究科修士課程修了。高校教諭を経て翻訳業に従事。訳書 、『トンネラーの法則』（CCCメディアハウス）、『スライトエッジ』（きこ書房）、『問題解決「脳」のつくり方』（日本実業出版社）など。

■翻訳協力　株式会社リベル

2018年４月２日　初版第１刷発行

フェニックスシリーズ ㊾

思想的リーダーが世論を動かす
――誰でもなれる言論のつくり手

著　者　ダニエル・W・ドレズナー
監修者　佐々木俊尚
訳　者　井上大剛　藤島みさ子
発行者　後藤康徳
発行所　パンローリング株式会社
〒160-0023　東京都新宿区西新宿7-9-18　6階
TEL 03-5386-7391　FAX 03-5386-7393
http://www.panrolling.com/
E-mail　info@panrolling.com
装　丁　パンローリング装丁室
組　版　パンローリング制作室
印刷・製本　株式会社シナノ

ISBN978-4-7759-4194-2